普通高等教育物流类专业系列教材

港 口 物 流

主　编　易　燕　袁炎清
副主编　蒋　军　张　敏
参　编　于　敏　唐宋元

机 械 工 业 出 版 社

本书将理论与实践相结合，系统、全面地介绍了港口物流的基本理论、技术和方法，内容主要包括港口物流概述、港口物流发展模式与战略、供应链与港口物流系统、港口物流企业与港口物流园区、港口物流基础设施与设备、港口物流商务运作、港口物流生产运作、港口物流服务运作、港口物流集装箱业务管理、港口物流保税业务及港口物流信息管理。

本书可作为普通高等学校物流管理专业本科生教材，也可作为物流企业专业技术人员和管理人员及港口、航运、物流研究人员的参考书，还可供交通运输、港口物流方向的研究生参考。

图书在版编目（CIP）数据

港口物流/易燕，袁炎清主编．—北京：机械工业出版社，2020.6
（2025.7 重印）

普通高等教育物流类专业系列教材

ISBN 978-7-111-65627-2

Ⅰ．①港… Ⅱ．①易…②袁… Ⅲ．①港口–物流–高等学校–教材 Ⅳ．①U695.2

中国版本图书馆 CIP 数据核字（2020）第 084426 号

机械工业出版社（北京市百万庄大街 22 号 邮政编码 100037）
策划编辑：易 敏 责任编辑：易 敏 王 芳 常爱艳
责任校对：张 力 封面设计：鞠 杨
责任印制：常天培
河北虎彩印刷有限公司印刷
2025 年 7 月第 1 版第 6 次印刷
185mm×260mm · 17.25 印张 · 405 千字
标准书号：ISBN 978-7-111-65627-2
定价：45.00 元

电话服务 网络服务
客服电话：010-88361066 机 工 官 网：www.cmpbook.com
　　　　　010-88379833 机 工 官 博：weibo.com/cmp1952
　　　　　010-68326294 金 书 网：www.golden-book.com
封底无防伪标均为盗版 机工教育服务网：www.cmpedu.com

前　言

随着经济全球化、区域经济一体化的发展，港口物流对世界经济、城市发展的贡献越来越突出。我国已成为世界第二大经济体，我国港口在全球贸易中表现强劲。相关报告显示，2019年全球集装箱吞吐量排名前10的港口中，我国港口占据7席，反映出了我国在全球海运领域中逐步形成的核心地位。

为了更好地适应港口物流发展对人才的需求，我们编写了本书。本书将理论与实践相结合，吸收了国内外最新的港口物流实践经验和理论研究成果，系统介绍了港口物流的基本理论、技术和方法，涉及港口物流概述、港口物流发展模式与战略、供应链与港口物流系统、港口物流企业与港口物流园区、港口物流基础设施与设备、港口物流商务运作、港口物流生产运作、港口物流服务运作、港口物流集装箱业务管理、港口物流保税业务及港口物流信息管理，比较完整地构建了港口物流的知识体系，具有理论完备、实用突出、针对性强的特点。为了方便教学，每章配有学习目标、本章小结、主要词汇、案例分析和思考练习，使得全书结构更加合理。

本书由易燕、袁炎清任主编，蒋军、张敏任副主编，于敏、唐宋元参与编写。编写分工为：袁炎清（广州航海学院）编写第1章；唐宋元（广州航海学院）编写第2章；于敏（重庆交通大学）编写第3、11章；蒋军（重庆交通大学）编写第4、10章；易燕（广州航海学院）编写第5、7、9章；张敏（广州航海学院）编写第8章；袁炎清、易燕共同编写第6章。

本书配有电子教案，凡使用本书作为教材的教师可向出版社索取，可登录机械工业出版社教育服务网（www.cmpedu.com）注册下载。

本书的编写工作得到了编者所在学校领导的关心和鼓励，在此表示衷心感谢。广州航海学院夏新海博士对本书进行了审阅，并提出了宝贵意见，在此谨致谢意。此外，在编写过程中，编者参阅了一些港口和物流方面的文献资料，在此对它们的作者一并致谢。

由于编者的理论水平和实践经验有限，书中不当之处敬请读者批评指正。

编　者

目　录

港口物流

第1章 港口物流概述

【学习目标】

了解港口的含义与分类，理解港口在现代物流中的作用，熟悉港口物流的内涵与基本功能，掌握港口物流的基本关系；能初步运用现代物流理论分析港口物流活动。

1.1 港口及其分类

1.1.1 港口的概念

关于"港口"（Port）的概念，目前尚无统一的定义，可以从运输功能、地域概念、法律等角度予以描述。在《中国大百科全书（交通）》中，港口被认为是指具有一定面积的水域和陆域，供船舶出入和停泊、货物和旅客集散的场所。在《辞海》中，港口被定义为：位于江、河、湖、海或水库沿岸，具有一定的设备和条件，供船舶往来停靠，办理客货运输或其他专门业务的地方。港口范围包括港内水域及紧接水域的陆地。

一般来说，港口是位于江、河、湖、海或水库沿岸，具有水路联运设备及条件，供船舶安全进出和停泊的运输枢纽，是水陆交通的集结点和枢纽，工农业产品和外贸进出口物资的集散地，船舶停泊、装卸货物、上下旅客、补充给养的场所。港口具有明确的水域和陆域范围，包括航道、港池、锚地、码头、货场、仓库、各种作业设备（运输、加工、修理设备等）、导航系统、通信系统和其他相应的管理与服务系统等，现代港口还需要经济腹地相配套。

1.1.2 港口的分类

港口类型是指港口由于规模、所在地理位置、用途及本身功能特点等的不同而形成的不同类别，区分和确定港口类型是进行港口布局和区域规划的基础。

1. 按照规模分类

港口按规模可分为特大型港口（年吞吐量 > 3000 万 t）、大型港口（年吞吐量 1000 万 ~ 3000 万 t）、中型港口（年吞吐量 100 万 ~ 1000 万 t）及小型港口（年吞吐量 < 100 万 t）。

2. 按照用途分类

港口按用途可分为商港、军港、渔港、工业港、避风港。

商港是供商船往来停靠、办理客货运输业务的港口，有停靠船舶、上下客货、供应燃料和其他补给及修理船舶所需的各种设备和条件，是水陆运输的枢纽和货物的集散地，其规模大小通常以吞吐量大小来表示。按其功能结构，又分为综合性港口和专业性港口（如油港）。

军港是专供海军舰艇使用的港口。

渔港是指专供渔船和渔业辅助船停泊、使用的港口，供渔船停泊、卸下渔获物和进行补给修理，用于船舶停靠、锚泊、避风、装卸渔获物和补充渔需品及生活物资，并可进行渔获物的冷冻、加工、储运、渔船维修、渔具制造、通信联络以及船员休息、娱乐、医疗等。

工业港是工矿企业专用港口。主要是临近江、河、湖、海的大型工矿企业直接运输原料、燃料和产品的港口。

避风港是供船舶躲避风浪的港口，也可由此取得补给、进行小修等。

3. 按照所在地理位置分类

港口按所在地理位置可分为海港、河港、湖港、水库港等。

海港是滨海港口的通称，包括筑在海岸边的海岸港和筑在江河入海处的河口港等。前者如我国的大连港、青岛港；后者如我国的上海港、英国的伦敦港、德国的汉堡港等。根据港湾形态特征又分为内湾型海港（港口位于伸向陆地的海湾）、外湾型海港（位于面向开敞的海域或海湾）、狭湾型海港（位于伸向陆地的狭长形海湾）、天然岛港（位于天然岛屿上）、人工岛港（位于人工岛屿上）和平直型海港（位于开敞的平直海岸，因掩护条件差，多为挖入式港池）等。

河港是位于江河沿岸的港口，是内河运输船舶停泊、编队、补给燃料的基地，也是江河沿岸旅客和货物的集散地。

湖港和水库港分别是指位于湖岸和水库边的港口。

4. 按照潮汐影响分类

港口按潮汐影响可分为开敞港、闭合港、混合港。

开敞港是指港内水位潮汐变化与港外相同的港口。

闭合港是指在港口入口处设闸，将港内水域与外海隔开，使港内水位不随潮汐变化而升降，保证在低潮时港内仍有足够水深的港口，如英国的伦敦港。

混合港是指兼有开敞港池和闭合港池的港口，如比利时的安特卫普港。

5. 按照地位分类

港口按地位可分为国际性港、国家性港、地区性港等。

国际性港主要是指靠泊来自世界各国的船舶的港口，如我国的上海港和香港港等、国外的鹿特丹和伦敦港等。

国家性港主要是指靠泊往来于国内港口的船舶的港口。

地区性港主要是指靠泊往来于国内某一地区港口的船舶的港口。

6. 按照运输角度分类

从运输角度，港口可分为腹地港、中转港、支线港等。

腹地港（Hinterland of Port）是指国际运输主要航线的端点港，与内陆发达的交通运输网相连接，是水陆交通的枢纽。

中转港（Transit Port）地理位置优越，在水路运输发展过程中已经成为海上运输主要航线的连接点，同时又成为支线的汇集点。

支线港（Feeder Port）拥有规模较小的码头或部分中等规模的码头，主要挂靠支线运输船舶和短程干线运输船舶。

7. 按照代际分类

港口按代际可分为第一代港口、第二代港口、第三代港口、第四代港口等。

第一代港口是指 1950 年以前的港口，其功能为海运货物的转运、临时存储及货物的收发等，港口只是海洋运输同内陆运输之间的一个接口，其特征是：与运输活动、贸易活动相分离，只是货物转移的一个场所，功能只是船岸之间的货物转移；它把自己作为一个独立的地方，同当地政府，甚至是货运客户的合作关系都很少；港口中不同的业务彼此孤立。第一代港口主要是转运杂货、散货。

第二代港口是指 20 世纪 50 年代至 80 年代的港口。第二代港口在第一代港口的基础上，增加了运输装卸和为工商业务服务的场所功能。其特征是：除了直接为客户提供货运、装卸服务以外，还提供工商业务方面的相关服务；能以比较广阔的视野来考虑港口政策与发展战略，并采用比较先进的管理理念与管理方法；在港区范围内增加工业及服务设施；在运输和贸易之间形成伙伴关系，让货方尤其是大的货主在港区内建立货物处理设施；与当地政府有关部门建立比较密切的联系。

第三代港口是指 20 世纪 80 年代至 90 年代成为物流中心的港口。第三代港口除具有第一代港口、第二代港口的功能以外，加强了与所在城市以及用户之间的联系，使港口的服务超出以往的界限，增加运输、贸易的信息服务与货物的配送等综合服务，使得港口成为物流中心。其特征是：港口逐步形成为国际生产与流通网络的枢纽。港口业务在原有基础上不断专业化、集成化，更富可变性，在规划和建设港口基础设施时同步考虑了信息处理设施的规划和建设，重视产品的增值服务。

第四代港口是指从 20 世纪 90 年代开始，有港航联盟、港际联盟的信息化、柔性化港口。第四代港口在港航联盟、港际联盟的基础上，处理的货物主要是大型化、高度信息化、网络化的，同时还满足市场柔性需求，能精细化、敏捷化生产。其特征是：港航联盟、港际联盟，一些港口运营商经营的码头正在形成网络；港口与航运及其相关的物流活动之间的互动构建无缝供应链；港口的信息化、网络化、敏捷化使得港口能够对市场需求做出快速反应，满足客户提出的各种差异化、个性化的需求。

从目前世界主要港口所处的阶段来看，港口正在向更高层面演进升级。港口从其功能来看，已经从全球综合运输网络的节点向全方位的增值服务中心发展，成为物流、人流、资金流、信息流、技术流的汇聚中心，港口经营的多元化时代随之来临。

8. 按照运价表现分类

按照运价表现，港口可分为基本港、非基本港等。

基本港（Base Port）是指运价表限定班轮运输公司的船一般要定期挂靠的港口，大多数为位于中心的较大口岸，港口设备条件比较好，货载多而稳定。运往基本港口的货物一般均为直达运输，无须中途转船；但有时也因货量太少，船方决定中途转运，船方自行安排并承担转船费用。按基本港口运费率向货方收取运费时，不得加收转船附加费或直航附加费，并应签发直达提单。

基本港口以外的港口都称为非基本港口（Non-Base Port）。非基本港口一般除按基本港口收费外，还需另外加收转船附加费，达到一定的货量时则改为加收直航附加费。

1.1.3　港口功能

港口对自然条件、经济腹地、集疏运条件、经营专业化程度要求高，资本投入大、建设周期长，政府管制严格。港口历来在一国的经济发展中扮演着重要的角色，其功能可归纳为以下四个方面：

1. 物流服务功能

港口首先应该为船舶、汽车、火车、飞机、货物、集装箱提供中转、装卸和仓储等综合物流服务，尤其是提供多式联运和流通加工的物流服务。

2. 信息服务功能

现代港口不但应该为用户提供市场决策的信息及相关咨询，而且还应建成电子数据交换（EDI）系统的增值服务网络，为客户提供订单管理、供应链控制等物流服务。

3. 商业功能

港口的存在既是商品交流和内外贸易存在的前提，又促进了它们的发展。现代港口应该为用户提供方便的运输、商贸和金融服务，如代理、保险、融资、货代、船代、通关等。

4. 产业功能

建立现代物流需要具有整合生产力要素功能的平台，港口作为国内市场与国际市场的接轨点，已经实现从传统货流到人流、货流、商流、资金流、技术流、信息流的全面大流通，是货物、资金、技术、人才、信息的聚集点。

1.2　港口在现代物流中的作用

现代港口的功能主要体现在以港口的运输和中转功能为依托，建立强大的现代物流系统，继而发展仓储、配送、加工改装、包装等产业，带动整个临港产业带的发展。港口作为全球综合运输网络的节点，其功能不断拓宽，在发展现代物流中发挥着越来越重要的作用。

1.2.1　港口是陆海间国际物流通道的纽带和节点

在整个运输链中，港口总是以其最大的集散功能实现地区、国家间大批量货物交易的流通，并且作为全球综合运输网络的节点，其功能也在不断地以港口为中心向内陆扩展，为客户提供方便的运输、商业和金融服务，实现从传统货物转运到物流、商流、资金流、技术流、信息流综合集成的转变。现代港口正朝着提供全方位增值服务的方向发展，已经成为国际现代物流供应链的重要节点和物流通道的枢纽。港口功能的拓展不仅是现代物流发展的要求，而且是港口推动现代物流发展作用的体现。

1.2.2　港口是物流信息中心

对国际贸易来说，港口作为国际物流链中的重要节点，是船舶、航海、内陆运输、通信、经济、技术的汇集点。货主、货代、船东、船代、批发零售商、包装公司、陆上运输公司、海关商品检查机构等均需要信息服务，从而使港口成为现代物流信息中心。

1.2.3　港口是提供社会生产、流通、商务服务的中心

现代港口是生产要素的最佳结合点，是综合物流供应链中最大货物的集结点。由于港口具有运输优势，世界许多最重要的港口都有"前港口，后工厂"的布局设置，许多有实力的企业也选择港口城市作为发展之地，世界重要港口基本上都是重要的工业基地。现代港口作为水陆运输的枢纽、水运货物的集散地、远洋运输的起点和终点，不仅在海上形成了枢纽港的分离，而且在陆上形成了以港口端点，以内陆的物流中心为集散点，以不同运输方式的多式联运为运输通道的内陆网络体系。港口成为最大货物的集结点，有力地推动了区域经济的发展，汇集了最佳的人力、物力、财力，使得港口成为区域乃至国际性的商务中心。

1.2.4　港口是城市经济发展的新的增长点

"港为城用、港兴城兴、以港兴市、港城互动"，港口物流业对区域经济发展、城市化建设乃至整个国民经济的稳定繁荣产生越来越重要的影响。港口是城市的重要基础设施，关系着城市利用外地资源（包括国内外资源）的范围和程度；港口作为城市的窗口和门户，是引进国外资本、设备、技术等的重要渠道，是城市发展各种产业的物质手段和重要条件，也是增强城市辐射力、吸引力和服务功能的基础和重要手段。以港口为依托的金融保险、管理咨询、临港工业、保税园区、信息通信等成为城市经济发展新的增长点。

1.3　港口物流的内涵与功能

1.3.1　物流及其构成要素

1. 物流的概念

目前，国内外物流的概念有多种说法，如美国物流管理协会（Council of Logistics Management）将物流（Logistics）的定义表述为：物流是供应链运作中，以满足客户要求为目的，对货物、服务和相关信息在产出地与销售地之间实现高效率和低成本的正向和反向的流动和储存所进行的计划、执行和控制的过程。日本通商产业省运输综合研究所认为：物流是商品从卖方到买方的全部转移过程。我国国家标准 GB/T 18354—2006 将物流定义为"物品从供应地向接收地的实体流动过程。根据实际需要，将运输、储存、装卸、搬运、包装、流通加工、配送、回收、信息处理等基本功能实施有机结合"。

2. 物流的构成要素

物流最基本的构成要素是流体、载体、流向、流量、流程、流速。

（1）**流体** 流体是指物流中的"物"，即物质实体。流体具有自然属性和社会属性。自然属性是指其物理、化学、生物属性；社会属性是指流体所体现的价值属性，以及生产者、采购者、物流作业者与销售者之间的各种关系。物流渠道中流动的是各种各样的流体，具体的经营者必须根据其经营目标定位来合理确定其流体的规模和结构，以便合理选择运输方式和运输工具，安排保管场所，提供包装服务，配置装卸设施设备。

（2）**载体** 载体就是流体借以流动的基础设施和设备。基础设施大多是固定的，通常包括铁路、公路、水路、港口、车站、机场等基础设施。设备主要包括车辆、船舶、飞机、装卸搬运设备等，通常是可以移动的。

（3）**流向** 流体从起点到终点的流动方向称为流向。流向有自然流向、计划流向、市场流向和实际流向之分。对某种流体而言，可能会同时存在以上几种流向。通过流向研究，可以准确把握流向的变化规律，做到合理规划物流流向、合理配置物流资源，从而降低物流成本，加快物流速度。

（4）**流量** 通过载体的流体在一定流向上的数量表现称为流量。流量与流向是不可分割的，每一种流向都有流量与之对应。

（5）**流程** 流程是指通过载体的流体在一定流向上行驶路径的数量表现。路径越长，物流运输成本越高；反之，物流运输成本就越低。

（6）**流速** 通过载体的流体在一定流程上的速度表现称为流速。流速快，意味着物流时间的节约，也就意味着物流成本的减少。

物流六个要素之间有极强的内在联系，需要正确处理它们的相互关系，确保物流服务活动高效、有序开展。

3. 物流活动的目标

物流是社会分工深化的结果，符合社会经济发展的要求。物流活动的目标体现在以下方面：

（1）**客户满意** 现代物流具有很强的服务性，要以顾客满意为核心，牢固树立"顾客第一"的观念。

（2）**降低成本** 物流活动通过时间成本、空间成本及交易成本等的降低实现顾客总成本的降低。

（3）**速度经济** 现代物流不仅仅是物品的传递，更重要的是通过信息的沟通来实现物品最适合的流动，让物品在最恰当的时间送到顾客手中。

（4）**规模经济** 要通过先进的物流设施与设备、便捷的电子商务网络以及遍及各地的渠道体系实施规模化经营。

（5）**范围经济** 它是指对产品进行共同生产相对于单独生产的经济性，即物流企业在能够同时提供运输、仓储、加工、配送、信息处理以及这些功能集成的服务时，远比单独建立起一个个功能性企业来各自提供运输、仓储、加工、配送、信息处理等功能更具效率和效益。

（6）**竞争优势** 现代市场竞争已由企业与企业之间的竞争演变为供应链与供

应链之间的竞争。物流企业要通过专业化服务优势为物流外包者在降低总成本、提高供应链竞争地位方面提供协同力量。

1.3.2　常见的物流理论

1. 第三利润源理论

"第三利润源"（Third Source of Profit）是对物流的潜力及效益的描述。物流是第三利润源泉，这是相对于第一利润源泉（资源领域）和第二利润源泉（人力领域）而言的。物流被看成是"第三利润源"，基于以下两方面原因：一是利润由收入减去成本得到，成本包括生产过程成本和流通成本；二是生产过程成本由物资成本和人力成本组成，物资成本即人们所称的第一利润源，人力成本则被看成是第二利润源。

物流被看成"第三利润源"，可从以下四个方面进一步理解：①物流可以完全从流通中分化出来，自成体系、有目标、有管理，因而能进行独立的总体判断；②物流和其他独立的经济活动一样，是单独的盈利因素，可以成为"利润中心"；③从物流服务角度看，通过有效的物流服务，可以给接受物流服务的生产企业创造更好的盈利机会，成为生产企业的第三个利润源泉；④通过有效的物流服务，可以优化社会经济系统和整个国民经济的运行，降低整个社会的运行成本，提高国民经济总效益。

2. "黑大陆"说

著名管理学家彼得·德鲁克在《经济的黑色大陆》（*The Dark Continent in Economy Kingdom*）一文中将物流比作"一块未开垦的处女地"，强调应高度重视流通及流通过程中的物流管理，并说"流通是经济领域的黑大陆"。流通领域中物流活动的模糊性特别突出，它是人们认识不清的领域，所以"黑大陆"学说（The Black Continent Theory）主要针对物流而言。

3. "冰山"说

物流的"冰山"说（Logistics Iceberg Theory）是由日本早稻田大学西泽修教授提出来的。他在专门研究物流成本时发现，当时的财务会计和会计核算方法（由于其分门别类设立账目）不可能掌握物流费用的实际情况，表现为：①物流成本的计算范围太大，包括原材料物流、工厂内物流、从工厂到仓库和配送中心的物流、从配送中心到商店的物流等。这么大的范围，涉及的单位非常多，牵涉的面也很广，很容易漏掉其中的某一部分，造成计算结果相距甚远。②运输、保管、包装、装卸及信息等各物流环节中，以哪几种环节作为物流成本的计算对象？只计入运输和保管费用，不计其他费用，与全部计算运输、保管、装卸、包装及信息等费用相比，两者的结果差别相当大。③选择哪几种费用列入物流成本？如向外部支付的运输费、保管费、装卸费等费用一般都容易列入物流成本，可是本企业内部发生的物流费用，如与物流相关的人工费、物流设施建设费、设备购置费，以及折旧费、维修费、电费、燃料费等是否也列入物流成本中？此类问题都与物流费用的多少直接相关。所以说物流费用确实犹如一座海里的冰山，露出水面的仅是冰山的一角。

4. 二律背反理论

物流的二律背反理论（Antinomy Theory）指的是物流的若干功能要素之间存在着损益的矛盾，即某一个功能要素优化时，可能会存在另一个或另几个功能要素的利益损失，反之也如此。它是一种此涨彼消、此盈彼亏的现象。在二律背反的情况下，物流应遵循整体效益最大化、系统最优化原则。

1.3.3　港口物流的内涵

1. 港口物流的含义

港口物流（Port Logistics）是指中心港口城市利用其自身的口岸优势，以先进的软硬件环境为依托，强化其对港口周边物流活动的辐射能力，突出港口集货、存货、配货的特长，以临港产业为基础，以信息技术为支撑，以港口资源优化整合为目标，发展具有涵盖物流产业链所有环节特点的港口综合服务体系。港口物流是特殊形态下的综合物流体系，是物流过程中的一个不可替代的重要节点，完成整个供应链物流系统中基本的物流服务和衍生的增值服务。

2. 港口物流的发展阶段

纵观港口物流的发展趋势，大体经历了如下四个发展阶段：

1）传统物流阶段——运输、转运、储存。

2）配送物流阶段——运输、转运、储存、拆装箱、仓储管理、加工。

3）综合物流阶段——信息化、网络化，集商品流、信息流、资金流、人才流于一体。

4）港口供应链阶段——全球物流、共同配送，主动参与和组织与现代物流有关的各个物流环节的活动及其衔接与协调。

现代港口物流的特点表现为：大物流——物流产业内部的合作与整合；高科技——物流系统智能化、柔性化；信息港——统一的港口物流信息平台；一体化——高增值物流园区。

1.3.4　港口物流的功能

现代港口物流是一个综合系统，基本功能正在单一装卸、仓储、运输等活动的基础上逐步发展和完善，向着效率更高、成本更低、服务更好的目标发展。现代港口物流的功能主要包括以下几个方面：

1. 运输、中转功能

运输和中转是港口物流的首要功能。在现代港口物流的活动中，运输是构成供应链服务的中心环节，包括供应及销售物流中的车、船、飞机等方式的运输，生产物流中的管道、传送带等方式的运输。对运输活动的管理，要求选择技术经济效果最好的运输方式及联运方式，合理确定运输路线，以满足安全、迅速、准时、价廉的要求。

中转港是指货物从启航港前往目的港途经行程中的第三港口，运输工具在此进行停靠、装卸货物、补给等操作，货物在此进行换装运输工具继续运往目的地。中转运输实际上是在吞吐量与利润间权衡与博弈。依据现代港口网络演化理论，不能满足水深、服务、费率等软硬件要求的港口，原本的中转功能也将逐渐被弱化，具有差异化特性的中转港口才能被保留，且在枢纽港航线数量增加、航班密度提升的马太效应作用下，中转港的中转功能有望得到进一步强化。

2. 装卸搬运功能

装卸是指以垂直位移为主的实物运动形式，是物流的主要作业之一，也是决定物流能否顺利进行的关键。它包括对输送、保管、包装、流通加工等物流活动进行的衔接活动，以及在保管等活动中为开展检验、维护、保养所进行的装卸活动。伴随装卸活动的小搬运，一般也包括在这一活动中。在全物流活动中，装卸活动是频繁发生的，因而是产品损坏的重要原因。对装卸活动的管理，主要是确定最恰当的装卸方式，力求减少装卸次数，合理配置及使用装卸机具，以做到节能、省力、减少损失、加快速度，获得较好的经济效果。

搬运是指承受负载并运送到另一个地方，通过一段较长的距离将负载（如货物）从一地运送到另一地。可用人工或者机器搬运。

3. 加工、包装、分拣功能

流通加工功能又称为流通过程中的辅助加工活动。这种加工活动不仅存在于社会流通过程中，而且存在于企业内部的流通过程中。实际上，它是在物流过程中进行的辅助加工活动。厂商为了弥补生产过程中加工程度的不足，为了更有效地满足用户或本企业的需求、更好地衔接产需，往往需要进行这种加工活动。

包装是指为在流通过程中保护产品、方便储运、促进销售，按一定的技术方法用到的容器、材料和辅助物等的总体名称，也指为达到上述目的采取的技术操作。它包括产品的出厂包装、生产过程中在制品、半成品的包装，以及物流过程中换装、分装、再包装等活动。对包装活动的管理，要根据物流方式和销售要求来确定。以商业包装为主、还是以工业包装为主，要全面考虑包装对产品的保护作用、促进销售的作用、提高装运率的作用、拆装的便利性及废包装的回收及处理等因素。包装管理还要根据全物流过程的经济效果，具体决定包装材料、强度、尺寸及包装方式。

分拣是指将物品按品种、出入库先后顺序，分门别类进行堆放的作业。分拣是完善送货、支持送货的准备性工作，是配送企业竞争和提高自身经济效益的必然延伸，可以说，分拣是送货向高级形式发展的必然要求。

4. 仓储、配送、保管功能

"仓"即仓库，是存放、保管、储存物品的建筑物和场地的总称，可以是房屋建筑、洞穴、大型容器或特定的场地等，具有存放和保护物品的功能。"储"即储存、储备，表示收存以备使用，具有收存、保管、交付使用的意思。仓储是通过仓库对物资进行储存、保管，以及仓库相关储存活动的总称，是商品流通的重要环节之一，也是物流活动的重要支柱。

配送是指物流进入最终阶段，以配送、送货形式最终完成社会物流并最终实现资源配置的活动。配送几乎包括了所有物流功能要素，是物流的一个缩影或某小范围内物流全部活动的体现。一般的配送集装卸、包装、保管、运输于一身，通过这一系列活动完成。

保管包括堆存、保管、保养、维护等活动。对保管活动的管理，要求正确确定库存数量，明确仓库以流通为主还是以储备为主，合理制定保管制度和流程，对库存物品采取有区别的管理方式，力求提高保管效率、降低损耗、加速物资和资金的周转。

5. 信息处理功能

物流信息是连接运输、储存、装卸、包装各环节的纽带，没有各物流环节信息的通畅和及时供给，就没有物流活动的时间效率和管理效率，也就失去了物流的整体效率。收集与物流活动相关的信息，能使物流活动有效、顺利地进行。信息包括与商品数量、质量、作业管理相关的物流信息，以及与订货、发货和货款支付相关的商流信息。

与物流信息密切相关的是物流信息系统，即管理人员利用一定的设备，根据一定的程序对信息进行收集、分类、分析、评估，并把精确的信息及时地提供给决策人员，以便他们做出高质量的物流决策。港口信息化程度越高，港口物流的效率就越高。

随着港口大型化、专业化水平明显提升，变革与创新已成为各大港口的必然之举，"智慧港口"成为未来港口发展的方向。智慧港口主要包括港口基础设施与装备的现代化、新一代信息技术与港口业务的深度融合、港口生产运营的智能自动化、港口运营组织的协同一体化、港口运输服务的敏捷柔性化、港口管理决策的客观智慧化。它以现代化基础设施和设备为基础，以云计算、大数据、物联网、移动互联网、智能控制等新一代信息技术与港口运输业务深度融合为核心，以港口运输组织服务创新为动力，以完善的体制、机制、法律法规、标准规范、发展政策为保障，能够在更高层面上实现港口资源的优化配置，更加满足多层次、敏捷化、高品质的港口运输服务要求，具有生产智能、管理智慧、服务柔性、保障有力等鲜明特征。

6. 保税服务功能

保税是一种国际通行的海关制度，是指经过海关批准的境内企业的进口货物，在海关监管下，在境内指定的场所储存、加工、装配，并暂缓缴纳各种进口税费的一种海关监管业务制度。保税物流功能特指在海关监管区域内，包括保税区、保税仓、海关监管仓等，从事仓储、配送、运输、流通加工、装卸搬运、物流信息、方案设计等相关业务时，企业享受海关实行的"境内关外"制度，以及其他税收、外汇、通关方面的特殊政策。

7. 其他功能

港口物流具有的其他功能包括接待船舶、船舶技术供应、燃料、淡水、一切船用必需品、船员食品供应、集装箱的冲洗、引航、航次修理、天气恶劣时的船舶隐蔽、海难的救助等。

1.3.5 典型港口物流模式

港口物流的发展是一个由成本理念到利润理念、再到综合物流服务理念的过程。成本理念追求的是降低物流总成本，利润理念追求的是获取最大利润，而综合物流服务理念则除追求商品自然流通的效率和费用外，还要强化客户服务意识，以客户为中心进行管理和控制，切实转换经营和管理方式，按现代物流的要求进行整合，提供完善的物流服务。

1. 鹿特丹港模式

鹿特丹港有"欧洲门户"之称，地处欧洲水运大动脉——莱茵河的出海口，即世界最繁忙的洲际海上航线（欧洲-美洲、欧洲-非洲、欧洲-大洋洲）和莱茵河的交点，又介于西欧最发达的德国、法国、英国三国之间，也是联系北欧和南欧的中间站，并同欧洲稠密的公路、铁路网结成一体。其特点如下：

(1) 现代化的港口建设 以新航道为主轴，港池多采用挖入式，按功能分设干散货、集装箱、滚装船、液货、原油等专用和多用码头，实行"保税仓库区"制度，构成由港口铁路、公路、内河、管道和城市交通系统及机场连接的集疏运系统。

(2) 多样化的集装箱运输形式 集装箱运输形式主要有公路集装箱运输、铁路集装箱运输和驳船集装箱运输。

(3) 功能齐全的配送园区 在离货物码头和联运设施附近建设有物流园区，发挥拆装箱、仓储、再包装、组装、贴标、分拣、测试、报关、集装箱堆存修理及向欧洲各收货点配送等港口物流功能，提供一体化服务。

(4) 港城一体化的国际城市 鹿特丹作为重要的国际贸易中心和工业基地，在港区内实行"比自由港还自由"的政策，其临海沿河工业带拥有炼油、石油化工、船舶修造、港口机械、食品等部门，是一个典型的港城一体化的国际城市。

(5) 不断创新的管理机制 港务当局不断进行功能调整，由港务管理功能向物流链管理功能转变，继续扩大港口区域，尝试使用近海运输、驳船和铁路等方式，建设信息港，发展增值物流。

2. 香港港模式

我国香港是著名的国际航运中心。其港口物流发展的经验与模式如下：

(1) 利用独特的地理优势 香港以内地特别是经济发达的珠江三角洲为腹地，发挥自身特点，连接欧美，面向东南亚，重点做好占其港口吞吐量83%以上的转口贸易中转货运物流。香港已成为虚拟供应链控制中心，物流业的覆盖面遍及整个内地。

(2) 提供良好的发展条件 香港港口物流的基础设施建设投入大、起点高，先进的港口设备堪称世界一流，物流运作的速度和效率首屈一指。

(3) 创造优越的发展软环境 香港特别行政区政府一直重视物流业的发展，提出要把香港建成国际及地区首选的运输及物流枢纽中心，成立了物流发展督导委员会和香港物流发展局，强化与港口物流相匹配的服务功能，健全法律制度，提供金融与保险等一系列物流援助或服务、快捷高效的海关通关服务等。

(4) 重视人才，提高物流管理水平 香港港与高校等教育机构合作，培养一流的港口物流操作和管理人才。同时，通过建立廉洁制度，提高港口物流从业人员素质，从而提供优质的物流服务。

3. 新加坡港模式

新加坡港由于自身经济腹地较小，直接外贸运输并不太多，因而以海外腹地作为其主要经济腹地，将其他国家或地区的国际贸易货物作为其服务的主要对象，是以水水中转为特色的国际物流航运中心。其远景目标是发展成为集海、陆、空、仓储为一体的全方位综合物流枢纽中心。

作为新兴的国际航运中心，新加坡港实施非常开放的自由贸易政策，大型机械设备和先进的电子化、先进的管理技术和人员的高素质是其自由港的特点。

新加坡港发展的经验和模式如下：

（1）重点拓展集装箱码头建设 通过改建和新建集装箱专用码头，配合积极的集装箱中转政策，并与政府当局和相关行业紧密协作，新加坡港迅速发展成为全球化的集装箱国际中转中心。

（2）着力建设航运市场，不断制订鼓励和协助航运发展的计划 世界前20家国际班轮运输公司多数将亚洲区域总部落在新加坡。另外，新加坡港服务优质、管理高效，为往来船只提供装卸、疏运、燃料、维修、给养、游览和娱乐服务。新加坡港已形成了一个完善的服务系统及计算机数据交换网络，成功地将运输、仓储、配送等物流环节整合成"一条龙"服务。

（3）在空运、炼油、船舶修造等方面具备产业优势 围绕集装箱国际中转，通过海运和空运的配合与衔接，新加坡港可以满足用户的特殊需求，并衍生提供国际集装箱管理与租赁等附加服务功能和业务。此外，新加坡是世界第三大炼油中心，产业的规模效应使其船用成品油的价格相对较低，加上其位于国际航线的要冲，已发展成为国际船舶燃料供应中心。

（4）注重先进电子技术的运用 新加坡港港口内的调度、计划、日常业务、船只进出港指挥、安全航行、与货主及海运公司的业务商谈等均大量采用电子技术，既提高了效率，又节省了大量人力费用支出。物流企业基本实现了整个运作过程的自动化，新加坡政府启动"贸易网络"系统，实现企业与政府部门之间的在线信息交换，而且物流企业都先后斥资建成了信息技术平台。

（5）拥有非常优越的营商环境及完善的航运生态系统 新加坡港作为国际航运中心，能集合政府职能部门、航运公司、物流企业、金融和法律服务机构等一起高效运作，实现航运服务、船舶维修服务、船舶供应服务、航运金融服务、法律服务等诸多复杂的功能，进而拥有非常优越的营商环境及完善的航运生态系统。

4. 上海港模式

上海港发展的经验和模式如下：

（1）建设集疏运体系 不断扩大港口规模；水路运输、公路运输、铁路运输、航空运输四通八达，构建规模化、集约化、快捷高效的多种运输方式一体化的发展格局。

（2）打造世界先进的海空枢纽港 完成洋山四期工程后续工作，加快推进外高桥港区八期工程建设；持续推进建设浦东机场、虹桥机场；提升国际航空货邮中转功能，推进快件、冷链物流和跨境电商等细分业务开展。

（3）促进航运绿色、安全、高效发展 进一步实施船舶排放控制区管控措施，加快岸电设施推广和应用，推广液化天然气动力内河船舶应用，提高港区非道路移动机械清洁能源使用率，全面落实港口、船舶污染物的规范接收处置。完善国际贸易窗口，打造长江口深水航道 E 航海示范区，建设跨境贸易管理大数据平台和长江集装箱江海联运综合服务信息平台，完善集卡（运输集装箱的卡车）预约平台功能，全面推行港口业务网上受理，推进集装箱设备交接单、提货单电子化。

（4）**全面提升现代航运服务** 打造上海航运金融产业集聚区，打造虹桥临空经济示范区，打造邮轮物资配送中心，打造"上海航运指数"品牌，发展航运金融衍生品业务等。

从以上四大港口发展的状况和措施中可以看出，向国际化、规模化、系统化发展，形成高度整合的"大物流"，进一步拓展服务功能的"增值物流"，打造技术密集型的"智能港"以及发展"虚拟物流链控制中心"，是当前港口物流发展的主要特点和趋势。

1.4 港口物流的基本关系

1.4.1 港口与经济发展

1. 相关理论

（1）**港口生长点理论**（Port Growth Point Theory） 该理论认为，港口的存在促进了贸易的增长，而贸易基础理论阐明港口是由于贸易的需要而形成和发展起来的，贸易基础理论与港口生长点理论相辅相成，相互起到积极的推动和促进作用。纽约、东京、香港、上海等港口城市的发展过程表明，港口城市的发展速度快于其他城市，就是因为港口生长点效应在起作用。

（2）**核心-边缘理论**（Core-Edge Theory） 该理论是解释经济空间结构演变模式的一种理论，用于解释区域间如何由互不关联、孤立发展变成彼此联系、发展不平衡，又由极不平衡发展变为相互关联的平衡发展的区域系统。通常，核心区域是指城市或城市集聚区，其工业发达、技术水平较高、资本集中、人口密集、经济增长速度快；边缘区域则是指经济较为落后的区域。作为交通枢纽和物流中心的大型港口城市，由于其扩散效应、聚集效应和港口对货物的吸引中转效应，会有力推动周围地区经济发展，使得港口所在地和港口周边地区比较富裕和发达。

（3）**资源禀赋理论**（Endowment Theory of Resources） 该理论强调以要素分布为客观基础，强调各个国家和地区不同要素禀赋和不同商品的不同生产函数对贸易产生的决定性作用，也称为 H-O 理论（即赫克歇尔-俄林理论）。该理论认为不同的商品需要不同的生产要素比例，而不同国家拥有的生产要素相对来说是不同的，因此，各国应生产那些能密集地利用其较充裕的生产要素的商品，以换取那些需要密集地使用其稀缺的生产要素的进口商品。产生比较成本差异的两个前提条件是：两个国家的要素禀赋不一样，不同产品在生产过程中所使用的要素配置不一样。在一个国家或地区，港口城市和内地城市的一个重要区别就是是否具有港口资源。港口作为物流交汇点和对外贸易的门户，往往使得港口所在城市成为形成资源要素的最佳结合点。

（4）梯度推进理论（Gradient Propulsion Theory） 该理论认为，不同国家或不同地区间存在着产业梯度和经济梯度，存在梯度地区技术经济势差，就存在技术经济推移的动力，从而形成生产力的空间推移。经济的发展趋势是由发达地区向次发达地区、再向落后地区推进，处于高梯度地区的产业会自发地向处于较低梯度地区转移。

2. 港口与经济发展的关系

港口物流从纵向看，涉及运输、储存、装卸、搬运、包装、流通加工、分拣、配送、信息处理，以及为以上多个环节提供装备和配套服务的诸多领域；从横向看，港口物流服务涉及国民经济的多个方面，是一个跨行业、跨部门、跨地区的基础性产业，具有强大的经济渗透力和带动效应。经济的发展离不开港口物流的助力，港口物流的发展同样需要区域经济的推动，二者相辅相成。

（1）港口物流推动经济发展 推动作用包括对经济的直接贡献、间接贡献和社会效益。港口物流对经济的直接贡献主要是指港口生产所直接获得的经济效益。港口是国民经济和地区经济的一部分，与其他行业一样，港口同样产生国内生产总值、国民收入，港口还产生就业机会并上缴国家税收。通常用货运与客运周转量以及国民生产总值的增加值等指标来衡量直接贡献。港口物流对经济的间接贡献则是指为直接经济活动提供劳务与产品的组织所产生的效益，是指由于港口的生产和发展促进或带动了其他部门的发展而产生的那部分效益。港口社会效益是指港口发展对促进地区繁荣的巨大的推动作用。

港口物流推动经济发展表现为：吸引大量资本涌入，促进基础设施建设，推动区域内资源优化。港口物流会带动仓储、配送与陆上运输、包装与流通加工、信息服务、商贸、金融保险、旅游宾馆餐饮与房地产、修船与备件服务、教育培训等行业发展。

（2）经济发展助力港口物流 港口物流推动经济发展的同时，经济发展也助力港口物流的发展，是港口物流发展的保障和前提。表现为：产业政策支持，优化产业结构，打造区域经济发展经济品牌。产业政策支持是港口物流发展的最强动力，在优惠政策的吸引下，会有更多企业来到港口区，由此奠定了港口物流发展的基础。优化产业结构，提升产业规模和经济的开放性，是由于产业结构和规模决定了港口物流的贸易数量和货物种类，影响着港口产业集群的发展；而经济的开放性是产业集群发展的基础环境和必要条件，自由的贸易政策决定了港口贸易的自由程度，开放的贸易政策保证了港口物流中货物的进出口和中转能够简便、快速，这会吸引世界上更多的跨国企业来进行贸易或投资，推动港口物流的发展。打造区域经济品牌，对港口物流的发展有着深远的影响。激烈的市场竞争中，品牌效应不可忽视。区域经济品牌效应会使区域内的人员、资金、货物、信息等资源的流动更快，使得港口物流得到了进一步的发展。

3. 港口与我国的经济发展

港口不仅是一国对外贸易的窗口、经济状况变化的晴雨表，更是一个国家基础设施综合实力的反映。

目前，我国港口正呈现出专业化、大型化、深水化的趋势，已形成了环渤海、长江三角洲、东南沿海、珠江三角洲和西南沿海五大港口群，主要港口正向世界一流港口迈进，对区域经济协调发展的辐射和带动作用显著增强。2012年以来，港口吞吐量与我国国民生产总值（GDP）、进出口总额的相互关系见表1-1。数据表明，港口物流与对外贸易、国民经济发展相辅相成，共同发展。

表1-1　国民生产总值、进出口总额与港口吞吐量的关系

年　　份	GDP（亿元）	进出口总额（亿美元）	港口吞吐量（亿 t）
2012 年	519 470	244 160	66.52
2013 年	568 845	258 168	75.61
2014 年	641 281	264 242	80.33
2015 年	685 993	245 503	93.48
2016 年	740 061	243 386	80.81
2017 年	820 754	278 099	86.25
2018 年	900 309	305 050	92.13

随着我国成为世界第二大经济体，我国的港口在全球市场表现强劲。联合国贸易和发展会议（UNCTAD）公布的全球海上运输相关报告显示，2018年，全球港口集装箱吞吐量排名前10的港口中，我国占据7席，上海港（第一，4201万TEU）、宁波舟山港（第三，2635万TEU）、深圳港（第四，2574万TEU）、广州港（第五，2192万TEU）、香港港（第七，1959万TEU）、青岛港（第八，1930万TEU）、天津港（第十，1600万TEU）的优异表现，反映出我国港口在全球海运领域的核心地位。我国港口在全球20强港口中的排名情况见表1 2。

表1-2　全球20强集装箱港口吞吐量排名　　　　单位：万 TEU

排　　名	港　　口	2018 年	2017 年	增长速度（%）
1	上海	4201	4023	4.42
2	新加坡	3660	3367	8.7
3	宁波舟山	2635	2461	7.07
4	深圳	2574	2521	2.10
5	广州	2192	2037	7.61
6	釜山	2159	2049	5.38
7	香港	1959	2077	− 5.68
8	青岛	1930	1830	5.46
9	天津	1600	1507	6.17
10	迪拜	1495	1540	− 2.90
11	鹿特丹	1451	1373	5.68
12	巴生	1203	1198	0.42

（续）

排　　名	港　　口	2018 年	2017 年	增长速度（%）
13	安特卫普	1110	1045	6.22
14	厦门	1070	1038	3.08
15	高雄	1045	1027	1.71
16	大连	977	971	0.58
17	洛杉矶	946	934	1.27
18	丹戎帕拉帕斯	879	826	6.39
19	汉堡	873	880	-0.80
20	林查班	796	778	2.31

1.4.2　港口与城市

港口发展与城市发展密切关联，相互依存。港口是城市经济运转的关键之一，临港工业在城市经济结构中作用明显，港口区域规划是城市规划布局中的重要组成部分。在港口与城市的关系方面要强调协调与一体化，发挥港口与城市相互支持、相互促进的积极作用。

1. 港口对城市的推动作用

港口在城市发展方面具有先导作用和带动作用，港口功能由单一向多元转变，这些都为城市经济发展注入了强大生机与活力。港口发展中经营活动的前后向联系强度越来越大，并通过乘数效应拉动城市及周边地区的经济发展。

港口作为一个开放系统，是对外通道和各种联系、交流的交汇点。物质、能量、人员、信息交流广泛而频繁，使得港口成为城市正常运转的重要物质前提和必要条件。

港口是城市的重要基础设施，关系着城市利用外地资源，包括国内外资源的范围和程度。因此，港口的发展有利于加快城市及区域经济的发展。

港口也是城市发展各种产业的重要物质条件和手段，是增强城市辐射力、吸引力和服务功能的基础和重要手段。港口还在推动人际交往、促进科技发展和思想文化交流方面发挥着重要作用。

2. 城市对港口的促进作用

港口在促进城市发展的同时，城市的发展也为港口的发展提供支持和保障。城市为港口发展提供要素支撑，港口城市是港口最直接的经济腹地。城市为港口发展提供经济与政策支持，如港口发展所需要的人力资源、土地、集疏运条件等硬件设施，以及相关的金融、贸易等软件环境。港口的发展离不开港口城市的组织、协调和服务等；城市为港口转型发展提供支持，如老码头改造、港区功能转变、港口布局优化等。

1.4.3　港口与国际航运中心

1. 国际航运中心的演变

国际航运中心（International Shipping Center）的演变大体经历了以下几个

阶段：

（1）地理大发现促进国际航运逐步出现　从远古的独木舟到现代的运输船舶，航运大体经历了舟筏时代、帆船时代、蒸汽机船时代和柴油机船时代。地理大发现之前，世界航海技术进步迅速，罗盘、六分仪、海图、三角帆、三桅帆船等已逐步在航海中应用。而具有国际意义的重大航运事件主要是地理大发现时代的航运，其中包括郑和下西洋和哥伦布发现新大陆。一系列环球航行以及其他航海探险活动，使人类对航海的认识产生飞跃，极大方便了亚非欧美各大洲的人员往来、物质交换和文化交流。

（2）第一次工业革命推动国际航运中心基本形成　在国际航运逐步出现的基础上，第一次工业革命则催生了全球第一个国际航运中心——伦敦。伦敦是工业革命发源地，凭借优越的地理位置和港口条件，成为当时第一大港，港口吞吐量占全球的50%。在其发展过程中逐步形成了一整套关于国际海上贸易、海上货物运输的法律体系，伦敦的国际航运中心地位基本形成。

（3）第二次工业革命推动国际航运中心逐步发展　第二次工业革命浪潮中，美国成为新的世界经济中心。经济的高速发展推动了国际贸易的兴旺，促进了北美地区航运业的快速发展，加速了美国沿海港口城市走向繁荣。最具代表性的国际航运中心是纽约，纽约成为当时全球最大的国际金融、贸易、经济中心，作为美国的主要海港，一度承担了40%的全美外贸海运量，也成为这一时期新兴的国际航运中心。

（4）第三次工业革命促进国际航运中心的广泛分布　伴随着第三次工业革命浪潮，亚太地区经济快速增长，催生出一大批在国际航运界具有重要地位的大港，诸如东京、香港、高雄、上海、洛杉矶、长滩等，以及欧洲地区的鹿特丹、安特卫普等。在第三次工业革命时代，数字制造技术、互联网技术和再生性能源技术不断创新与融合，国际航运作为区域连接的重要手段，通过使用零排放的可再生能源而成为一个生态运输系统；港口成为区域内和区域间物资联系的集散、分拨和配送中心；航运中心成为贯通物流服务供应链的重要通道、满足个性化需求的柔性运输组织方式、信息高度集成的智慧港城。

在历史的演变中，主要形成了以下三类国际航运中心：第一类是以市场交易和提供航运服务为主的，最典型的代表是伦敦；第二类是以腹地货物集散服务为主的，如鹿特丹、纽约；第三类是以货物中转为主的，如香港。

2. 国际航运中心的形成条件

从国际航运中心的形成及演变来看，尽管各个国际航运中心形成的历史环境千差万别，但总体而言，其形成大体需要满足以下基本条件：

（1）自然条件　自然条件包括港口的水文条件、气候条件及地理位置，其对形成国际航运中心具有关键作用。应该指出的是，自然条件的优劣标准是随历史的推进而变化的。随着世界船舶的大型化，原先有着优势的一些港口（主要是一些河口港和内河港）都纷纷失去了优势，一些河口港先后到外海寻找新的港址，即采取"移港就船"的发展策略。同时，自然条件是可以改变的，如鹿特丹港、上海港就通过不断整治航道使水深条件有了明显的改善。

（2）经济条件　经济条件包括经济腹地的条件。具备建立航运中心的港口，其临近的腹地经济发达，处于经济长期增长的势头中，能为港口提供源源不断的货源；港口所处的地区，应该是经济极其开放、经济交流国际化程度极高、国际贸易和国际资本流动程度非常高的地区。

（3）集疏运条件　国际航运中心的集疏运条件不仅包括现代化深水港口及发达的海陆空、内河集疏运体系，也包括发达的集疏运管理信息网络等。只有具备现代化的港口和完善的集疏运等配套基础设施、网络系统，才能保证腹地经济、运输物流等能支持国际航运中心的发展。

（4）技术条件　技术条件主要是指支持国际航运中心高效率运作的科技能力，也包括将相关理论成果转化为实用技术并加以推广应用、将创新的管理技巧一般化并转移扩散的能力。当今所有国际航运中心都具有先进的科技支撑。

（5）体制及政策条件　国际航运中心在其市场体系、法律制度环境、政策状况方面必须具有国际化、自由化和稳定性的特征。

3. 国际航运中心的含义

在国际航运中心的概念界定方面，国外学者主要从词义和语源上进行辨析，国内学者主要从区位功能、动态发展的角度给予诠释。比较有代表性的有：

国际航运中心是综合体现集海运、造船、港口及海事服务等因素为一体的空间。

国际航运中心是有航线稠密的集装箱枢纽港、深水航道和集疏运网络等硬件设施，同时能够为航运业提供金融、贸易、信息服务等软件支持的综合性航运枢纽。

国际航运中心是指在市场经济条件下，某一国际都市圈或大城市带范围内，有航线稠密的集装箱枢纽港等硬件设施和发达的航运市场等软件设施，取得众所公认的国际航运枢纽地位，并以国际航运产业作为核心纽带，带动所在和相关区域经济系统发展，促进相关产业合理布局，实现相关资源最佳配置的国际化港口大都市。

上述定义均强调了航运要素的有效配置和整合，但侧重点各有不同。总之，国际航运中心是以优质的港口设施、发达的物流体系、优越的地缘区位为基础条件，在一定的国际航运活动区域内配置航运资源，某些航运要素的集聚度、国际影响力和市场占有率表现最为突出的现代化国际港口城市。

4. 港口与国际航运中心

港口是国际航运中心的核心要素，是形成国际航运中心所需的自然、经济、技术、社会的前提条件。国际航运中心的发展促进了港口转型升级、提升了港口品质，让港口聚集力、辐射力和经济影响力更加强大。

在"新华·波罗的海国际航运中心发展指数"（Xinhua Baltic International Shipping Center Development Index）构建中，港口条件与航运服务、综合环境一起成为指数中的三个一级指标，分别从三个维度来展现国际航运中心发展的内在规律。港口条件是港口城市能否成为国际航运中心的前提条件和重要基础性因素；航运服务是国际航运中心发展的核心驱动力，决定着航运资源要素的全球聚集和配置；综合环境是港口城市航运发展的商业经济环境与政策配套等措施，是国际航运中心发展的重要条件。集装箱吞吐量、干散货吞吐量、液散货吞吐量、桥吊数量、集装箱泊位总长度、港口吃水深度六个二级指标反映港口条件状况；航运经纪服务、船舶工程服务、船舶管理服务、海事法律服务、航运金融服务、船舶维修服务六个二级指标反映航运服务的情况；政府透明度、政府数字化管理、经济自由度、关税税率、营商便利指数、物流绩效指数六个二级指标反映综合环境的状态。2018 年该指数计算结果表明，全球综合实力前 10 位的国际航运中心分别为新加坡、香港、伦敦、上海、迪拜、鹿特丹、汉堡、纽约、东京、釜山，其中有六个位于亚洲，三个位于欧洲，一个位于美洲，亚洲航运中心地位上升趋势明显。

【本章小结】

港口按照规模、所在地理位置、用途等划分为不同类型，港口类型是进行港口布局和区域规划的基础。港口具有物流服务功能、信息服务功能、商业功能、产业功能，在现代物流发展中发挥着越来越重要的作用。物流最基本的构成要素是流体、载体、流向、流量、流程、流速，活动目标体现在客户满意、降低成本、速度经济、规模经济、范围经济、竞争优势方面。第三利润源理论、"黑大陆"说、"冰山"说、二律背反理论等有助于系统地分析物流活动。

港口物流大体经历了传统物流阶段、配送物流阶段、综合物流阶段、港口供应链阶段，大物流、高科技、信息港、一体化成为现代港口物流的发展趋势。港口由于地理位置、经济腹地、港口历史及在国家、区域经济发展中的地位和作用不同，形成了不同的港口物流模式。

现代港口物流是一个综合系统，具有运输、中转功能，装卸搬运功能，加工、包装、分拣功能，仓储、配送、保管功能，信息处理功能，保税服务功能等。运用港口生长点理论、核心-边缘理论、资源禀赋理论、梯度推进理论等能分析港口与经济发展的关系。一方面港口物流推动经济发展，另一方面经济发展助力港口物流发展。我国经济和港口的发展也表明二者相辅相成，共同发展。随着我国成为世界第二大经济体，我国的港口在全球态势中也是蓬勃发展，处于全球海运领域的核心地位。

港口发展与城市发展密切关联，相互依存。港口对城市具有推动作用，城市对港口具有促进作用。自然条件、经济条件、集疏运条件、技术条件、体制及政策条件是形成国际航运中心的基本要求。港口是国际航运中心的核心要素，国际航运中心的发展促进了港口转型升级和品质提升。

【主要词汇】

港口，物流，模式，港口功能，国际航运中心。

【案例分析】

太仓港港务集团首次实现盈利⊖

2017 年 9 月，太仓港港务集团有限公司（以下简称太仓港港务集团）正式加入江

⊖ 资料来源：http://mini. eastday. com.

港口物流

苏省港口一体化整合进程，由苏州港集团有限公司（以下简称苏州港集团）统一管理。作为苏州港集装箱板块运营主体，按照苏州港集团"专业化定位、一体化经营"的总体思路，太仓港港务集团不断攻坚克难，调结构、促转型、强市场，2018年在基本面未发生任何改变的情况下，同口径实现减亏近1.4亿元，2019年1—4月，全面扭亏，并首次实现净利润"正数"，盈利841万元（完成考核利润1276万元），同比增加2074万元，增幅168%，取得了历史性突破，向省港、苏州港集团交出了一份漂亮的成绩单。

（1）紧扣"融"字，夯基础促转型　太仓港港务集团始终坚决贯彻落实省港、苏州港集团战略方针，牢记使命担当，精准企业定位，筑牢"不畏浮云遮望眼"的坚定自信，扎深"风雨不动安如山"的稳固根基，加快融入一体化进程，完成组织架构优化，发挥人才作用，初步实现了与兄弟码头的资源共享、协同发展，经营业绩增长显著，作业效率明显提升，集装箱箱量、"沪太通"业务屡创新高，多式联运项目入选全国示范工程，顺利实现了从投资管理型企业向经营管控型企业的转变，不断擦亮苏州港集团集装箱新名片。

（2）紧扣"抢"字，抓机遇调结构　太仓港码头股权结构复杂、发展起步较晚，多重任务叠加致使形势复杂，太仓港港务集团上下齐心，拿出了"不破楼兰终不还"的勇气，逐个击破，乘势而为，以市场为引领，着力推进业务结构性调整。成功取得正和兴港外贸资质，推动外贸航线成功落地；大力把握海关总署79号令的政策机遇，主动出击，提前谋划，成功主导固废项目落地，查验中心提质增效，危险品堆存费提价；拆拼箱业务，CTC模式全面启动，促进了箱量、效率"双提升"；集团资源实现统筹，闲置土地资产得到充分利用，资金资源得到重新配置，不断呈现出稳中有进的良性发展态势。

（3）紧扣"实"字，强管理提效能　整合以来，太仓港港务集团敢于面对自身管理相对薄弱的状态，主动出击，对标先进、对标一流，强队伍、抓基础、建机制、求实效，以"人一之我十之、人十之我百之"的超常付出，实现"四大提升"：一是工作态度实现提升。始终保持敢创一流的精气神和责任感，坚决落实省港、苏州港集团的各项部署，一抓到底，处处展现争先创优的新气象。二是工作能力实现提升。通过学习培训、技术比武等方式，让员工的业务更精、能力更强、水平更高，推动转型发展。三是工作标准实现提升。建立、完善各项制度，调优组织框架，逐项明确责任主体和具体要求，以一流的标准促进质效并提。四是工作效率实现提升。强化时效观念和执行效能，以重点工作考核等形式推动形成全力全速、实干快干的良好局面。

分析：
1. 浅谈港口物流发展应注意的问题。
2. 你如何看待港口的兼并和整合。

【思考练习】

1. 名词解释
（1）港口
（2）基本港

（3）港口物流

（4）国际航运中心

2. 填空题

（1）按照运输角度分类，港口分为（　　　）、（　　　）、（　　　）。

（2）港口的功能可归纳为（　　　）、（　　　）、（　　　）、（　　　）。

（3）物流最基本的构成要素是（　　　）、（　　　）、（　　　）、（　　　）、（　　　）、（　　　）。

（4）国际航运中心通常分为三类，即（　　　）、（　　　）、（　　　）。

（5）现代港口物流功能主要包括（　　　）、（　　　）、（　　　）、（　　　）、信息处理、保税服务等功能。

3. 简答题

（1）港口物流大体经历了四个阶段，简述各阶段的基本内容。

（2）简述现代港口物流的特点。

（3）简述港口与城市的关系。

（4）简述港口与经济发展的关系。

（5）简述港口与国际航运中心的关系。

第 2 章　港口物流发展模式与战略

【学习目标】

　　了解影响港口物流发展的主要因素，以及制定港口物流发展战略应考虑的因素，理解港口物流发展战略的指导思想与基本原则，掌握港口物流的主要发展模式以及港口物流发展战略的主要要素。

2.1　影响港口物流发展的主要因素

　　世界经济和国际贸易发展是港口物流发展的重要基础。世界经济发展依赖国际贸易，国际贸易带来港口物流需求，国际贸易规模、货种、货流的变化决定了港口物流的规模及需求的变化。世界经济的不平衡发展带来国际贸易格局的变动，由此也引起不同地区港口物流需求的不平衡增长。近年来，由于亚太地区经济保持快速增长，导致世界经济重心向亚太转移，亚太地区港口物流发展也迎来重要机遇。港口物流除了受国际大环境影响之外，还直接受到以下因素的影响。

2.1.1　港口自然条件及基础设施

　　港口是国际物流的重要节点，也是港口物流产生的基础。港口的自然条件是发展港口物流的前提条件。港口的自然条件具体包括两个方面：一是建港条件，即是否有合适的岸线、一定的泊位水深、充足的水域和陆域面积等；二是地理位置，即是否拥有发达的经济腹地、是否临近货源地、是否靠近国际航线等。港口因临近市场需求来源地或靠近国际航运要道而具有区位优势，如果具备建深水泊位和深水航道的条件，则更能满足船舶大型化的要求，可以充分发挥规模经济优势，从而降低物流成本，有利于港口物流的发展。

　　基础设施是港口物流的基础，具体包括：①泊位码头（集装箱泊位）、码头长度、码头前沿水深、港域岸线及泊位吨级；②航道（深度、宽度）；③仓库、堆场；④装卸设备及港口作业船舶（引航船、交通船、巡逻船、消防船、供水船、燃料供应船、港作拖船和驳船等）；⑤导航、通信设施等。基础设施是其他港口功能的承载实体，要发展港口物流，基础设施必须适度超前；基础设施条件决定着港口货物吞吐量和整个港口物流的发展，是港口其他功能开展的先决条件。

2.1.2　港口集疏运体系

　　当前，港口物流的竞争不仅是港口本身发展条件的竞争，更是争夺货流即争夺腹地的竞争；货流已不完全是选择港口，而是选择物流链，港口仅是物流链中的一个环节。因此，港口与内陆其他运输方式组成的集疏运系统高效、廉价、准时的运行状态，才是吸引货流过港的重要条件。同时，港口的集疏运条件是衡量港口发展价值和潜力的重要参数，它代表着港口物流的发展潜力，体现着港口物流的竞争力。港口集疏运体系包括陆向交通系统和海向航运系统两个部分。其中，陆向交通系统主要包括铁路、水路、公路、航空和管道，它们之间相互连接、相互补充，为整个港口的货物集散、过境、中转提供方便、快捷的运输服务。海向航运系统主要是指整个港口对外航线数、航线辐射范围、集装箱航线、客货航班密度等。港口集疏运体系是港口与外部环境联系的通道，它关系到港口货物的集散，直接影响港口对货源的吸引与处理，是港口物流发展的重要保证；同时也是实现江海联运、海铁联运等多式联运的重要条件。

2.1.3　政府对港口物流的重视程度与政策支持

港口物流发展离不开政府的支持与作用。政府作用主要体现在三个方面：一是政府尤其是地方政府对港口的规划与管理；二是政府对港口建设的财政支持；三是政府提供的各项港口及口岸服务。港口物流是一个跨部门、跨行业的复合型产业，其发展涉及国家宏观经济与对外贸易，涉及铁路、公路、水路和空运等多种运输方式，也涉及口岸监管、商务、土地、税务和信息等其他相关部门，需要政府高度重视、统筹考虑。政府需要建立健全港口物流管理体制，切实解决好物流基础平台分割、衔接协调管道不畅、布局网络不合理、物流效率低下、设施利用率低、重复建设浪费严重等问题。

因此，政府对港口物流的重视程度直接关系到政府对港口物流建设的资金投入和政策支持力度大小。事实上，凡是对港口物流建设高度重视的城市，其港口硬软件设施更先进，港口物流服务能力更强，港口物流效率也更高。

2.1.4　经济腹地的经济发展水平

港口发展离不开腹地经济的支持和城镇的依托。港口建设对区域经济发展有极大的推动力，但港口本身的性质、功能和发展趋势又往往由腹地的经济特征所决定。港口物流发展受到腹地经济条件的制约，具体包括腹地的经济实力、城镇规模、消费水平、生产规模、区域运输需求量等。

港口经济腹地的经济发展水平直接影响港口物流需求，腹地经济发展水平越高，外向型经济越发达，港口物流需求越旺盛。腹地经济发展速度影响港口企业的预期，因而推动进出口业务的持续增长，进而促进港口物流业的发展。经济腹地产业结构的调整可以直接对物流市场的货源结构、数量及运输方式产生影响，加工制造业的发展会导致以制成品为主的集装箱运输需求的迅猛增长。经济腹地消费战略和投资结构的调整也对港口物流产生影响，比如在拉动内需战略的带动下，耐用消费品业、住宅建筑业等的大力发展对港口物流产生新的需求；对能源投资的增加，必然带来对原油、天然气等的进口物流需求。

2.1.5　港口产业链及配套服务水平

根据美国哈佛商学院著名战略管理学家迈克尔·波特提出的钻石模型（Dia-

港 口 物 流

mond Model），相关产业和支持产业的表现是决定一国某种产业竞争力的重要因素之一。同理，港口相关产业的表现是港口物流发展的重要因素。港口产业大致包括：以港口装卸业为主的港口直接产业，以海运业、集疏运业务、仓储业、船代、货代为主的港口关联产业，包括修造船、贸易、钢铁、化工等产业在内的港口依存产业，以及包括金融、保险、房地产、饮食、商业等在内的港口服务业。完善的港口上、中、下游产业体系，可以为港口物流创造良好的生态环境；门类齐全的报关、船代、货代、航运保险、物流金融等中介服务体系，有助于降低港口物流成本、提高港口物流效率；高效便捷的口岸、通关、报检、信息平台等公共服务体系，可以为港口物流营造公平有序的商业环境；发达的临港工业体系，可以为港口物流带来大量货源，扩大物流规模经济效应。

2.1.6　港口信息化、智能化程度

港口的信息化、智能化是未来的发展趋势，也是促进港口物流发展的重要手段。港口的信息化保证了信息的共享性和实时高效处理，信息化和智能化可以大幅度提高港口物流的运作效率，缩短船舶的在港时间，吸引货主和船东挂靠港口。综合运用计算机技术和现代通信技术、网络技术，建设功能齐全、布局合理的物流管理系统和信息平台，将港口与港口、海关、货主、承运商、检验检疫、保税区等各种口岸信息资源联结起来，形成一个开放的有机整体，提供诸如货主跟踪货物状态、货物交接单证、办理和管理提单、通关、联运、仓储情况、船期预告、泊位使用情况、货运市场行情等信息，扩大业务合作，建立国际物流，使港口具备物流信息港的功能，提供高效、周全、优质的物流服务。

2.2　港口物流发展模式

模式是事物在长期发展过程中形成的可描述、可复制、可推广的固定特征，是从不断重复出现的事件中发现和抽象出来的一般性规律。港口物流发展模式是港口主体（包括政府、港口管理当局和港口企业等）根据港口在物流中的地位、港口自身条件和外部环境变化而自主选择的发展物流的方式和做法。从宏观角度或国家政府角度看，港口物流发展模式主要体现为港口管理模式；从中观角度或港口本身角度看，港口物流发展模式体现为港口物流运作模式；从微观角度或单个企业角度看，港口物流发展模式主要体现为港口物流服务模式。

2.2.1　港口管理模式

一国港口管理模式的选择受到该国港口管理法规和港口管理体制的制约。一般来讲，根据港口规划、投资、建设、经营等方面的差异，可以将港口管理模式分为公共服务模式、私人服务模式、地主港模式和混合管理模式。

1. 公共服务模式

公共服务模式（Public Service Mode）是指公共部门（政府）不仅投资、维护和管理港口基础设施和所有经营性设施，而且直接经营港口物流业务。这种模式最

大的特点是实现港口资产所有权与使用权的统一，强调政府对港口的直接控制，认为提供港口服务是政府职责。在这种模式下，港口完全由政府机构或国有企业经营管理，政府对港口的管治能力强，但政企不分、产权不清晰，容易带来财政负担重、投资浪费、服务质量不高、效率低下、竞争力弱等问题。这些问题的存在，使得选择该管理模式的港口纷纷进行改革，逐步向由私人企业或股份制企业参与经营管理的混合管理模式发展。公共服务模式的典型代表有 1997 年港口改革前的新加坡港，以及我国改革开放前的几乎所有港口。

2. 私人服务模式

私人服务模式（Private Service Mode）是指政府部门除了保留规制职能以外，完全退出港口领域。私人部门拥有包括港口土地、港口基础设施和经营性设施在内的所有港口资产，并以盈利最大化为目标进行商业化经营。这种模式的特点是经营管理市场化、效率高。但港口发展受到私人企业资本规模及企业目标的约束，必然会在一定程度上制约港口的长期投资和规划发展。世界上完全由私人经营管理的港口并不多，比较有代表性的是我国香港的港口。例如，香港葵涌码头的 19 个集装箱泊位分别由和记黄埔、美国海陆、韩国现代和中远海（与和记黄埔合营）等四家公司所经营。这些公司自由竞争，极少受到行政干预，港口运作效率极高，吸引了大批航运公司增设全球航线，使香港成为世界上最繁忙的集装箱港口之一。

3. 地主港模式

地主港模式（Landlord Port Mode）是指公共部门（政府）负责港口规划，并投资建设港口基础设施，然后将港口经营权转让给私人部门，并收取特许经营费和租赁费。实际上，政府往往委托特许经营机构代表国家拥有港区及后方一定范围的土地、岸线和基础设施的产权，实行统一开发，并以租赁方式将港口码头租给国内外港口企业或船公司经营，实行产权和经营权分离。港口当局不以营利为目的，不参与市场竞争，而是通过规划和建设来实现政府对港口的管理职能。特许经营机构收取的租金用于港口建设的滚动发展。这种模式又分两种情况：一是政府部门直接管理，美国、德国、荷兰、比利时、瑞典、芬兰、丹麦等国家的港口大都采用这种模式；二是公共企业管理，如德国的租赁港、俄罗斯和东欧国家的港口等。

港口建设对于周边邻近地区的经济发展具有积极影响，正外部性十分显著。港口周边的社会成员在很多情况下可以无偿享受土地价格上涨带来的收益。在地主港模式下，土地增值收益将绝大部分不会溢出至其他社会成员。由于港务当局拥有周边土地的开发使用权，所以港口建设中的土地增值收益将大部分转化为港务当局的收入。以经济学观点看，地主港模式很好地解决了外部性问题。此外，地主港模式的优点还包括：①租赁费用于港口的滚动建设，确保了固定融资渠道，有利于港口的可持续发展；②顺应了港口民营化、国际化趋势，便于国际物流操作；③港口经营市场化可以对市场需求迅速做出反应，有利于服务模式创新；④以市场方式整合港口各类资源，可以减少重复投资，有助于临港产业发展；⑤港口除了能够提供便捷的运输和可靠的货物中转外，还可以形成一个沿物流链运行的复杂的服务网络，从而为几乎所有船舶及码头运营商增强了在港内相互竞争的可能性，有利于运行效率的提升；⑥能为港口发展带来重要战略合作伙伴，比如大型物流企业、航运公司、货主和著名码头经营公司等。

4. 混合管理模式

混合管理模式（Mixed Management Mode）是政府机构或国有企业和私营企业共同经营的管理模式。一方面，政府非常重视港口的社会公益属性，视港口为国家和地区经济发展的战略核心资源，将港口建设纳入国家和地区经济发展的总体规划，明确政府在港口建设中的投资责任，确保国家对港口的所有权，强调地方政府对港口的管理权；另一方面，政府又强调港口企业的独立经营权，不干涉私营企业的正常业务活动，不允许经营与私营企业相竞争的业务，政府仅通过法律、财税等手段对港口经营企业进行宏观指导与调控。这种模式的优点是，既加强了地方政府对港口的管理，发挥了港口在地区经济发展中的重要作用，又增强了港口经营企业的服务意识和竞争意识，有利于降低经营成本，提高经营效益。目前，日本、新加坡等国的港口发展属于这种模式。

2.2.2 港口物流运作模式

从单个港口角度出发，根据整合资源的对象不同，港口物流运作模式可分为内向型物流运作模式和外向型物流运作模式。内向型物流运作模式主要基于港口内部资源的整合与利用，通过挖掘港口内部潜力，进一步提升港口物流功能。这种模式包括改造主业、发展品牌物流和发展港口第三方物流（Third Party Logistics，TPL）。而外向型物流运作模式则不局限于港口内部发展，它以开放为理念，着眼于港口物流发展过程的纵向和横向联系，通过加强港口系统与外部环境之间的联系，来实现港口物流的可持续发展。外向型物流运作模式可分为国际航运中心模式、港口区域物流体系模式、区港联动-保税物流模式、港口物流网络布局模式和港口供应链战略联盟模式。

1. 内向型港口物流运作模式

内向型港口物流运作模式主要通过充分利用港口内部各种资源来实现，它的基本特点是"改造主业、系统剥离"。实现内向型港口物流发展的三种主要途径如下：

（1）改造主业　在经济全球化背景下，港口之间的竞争正逐步演变为物流链之间的竞争，因此，"改造主业"成为一种必然选择。改造主业是指运用现代物流先进理念，改造港口现有经营机制和组织模式，以达到提高港口物流效率和港口所在物流链的核心竞争力的目的。具体来说，一方面港口可以对传统装卸生产主业进行改造，加强装卸功能，追求零库存，通过建立综合运输体系及提高信息化程度来提高物流效率。加强装卸功能是指整合各种交通运输工具、装卸设备、自动化作业设备、信息处理设备和其他相关港口资源，提高装卸效率，实现换装环节的无缝衔接，为社会提供快捷、准确、安全的物流服务，满足客户零库存或及时提货的新要求。同时，要建立与港口腹地相连的、便捷的运输网络，重视港口软件建设，提高港口信息化、智能化水平，建设好港口与航运、经贸、口岸等部门相联结的共享物流信息操作平台。另一方面，港口可以对现有组织模式进行改造，以适应现代综合物流发展的新要求。港口要按现代企业制度要求改造并设计港口物流企业组织架构，并随着企业的经营发展方向变化而变化。同时，根据现代物流新理念不断优化企业组织结构，以提高港口企业管理效能。

（2）发展品牌　企业品牌是企业争取客户信赖、取得竞争优势的重要手段。港口物流企业的物流服务水平的高低既影响其竞争力，也影响其服务品牌的形成。在港口物流发展过程中，港口应以客户需求为中心，切实抓好各项服务工作，以客户满意度和忠诚度为目标，不断提高服务质量，增强服务特色，树立超出一般的品牌形象，赢得客户信赖。港口要在激烈竞争中脱颖而出，必须强化服务意识和品牌意识，要积极转变观念，从装卸品牌向物流服务品牌发展。

（3）第三方物流　第三方物流因其具有的专业化、规模化等优势，在分担企业风险、降低经营成本、提高企业竞争力、加快物流产业的形成和再造等方面发挥着巨大作用，并成为 21 世纪物流发展的主流。考虑到港口及港区附近的物流资源比较丰富，而且仓储、运输公司一般都围绕着港口的核心业务来开展自己的业务；港口完全可以利用自身的独特地位掌控所在的物流服务链，以自理的物流服务为基础，整合港口外围物流资源，积极开展第三方物流服务。例如，港口可以整合目前自己的船代和货代公司，围绕自身的优势业务，组建提供物流服务的、独立的第三方物流公司，进一步完善港口物流网络并提升物流服务能力。

2. 外向型港口物流运作模式

（1）国际航运中心模式　国际航运中心模式的主要理论依据是规模经济理论。发展国际航运中心，一方面可以集聚航运资源要素，扩大航运交易市场，促进航运物流效率提升；另一方面依托港口物流优势，着力发展临港产业，为港口带来大量货源，当港口吞吐量达到一定规模后，可以明显降低物流成本，进而获得港口物流竞争优势。根据功能定位的不同，可将国际航运中心细分为三种基本模式：腹地型、中转型和服务型。腹地型国际航运中心通常是依托本国强大的腹地经济及发达的集疏运体系建立起来的纽约、东京、鹿特丹、汉堡等均是全球著名的腹地型国际航运中心，我国上海也属于此类。中转型国际航运中心是指以国际中转货物运输及相关服务为主的国际航运中心，如新加坡。中转型国际航运中心往往位于交通要道，且具有良好的自由贸易政策环境。服务型国际航运中心是指港口规模已不占优势，航运市场交易和航运相关服务占据主导地位的国际航运中心，如伦敦。

（2）港口区域物流体系模式　港口区域物流体系是指以港口为物流区域的中心，向周围辐射状发展和建设，形成港口-腹地式区域物流经济模式。港口区域物流体系模式采用"临港物流园区 + 物流中心 + 配送中心"的物流体系结构布局。从宏观层面上看，港口区域物流体系根据分工合作原则进行建设，使用现代物流网络、物流设施和物流技术来实现货物在地区之间的流动和交换，优化了资源配置，促进了区域经济繁荣和发展；从微观层面上看，港口区域物流是选择最好的方法与路径，以最低的费用和最小的风险，确保质量并适时地使货物从区域内的供方运到需方的物质实体流动过程。这一模式的基本特点是构建分层次的区域物流节点体系，即在邻近港区内建立物流园区，沿港口经济腹地的主要交通枢纽地区、内地大城市周边或大型企业附近建立物流中心，在中小城市和中小企业周边建立配送中心，来构建分层次的区域物流节点体系，其关键是要在"物流园区、物流中心和配

港 口 物 流

送中心"这三者间建立起业务或产品供应链关联。

1）物流园区。物流园区（区域物流一级体系）是具有经济开发性质的城市物流功能区，主要依托相关物流服务设施，降低物流成本，提高物流运作效率，改善与企业生产有关的流通加工、原材料采购等活动。物流园区往往建在交通枢纽旁边，最大限度地利用交通枢纽在货源集中和运输便利上的优势，以便减少装卸、搬运作业环节和降低相关环节费用，提高物流作业效率。因此，港口城市发展物流园区，必然是建设临港物流园区。

2）物流中心。物流中心（区域物流二级体系）是指处于枢纽地位、具有较完善的物流环节，并能实现物流集散和控制一体化运作的物流据点。《中华人民共和国国家标准：物流术语》（以下简称《物流术语》）对"物流中心"的定义是："从事物流活动的场所或组织，应符合以下要求：主要面向社会服务，物流功能健全，完善的信息网络，辐射范围大，少品种、大批量，存储、吞吐能力强，物流业务统一经营、管理。"可见，物流中心是各种物流节点的总称。但是，港口物流中心属于公开型物流中心，相比自用型物流中心而言，其经营管理更为复杂；它是港口区域物流的二级体系，是商业配送物流和加工配送物流的主要载体，也是临港物流园区的上下游供应链。

3）配送中心。配送中心（区域物流的三级体系）是对物流中心的必要补充，是商流与物流的紧密结合。它是以组织配送性销售或供应、执行实物配送为主要职能的流通型节点，因此也具有集货中心、分货中心的职能。为实现高水平、高效率的配送，配送中心往往还具有较强的流通加工能力。

（3）区港联动-保税物流模式 区域联动-保税物流模式充分利用保税区的政策优势和港口的区位优势，通过保税物流园区、保税港区、保税物流中心等多种形式，促进港口和航运业、仓储业和物流业的互动发展。保税不等于免税，而是对进口货物暂不征税但保留征税的权利，当进口货物经加工或者不加工后直接运往国内销售时，仍须缴纳进口关税。与此同时，国外货物在进出经海关批准的保税监管区时，通关手续尽量简化或免于通关。保税物流是指货物在进出口过程中处于保税状态、在海关的监管下进行的运输、存储、加工等物流活动。保税物流在物流基础上叠加了海关监管与保税制度，而海关监管的严格性与物流运作的效率存在一定的矛盾，从而使保税物流在实际运作中的难度大大提高。

（4）港口物流网络布局模式 这一模式主要由港口运营巨头进行操作，它们以成熟的港口经营管理经验和雄厚的资金为后盾，跨区域甚至在全球范围内进行港口投资，独资或合资建设港口物流网络，从而通过网络效应、规模效应最大限度地扩大物流业务发展空间。港口物流网络布局模式的投资主体有两类：一是具有航运公司背景的投资主体，如马士基集团（A. P. Moller-Maersk，简称APM），其在世界主要港口都拥有集装箱码头；二是具有港口运营商背景的投资主体，包括和记黄埔港口（HPH）、新加坡港务集团（PSA）、迪拜世界港口公司（DP World）和招商局国际（CMHI）。目前这四大港口集团作为跨国港口经营企业的业务能力已达到全世界港口集装箱市场的1/3以上。

（5）港口供应链战略联盟模式 供应链战略联盟是以供应链为基础的企业战

略联盟，是两个或两个以上的企业，为了实现战略目标，通过各种协议、契约而结成的优势互补、风险共担、利益共享的网络组织。互联网技术的广泛应用使跨区域的供应链联盟成为可能。船舶大型化和港口货源的集中化改变了港口物流运输市场的结构，也使得航运公司的竞争更为激烈。港口供应链战略联盟模式形成的是一种"合作与竞争"的关系，强调各港口集中资源发展其核心业务和核心竞争力，非核心业务通过外包等与其他企业协作的方式完成。这一模式中，港口不再将协作企业视为竞争对手，而是合作伙伴，因此要关注整个供应链的优化问题而不仅仅关注自身利益。港口物流企业建立战略联盟后，通过资源共享，可以扩大企业经营范围，提高资源利用效率，实现规模经济效应；通过联盟合作，可以加强企业的技术创新；通过"纵向联合"，促进企业成功实现多元化经营，获得所需的关键资源与能力，弥补自身在跨行业经营中的不足；可以拓展自身的物流服务方式，提高服务质量，降低服务成本，从而达到提升企业竞争力的目的。

港口供应链战略联盟（Port Supply Chain Strategic Alliance Model）可分为水平型的横向联盟和垂直型的纵向联盟。横向联盟（Horizontal Alliance）是指港口与港口之间合作而建立的战略联盟；纵向联盟（Vertical Alliance）是指港口与上下游物流供应链之间合作而建立的联盟。

2.2.3　港口物流服务模式

作为生产性服务企业，港口物流企业通过提供物流服务，为客户带来价值，树立自身形象，推动品牌战略的实施，以谋求长期的竞争优势。能否提供更多的增值服务决定了港口物流企业的发展前景。港口企业可以通过物流服务模式的创新赢得更多发展机会。所谓物流服务模式是指物流企业在向服务对象提供物流服务时，瞄准客户的特定需求，结合自身的资源和优势，延伸并创新服务内容和方式，以提高物流服务的附加值，在向客户提供令其满意的服务的过程中所形成的一些固定模式。物流在港口服务中的应用，极大地改变了港口的传统服务模式，为港口的发展提供了广阔的思路；对传统物流服务模式的改造与创新，已成为港口企业提升竞争力的重要手段。近年来，常见的港口物流服务模式主要包括配送中心服务模式、流通加工服务模式和物流金融服务模式。

1. 配送中心服务模式

配送是"配"与"送"的有机结合，与一般送货的区别是：配送利用有效的分拣、配货等理货工作，使送货达到一定规模，以利用规模优势取得较低的送货成本。配送中心是主要用于在货物从生产地到消费地的过程中执行接收、暂存、修补、个性化定制、配送货物等任务的设施节点，是给货物附加价值的场所，具有储存、运输、分拣、集散、衔接和流通加工六大功能。它有三个特点：一是强调货物的快速配送，尽量使货物保持在流动状态；二是突出个性化的客户服务，满足客户在包装、标签及运送等方面的特定要求；三是在满足客户个性化需求基础上，实现物流服务的增值。

配送中心类型划分如下：

1）根据配送对象的专业性，可分为专业配送中心和柔性配送中心，前者以配送为专业化职能，专注于某一领域产品的配送；后者则不向专业化、固定化方向发展，对用户有很强的适应性。

2）根据经营模式，可分为供应配送中心和销售配送中心，前者专门为某些用户提供原材料、零配件等的供应；后者以销售为目的，为消费型用户提供配送服务。

3）按照经济功能，可划分为储存型配送中心、流通型配送中心和加工型配送中心。

4）根据覆盖范围大小，可分为城市配送中心和区域配送中心。

近年来，出现了一种新型配送中心组织模式——虚拟配送中心。虚拟配送中心是一种网络化的配送中心，它通过网络连接若干家企业，共同完成与传统配送中心相似的业务。现实中，它以盟主企业为核心，通过若干个物流企业联合起来执行配送任务，每个企业执行配送作业的一个或几个环节，旨在整合联盟企业的物流资源，扩大物流服务网络，为客户提供"一站式"服务。虚拟配送中心没有专门的配送中心仓库，仓储业务由价值链两端的生产商和客户承担，其最大的特点是组建虚拟工作团队，通过团队合作达到最大配送效益。

2. 流通加工服务模式

流通加工是应客户要求，在货物从生产者向消费者流动的过程中，为了促进销售、维护产品质量和提高物流效率，而对货物进行的简单加工，具体包括对货物的包装、分割、计量、分拣、刷标志、拴标签、组装等简单作业。流通加工的作用体现在：加快货物流通速度，提高货物安全性，提高原材料利用率及生产效率，为用量少的用户省掉了初级加工的投资，集中加工提高了设备利用率，可以满足客户个性化、多样化需求。

流通加工服务模式的关键是如何实现产品流通加工的合理化，即实现流通加工的最优配置，企业应对以下问题做出正确决策：流通加工环节是否必要，在什么地方进行流通加工，选择什么类型的加工方式，采用什么样的技术装备，等等。

实现合理化流通加工的途径是：

1）加工和配送相结合。即将流通加工设置在配送点中，加工后的货物直接投入到配送作业，实现加工与中转流通的无缝对接。

2）加工和配套相结合。"配套"是指将在使用上有联系的货物集合成套供应给客户使用。有些配套不能由某个生产企业全部完成，可以由物流企业适当加工，然后进行成套配送。

3）加工和合理运输相结合。通过流通加工有效衔接干线运输和支线运输，促进两种运输方式的合理化。

4）加工和销售相结合。对货物进行包装、组装等简单加工，可以达到促进销售的目的。

5）加工和节约相结合。节约能源、节约设备、节约人力、减少耗费是影响流通加工合理化的重要因素。

3. 物流金融服务模式

物流金融是物流服务和金融服务相结合的产物，它不仅可以提高第三方物流的业务能力与效益，还可以解决企业融资困难并提升资本运用效率。在港口物流中，金融物流是包含金融服务功能的物流服务，主要是指港口物流企业为上下游企业提供的一种金融与物流集成式的创新服务，内容包括物流、加工、融资、评估、资产处理、金融咨询等。物流金融不仅可为客户提供高质量、高附加值的物流服务，而且可为客户提供直接或间接的金融服务，以提高供应链整体绩效和客户运营效率。相比发达国家，发展中国家的物流金融业务开展较晚，业务制度也不完善。国外物流金融的主要推动者是金融机构，而我国物流金融服务的推动者大多是第三方物流公司。

由于物流与资金流密不可分，因而现代物流的发展离不开金融服务的支持。开展港口物流金融服务模式的作用体现在：

1）提高港口物流的竞争力，为港口物流带来新的利润来源。物流企业的竞争会导致物流业务利润下降，迫使物流企业开拓新的服务领域，物流金融成为提高竞争力和扩大利润来源的重要手段。

2）盘活了港口物流客户的沉淀资金，有利于客户专注主业（产品开发和市场拓展），提高企业的核心竞争力。尤其是有助于解决中小企业融资难、融资贵等问题。

3）给银行带来新的利润空间。物流企业通过满足中小企业融资需求，扩大了业务范围，创造了新的利润增长点。

按照金融在现代物流中的业务内容，物流金融可分为物流结算金融、物流仓单金融和物流授信金融。

1）物流结算金融是指利用各种结算方式为物流企业及其客户融资的金融活动，主要包括代收货款、垫付货款和承兑汇票等业务形式。

2）物流仓单金融是以仓单为质押的融资，其原理是：生产经营企业先以其采购的原材料或产成品作为质押，并据此取得银行贷款，然后在后续生产经营过程中或质押产品销售过程中分阶段偿还贷款。第三方物流企业提供质押物品的保管、价值评估、去向监管、信用担保等服务。

3）物流授信金融是指商业银行为物流企业及其客户提供一定数额的贷款额度或担保额度，具体包括贷款、贸易融资、票据融资、票据承兑、信用证、保函、借款担保、垫款等金融服务形式。

2.3　港口物流发展战略

港口物流发展战略是一国港口物流发展的全局性、根本性、长期性的发展策略与指导方针。港口物流发展战略的制定与实施影响到港口物流的长远发展，各个国家都很重视。根据港口物流发展战略所涉及的地域范围，可将港口物流发展战略分为国家港口物流发展宏观战略、区域港口（港口群）物流发展战略、单个港口物流发展战略和港口企业物流发展战略。这里主要讨论国家港口物流发展的宏观战略。

2.3.1 制定港口物流发展战略的主要因素

1. 国家经济发展战略

国家经济发展战略是指一个国家对于社会和经济发展的全局性、长期性问题的总谋划和总方针，是所有部门或行业发展战略的统领。港口物流发展战略从属于国家经济发展战略，港口物流发展战略的目标与重点必须服务于国家经济发展战略的目标与重点。因此在制定港口物流发展战略时，必须充分考虑国家经济发展战略所明确的指导思想、目标、原则和重点任务，不应与国家经济发展战略相抵触，而应有助于国家总体经济发展目标的实现。

2. 港口物流发展现状分析

制定港口物流发展战略时，首先要摸清家底，即对全国港口物流发展状况要有一个总体判断。重点了解港口管理体制、港口总体布局、港口吞吐能力、港口设施与装备情况、全国港口货物流量与流向、港口内外贸航线分布、港口物流信息平台建设情况、港口物流企业经营状况、影响港口物流发展的关键问题、港口物流信息化水平、港口集疏运体系状况、港口货物通关便利化程度、临港产业发展情况等。通过对港口物流发展的现状分析，查找问题，明确差距，找准努力方向。在把握现状的基础上，可运用态势分析法（SWOT）分析港口物流发展的优势（Strength）、劣势（Weakness）、机会（Opportunity）和威胁（Threat）等，为战略的制定提供参考依据。

3. 港口物流发展的新趋势

制定港口物流发展战略既要遵循现代物流及供应链管理的发展规律，也要顺应港口物流发展的新趋势，学习并借鉴世界先进港口发展物流的有益经验。随着经济的全球化和国际贸易的发展，现代物流的内涵和外延都发生了深刻的变化，港口物流朝着国际化、多功能化、系统化、信息化和标准化的方向发展；在科技革命的推动下，港口物流信息化与智能化的步伐不断加快，港口物流的新模式、新业态也不断涌现；近年来，港口可持续发展问题日益突出，绿色港口物流建设方兴未艾。面对这些新趋势所带来的新挑战，港口物流发展战略中应有相应的对策与措施。

4. 国民经济结构及发展阶段

制定港口物流发展战略要充分考虑国民经济发展水平、经济结构状况和对外开放情况。港口物流在国民经济发展中具有重要地位和作用，加快港口物流发展，可以降低社会物流费用、加快社会再生产过程并促进对外贸易发展；反过来，国民经济增长及对外贸易的扩大也会为港口物流带来更多的业务量，为港口物流创造更多的市场机会。港口货源规模与产业结构和经济发展阶段直接相关，很显然，在工业发达或处于工业化阶段的城市或地区，其港口物流的发展可能会处于旺盛时期，而且港口物流的发展对这些城市或地区具有特别重要的意义。同时，经济增长的快慢、产业结构的调整、投资和消费战略的调整及区域经济布局的变化都会影响港口物流的发展，它们也是制定港口物流发展战略需要考虑的重要因素。

5. 对未来经济发展的预测

一般来说，国内外经济发展与港口物流发展的变化趋势是一致的，因此对未来世界经济和国内经济发展要有合理的经济预测。经济预测是根据经济发展过程的历史和现状，运用科学的预测方法，揭示经济现象的发展规律及各类经济现象之间的相互联系，指出经济现象未来的发展趋势和可能达到的水平。经济预测的内容十分广泛：首先是对国内经济形势的预测，例如生产发展趋势、增长速度、经济结构、价格变化趋势、人口就业、财政收支变化、各种产品的供、产、销情况等；其次是对国际经济形势的预测，如国际经济波动情况、国际市场的变化趋势等。经济预测应将定性和定量分析相结合：定性方面，着重分析影响经济发展的外部环境因素、内外部风险因素、政策因素和市场因素等；定量方面，可用时间数列法，即通过分析时间数列的组成要素来研究其变化形态，把过去的发展趋势延续下去并预测未来。定量分析的主要方法有移动平均法、加权移动平均法、指数平滑法、最小平方法等。

2.3.2　我国港口物流发展战略

1. 指导思想

我国港口物流发展战略的指导思想是：以习近平新时代中国特色社会主义思想为指引，坚持"创新、协调、绿色、开放和共享"的新发展理念，以宏观经济状况、国家总体规划和基本方针为前提，以"降低物流成本、提高物流效率、减轻资源和环境压力"为重点，以市场为导向，以先进技术为支撑，发挥政府引导作用，不断完善市场机制，积极营造有利于港口物流业发展的政策环境，加快提升港口物流业发展水平，努力构建布局合理、技术先进、便捷高效、绿色环保、安全有序的港口综合物流产业体系。

2. 基本原则

为提高我国港口物流在国际物流市场中的竞争力，我国在制定港口物流发展战略时应坚持以下几个原则：

（1）**统筹规划、合理布局**　目前港口物流发展存在各自为政、重复建设和资源浪费等问题，应加强统筹规划，科学制定全国统一的港口物流产业发展规划，合理布局和建设港口物流基地、物流园区和物流中心，合理利用港口资源，促进港口群物流体系的协同发展。同时，还应加强港口物流产业与其他部门（如交通、工商、税务、海关、商检、外贸、口岸等）的协调配合。

（2）**与国际接轨**　为满足对外开放的需要，进一步提升我国港口物流的国际竞争力，我国港口物流发展必须坚持与国际接轨原则，学习港口物流发展的国际经验，引进国外先进的物流技术和物流标准，加强与国外港口物流业的合作，促进我国港口物流的国际化进程。

（3）**科技兴港**　科技是第一生产力，在知识经济时代，港口物流的发展离不开科学技术的推动。近年来，随着物联网、大数据、云计算、无人驾驶、人工智能等新兴科技和货运仓储、装卸搬运、分拣包装、加工配送等专用物流装备在物流业中的广泛运用，智能标签、跟踪追溯、路径优化等技术得到迅速推广，大幅提高了物流的运行效率。

（4）**可持续发展**　坚持绿色物流发展方向，实现资源再利用和可持续发展的物流。鼓励采用节能环保的技术、装备，提高物流运作的组织化、网络化水平，降低物流业的总体能耗和污染物排放水平。

（5）市场导向与政府引导相结合 使市场在资源配置中起决定性作用，强化企业的市场主体地位，积极发挥政府在战略、规划、政策、标准等方面的引导作用。

3. 战略定位与战略目标

战略定位是港口物流在国民经济中战略地位的体现，在港口物流发展中起着长期性、全局性、方向性的作用。科学合理地确定战略定位，既要立足现实，更要着眼长远；既要考虑国民经济发展的客观需要，也要考虑港口物流发展的现实条件。

战略目标是港口物流发展战略的核心，是战略思想的集中反映。战略目标是战略定位的具体体现，具有引领性、综合性、层次性等特点。制定的战略目标要切合实际，不能过高或过低，既要有现实可行性，又要有一定的难度和挑战性；战略目标要有主有次，突出重点，区域目标要有错位；港口物流发展的战略目标要同其他经济发展目标相互衔接、相互协调，确保目标间的关联性、连续性和继承性。

战略目标可分为总体目标和区域目标。

我国港口物流发展的总体目标应该是：发挥各地区港口的区位优势，积极采用先进的物流技术和装备，建立符合市场经济规律、与国际通行规则接轨的多层次的现代港口物流产业体系，保证物流畅通、快捷准时、经济合理，实现港口物流的系统化、信息化、专业化、国际化和标准化。为实现上述战略目标，必须促进新的物流装备、技术的广泛应用；必须增强港口物流企业竞争力，形成一批具有国际竞争力的大型综合物流企业集团和物流服务品牌；必须使港口物流基础设施及运作方式衔接得更加顺畅。物流园区网络体系布局更加合理，多式联运、甩挂运输、共同配送等现代物流运作方式保持较快发展，港口物流集聚发展的效益进一步显现；必须提高港口物流整体运行效率，大幅度降低全社会物流总费用与国内生产总值的比率。

我国港口物流发展的区域目标应以港口群为单位进行战略定位。我国主要有五大港口群——环渤海港口群、长三角港口群、东南沿海港口群、珠三角港口群和北部湾港口群，其对应的战略目标和定位如下：

（1）环渤海港口群 由辽宁、津冀和山东港口群组成，主要服务于北方沿海和内陆地区的经济社会发展，致力于建成东北亚国际港口物流枢纽。区域内有大连东北亚国际航运中心和天津北方国际航运中心。

（2）长三角港口群 由江苏、浙江和上海的港口组成，主要服务于长三角地区及长江流域经济带。以上海为龙头、江浙为两翼，致力于建设具有全球航运资源配置能力的上海国际航运中心。

（3）东南沿海港口群 以厦门和福州港为主，主要服务于福建和江西等内陆省份的经济社会发展，以及对台"三通"的需要。近年来提出要建设"立足海西、服务两岸、面向国际"的厦门东南国际航运中心，大力发展航运物流、口岸进出口、保税物流、加工增值、服务外包、大宗商品交易等现代临港产业，构建高效便捷、绿色低碳的物流网络和服务优质、功能完备的现代航运服务体系。

（4）**珠三角港口群**　由粤东和珠三角地区港口组成，在巩固香港国际航运中心的基础上，以广州、深圳、珠海、汕头等港口为主，主要服务于华南和西南部分地区，依托港澳，联通世界。

（5）**北部湾港口群**　由西南沿海港口群组成，涵盖粤西、广西和海南等地的港口，以湛江港、防城港和海口港为主，主要服务于西部开发。

4. 战略重点和战略任务

我国港口物流发展的战略重点应该是：

1）着力降低物流成本。打破条块分割和地区封锁，减少行政干预，进一步优化通行通关环境，大力发展多式联运等。

2）着力提升港口物流企业规模化、集约化水平。鼓励港口物流企业通过参股控股、兼并重组、协作联盟等方式做大做强，形成一批技术水平先进、主营业务突出、核心竞争力强的大型现代港口物流企业集团或物流品牌。

3）着力加强港口物流基础设施网络建设。推进综合交通运输体系建设，合理规划布局港口物流基础设施，促进多种运输方式顺畅衔接和高效中转，提升港口物流体系综合能力。加强港口物流园区规划布局，进一步明确功能定位，整合和规范现有园区，节约、集约用地，提高资源利用效率和管理水平。

我国港口物流发展的战略任务主要有：

1）大力提升港口物流社会化、专业化水平。着力发展港口第三方物流，引导传统仓储、运输、国际货代、快递等企业采用现代物流管理理念和技术装备，提高服务能力；鼓励港口物流企业功能整合和业务创新，不断提升专业化服务水平，积极发展定制化物流服务，满足日益增长的个性化物流需求；进一步优化物流组织模式，积极发展共同配送、统一配送，提高多式联运比重。

2）进一步加强港口物流信息化建设。加强北斗导航、物联网、云计算、大数据、移动互联等先进信息技术在港口物流领域的应用。进一步推进交通运输物流公共信息平台发展，整合铁路、公路、水路、民航、邮政、海关、检验检疫等信息资源，促进物流信息与公共服务信息有效对接，鼓励区域间和行业内的物流平台信息共享，实现互联互通。

3）推进物流技术装备现代化。加强港口物流核心技术和装备研发，推动关键技术装备产业化，鼓励物流企业采用先进适用的技术和装备。

4）积极推进港口物流标准化建设。注重港口物流标准与其他产业标准及国际物流标准的衔接，加大港口物流标准的实施力度，努力提升物流服务、物流枢纽、物流设施设备的标准化运作水平。推进重点港口物流企业参与专业领域物流技术标准和管理标准的制定和标准化试点工作。加强物流标准的培训宣传和推广应用。

5）推进港口群区域物流协调发展。发挥全国性物流节点城市和区域性物流节点城市的辐射带动作用，推动区域物流协调发展。按照建设丝绸之路经济带、海上丝绸之路、长江经济带等重大战略规划要求，加快推进五大港群区域港口物流体系和联通国际国内的物流通道建设，重点打造面向中亚、南亚、西亚的战略物流枢纽及面向东盟的陆海联运、江海联运节点和重要航空港。

6）积极推动国际物流发展。加强境内外口岸、内陆与沿海、沿边口岸的战略

港 口 物 流

合作，推动海关特殊监管区域、国际陆港、口岸等协调发展，提高国际物流便利化水平。建立口岸物流联检联动机制，进一步提高通关效率。积极构建服务于全球贸易和营销网络、跨境电子商务的物流支撑体系，为国内企业"走出去"和开展全球业务提供物流服务保障。

7）大力发展港口绿色物流。提高水路运输比重，促进节能减排。大力发展甩挂运输、共同配送、统一配送等先进的物流组织模式，提高储运工具的信息化水平，减少返空、迂回运输。鼓励采用低能耗、低排放运输工具和节能型绿色仓储设施，推广集装单元化技术。

5. 保障措施

为了实现港口物流发展战略，应采取的措施有：

1）进一步深化改革开放。改革港口物流管理体制，形成相关部门齐抓共管的协同机制，支持港口物流企业"走出去"，加强与国外港口物流企业的合作交流。

2）营造有利于港口物流发展的制度环境。健全物流法律法规体系，规范港口物流市场秩序，减少低水平无序竞争，依法查处不正当竞争和垄断行为。加强对港口物流企业的安全管理，督促物流企业切实履行安全主体责任，严格执行国家强制标准，保证运输装备产品的一致性，严防普通货物中夹带违禁品和危险品。

3）完善扶持政策。认真落实港口物流业相关税收优惠政策。研究并完善支持物流企业做强做大的扶持政策，培育一批网络化、规模化发展的大型港口物流企业。

4）拓宽投资融资渠道。多渠道增加对港口物流业的投入，鼓励民间资本进入港口物流领域。支持符合条件的港口物流企业通过发行非金融企业债务融资工具、企业债券和上市等多种方式拓宽融资渠道。

5）强化理论研究和人才培养。加强港口物流领域理论研究，积极推进产学研用相结合。着力完善港口物流专业人才培养体系，探索形成高等学校、中等职业学校、有关部门、科研院所、行业协会和企业联合培养人才的新模式。完善在职人员培训体系，鼓励培养港口物流业高层次经营管理人才，积极开展职业培训，提高物流业从业人员的业务素质。

6）发挥行业协会作用。鼓励成立港口物流业协会，更好地发挥行业协会的桥梁和纽带作用，做好调查研究、技术推广、标准制订和宣传推广、信息统计、咨询服务、人才培养、理论研究、国际合作等方面的工作。鼓励行业协会健全和完善各项行业基础性工作，积极推动行业规范自律和诚信体系建设，推动行业健康发展。

【本章小结】

世界经济和国际贸易的发展是港口物流发展的重要基础。世界经济发展依赖国际贸易，国际贸易带来港口物流需求。港口物流除了受国际大环境影响之外，还直接受到以下因素的影响：港口自然条件及基础设施、港口集疏运体系、政府对港口物流的重视程度与政策支持、经济腹地的经济发展水平、港口产业链及配套服务水平和港口信息化、智能化程度等。

港口物流发展模式是港口主体（包括政府、港口管理当局和港口企业等）根据港口在物流中的地位、港口自身条件和外部环境变化而自主选择的发展物流的方式和做法。从宏观角度或国家政府看，港口物流发展模式主要体现为港口管理模式；从中观角度或港口本身角度看，港口物流发展模式体现为港口物流运作模式；从微观角度或单个企业角度看，港口物流发展模式主要体现为港口物流服务模式。港口管理模式包括公共服务模式、私人服务模式、地主港模式和混合管理模式；港口物流运作模式有内向型港口物流运作模式和外向型港口物流运作模式，其中外向型港口物流运作模式包括国际航运中心模式、区港联动-保税物流模式、港口区域物流体系模式、港口物流网络布局模式和港口供应链战略联盟模式等；港口物流服务模式主要有配送中心服务模式、流通加工服务模式和物流金融服务模式。

　　港口物流发展战略是一国港口物流发展的全局性、根本性、长期性的发展策略与指导方针。制定港口物流发展战略需要考虑的因素包括：国家经济发展战略、港口物流发展现状分析、港口物流发展的新趋势、国民经济结构及发展阶段和对未来经济发展的预测等。港口物流发展战略的主要要素包括指导思想、基本原则、战略定位与战略目标、战略重点与战略任务、保障措施等。我国港口物流发展战略的指导思想是：以习近平新时代中国特色社会主义思想为指引，坚持"创新、协调、绿色、开放和共享"的新发展理念，以宏观经济状况、国家总体规划和基本方针为前提，以"降低物流成本、提高物流效率、减轻资源和环境压力"为重点，以市场为导向，以先进技术为支撑，发挥政府引导作用，不断完善市场机制，积极营造有利于港口物流业发展的政策环境，加快提升港口物流业发展水平，努力构建布局合理、技术先进、便捷高效、绿色环保、安全有序的港口综合物流产业体系。为提高我国港口物流在国际物流市场中的竞争力，我国在制定港口物流发展战略时应坚持以下几个原则：①统筹规划、合理布局。②与国际接轨。③科技兴港。④可持续发展。⑤市场导向与政府引导相结合。

【主要词汇】

　　经济腹地，港口产业链，区域港口（港口群），港口物流发展的战略任务。

【案例分析】

新形势下上海国际航运中心建设对策⊖

　　当前，上海国际航运中心建设正处于战略转折的关键时期，面临的外部环境发生了重大变化：国际形势和贸易发展充满着不确定性；我国的发展战略、产业结构都处于深度调整中，一批支撑我国出口集装箱业务的制造业正在加速向东南亚及其他地区转移；长三角区域一体化上升为国家战略；上海将发展新目标定为成为"卓越的全球城市"和国际经济、金融、贸易、航运和科创五个中心。上述重大变化深刻影响着上海国际航运中心建设。

　　今后一段时期，可以基本判断存在以下大的趋势：沿海港口集装箱运输发展速度将趋于平缓，个别港口或下浮；本地箱源所占比重可能持续减少；增量将主要来源于散改

⊖　资料来源：茅伯科．新形势下上海国际航运中心建设的思考［J］．中国港口，2019（4）。

港 口 物 流

集，受环保政策影响的弃路从水集装箱运输，以及由此带来的水水中转量。在绿色发展战略的主导下，节能减排，集装箱运输弃路从水、弃路从铁、水铁联运等成为上海国际航运中心建设持续推进的重要举措。

随着消费成为拉动经济的主要动力，外贸进口增速大于外贸出口增速将成为常态，进出口货物运量结构将出现新的变化。外贸进口和中高端消费品的增加，导致航空货邮运输发展需求日益增大，航空枢纽港在上海国际贸易资源配置中的地位越来越重要。航空和航运将与快递业深度合作，快递龙头企业将大举进入航空货运领域；可以预料，长三角地区围绕航空货运机场建设的竞争将会逐步加剧，而长三角地区各个港口长期围绕区域腹地内出口集装箱的激烈竞争将有所缓和，海港大规模建设的风险日益加大。消费品进口将促进航空和航运的运输组织和运输服务进一步改善和优化。为了与商业新模式衔接，创新货源组织模式将成为航运和港口发展的新动力。劳动力成本持续上升，将促进航运和港口加快推进智能化；船舶超级大型化，将促使港口更加重视科技创新。上海港的邮轮业务已经进入一个拐点，由低价跑量的低水平规模扩张转变为理性的追求高质量发展。全球城市的定位和四个品牌建设，对上海的航运环境、口岸环境、政府服务水平提出了更高的要求。

由此，我们需要加强对上海国际航运中心建设前瞻性的战略研究。

1. 国际航运中心建设的目标导向

交通运输历来是重要的战略性资源，对外交通网络的主体骨架就是主要的战略性通道。国际航运中心建设是涉及国家政治安全和经济发展的长期性、全局性、关键性问题。上海国际航运中心建设作为国家战略，如何建设成为交通战略性资源和战略性通道的控制中心，将是面向未来、面向全球的最主要、最紧迫的目标导向。

2. 国际航运中心建设的主导战略

上海国际航运中心建设需要加快促进航运资源配置从对内为主转变为对外为主，提升全球航运资源配置能力。上海国际航运中心的资源配置不能仅仅局限在东北亚地区，而是要加强全球航运的资源配置能力。目前，只能说上海初步具备全球航运资源配置能力，但还非常薄弱，如何增强将是需要持续创新和突破的重要课题。

3. 国际航运中心建设的突破口

上海国际航运中心建设的突破口是实现两个转变：

1）转变全球航运资源配置模式。国际航运中心对资源配置主要存在两种模式：一种是以伦敦、纽约和东京为代表的金融配置为主的模式；另一种是以上海、鹿特丹等为代表的航运中心，以航运物流资源配置为主的模式。从全球城市的定位出发，上海国际航运中心未来的资源配置模式应该逐步转型，进一步发挥金融和资本对航运资源的控制力，逐步增加高级资源配置模式的比重。

2）增强市场配置航运资源的能力和空间，逐步从政府通过控制国有资本配置航运资源转变为政府主导、市场配置。

4. 国际航运中心建设的主要任务

1）拥有强大的海港枢纽和空港枢纽。拥有强大的海港枢纽和空港枢纽是作为海上丝绸之路桥头堡的必要前提。如何优化海港枢纽和强化空港枢纽以适应桥头堡的功能性需求，将是今后上海国际航运中心建设的重要内容。

2）加强航运中心与科创中心的融合。上海国际航运中心应大力开展具有国际竞争力的航运制度创新、航运商业模式创新和航运科技创新。增强航运核心技术研究，发挥"互联网＋"、大数据、智能技术、通信导航等在航运中心建设、服务、资源配置中的作用。

3）推进国际航运中心高端服务能力取得新突破。应围绕四个基本坐标展开建设：一是具有全球影响力或话语权，形成具有国际影响力的航运服务品牌；二是对主要国际区域全覆盖服务；三是对跨境航运物流链和航运价值链的"双链"全过程服务；四是对实体航运和虚拟航运服务的全覆盖服务。具体对策有：重点引进具有全球影响力和话语权的国际知名航运服务企业、国际航运组织和功能性航运机构入驻上海；重点支持规模化、跨国经营的航运企业和航运服务企业总部，全力支持中远海运、东方航空等龙头企业发展；重点支持我国各类国际航运服务企业在境外布局，扩大服务区域，形成服务网络；加强上海国际航运中心与国际金融中心协同机制建设，重点提升航运保险和海事法律的服务保障作用；重点支持浦东陆家嘴（包括后滩）和虹口北外滩继续推进建设具有国际影响力的高端航运服务 CBD；进一步加大中央和地方在沪航运资源方面的协调和整合力度。

4）开创长三角区域港航合作新局面。努力实现从各个省市各自配置航运资源，转向协同配置航运资源；协力优化集装箱和大宗散货江海转运体系；共同推进以内河高等级航道贯通为载体的海河联运体系建设；重点扶持长江港航联盟和长三角航运服务合作平台建设；加强沿海、沿江、沿河政府主管部门在港口安全、环保、信息和集装箱弃路从水方面的合作；通过资源整合，构建分工协作、多层级的现代化港口群，提升长三角港口群的国际竞争力及其在"一带一路"沿线的资源配置能力。

5）借力上海自贸试验区建设，进一步提升地方政府管理和推进航运中心深化发展的能力和服务水平，进一步推进口岸便利化。继续深化港口和口岸改革，创新航运政策，打造上海港口、口岸、航运方面具有世界水平和影响力的服务品牌。

分析：

1. 新形势下，上海国际航运中心建设面临哪些机遇与挑战？

2. 如何提升上海国际航运中心的高端服务能力？

【思考练习】

1. 填空题

（1）港口集疏运体系包括（　　）和（　　）两个部分。

（2）港口产业大致包括：以港口装卸业为主的（　　），以海运业、集疏运业务、仓储业、船代、货代为主的（　　），包括修造船、贸易、钢铁、化工等产业在内的（　　），以及包括金融、保险、房地产、饮食、商业等服务行业在内的（　　）。

（3）港口管理模式分为公共服务模式、（　　）、（　　）和（　　）。

（4）内向型物流运作模式包括改造主业、（　　）和（　　）。外向型物流运作模式可分为国际航运中心模式、（　　）、（　　）、（　　）和（　　）。

（5）常见的港口物流服务模式主要包括配送中心服务模式、（　　）和（　　）。

（6）我国主要有五大港口群：长三角港口群、珠三角港口群、（　　）、（　　）、（　　）。

（7）我国在制定港口物流发展战略时应坚持以下几个原则：统筹规划、合理布局；
（　　）；（　　　）；（　　　）；（　　　）。

2. 思考题

（1）简述影响港口物流发展的主要因素。

（2）港口管理模式有哪些？各有什么特点？

（3）外向型港口物流运作模式有哪些类型？

（4）港口物流金融服务的模式有哪些？

（5）港口物流发展战略的主要内容是什么？制定战略时应考虑哪些因素？

第3章 供应链与港口物流系统

【学习目标】

了解供应链的基本概念、结构模型和特征，以及供应链管理的基本目标；理解物流系统的概念、构成要素、分析方法、物流系统一体化的基本含义；掌握港口供应链、无水港的基本内涵。能初步运用供应链相关理论分析港口物流系统。

3.1 供应链基础理论

3.1.1 供应链的概念

供应链（Supply Chain，SC）概念的形成最早来源于彼得·德鲁克提出的"经济链"，后由迈克尔·波特发展成为"价值链"，最后演变为"供应链"。目前，国际上没有公认的供应链定义，国内外学者对此也有不同的看法，这在一定程度上反映了供应链的概念是管理实践在不同发展阶段上的产物，具有动态性的特征。

供应链概念的演变大致分为三个过程：①早期的观点认为供应链是制造企业的一个内部过程，将供应链定义为从企业外部采购原材料和零部件，通过生产转换和销售等活动，再传递到零售商和用户的一个过程。②后来开始注重与其他企业的联系，认为它是一个通过链中不同企业的制造、组装、分销、零售等过程将原材料转换成产品，再到最终用户的转换过程，形成了一个更大范围、更系统化的概念。③近期，供应链更强调围绕核心企业的网链关系，如核心企业与供应商、供应商的供应商乃至网链再前端的关系，与用户的用户的关系，以及最终形成核心网链的战略联盟。

我国国家标准《物流术语》（GB/T 18354—2006）中对供应链的定义是："生产及流通过程中，涉及将产品或服务提供给最终用户所形成的网链结构"。在这个定义中，强调了供应链的网链结构，即它是一个范围更广的企业结构模式，包含所有加盟的节点企业；从原材料的供应开始，经过链中不同企业的制造加工、组装、分销等过程直到最终客户。另外，供应链不仅是一条连接供应商到用户的物料链、信息链、资金链，而且是一条增值链，物料在链上通过加工、包装、运输等环节增加产品价值，给相关企业带来收益。

根据供应链的概念演变过程及相关学者的观点，本书认为，供应链是围绕核心企业，通过对信息流、物流、资金流的控制，从采购原材料、零部件等生产资料开始，经过生产制造成为中间产品以及最终产品，最后通过分销、零售以及售后服务等活动把产品送到消费者手中的，将供应商、制造商、分销商、零售商、相关服务商（如物流服务商、银行等金融机构，IT 服务商等）直到最终用户连成一个整体的功能网链结构模式。

3.1.2 供应链的结构模型、特征

1. 供应链的结构模型

供应链有多种结构模型，如静态链状模型、动态链状模型。其中，最常见的是网链结构模型，如图 3-1 所示。

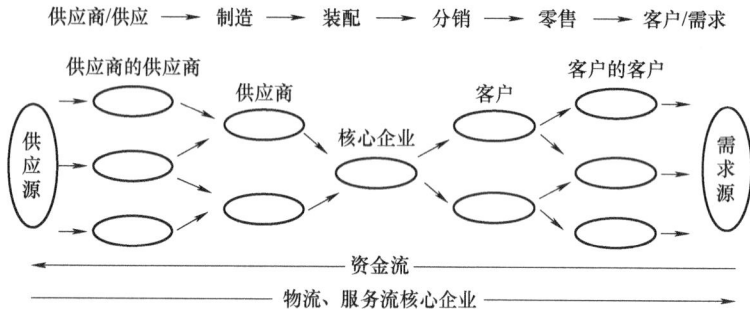

图 3-1 供应链的网链结构模型

从供应链的网链结构模型可以看出，供应链由节点企业组成，包括核心企业、供应商、供应商的供应商、客户、客户的客户等，节点与节点之间是一种需求与供应的关系。节点企业在需求信息的驱动下，通过供应链的职能分工与合作（生产、分销、零售等），以资金流、物流、服务流为媒介实现整个供应链的不断增值。

从严格意义上讲，物流、资金流、信息流都是双向的，但它们都有一个主要流向。通常，物流从上游往下游流动，其表现形态包括原材料、零部件、在制品、产成品等实体的流动，被称为正向物流；但当发生退货、回收包装物或其他废旧物品时，物流的流向与正向流恰恰相反，被称为逆向物流或反向物流。在供应链的"三流"中，物流比较明显，容易观察到。

2. 供应链的特征

供应链结构复杂，包含多个上下游节点企业，拓展了企业边界，因此具有以下特征：

（1）**需求导向性** 供应链的存在、优化与重构，都是基于一定市场需求的。在供应链运营过程中，客户的需求成为信息流、物流/服务流、资金流的驱动源，因此，及时、准确地获取不断变化的市场需求信息，并快速、有效地满足客户的需求，成为供应链运营成功的关键。

（2）**增值性** 供应链是一个高度一体化的提供产品和服务的增值过程。所有成员企业的运营都在围绕一些资源进行转换和组合，适当增加价值，然后把产品"分送"到客户手中，制造商主要是通过对原材料、零部件进行加工转换，生产出具有价值和使用价值的产品来实现增值；物流系统主要对产品或服务进行重新分布，通过仓储、运输等活动来创造时间价值和地点价值，在配送的过程中可通过零售包装或分割尺寸而增加附加价值，也可通过在零售店集中展示多种商品而增值；

信息服务商则是通过向上下游企业及第三方物流企业提供信息服务来实现增值。供应链时代，企业的竞争建立在高水平战略发展规划的基础上，这就要求各成员企业必须共同探讨供应链战略目标以及实现方法和手段，协同运作，共同提高运营绩效，创造双赢或多赢，实现供应链的增值。

（3）动态性　供应链的动态性首先来源于经营环境的动态、复杂与多变性，为了适应竞争环境的变化，供应链的结构及节点企业应根据经营需要动态更新。此外，供应链战略规划及其实施也是动态的，必须考虑计划期内的季节波动、成本变量、竞争策略以及消费趋势等变化。

（4）交叉性　一家供应商可同时向多家制造商供应原材料等生产资料，一家制造商生产的产品也可以由多个分销商分销，一家零售商可同时销售多家制造商生产的产品，一个第三方物流企业可同时向多条供应链中的节点企业提供物流服务。某条供应链中的节点企业还可以成为其他供应链的成员，众多供应链错综复杂地交织在一起，大大增加了管理协调的难度。

（5）复杂性　供应链同时具有交叉性和动态性等特征，因而是错综复杂的。供应链的有效运作还需要协调控制物流、资金流、信息流等多"流"，这进一步增强了供应链管理的复杂性。此外，虽然供应链成员企业都有通过满足客户需求来实现盈利这一共同目标，但毕竟每个成员企业都拥有独立的产权，并存在一定程度上的利益冲突，因而更增强了核心企业协调管理供应链的复杂性。

综上所述，供应链具有需求导向性、增值性、动态性、交叉性、复杂性等主要特征。其中，客户需求是供应链存在和运营的前提，而增值性则是其本质特征。

3.1.3　供应链管理的内涵及目标

1. 供应链管理的内涵

我国国家标准《物流术语》（GB/T 18354—2006）对供应链管理（Supply Chain Management，SCM）的定义是："对供应链涉及的全部活动进行计划、组织、协调和控制。"具体包括以下三个层面：一是核心企业通过与供应链成员企业的合作，对供应链系统的物流、资金流、信息流进行控制和优化，最大限度地减少非增值环节，提高供应链的整体运营效率；二是通过成员企业的协同运作，共同对市场需求做出快速响应，及时满足客户需求；三是通过调和供应链总成本与服务水平之间的冲突，寻求服务与成本之间的平衡，实现供应链的价值最大化，提升供应链系统的整体竞争力。

一般来说，供应链管理主要涉及需求管理、物流管理、生产作业管理、供应管理四个领域，如图 3-2 所示。实践中，需要以同步化、集成化的生产计划为指导，以各种信息技术为支撑。

2. 供应链管理的目标

供应链管理的目的是增强企业竞争力，首要目标是提高客户满意度，具体目标是通过协调总成本最低化、总库存最少化、响应周期最短化及服务质量最优化等多元目标之间的冲突，实现供应链绩效最大化。具体如下：

（1）总成本最低　供应链管理的基本目标是以系统总体成本最低满足客户特

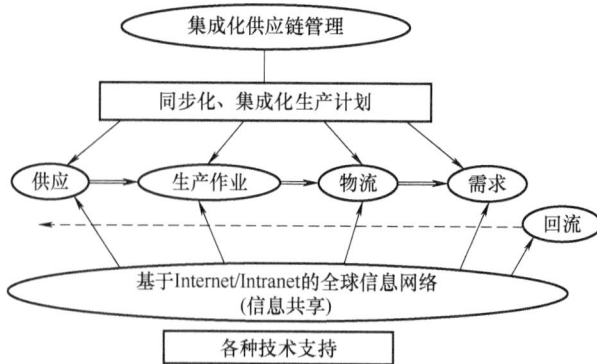

图 3-2　供应链管理涉及的领域

定需求，单个企业的成本最低并不必然保证总体成本最低，这就涉及供应链中不同节点企业之间的协调与合作。

（2）客户服务最优　除了提供的产品或服务本身以外，整个过程的服务水平也逐渐成为影响客户满意度的主要因素之一。从供应链的角度看，客户最终感受到的服务水平是供应链中各成员企业共同作用的结果。供应链管理的客户服务的目标就是通过各相关环节成员企业的共同努力，保证最终服务水平的最优。

（3）总库存最少　按照精益管理思想，库存是"万恶之源"，会导致成本上升。因此，有必要将整个供应链的库存控制在较低水平。但需要注意的是，此目标的达成有赖于对整个供应链库存水平及其变化的最优控制，而非单个成员企业库存的减少。

（4）响应周期最短　供应链的响应周期是指从客户发出订单到获得满意交货的总时间。随着经济的发展，时间已经成为当前企业市场竞争的关键要素之一。因此，加强上下游企业间的合作，构建完善的物流系统，最大限度压缩供应链的响应周期，是企业提高竞争力、提升客户满意度的关键。

3.2　港口物流系统

　　港口物流系统是物流系统在港口领域的子系统，而物流系统又是社会经济大系统的一个子系统，从系统角度来审视和管理港口物流活动已成为现代物流的重要特征。因此，准确把握物流系统的本质和规律，对促进港口物流系统化、合理化具有重要的意义。

3.2.1　物流系统概述

1. 物流系统的概念及分类

　　物流系统是指在一定的时间和空间里，由需要位移的货物、各类机械设备、仓储设施、人员和通信网络等若干相互制约的动态要素构成的具有特定功能的有机整体。简言之，物流系统是实现货物的空间效益和时间效益，在保证社会再生产顺利进行的前提下，实现物流活动中各环节的合理衔接，并取得最佳经济效益的系统。

物流系统可以划分为若干个子系统，一般认为，物流系统由物流作业系统和物流信息系统两个子系统构成。

（1）物流作业系统 一般包括运输系统、仓储系统、包装系统、流通加工系统、装卸搬运系统等子系统，各子系统下又可以细分为更小的子系统。例如，运输系统包括铁路运输系统、公路运输系统、空运系统、水运系统及管道运输系统等。港口物流作业系统也是其中的一个细分系统。物流作业系统通过在运输、保管、包装、搬运、流通加工等作业环节中使用各种先进技术，使生产据点、物流据点、配送线路、运输手段等资源实现网络化，可以大幅度提高物流活动的效率。

（2）物流信息系统 一般包括情报系统、管理系统等子系统。物流信息系统在保证订货、进货、库存、出货、配送等环节信息畅通的基础上，提升各环节信息交流的效率和正确率，从而大大提升整个物流作业系统的效率。

2. 物流系统的构成要素

（1）物流系统的一般要素 物流系统主要由人、财、物、信息等要素构成。其中：

1）人是物流系统的关键构成要素，是保证物流活动顺利进行的决定因素，是物流系统的主体。随着经济全球化发展，企业的竞争力也越来越多地表现为人才的竞争，培养人才、招揽人才、留住人才是物流企业提高竞争力、建立有效物流系统的根本要求。

2）财力资源是物流系统不可或缺的重要因素，物流活动本质上是资金运动的过程，物流系统的建设也是资本投入的领域之一。

3）物是指物流系统中必需的原材料、半成品、产成品、能源、动力，以及设施、工具等物质资料的总称。没有物，物流系统便成了无源之水、无本之木。

4）与物流活动相关的信息，包括反映物流活动内容的知识、资料、图像、数据以及文件等。物流信息贯穿物流活动全过程，将物流系统各子系统有效联结起来。

（2）物流系统的功能要素 物流系统的功能要素是指物流系统具备的基本能力，按照我国物流术语相关标准，物流系统可划分为运输、储存保管、包装、装卸搬运、流通加工、配送、物流信息处理七大功能系统，这些功能系统实际上也是物流活动的基本环节。其中，运输、储存保管、配送主要创造时间效用和空间效用的功能要素，因而在物流系统中占有重要地位。

（3）物流系统的支撑要素 物流系统涉及范围广泛，又处于复杂的社会经济大系统中，需要协调与其他子系统的关系，因而支撑要素必不可少。支撑要素主要包括以下几种：

1）体制、制度。物流系统的体制、制度决定了物流系统的结构、组织、领导及管理方式。国家对物流系统的管理、控制、指挥方式，以及物流系统在国民经济中的地位，是物流系统有效运行的重要保障。

2）法律、规章。物流系统的运行，不可避免地涉及企业或个人的权益问题。法律、规章一方面限制和规范物流系统的活动，使之与更大的系统相协调；另一方面又给予保障，合同的执行、权益的划分、责任的规定都靠法律、规章维系。

3）行政命令。物流系统关系到国家的军事、经济命脉，因此行政命令等手段也常常是支持物流系统正常运转的要素。

4）标准化系统。它是保证物流各环节协调运行，使物流系统与其他系统在技术上实现连接的重要支撑条件。

5）组织与管理。它是物流网络的"软件"，起着连接、调运、运筹、协调、指挥其他各要素以保证物流系统目标实现的作用。

（4）物流系统的物质基础要素 物流系统的建立和运行，还需要大量技术装备手段，它们主要包括：①物流设施，即组织物流系统运行的基础物质条件，如物流站、场、物流中心、仓库、物流线路、铁路、公路等。②物流装备，即保证物流系统开动的条件，如仓库货架、进出口设备、加工设备、运输设备、装卸机械等。③物流工具，即物流系统运行的物质条件，如装运工具、办公设备等。④信息技术及网络，即掌握和传递物流信息的手段，如通信设备及线路、传真设备、计算机及网络设备等。

3. 物流系统的特点

物流系统除了具备一般系统所共有的特性外，还具有以下特点：

（1）物流系统是一个"人-机系统" 物流系统由人和相关设备设施构成。因此，在研究物流系统时，应将人和物有机结合，将它们作为不可分割的整体加以分析和考察，而且始终把如何发挥人的主观能动性放在首位。

（2）物流系统是一个大跨度的动态系统 现代经济活动中，物流活动通常会跨越不同地域、不同时间，这样带来的问题主要是管理难度增加，对信息的依赖程度也高。另外，物流系统需要满足社会要求，不断适应环境变化，有必要对其进行优化，这就使得物流系统具有动态性，可以灵活改变。

（3）物流系统是一个复杂系统 物流系统的构成要素多、活动范围广、时空跨度大，横跨生产、流通、消费三大领域，因而是一个复杂的系统。在此背景下，要协调好物流系统各个环节的关系，必须合理组织和有效利用人力、物力和财力等资源，管理难度极大。

（4）物流系统存在"二律背反"性 二律背反现象在物流系统中普遍存在，因此需要协调好物流系统各要素间的关系，以实现整体最优。如物流中的"效益背反"（Trade off）关系，如图3-3所示。效益背反是指，一种物流活动的高成本，会因另一种物流活动成本的降低或效益的提高而抵消的相互作用关系。

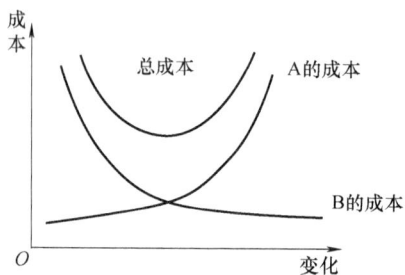

图3-3　效益背反原理

3.2.2　港口物流系统的内涵

1. 港口物流系统的概念

港口物流系统是物流系统在港口领域的一个细分，一般是指由提供港口物流服务的码头设施、仓储设施、运输车辆、搬运设备和工具、通信设施和网络、港口作业及管理人员、口岸配套服务设施体系和港口后方物流园区、物流配送中心、集疏运系统及其信息系统等相互影响、相互制约的若干动态要素组成的具有特定功能的有机整体。

2. 港口物流系统的分类及构成

（1）从港口专业化角度划分　从港口专业化的角度来看，港口物流系统分为集装箱码头物流系统、干散货码头物流系统、滚装码头物流系统、油品码头物流系统等子系统，各种类的子系统还可以进行进一步的划分。例如，有学者将集装箱码头物流系统（Container Terminal Logistics System，CTLS）划分为四个子系统，如图 3-4 所示。

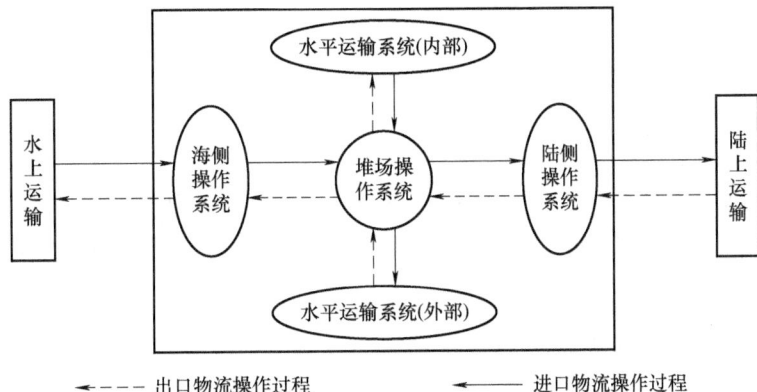

图 3-4　集装箱码头物流系统构成

1）海侧操作系统（Seaside Operation System，SOS）。海侧操作系统包括泊位和码头前沿，主要供集装箱船舶停靠、装卸，以及提供相关辅助工作，是进出口集装箱进行换装的重要地点。装卸设备是集装箱岸桥。

2）堆场操作系统（Yard Operation System，YOS）。堆场操作系统包括码头内储存并保管空、重箱的各类场地，具体包括出口重箱场地、中转箱场地、进口重箱场地、空箱堆场、冷藏箱堆场、超限箱堆场和危险品箱堆场等。日常管理中，主要包括两项业务内容：堆场计划管理和堆场作业调度管理，通过堆场的实时控制和管理，提高码头堆场利用率。

3）陆侧操作系统（Landside Operation System，LOS）。陆侧操作系统包括集装箱货运站、闸口、铁路港站等设施，该系统是构成集装箱码头物流系统集疏运网络的重要组成部分。

4）水平运输系统（Ground Vehicle Operation System，GVOS）。水平运输系统主要是利用运输设备完成集装箱在码头内外的位移。通常情况下，自动化和半自动化集装箱码头的水平运输设备为自动引导小车（AGV）；非自动化港口的运输设备为集卡，一般由牵引车和挂车两部分构成。水平运输系统可以进一步划分为前沿水平运输系统、堆场水平运输系统、进闸水平运输系统和出闸水平运输系统四部分。

（2）从生产运作角度划分　从生产运作的角度来看，港口是从事货物装卸、搬运、储存、流通加工以及进行相关信息处理和服务等的场所，是将物流环节有机结合的场所，具有一定的复杂性，可以将港口物流系统分为港口物流生产运作子系统和其他辅助子系统。港口物流生产运作子系统主要用于完成港口物流活动的计划、控制与实施，由船舶靠泊、码头装卸、港内搬运与调度、仓储堆场管理、流通加工、港口生产控制与调度、集疏运等环节以及涉及港口物流生产运作的企业部分、基础设施和相关信息和服务等构成。港口物流生产运作子系统是港口物流系统的核心子系统，是港口运作的中心环节，在很大程度上决定了港口物流生产运作的能力及效率，是提高港口物流服务质量和增强港口竞争力的核心部分。

（3）从码头装卸工艺角度划分 从码头装卸工艺角度来看，港口物流系统一个重要的支撑子系统是装卸工艺系统。通常，不同的货物或不同的港口类型，其装卸工艺系统是不同的，以集装箱码头为例，常见的工艺系统包括底盘车工艺系统、跨运车工艺系统、轮胎吊工艺系统、场地轨道吊工艺系统等。

（4）从系统功能结构角度划分 从系统的功能结构来看，港口物流系统包括三大子系统模块：作业子系统、信息子系统、支持子系统。三个子系统又涉及具体的物流活动，如客户需求与市场开发、货源与运量预测、订单处理、车辆与设备调度、船舶码头作业管理、引航拖轮作业管理、海陆运输通道规划、港口信息服务、仓储集散与控制、货物装卸与分拨、口岸通关、港口安全管理、废物处理及环保管理等。

3.2.3 港口物流系统分析

对港口物流系统进行分析，可以了解港口物流系统各部分的内在联系，把握港口物流系统行为的内在规律性。

1. 港口物流系统分析的概念、特点及要素

港口物流系统分析是在选定系统目标和价值准则的基础上，运用定性定量分析方法，对系统的功能、环境、费用、效益，以及要素间的相互关系等问题有步骤地进行分析，以把握港口物流系统行为的内在规律，寻求港口物流系统整体最优的策略活动。进行港口物流系统分析的目的是通过分析、比较各种替代方案的技术经济指标，获取决策者形成正确判断所必需的信息，以便形成最优系统方案，为决策提供科学依据。

一般来说，港口物流系统分析具有如下特点：

（1）追求整体目标最优 港口物流系统的各个子系统都有各自既定的功能和目标，但又相互联系，只有分工协作才能实现整体目标，因此港口物流系统分析必须着眼于整体效益。

（2）以特定问题为对象 系统分析虽是处理问题的一种方法，但需要把待解决的问题从系统角度看待。因此，需要确定问题所属系统范围，再进行详细分析。

（3）定性与定量分析相结合 系统分析一般需要实际数据资料作为依据，往往要借助数学模型进行计算模拟。但在实践中，港口物流系统还涉及政策法规、劳动条件、心理因素等诸多方面，因此用定性与定量相结合分析更符合实际。

（4）凭借价值判断 港口物流系统层次多、人机环境复杂、影响因素众多。因此，判断不同方案可能产生的损益值时就需要凭借一定的价值准则。

港口物流系统分析的对象较多，其中，较重要的五个基本要素是目标、替代方案、模型、指标和评价标准。

（1）目标　明确目标是进行港口物流系统分析的起点，通过对目标的分析，可以明确系统的任务，并确定港口物流系统的构成范围。

（2）替代方案　目标需要通过一定方案来实现，找到几种可供选择的方案，并进行分析、比较、权衡后选择一种最佳或最满意的方案。

（3）模型　根据目标的要求，用若干参数或因素对港口物流系统进行抽象与描述，确定系统各要素之间的定量关系和逻辑关系，利用模型预测各种方案的费用与效益，并进行比较。

（4）指标　指标一般包括性能、费用与效益、时间等内容。运用指标便于衡量总体目标和进行方案比较。

（5）评价标准　用于确定各种替代方案优先顺序的标准，一般包括费用效益比、性能周期比、费用周期比等。由于港口物流系统自身的多样性、构成要素的多元性及人们认识的主观性，因而有必要建立评价方案优劣的尺度、标准。

2. 港口物流系统分析的基本步骤

港口物流系统与一般系统的分析流程一样，应该遵循以下步骤（见图 3-5）。

（1）界定问题　需要在环境分析的基础上发现问题，明确界定港口物流系统的范围和性质。

（2）确定目标　分析问题产生的原因并合理确定系统目标。目标一般通过指标描述，可能存在多个目标，这时要考虑目标的取舍与协调，防止轻视或漏掉必要目标，同时还要注意目标的整体性和约束条件。

（3）拟订方案　收集与港口物流系统相关的资料、数据，拟订符合总体目标和约束条件的方案。

（4）系统建模　根据目标的要求，建立不同的港口物流系统模型。

（5）求解模型　通过数学模型进行优化，利用模型对不同方案产生的结果进行计算和测定，考察参数与变量情况，记录各种指标达到的程度，并判断系统的参数或变量能否取得最优值、次优值或满意值。

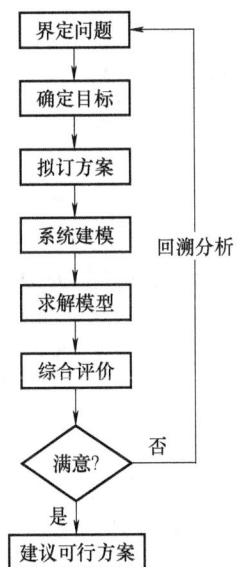

图 3-5　港口物流系统分析步骤

（6）综合评价　利用模型或其他资料所获得的结果，对各个方案进行定量和定性的综合分析。如果结论是各个方案都不满意，则回溯分析，重新界定问题；否则，以综合分析的结论，给出可行方案的建议。

3. 港口物流系统分析的具体方法

（1）排队论　排队论又称为随机服务系统理论，是运筹学的一个重要分支学科，主要通过对服务对象的到来及服务时间的统计，得出等待时间、排队长度等数量指标的统计规律；然后根据这些统计规律改进服务系统的结构，使得服务系统既能满足需要，又能使得某些目标最优，因而被广泛用于货物运输及库存等资源共享性随机服务系统方案优化的研究。

一个完整的排队系统的构成包括输入、队列系统、服务机构和输出四个部分，如图 3-6 所示。

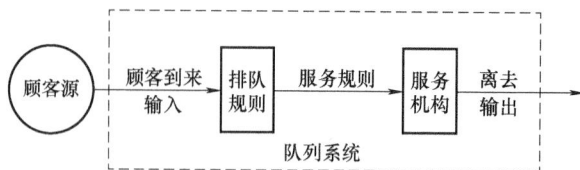

图 3-6　排队系统的构成

1）输入。这是指顾客到达排队系统的过程，考察对象是顾客到达服务系统的规律。可以用一定时间内到达顾客的数或前后两个顾客相继到达的间隔时间来描述，到达时间一般分为确定型和随机型两种。

2）队列系统。如果顾客到达时，排队系统所有服务台正在被使用，那么顾客可能选择立刻离去或者在队列中排队等待，前者称为即时制系统或损失制系统，后者称为等待系统。按等待顾客的服务顺序，可将服务规则分为先到先服务、后到先服务、有优先权的服务、随机服务等。

3）服务机构。在排队系统中，可能只有一个服务台，也可能有多个。如果有多个服务台，那么各服务台之间的关系可以是串联、并联或串并联混合的。另外，服务方式也可以是针对单一顾客或针对一批顾客进行的。服务时间同到达时间一样，也可以分为确定型和随机型两种。

4）输出。与输入对应，这是指从顾客得到服务到离开服务系统的过程。通常顾客一结束服务就立即离开服务系统，因此该过程通过服务时间进行描述。

长期以来，人们对运输的到港记录进行过大量统计，已掌握了其中一些规律性特点。按照排队论，可以将码头视为一类服务系统，其中每个泊位构成一个"服务台"，到达港口装卸货物的船舶为"顾客"，如图 3-7 所示。由于这一系统中存在各种随机因素，因而应该归为随机服务系统。另外，船舶作业时占用泊位的时间也具有随机性，可以用数学函数近似描述其规律性。

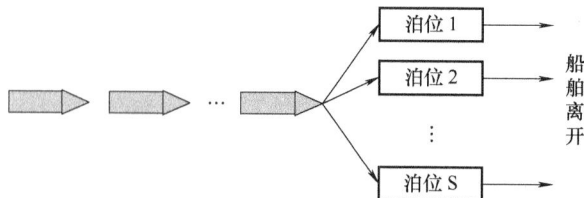

图 3-7　船舶到港的排队系统

按照实际服务过程，排队系统的输入过程、排队规则和服务机构分别对应船舶到港、船舶排队等待和泊位作业。理论上，港航系统中常用的排队模型主要是"$M/M/S$"模型（船舶随机到港时间符合泊松分布，船舶靠泊作业占用泊位时间符合负指数分布，"S" 为泊位数）、"$M/E_k/S$" 模型（船舶随机到港的规模符合泊松分布，船舶靠泊作业占用泊位时间符合爱尔朗 k 阶分布，S 为泊位数）、"$E_k/E_k/S$" 模型（船舶随机到港的规模符合爱尔朗 k 阶分布，船舶靠泊作业占用泊位时间符合爱尔朗 k 阶分布，S 为泊位数）。大多对船舶到港规律的研究是基于非班轮（或不定期）运输船舶到港统计分析形成的，而集装箱运输采取定期方式，到港时间相对比较固定，随机性更多是源于自然因素。一般认为集装箱到港服务适合运用 "$E_k/E_k/S$" 模型中的 "$E_2/E_2/S$" 模型，即船舶到达规模或船舶相继到港的时间间隔、船舶靠泊作业占用泊位时间均符合爱尔朗二阶分布。

（2）系统建模与仿真技术　仿真又称为模拟，是更好地实现未来和观察系统未来的动态过程。通过仿真，可以更好地优化和控制系统，实现资源的最佳匹配。港口仿真是指根据系统的数量特性建立系统模型，使港口物流系统问题模型化。模型化是以能说明系统结构和行为的适当的数学模型、图像及物理手段来表达具体系统的一种科学方法。模型表现了实际系统的各组成要素及其相互间的内在联系，反映了实际系统的特征。港口物流系统仿真的目标在于建立一个既能保证满足用户要求的服务质量，又能使物流费用及资源使用最小的港口系统。

港口物流系统仿真的类型可分为：

1）根据模型的种类，可以分为物流仿真、数学仿真和半实物仿真。

2）根据仿真计算机类型，可分为模拟计算机仿真、数字计算机仿真和数字模拟混合仿真。

3）根据仿真时钟与实际时钟的比例关系，可分为实时仿真、亚实时仿真、超实时仿真。

4）根据系统模型的特性，可分为连续系统仿真和离散事件仿真。

港口物流系统仿真的一般步骤包括：

1）实际系统建模，确定模型的边界。

2）仿真建模，选择合适的算法。

3）程序设计，即将仿真模型用计算机能执行的程序来描述。

4）程序检验。

5）模型实验。

6）仿真输出分析。

港口物流系统仿真的主要作用，是用来评价规划建设中的或现在使用中的港口、码头在一定设备资源条件下的生产能力、交通状况，识别系统瓶颈，提出改进策略。该模型通过彩色动画显示，即可观察整个码头的生产动态。

（3）系统最优化技术　最优化是指在一定的约束条件下，求出使目标函数为最大值（或最小值）的解。港口物流系统的基本思想是整体优化，采用定性定量的模型优化技术，经过多次测算、比较、求好选优、统筹安排，使系统整体达到最优。

常用的港口物流系统优化方法有：数学规划法、动态规划法、分割法、博弈论和统计决策等。可用以解决港口泊位分配、水平运输的车辆调度等问题。

3.3 港口物流系统一体化

港口物流系统一体化离不开物流系统化相关基本理念，因此有必要先对物流系统一体化相关理论进行概述，再具体到港口物流系统一体化发展。

3.3.1 物流系统一体化

物流系统一体化也称为物流系统化。早在20世纪80年代，美国、法国等国家就提出了物流一体化的理论，并将该理论应用于物流管理实践，取得了明显的成效。

1. 物流一体化的内涵

所谓物流一体化，是指把物流各要素作为一个有机的整体来进行设计和管理，以得到最佳的结果和最好的配合，充分发挥其系统功能和效率，实现物流系统的整体优化。随着市场环境的变化，物流一体化的内涵也在不断深化，根据物流系统的范围，可将其划分为三个层次，即企业物流一体化、供应链物流一体化和社会物流一体化。

2. 物流系统一体化的目标

物流系统一体化的本质是以有效的低物流成本实现优质的物流服务水平，具体目标可以用"6S"和"7R"进行形象的描述。

（1）"6S"目标 包括服务性（Service）、快捷性（Speed）、安全性（Safety）、规模适当（Scale Optimization）、库存控制（Stock Control）、有效利用空间（Space Saving）。

（2）"7R"目标 美国密歇根大学的斯麦基教授倡导的物流系统一体化的目标由"7R"组成，即优良的质量（Right Quality）、合适的数量（Right Quantity）、适当的时间（Right Time）、恰当的场所（Right Place）、良好的印象（Right Impression）、适宜的价格（Right Price）和适当的商品（Right Commodity）。

3.3.2 港口物流系统一体化发展

随着经济全球化发展，众多大型港口企业都开始从装卸、仓储为主的生产方式向综合物流服务中心转变，为通过的货物提供增值物流服务，以提高港口的竞争力。港口物流系统一体化主要包括物流系统内部的一体化和外部的一体化。

1. 港口物流系统内部一体化

港口物流系统内部一体化是指港口物流系统内部各功能要素协同发展，实现货物在港口内的快速流动，既能提高港口各项资源的利用率，又能满足客户的需求。例如，港口堆场、泊位、水平运输等各个子系统的能力应该协调配合，通过能力保持一致，避免因某一环节能力不足而影响整个港口物流系统的通过能力，避免某些环节设施设备资源利用率较低。

2. 港口物流系统外部一体化

港口物流系统的运作效率除了受内部影响外，外部环境、其他主体单位对其也有影响，如港口的相关监管部门。港口物流系统外部一体化是指通过港口与其他单位的协调配合，实现资源的最优化配置，从而提升港口物流系统的运营效率和服务水平。还有另外一种说法是区港联动，即以港口区位优势对其临近区域及相关区域的政策环境优势进行整合和利用，从而实现港口自身功能延展和效能提升，形成港区间的高效衔接和良性互动。港区联动是现代港口物流发展的趋势，而其中的关键点和创新点就是港区联动一体化。

3.4　港口物流供应链管理

在经济全球化的背景下，港口企业面临内外部环境变化的诸多压力，纷纷转变观念，开始拓展综合物流服务业务，不断提升自身服务范围的深度和广度，逐渐延伸到多式联运枢纽、区域性或国际性航运中心、物流金融中心等功能。现代物流业务是转变港口发展方式的重要举措。因此，港口企业塑造以自身为核心的港口物流供应链日渐成为发展趋势。

3.4.1　港口物流供应链的内涵

1. 基本概念

港口提供货物运输、装卸、堆存服务，是服务型企业。因此，港口供应链也属于服务型供应链的范畴，根据制造行业中典型供应链的概念以及港口企业自身的特点，可将港口供应链定义为：港口供应链是指以港口企业为核心，利用各种现代信息技术对信息流、资金流、物流等进行控制，从港口各类服务的供应商（包括场站公司、集运公司、航道疏浚公司、码头建设公司、港口设备修造厂、港航公司等）开始，经航运公司（班轮运输公司）、口岸通关服务公司、仓储运输服务公司，以到达最终用户为止的将港口企业供应商、航运公司（班轮运输公司）、口岸通关服务公司、仓储运输服务公司直到最终用户连成一个整体的功能网链结构。

港口物流供应链包含着三层含义：一是以港口为核心成员，协调上游企业（仓储、装卸、加工等），使得供应链上各个成员之间功能优势互补、分工明确；二是在港口企业和各类服务供应商合作的基础上形成服务供应链，由于港口自身能力存在缺陷，因而需要向上下游企业购买自身不具备的仓储、加工等能力；三是港口物流供应链是由从最初的货主到最终的客户提供的多层级服务社会网络过程，不是一种简单的物流服务外包形式。

2. 港口物流供应链的结构

港口物流供应链是以港口为核心，以信息技术为手段，将各类服务供应商、港口和客户进行集成的服务供应链，其结构模型如图 3-8 所示。

与制造企业的供应链一样，港口物流供应链也是一个范围更广的企业结构模式，包含所有参与港口物流供应链的节点企业，从港口企业供应商提供各类服务开始，经过链中不同企业对服务的生产转化，直到服务完结提供给最终用户。参考制造企业供应链的特性，港口企业供应链是一条联结服务供应商到最终用户的服务链、信息链、资金链，并且也是一条增值链，服务在港口物流供应链上因生产转化

港 口 物 流

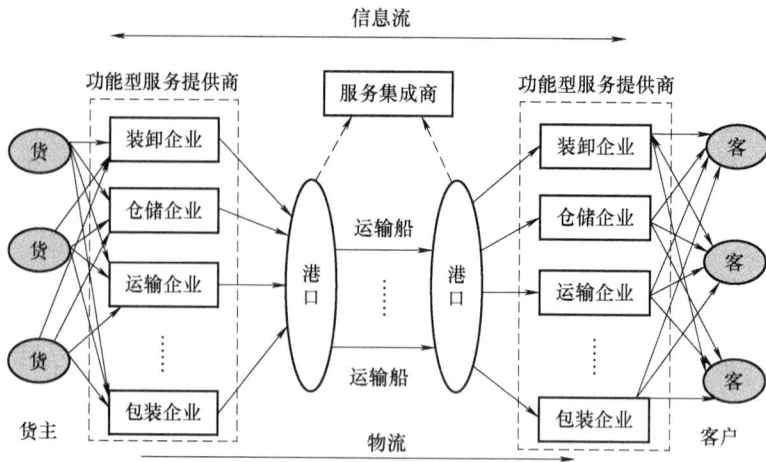

图 3-8 港口物流供应链的结构模型

而增加价值，从而给港口物流供应链上节点企业带来收益。

一般来说，港口物流供应链中涉及的节点企业主要包括两大类：一是航运相关企业；二是行政监管部门。具体如下：

（1）航运相关企业

1）航运企业：企业主要是运用船舶运输工具为货主提供运输服务的项目企业，该企业的经营项目符合国家法律法规。

2）卫生处理企业：该企业主要负责对于来自疫区、来自非疫区但有可能携带病媒的昆虫和医学动物等进行处理。

3）货代企业：该企业主要负责货物的内外贸运输业务，接受收发货人的签发运输单证和履行运输合同的行为。

4）船代企业：该企业主要负责船舶进出口业务和相关手续，协助船企业与港口企业和港口部门之间的合作，保证货物正常装卸工作的顺利进行。另外，船代企业还需要完成船企业委托办理的各类事项和代签提单等。

5）报关企业：该企业的主要职责是完成进出口货物收发件人的委托事项，以收发件人或者企业自身的名义到海关行政部门办理相应报关业务。

6）拖车企业：该企业的主要任务是将货主的货物通过拖车运输到港口码头，为航运企业提供更多的货源。

（2）行政监管部门

1）出入境检验检疫局：主要职责是负责对出入境货物的检验检疫工作，包括对货物、人、邮件包裹、集装箱等进行多方面检查，以保证人、物的质量和卫生安全。

2）海事局：负责保证海上行驶安全的监督、防止船舶造成污染、海上行政执法、对船舶及海上设施的检验等职责。

3）港口管理局：主要职责是对港口基础设施的建设和维护，对港口安全生产的监督管理工作，对港口危险货物的装卸、堆存的监管工作，负责船舶进出港的引航工作等。

上述这些企业和政府监管部门为货物的运输提供服务，它们履行各自的职能、发挥各自的功能，各个企业和政府监管部门相互合作、优势互补，把货物按时送达目的地，同时把各自的服务转化为终端客户对货物的评价，从而构成港口服务供应链。

3. 港口物流供应链的特点

港口物流供应链节点企业涉及多个企业、监管部门，具有以下特点：

(1) 协调性程度要求较高　港口物流供应链是一个整体合作、协调一致的系统，它有装卸、加工、仓储、运输、报关、配送、金融、船公司等多个合作者，整个供应链上的参与者为了共同的目标，协调动作、紧密配合。

(2) 不确定性因素较多　由于供应链的生命运转周期存在不确定性，在当前物流业快速发展的时代，不同港口间提供的物流服务也呈现日益趋同的现象，因而企业在选择港口的过程中存在越来越多的不确定性因素。同时，港口物流服务供应链的运作也受到地区差异性带来的港口发展政策的影响。

(3) 选择性和动态性较强　港口物流供应链中的企业是经过筛选而确定的合作伙伴，它并不是一成不变的，而是随着服务目标、服务方式的改变而变化的，是一个动态调整的过程。

(4) 具有复杂性和虚拟性　在实际运作过程中，港口物流供应链操作需要目标的准确性、快速的反应能力和高质量的服务，但由于供应链中合作伙伴的物流管理水平、基础设施、技术能力等存在差异，使得供应链呈现复杂性的特征；港口物流供应链是一个协作组织，是优势企业之间的联合，依靠信息网络的支撑和相互信任的关系协调运转，犹如一个虚拟的强势企业群体，在不断地优化组合中得以延续和发展。

(5) 增值性　传统的制造性企业供应链通过生产和制造装配等过程加工出新商品来创造利润和价值，而港口企业并未生产任何新商品，主要是通过提供搬运、装卸、仓储和加工等物流服务来创造受益点。

4. 港口物流供应链的功能

随着物流与供应链的发展，现代港口已成为全球物流的中心节点，逐渐整合制造加工、物流仓储、信息技术、金融保险、人力资源等功能型企业，为客户提供规模化、个性化、柔性化、精细化、高端化的综合物流服务。港口物流供应链的功能体现在以下几个方面：

(1) 资源整合和协调功能　港口物流供应链以港口为中心枢纽，在此基础上，整合客户（货主、船企业）、各物流服务提供商、政府相关机构（"一关三检"、港口管理等行政机构）。港口处于主导地位，协调上述三方的关系，保证港口物流供应链的管理水平和服务效果突出。在战略层面上，港口物流供应链通过整合各方有利资源，将合作伙伴组合成为一个客户服务系统，突出整体对外竞争的能力。在战术层面上，港口物流供应链内的资源需要不断的优化和动态的整合，以适应市场需求和企业发展需要，彰显港口物流供应链与时俱进的特征。

例如，天津东疆港区新近建立的口岸联合监督协调委员会，是在天津港的推进下整合"一关三检"及海事部门成立的委员会,对货物检验检疫实行网上申报、电子审单,境外进出区货物只检疫不检验,加快了通关效率,为客户节约了时间,获得了市场竞争力。

(2)信息集成和共享功能 港口物流供应链中的节点企业必须建立统一的信息平台,各功能提供商、港口管理行政机构等的业务系统相互关联、共享信息,保证数据传输及转换的畅通,形成高效的信息网,从而达到信息共享、战略共享、共同决策的效果。

(3)全程物流服务功能 港口物流供应链整合制造加工、仓储、运输、信息网络、金融商业、人力资源等功能型企业,通过公路、航空、铁路、海运、内河运输延伸海铁联运、大陆桥运输等多式联运的运输方式,以最低的成本、最高的效率为客户提供准确并完备的物流。

(4)金融商业功能 经过几代港口的建设,我国港口在码头、航道、技术设备、装卸水平、疏运能力等方面已经达到了国际先进水平。但是,我国在港口金融、航运交易等方面与国际水平存在着明显差异。港口金融服务是港口发展的高端服务模式,是第四代港口发展的一项重要因素。

(5)效率和效益最大化功能 港口物流供应链整合链上功能企业,挖掘潜质,发挥各自优势,避免资源浪费,提高服务效率,降低运营成本,使得链上的合作企业共享物流供应链的效益最大化。

(6)品牌效应功能 品牌的认可度是企业综合实力的凝聚体现,港口物流供应链的管理水平和服务效果铸就了供应链品牌。

3.4.2 港口物流供应链管理的基本方法

港口物流供应链管理的产生顺应了时代要求,它不仅关注港口企业内部的资源和能力的整合,而且关注港口企业外部的资源和联盟竞争力,强调港口企业内外部资源的优化配置,以及整个供应链上节点企业能力的集成,是一种全新的管理思想和方法。

本书认为,港口物流供应链管理可定义为:对港口物流供应链涉及的全部活动进行计划、组织、协调与控制,即在满足服务水平需要的同时,通过对整个港口物流供应链系统进行计划、组织、协调、控制和优化,最大限度地减少系统成本。港口物流供应链管理是为实现港口物流供应链整体效率优化而采用的从供应商到最终用户的一种集成的管理活动和过程。

港口物流供应链管理的目标主要是降低成本、提高运作效率,因此需要加强港口物流供应链内合作企业的选择、能力的协调、风险的规避等。港口企业与上下游节点企业的协调合作是港口物流供应链管理的主要方法之一。

1. 与内陆物流企业合作

随着经济发展,市场需求不断提升,市场对港口柔性化服务的需求不断增加,港口之间的竞争不再是自身能力的竞争,而是以港口为核心的上下游运输链的竞争。港口企业逐渐加强与上下游相关企业的合作,协调运作供应链,提高客户服务水平,满足市场需求。为了将港口功能拓展到广大腹地,沿海港口企业与其他内陆物流企业合作，进一步延伸港口服务链，满足货主"门到门"的货运需求。

2. 与航运企业合作

航运企业是港口的重要直接客户。船舶挂靠港口，港口提供装卸服务，这也是港口主要收入来源之一。与航运企业或者码头营运商合作，可以稳定货源，拓展港口的海向腹地。因此，加强与航运企业的合作，有助于港口构建自身的服务供应链，提高港口竞争优势。通常，港口企业与航运企业合作的形式有多种，如建立战略合作伙伴关系、参股建设码头等。

3. 投资集疏运沿线港口、航运企业

通过上下游具有往来的区域港口企业间的互换股权合作，加强供应链节点企业间的业务联系，提供港口物流供应链的运作效率，比较常见的是干线港对支线港的控制。

4. 与货主企业合作

港口企业为货主、船企业提供装卸搬运、堆存服务时，应充分考虑客户的业务需要，大力深挖市场需求，突出个性化服务特色。这样既能吸引货源，又能拓展港口功能，提高港口设备设施的利用率。

5. 港口企业非核心业务外包

随着港口大型化、智能化发展，港口应重点关注货物装卸质量和效率，可以考虑将非核心业务外包，如港内运输、仓储堆场、船舶供给、集装箱维修及清理等辅助服务。对于大型港口集团，通过专业分工，可以有效整合资源，提高港口运作效率。

3.5　无水港

3.5.1　无水港的概念

1. 无水港的定义

无水港（Dry Port）最早出现在欧洲，欧盟委员会、美国集装箱运输协会、联合国贸易和发展会议等组织通过不断地实践与研究陆续对内陆无水港做了明确定义。具体如下：

1982 年，欧盟委员会提出的定义为："直接与海港相连的内陆货运站。"

1992 年，美国集装箱协会提出的定义为："离港口的内陆集装箱设施，它为进出内陆港的集装箱和货物提供集装箱装卸、短期存储和海关检查等服务。"

1998 年，联合国贸易和发展会议提出的定义为："在海关的监管下，具有较为全面功能的基础配套设施，为内陆地区的货物提供出口服务和暂时的存储服务。"

我国对内陆无水港的深入研究是从席平 2001 年首次提出"国际陆港"概念开始的。席平认为国际陆港是在内陆地区经济中心城市的铁路、公路交会处，按照相关国际运输法规、条约和惯例设立的对外开放的国际商港，是沿海港口在内陆地区设立的支线港和现代物流的操作平台，为内陆城市提供方便快捷的国际港口服务。之后，我国学者对无水港的定义不断完善。

本书认为，无水港又可称为内陆港（Inland Port）、干港（Dry port）、内陆无水港（Hinterland Dry port）或者内陆口岸等，是指临近货源发生地，地处没有任何水运通道与海港相连接的内陆地区，通过便捷完善的铁路、公路运输系统，实现与一到多个港口的连接，为临近的商业或工业经济区提供集装箱（整箱货、拼箱货）的除装船与卸船外的一切港口服务，主要为内陆地区提供订舱、装箱、暂存、报关报检、签发提单、退税和保险等服务。

无水港内设有海关监管场所、动植物检疫、商检、卫检等监管机构，以提供通关服务，并设有货代、船代和船企业等分支机构以便收货、还箱、签发以当地为起运港或终点港的多式联运提单。内陆地区的货物进出口商可以在当地完成订舱、报关、报检等手续，将货物交给货代或船企业。无水港除了没有港口码头装船、卸船的操作外，其他功能与港口基本相同，故由此得名"无水港"。无水港在拓展沿海港口经济腹地、提高国际供应链运行效率、减少公路运输压力和实现环境保护等方面具有积极的作用。港口在内陆建设的物流基地，通过港口功能前移、降低客户成本，提高自身的市场竞争力。

2. 无水港的功能

内陆无水港依托物流通道、区域口岸经济、港口区域一体化、综合交通、多式联运系统和管理体制联结沿海港口；总的说来，具备货源组织、空箱调拨、集装箱堆存、货物报关报检、单证处理、订舱集拼等六大基础服务功能；同时，实现港口功能内陆前移和节点综合物流服务两大属性。

无水港在内陆集装箱货运站功能的基础上有了较大的提升与完善。主要功能有：

（1）基本功能 提供进出口集装箱整箱交接、保管、堆存、中转、拆装箱、理货、拼箱等服务；对集装箱、车辆等进行动态跟踪管理，对运输单证进行接收、传递和处理服务；受货主及船企业委托代办接货、发运、签发提单、租赁及管理集装箱、代办报关及多式联运业务等。

（2）提升功能 提供进出口集装箱货物仓储、保税、加工、重新包装、标签、分类及分拨配送等服务（综合物流服务功能）；海关、动植物检疫、商检、卫检等监管机构为客户提供通关服务（内陆口岸功能）。

3. 无水港的作用

无水港是联结内陆地区与国际市场的重要通道，是海铁联运发展、内陆地区建设国际物流通道、内陆经济开放的基础工程。通过无水港，实现公路、铁路与沿海、沿江港口的无缝衔接，拉近内陆地区与国际市场的距离，提升对外开放水平，吸引外来资本投资，促进地区经济发展。内陆地区也可以通过无水港建设，发展集装箱、件杂货、公路铁路运输、国内国际贸易等，与沿海联动形成通道经济，进一步带动产业集聚和发展。

3.5.2　无水港的分类

国际上比较流行的分类方法有以下三种：

1. 按照吞吐能力分类

按照吞吐能力，可以将无水港分为一级、二级、三级和四级四个级别，具体

如下:

(1) **一级无水港**　国际上的一级无水港是指位于主要陆运交通枢纽附近,年集装箱运量为 30 000TEU 以上或者年堆存量为 9000TEU 以上的无水港;我国的一级无水港是指位于陆运交通枢纽附近,年集装箱运量为 20 000TEU 以上或者年堆存量为 6000TEU 以上的无水港,如宁波无水港。

(2) **二级无水港**　国际上的二级无水港是指位于主要陆运交通枢纽附近,年集装箱运量为 16 000 ~ 30 000TEU 或者年堆存量为 6500 ~ 9000TEU 的无水港;我国的二级无水港是指位于陆运交通枢纽附近,年集装箱运量为 10 000 ~ 20 000TEU 或者年堆存量为 4000 ~ 6000TEU 的无水港,如西安国际港务区。

(3) **三级无水港**　国际上的三级无水港是指位于陆运交通枢纽附近,年集装箱运量为 8000 ~ 16 000TEU 或者年堆存量为 4000 ~ 6500TEU 的无水港;我国的三级无水港是指位于陆运交通枢纽附近,年集装箱运量为 5000 ~ 10 000TEU 或者年堆存量为 2500 ~ 4000TEU 的无水港,如石家庄无水港。

(4) **四级无水港**　国际上的四级无水港是指位于陆运交通枢纽附近,年集装箱运量为 4000 ~ 8000TEU 或者年堆存量为 2500 ~ 4000TEU 的无水港;我国的四级无水港是指位于陆运交通枢纽附近,年集装箱运量为 2000 ~ 5000TEU 或者年堆存量为 1000 ~ 2500TEU 的无水港,如包头无水港。

2. 按照地理位置分类

受到地理条件的限制,欧洲习惯上按照无水港与海港的距离将其分为近距离(小于 200km)、中距离(200 ~ 500km)及远距离(大于 500km)无水港。

3. 按照与沿海母港的关系分类

根据无水港与沿海母港的关系,无水港还可以分为支线型与枢纽型两类。支线型无水港往往作为沿海母港的内陆喂给港,是无水港发展的最初阶段,通过至少一种交通运输方式将原本要运送给母港的货物进行中转运输,并具有"一关三检"的功能。枢纽型无水港,与海港具有同等地位,相当于沿海港口向内陆地区的迁移,这类港口功能齐全,甚至可以与其他海港形成"竞争"关系。

此外,还可按照运输方式,将无水港分为铁路无水港和公路无水港,如 2014 年我国华东地区设立的蚌埠(皖北)铁路无水港,大力推进"铁海联运"。

3.5.3　我国无水港建设模式与发展

1. 无水港的发展历程

我国无水港建设始于 2002 年,相比于水港的发展,内陆无水港尚处于起步阶段和探索时期。2002 年 10 月,北京朝阳口岸与天津海港口岸签署了直通协议,尝试口岸跨关区通关,开启了全国无水港先例。

我国无水港的发展经历了从北到南、从东到西的建设趋势。从天津港的第一步尝试,到大连港、宁波港的全力跟进,再到珠三角广州港、北部湾等港口的大力推进。目前,我国无水港已经初步形成由北至南的四个无水港群:

(1) **以东北地区为主要腹地的东北无水港群**　主要无水港有沈阳、长春、哈尔滨、通辽,它们的出海港口为大连港与营口港。

港 口 物 流

（2）以华北西北为主要腹地的无水港群　主要无水港有北京朝阳、石家庄、郑州、包头、惠农、乌鲁木齐、德州等，出海港口为天津港。

（3）以山东等中部地区为主要腹地的无水港群　主要无水港有青州、临沂、淄博、洛阳等，出海港口为青岛港、日照港等。

（4）以华东华南地区为主要腹地的东南沿海无水港群　主要腹地有金华、义乌、绍兴、衢州、南昌、赣州、上饶、晋江、龙岩、南宁、昆明等，出海港口是广州港、宁波港、厦门港。

我国无水港分布及其建设港口情况见表3-1。

表3-1　我国无水港分布及其建设港口情况

沿海港口	无水港分布
天津港	北京平谷、石家庄、郑州、德州、包头、太原、安阳、张家口、银川、淄博、北京朝阳、呼和浩特、邢台、赤峰、邯郸、巴彦淖尔、汉中、保定、嘉峪关、二连浩特、都拉塔、乌鲁木齐、西安、惠农（宁夏）
宁波港	淄博、洛阳、郑州、成都、兰州、乌鲁木齐、西安、侯马、青州
广州港	昆明、长沙、衡阳、合肥、郴州、赣州
日照港	临沂、莒县
大连港	哈尔滨、长春、通辽
营口港	沈阳
宁波港	上饶、鹰潭、南昌、义乌、绍兴、衢州、金华、余姚、萧山、襄阳
厦门港	三明、南昌、赣州、吉安、鹰潭、新余、德化、南安、南平、靖江、沙县、龙岩
深圳港	长沙、郴州、吉安、赣州、南昌
湛江港	永州
连云港	侯马、洛阳

2. 我国无水港建设模式

迄今为止，我国无水港建设的主要模式分三类：一是以沿海港口企业为主导，无水港依附于沿海港口的建设模式；二是以内陆地区为中心，无水港由当地政府主导的建设模式；三是内陆和港口企业共同开发合作建设的模式。

（1）以沿海港口企业为主导的建设模式　这种建设模式的主要目的是沿海港口依托内陆地区的无水港拓展货源。

（2）以内陆地区为中心，地方政府主导的建设模式　该模式的主要目的是，通过无水港建设，发挥内陆地区港口服务功能，融入国际物流体系，为地区商贸发展奠定基础。

（3）内陆和港口企业共同开发的合作建设模式　这种建设模式的主要目的是，充分发挥双方优势，实现双赢，满足各自发展需求。

【本章小结】

供应链是指围绕核心企业，通过对信息流、物流、资金流的控制，从采购原材料、零部件等生产资料开始，经过生产制造成为中间产品及最终产品，最后通过分销、零售及售后服务等活动把产品送到消费者手中的，将供应商、制造商、分销商、零售商、相关服务商直到最终用户连成一个整体的功能网链结构模式；具有需求导向性、增值性、动态性、交叉性、复杂性等特征，供应链管理的目标是通过协调总成本最低化、总库存最少化、响应周期最短化及服务质量最优化等多元目标之间的冲突，实现供应链绩效最大化。

物流系统一般由物流作业系统和物流信息系统两个子系统构成，其构成要素可分为一般要素、功能要素、支撑要素、物质基础要素等。港口物流系统是物流系统在港口领域的一个细分，其构成子系统可以从港口专业化、生产运作、码头装卸工艺、系统功能结构等角度进行划分。港口物流系统分析的基本要素包括目标、替代方案、模型、指标和评价标准，分析的具体方法主要有排队论、系统建模与仿真、系统最优化技术等。物流系统一体化的本质是以有效的低物流成本实现优质的物流服务水平，具体目标可以用"6S"和"7R"进行形象的描述。港口物流系统一体化主要包括物流系统内部的一体化和外部的一体化。

港口物流供应链属于服务供应链的范畴，以港口企业为核心，链中节点企业主要包括航运相关企业和行政监管部门两大类，具有协调性程度要求较高、不确定性因素较多、选择性和动态性较强、具有虚拟性和复杂性、增值性等特点，其功能主要体现为资源整合和协调、信息集成和共享、全程物流服务、金融商业、效益和效率最大化品牌效应等。港口物流供应链管理的主要方法之一是加强港口企业与上下游节点企业的协调合作，如与内陆物流企业、航运企业、货主企业的合作，投资集疏运沿线港口、航运企业，将港口企业非核心业务外包，等等。

无水港依托物流通道、区域口岸经济、港口区域一体化、综合交通、多式联运系统和管理体制联结沿海港口，并将港口功能前移到内陆地区，有利于形成通道经济，带动产业集聚和发展。无水港可以按照吞吐能力、地理位置、与沿海母港的关系分类。我国已初步形成由北至南的四个无水港群，建设模式主要分为沿海港口企业主导、内陆地区地方政府主导以及二者共同开发三类。

【主要词汇】

供应链，港口物流系统，物流一体化，供应链管理，无水港。

【案例分析】

山东港口基于交易平台的供应链保理业务落地○

2020年1月初，山东省港口集团再传喜讯，针对山东港口重要钢厂客户的资金周转需求，山东港口旗下金控板块联手发力，日照港大宗商品交易中心（简称"大商中心"）与青港（深圳）商业保理有限公司（简称"青港保理"）紧密配合，创新推出基于交易平台的港口货物供应链保理业务，为港口客户采购日照港铁矿石提供4000余万元融资。这是山东港口打造世界一流的金融贸易港的生动实践。

○ 资料来源 https://baijiahao.baidu.com/o? id＝1655054210983220557&wfr。

港口物流

自 2019 年 8 月 6 日成立以来，山东港口紧扣港口主业高效发展，依托港口优势放大发展，跳出港口窠臼创新发展。2019 年山东港口吞吐量超过 13 亿 t，其中，青岛港吞吐量突破 6 亿 t、集装箱吞吐量突破 2100 万 TEU，日照港货物吞吐量突破 4 亿 t，烟台港吞吐量突破 3 亿 t，四大港口集团一体化改革发展初见成效。

进入 2020 年，山东港口加快打造世界一流的物流枢纽港、金融贸易港、产城融合港、邮轮文旅港、智慧绿色港，努力让山东港口真正建成"港通四海、陆联八方，口碑天下、辉映全球"的世界一流海洋港口。其中，金融贸易成为新一年的重要发力点，山东港口整合成立了金控板块，以港航生态圈层的需求为导向，发挥各成员单位的金融贸易综合优势，握指成拳，积极协作，探索契合港口客户需求的金融服务模式。在该业务中，钢厂客户、大商中心、青港保理分别担任债务人、货物出质人、债权人（质权人）角色，通过一系列合同协议明晰各方权利义务。大商中心发挥平台公信力和交易确权功能，通过"港银通"融资监管信息平台，实时获取货物集港、倒运、库存等数据，实现货物全程可查、可溯。青港保理发挥资金优势，守正融变，在合规风控前提下简化审批流程，最大程度为客户提供低门槛、高效率融资服务，及时解决港口客户资金周转问题，满足客户现货采购需求，畅通以港口为核心的产业链贸易环节。

山东港口首单基于交易平台的供应链保理业务落地，凸显了金控板块协作效能，标志着金控板块成员单位融合、耦合进一步加快，也为今后各港区的资源共享、业务协作打下坚实基础。

面向未来，山东港口将以此次合作为良好开端，加快向金融贸易港口的深度拓展，进一步推动港口"货物金融化""贸易便利化"。作为区域内有影响力的大宗商品确权交易平台、供应链金融服务平台，大商中心将与金控板块各兄弟单位精诚合作，进一步凸显山东港口产融结合优势，打造山东港口供应链金融服务品牌，助力山东港口金融贸易港建设。

分析：

1. 如何推动港口"货物金融化""贸易便利化"？

2. 基于交易平台的供应链保理业务对推动港口发展有何积极意义？

【思考练习】

1. 名词解释

（1）供应链

（2）港口物流系统

（3）无水港

2. 填空题

（1）供应链的特征一般包括（　　）、（　　）、（　　）、交叉性、复杂性等。

（2）物流系统化的"6S"目标包括（　　）、（　　）、安全性、规模适当、（　　）及（　　）等。

（3）从港口专业化的角度来看，港口物流系统可以分为（　　）、（　　）、（　　）、（　　）等。

（4）无水港又被称为（　　）、（　　）、（　　）或者内陆口岸等。

（5）按照无水港与沿海母港的关系，无水港可以分为（　　）与（　　）两类。

3. 简答题

（1）简述供应链管理的基本目标。

（2）港口物流系统分析的方法有哪些？请举例说明。

（3）如何理解港口物流供应链？

（4）港口物流供应链管理的基本方法有哪些？

（5）我国无水港的建设模式有哪些？请举例说明。

第4章 港口物流企业与港口物流园区

【学习目标】

了解港口物流企业、港口物流园区的概念、特点、类型等；理解航空物流的概念、特点和航空物流园区的概念、作用、功能；熟悉港口物流企业、港口物流园区的发展现状及趋势等；掌握港口物流企业的业务内容、港口物流园区规划的基本原则和内容等。

4.1 港口物流企业

4.1.1 港口物流企业概述

1. 概念

港口物流企业（Port Logistics Enterprises）是从事一种及以上与港口物流有关的运输（含运输代理、货物快递等）或仓储经营业务，并能按照客户的物流需求对运输、装卸、仓储、流通加工、配送、报关等基本功能进行组织和管理，具有与其自身相适应的信息管理系统，实行独立核算，独立承担民事责任的经济组织。

2. 特点

港口物流企业是一个时代特征鲜明的经济实体，与其他物流企业相比，具有客户广泛、业务依附性强、服务多元化等特点。

（1）客户的广泛性 企业的客户数量众多、类型不同、规模不同，既包括船企业、铁路和公路等运输部门，也包括众多贸易企业、生产厂家，以及船代、货代、报关行等物流中间商。

（2）业务的依附性 港口物流企业依托于港口及相关设施从事相关物流活动，因此属于典型的仓储型物流企业，只有少数港口物流企业能成为综合型的物流企业。

（3）服务的多元化 除了提供水运货物的装卸、搬运、仓储、简单加工和货运等物流基本业务和功能性服务外，一些大的港口物流企业还提供进出口报关、货运交易服务、信息服务、物流咨询、金融保险代理等物流延伸业务和增值服务。

除此之外，港口物流企业在技术装备、人才需求和管理方面还具有鲜明的复杂性、多样性和适应性等特点。

3. 类型

参照《物流企业分类与评估指标》（GB/T 19680—2013），港口物流企业分为三种类型：运输型港口物流企业、仓储型港口物流企业和综合服务型港口物流企业。

（1）运输型港口物流企业 运输型港口物流企业应同时符合以下要求：①以从事货物运输业务为主，包括货物快递服务或运输代理服务，具备一定规模；②可以提供门到门运输、门到站运输、站到门运输、站到站运输服务和其他物流服务；③企业具有一定数量的运输设备；④具备网络化信息服务功能，应用信息系统可对运输货场进行状态查询和监控。

运输型港口物流企业是指围绕港口物流开展与运输有关的活动的企业，包括以下几种类型：

1）提供单一运输活动的企业。提供单一运输活动的企业一般包括两个方面的港口运输服务：一是从事陆上集疏运，具体包括货物从港口腹地聚集到港口的运输和货物从港口分拨到港口腹地的运输；二是港口与港口之间的货物水上运输。

2）提供运输、仓储和中转业务的企业。提供运输、仓储和中转业务的企业一般拥有自己的中转仓库，在为货主提供运输服务的同时，也为货主提供短期的仓储服务，提供临时、简单的中转、集货、分货服务。

3）货代企业。货代是对货物的代理，主要为货主服务，接受货主委托，代办租船、订舱、配载、缮制有关证件、报关、报检、保险、集装箱运输、拆装箱、签发提单、结算运杂费，乃至交单议付和结汇。

4）船代企业。船代是负责船舶的航线安排、航次时间的安排，以及跟海关、边检和海事部门的协调；如果是外轮，还要做好引水拖轮和码头的联系等。主要利润来自船佣、箱贴等。

船代和货代的区别是两者业务范围不同。货代代理货主办理配舱事宜，大部分货代还会提供货物报关、商检换证等服务；船代代理船东办理船舶靠泊手续，安排船舶在港口作业的相关事项。

（2）仓储型港口物流企业 仓储型港口物流企业应同时符合以下要求：①以从事仓储业务为主，为客户提供货物储存、保管、中转等仓储服务，具备一定规模；②企业能为客户提供配送服务以及商品经销、流通加工等其他服务；③企业自有一定规模的仓储设施、设备，自有或租用必要的货运车辆；④具备网络化信息服务功能，应用信息系统可对货物进行状态查询、监控。

仓储型港口物流企业可分为港口保税仓储企业和港口非保税仓储企业。

1）港口保税仓储企业。港口保税仓储企业是指位于或毗邻港口，经海关批准，提供保税货物专业化储存服务的保税仓库企业。根据国际上通行的保税制度要求，进境存入保税仓库的货物可暂时免纳进口税款，免领进口许可证件（能制造化学武器和易制毒化学物品除外），在海关规定的储存期内复运出境或办理正式进口手续。

2）港口非保税仓储企业。港口非保税仓储企业主要围绕集装箱仓储活动展开：其一是集装箱码头，负责集装箱的重箱和空箱的储存及相关活动；其二是集装箱货运站，负责货物的集聚、集装箱的拼箱与拆箱、货物的分拨等活动。

（3）综合服务型港口物流企业 综合服务型物流企业应同时符合以下要求：①从事多种物流服务业务，可以为客户提供运输、货运代理、仓储、配送等多种物流服务，具备一定规模；②根据客户的需求，为客户制订整合物流资源的运作方案，为客户提供契约性的综合物流服务；③按照业务要求，企业自有或租用必要的运输设备、仓储设施及设备；④企业具有一定运营范围的货物集散、分拨网络；⑤企业配置专门的机构和人员，建立完备的客户服务体系，能及时、有效地为客户提供服务；⑥具备网络化信息服务功能，应用信息系统可对物流服务全过程进行状态查询和监控。

综合服务型港口物流企业一般分为资产型港口物流企业和管理型港口物流企业。

1）资产型港口物流企业。资产型港口物流企业通常包括两种类型的资产：第一种是指机械、装备、运输工具、仓库、港口、车站等从事实物物流活动，具有实物物流功能的资产；第二种是指信息资产，包括信息系统硬件、软件、网络及相关人才等。

2）管理型港口物流企业。管理型港口物流企业以本身的管理、信息、人才等优势作为核心竞争能力，主要投资信息资产，包括信息系统硬件、软件、网络及相关人才等，通过系统数据库和咨询服务提供物流服务。在网络经济时代，管理型港口物流企业实际是以"知识"作为核心竞争能力，通过网络信息技术的深入运用，以高素质的人才和管理力量，利用社会的设施、装备等劳动手段，最终向客户提供优良服务。

4. 职能

（1）宏观职能 港口物流企业作为独立于生产企业之外，专门从事商品交换活动的经济实体，从全社会来看，其宏观职能是按照供求状况完成物质的交换，解决社会生产与消费之间在数量和质量、时间和空间上的矛盾，实现生产和消费的供求结合，保证社会再生产的良性循环。

（2）微观职能 港口物流企业是港口物流服务的供应商，其基本职能已突破了传统的仓储运输等，转而提供以满足客户需求为核心，以资源优化配置为目标，以信息技术为支撑，以专业化服务为保证的整体港口物流解决方案。

5. 组织结构

企业的组织模式，又称为企业的组织结构模式，在企业发展的不同时期和企业内部的不同部门可以采用不同的组织模式。企业的组织模式并不是一成不变的，随着竞争方式和作业模式的改变，敏捷制造方式代替传统生产方式，柔性作业管理代替刚性生产控制，这些转变都会产生新的组织结构模式。

以连云港港口物流有限公司作为参照，其内部管理体系组织结构如图4-1所示。

运输型港口物流企业和仓储型港口物流企业，因经营业务的不同，而有各自特有的职能部门，例如调度部、仓储部、箱管部、运输中心等，并分别对应相应的职责与职能。

6. 业务内容

在实际业务中，港口物流企业的业务内容与企业的资产实力、资金实力、资源整合能力、信息技术能力等有关。但从现阶段我国港口物流企业的业务模式分析结果来看，我国的港口物流企业可提供三种不同层次或类型的物流服务：

（1）以货物装卸为核心基本功能的物流服务 港口物流企业主要在港口从事码头和其他港口设施经营，货物的装卸、驳运、仓储经营，港口拖轮经营，港口理货经营，船舶港口服务业务经营，港口机械、设施、设备租赁、维修经营等单一或少数物流功能的组合服务项目。

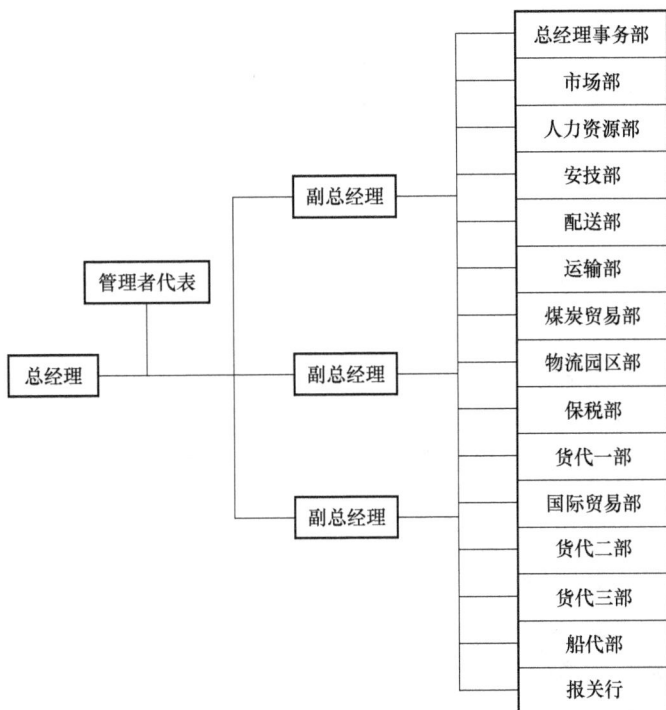

图 4-1　连云港港口物流有限公司组织结构

　　码头和其他港口设施经营，即为船舶提供码头、过驳锚地、浮筒等设施；在港区内从事货物装卸、收运、仓储经营，即为委托人提供货物装卸（含过驳）、仓储、港内驳运、集装箱堆放、拆装箱、货物及其包装的简单加工处理等；港口拖轮经营，即为船舶进出港、靠离码头、移泊提供顶推、拖带等服务；港口理货经营，即委托人提供货物交接过程中的点数和检查货物表面状况的理货服务；船舶港口服务业务经营，即为船舶提供岸电、燃物料、生活品供应、船员接送，以及提供垃圾接收、压舱水（含残油、污水收集）处理、围油栏供应服务等船舶港口服务；港口机械、设施、设备租赁维修经营，仅限从事港口设施、设备和港口机械的租赁、维修业务。

　　（2）依托港口物流业务，提供配套服务及物流增值服务　港口物流企业延伸了传统在港货物的装卸搬运业务，不仅大力扩展诸如集装箱场站服务、空箱分拨及存储服务、集装箱维修服务、冷藏箱发电机租赁业务、集装箱拼箱服务、集装箱进口拆提服务、危险品储存和监管服务等场站业务，以及报关报验服务、国际货代、海上过驳服务、集装箱内支线服务、多式联运服务等集疏运服务，而且力图提供诸如流通加工、货运交易服务、信息服务、物流咨询、保税物流、物流金融、保险代理等增值物流服务。

　　（3）以港口物流业务为主业，配套发展全方位物流服务　港口物流企业已从单一的运营商向综合物流服务商转换，直接开展第三方物流服务。由于很多仓储、运输公司都是以港口业务为核心来开展自己的业务的，因此港口可以利用自己的特殊地位来约束外包者。正是港口在一个地区的稀缺性和与港口以外的物流企业的利益相关性，使得港口企业在我国组建第三方物流企业时具有得天独厚的优势。此时港口物流企业将以港口物流为核心，进一步优化资源配置，提升资产竞争能力，以铁路、公路物流为延伸，以内陆无水港为节点，以信息网络为纽带，构建全程物流实体网络，实现服务功能的"连点成线，对接成链"，可以为货主全程办理包括换单、报关、检验检疫、代交费用、提箱、拆箱、入库存栈及多站点分拨等项业务，真正实现"门到门"服务。

4.1.2 港口物流业发展趋势

我国港口物流业发展有物流管理系统化、信息化和网络化、物流技术高科技化、环保化、服务化等趋势。

（1）物流管理系统化趋势 统筹协调、合理规划、控制货品的整个流通过程，可以以达到效益最大和成本最低，并可满足客户不断变化的要求，从而形成一个高效、通畅、可调控的流通体系。

（2）信息化和网络化趋势 将信息技术和互联网技术应用到储运和运输等系统中，形成一个纵横交错、四通八达的物流网络，能使物流覆盖面不断扩大，规模经济效益日益显现，社会物流成本不断下降。

（3）物流技术高科技化趋势 运用自动化控制技术、模拟仿真技术、人工智能等高科技技术，可以帮助解决库存水平的确定、运输路径的选择、自动导向车的运行轨迹和作业控制、自动分拣机的运行、物流配送中心经营管理的决策支持等问题，使物流系统的运作更加高效、有序，并具有更好的柔性。

（4）环保化趋势 环保和可持续发展是物流发展的一个趋势。目前提出的绿色物流的理念，主要包含两个方面：一是对物流系统的污染进行控制，即在物流系统和物流活动的规划与决策中尽量采用对环境污染小的方案，采用排污量小的货车车型，近距离配送，夜间运货等。二是建立处理工业和生活废料的物流系统。

（5）服务化趋势 它包含三层含义：一是在物流过程中提供柔性化服务；二是在物流过程中提供增值服务；三是为客户提供物流解决方案的服务。

4.2 港口物流园区

4.2.1 港口物流园区概述

1. 港口物流园区的定义

作为物流形式中的特殊形态，港口物流园区（Port Logistics Park）一般存在于临港或者依托港而建的城市，结合相关学者对港口物流园区的概述和其与其他类型物流园区在构成、功能、服务对象等方面的不同，本书将港口物流园区界定为：临近并依托港口，以降低综合物流成本、提高物流组织和运作效率为目的的，具有港口物流基本服务组织，具有运营管理、金融、保险等配套增值服务、经济辐射拉动和为企业、用户提供多功能、一体化便捷综合物流服务等功能，集中建设的物流专业设施群和众多专业化港口物流企业在地域上的物理集结地。

2. 港口物流园区的分类

从港口物流的发展来看，港口物流园区可以分为交通枢纽型、商业带动型、工业带动型及综合型。

（1）交通枢纽型港口物流园区 这类园区多处于国际航线的交通枢纽地位，由于其特殊的地理优势更方便国内外各地区的经济联系及运输服务，因而是海运货物和旅客中转的重要换乘场所。

（2）商业带动型港口物流园区 这类园区主要因商业、贸易的发展而逐步发展而来，其主要功能是发展国际范围内的贸易服务。

（3）工业带动型港口物流园区 这类园区一般因港口或者附近存在重要的冶炼基地而形成的工业港，进而发展为港口物流园区；或因为接近燃料、原材料基地而发展成为加工工业中心的工业港口物流园区，其主要是为原材料、产成品、燃料等物资进出园区而服务的，是供应链上的重要环节。

（4）综合型港口物流园区 这类园区一般条件较为优越，是货物周转的口岸，更是国际贸易中心和工业基地，一般兼具多种类型的港口物流的性质和功能，可以为多方面产业功能服务。

四种港口物流园区类型对比见表4-1。

表4-1 四种港口物流园区类型对比

港口物流园区类型	交通枢纽型	商业带动型	工业带动型	综合型
地理位置	有明显区位优势，处于交通要道	港口天然条件好，港深水阔，地理位置适中		
腹地经济	服务型企业、加工型企业、第三方物流企业发达	有腹地经济的支撑，很强的腹地经济消费能力	自然资源、劳动力资源丰富，良好的工业基础，聚集大型加工企业、生产企业	有广阔的腹地与丰富的货源，企业类型齐全，物流企业多
交通状况	有便捷的交通条件，有畅通的公路网连接港口，有高效的海铁运网，有四通八达的航线网，能直接把集装箱运往内陆城市	有便捷的交通条件，有铁路、公路、航空、管道及水运航道，便于和腹地及有联系的城市、地区联结		多式联运系统发达，各种运输方式或者直接与集装箱码头相连，或在码头附近，并有铁路服务中心及班列提供便捷的铁路运输
硬件设施	有完善的港口硬件设施，有良好的技术装备，有专供货物装卸、存储、中转的起重和运输设施工具、仓库和货场，有大型集装箱码头	有良好的技术装备，有专业存储和运输设施工具，以及供旅客上下休息的客运码头等	物流技术实现机械化与自动化，物流企业普遍利用计算机进行规范化管理	有完善的配套设施，生产率高，码头、堆场、仓库、道路环保设施齐全；支持保障系统完善

（续）

港口物流园区类型	交通枢纽型	商业带动型	工业带动型	综合型
服务特色	有优质的服务体系、良好的通关条件、与国际接轨的政策氛围	商业、金融尤其是银行业与证券交易空前活跃	建立生产企业物流联盟，通过有效的作业系统联系买方和卖方	服务措施完备，生产效率高，操作系统、管理软件先进
典型案例	新加坡港	纽约港	横滨港	鹿特丹港

3. 港口物流园区的特征

（1）集群化（Clustering） 港口物流园区是众多物流线路的交汇点，是多种物流设施和多个物流经营企业或组织在港口的群集。宏观上，有利于城市物流网络的合理布局，有利于地区产业结构的调整及相关产业的发展，加大地区第三产业的比重，使产业结构趋于合理化，推动现代港口物流产业的发展，从而带动港口腹地区域经济的增长；微观上，对港口及港口物流园区内所有企业而言，由于具有不同功能的物流企业聚集在同一区域，功能上互补，港口物流中间环节减少，因而港口物流服务效率大大提高，从而提升了港口物流园区所服务的客户的满意程度，加速了现代港口物流的发展。

（2）信息化（Informatization） 近年来，全球科技信息技术逐渐发达，越来越多的新技术在传统港口物流边缘地带找到了归宿。车辆定位跟踪、地理信息系统（GIS）、电子数据转换（EDI）和国际互联网等技术的应用，使得港口物流服务更加高效、便捷。现代港口物流信息化商品代码、港航信息服务平台、资源库在运输网络合理化和系统化的基础上，实现整个港口物流体统和管理系统的电子化，从而使现代港口物流进入以网络技术和电子商务为代表的信息化阶段。

（3）系统协同化（System Synergy） 现代港口物流是一个由运输、仓储、包装、搬运、装卸、流通加工、物流信息等功能环节构成的物流大系统。只有港口物流园区内部流程设计的系统化，才能使整个物流过程处于一个稳定协调的系统中；只有各个功能环节之间合理规划、相互依存、协同发展，港口物流才能高效、优质地完成每一项业务。

（4）一体化（Integration） 一体化是指港口物流相关的不同职能部门之间或不同企业之间，通过物流上的合作，达到提高物流效率、降低物流成本的效果。港口物流发展到集约化阶段，向多功能化方向发展，形成以港口物流系统为核心、从港口物流企业直至消费者的港口供应链一体化物流。港口物流系统一体化是港口物流业发展到高级和成熟阶段的产物，它能够保证整个港口物流系统运行的经济性、港口物流效率的提高和港口物流成本的降低。

4. 港口物流园区的功能

由于不同港口物流园区的港口等级、港口资源、市场需求与货源供给结构、区域集疏运水平、周边港口与物流园区竞争情况、政策扶持情况、港口城市发展水平等因素的不同，导致港口物流园区的功能定位也会有所不同，因而它们所承担的物流业务也就不相同。应根据港口物流园区的功能定位、需求特征、地理位置等因素综合规划，对各种物流功能进行组合配置，以完成港口物流园区对应的物流作业环节。

港口物流园区不仅承担了港外堆场的功能，而且也承担了相关物流增值服务的功能。港口物流园区的功能与港口的功能协同性强，随着港口专业化水平逐步提升，园区的专业化水平也会大幅提升。

港口物流园区的具体功能主要包括以下三个方面：

（1）物流核心服务功能 从物流园区的功能上看，港口物流园区首先同样具有传统物流核心服务所包含的物流组织管理功能，如物资集散功能、中转衔接功能、货物堆存功能、分拨配送功能、流通加工功能、保税仓储功能、集装箱服务功能、管理功能等。

（2）配套增值服务功能 港口物流园区除了提供物流服务的核心功能以外，还会根据服务对象及功能定位的不同，提供特殊的物流增值服务，如货运代理与报关功能、信息服务功能、银行金融保险服务功能。

（3）城市建设服务功能 港口物流园区的功能不仅在于物流本身，更在于临港经济开发和城市建设功能，主要体现在物流基础设施项目的开发功能、商品交易平台的构筑功能、改善城市环境功能、辐射和拉动功能等。

我国沿海港口物流园区、主要内河港口物流园区的基本情况见表4-2、表4-3。

表4-2 我国沿海港口物流园区一览表

区域	园区名称	简单阐述
长江三角洲地区	洋山深水港物流园区	园区分为三个片区，即自营物流园区、国际物流园区和洋山保税港物流园区
	上海外高桥保税物流园区	服务功能定位为国际中转、国际配送、国际采购、国际转口贸易四大功能
	上海港浦东集装箱物流园区	主要功能区包括进口集装箱海关监管堆场、集装箱空箱堆场、物流转运中心、个性化仓库、海关查验区、国检放射性检测区、进出口集装箱熏蒸区、修洗箱及生活辅助区
	宁波保税物流园区	是全国最早的八个实施区港联动试点的园区之一，具有国际中转、国际转口、国际物流配送、国际国内采购、流通加工等主体功能
	宁波梅山保税港区物流园区	依托梅山港区，开展国际中转、国际配送、国际采购、国际转口贸易和出口加工、国际金融业务等物流业务
	宁波（镇海）大宗货物海铁联运物流枢纽港	依托宁波港镇海港区，以液化产品、煤炭、钢材、再生金属、木材为主要作业产品的港口物流中心
	连云港金港湾国际物流园区	具有多式联运、国际商贸交易、保税物流、临港产业加工增值、航运物流支撑、商务生活配套等服务功能
	张家港保税物流园	具有国际航运、国际港口、国际贸易以及高新产业培育等物流服务功能

港 口 物 流

（续）

区域	园区名称	简单阐述
长江三角洲地区	太仓物流园区	以港口物流为核心，具有大宗散货、件杂货和战略资源的中转储运、保税仓储和物流配送等功能
	惠龙港国际物流园区	具有码头功能，有公共保税仓库和出口监管仓库等，创新发展"物联网＋物流＋金融"等业务功能
	泰州高港综合物流园	有海泰化工、锦泰金属、粮油"三大物流交易市场"，并为临港产业提供"零库存"配送服务
	南京龙潭港综合物流园区	依托龙潭港区，以集装箱多式联运为载体，具有储运、中转、分拨、配送、增值服务等物流及临港加工功能
	南京江北化工物流园	依托西坝港区，具有以化学品为核心作业产品的仓储、集散、增值等物流功能
	南京滨江钢铁物流园	依托铜井港区，实现以钢铁为主要作业产品的采购、储存、加工、配送、转运、包装、交易、信息和结算功能
	南京七坝金属建材物流园	依托七坝港区，建设专业金属、建材集散基地
环渤海地区	青岛港综合物流园区	在前湾港区建设以集装箱、煤炭、矿石、原油等货种为主的综合物流园区
	董家口港物流园区	临近青岛港董家口港区，是以大宗生产资料操作为主的物流园区
	烟台龙口临港物流园	依托烟台港龙口港区，以煤炭、铝矾土、液体化工三大货种为支柱性货源
	潍坊滨海区临港物流园	重点建设潍坊港和潍坊龙威渔港，以开发建设潍坊港为突破口，推进重点物流项目集群发展
	天津港保税物流园区	具备国际中转、国际配送、国际采购和国际贸易四大功能
	秦皇岛临港物流园区	具有"交易、配送、展览、仓储、流通加工、信息处理"六位一体的综合物流服务功能
	曹妃甸港口物流园区	主要具有服务于钢铁、煤炭、矿石等大宗货物的仓储、配送、交易等相关物流功能
	盘锦辽东湾新区临港物流园区	重点发展集装箱、石化产品、农产品、大型设备的仓储、中转、加工、采购、分拨、配送等高增值综合物流服务
	营口鲅鱼圈港前物流园	具有为营口港配套的货物堆存、仓储、集散等功能
东南沿海地区	厦门保税物流园区	具有保税、仓储、配送、国际中转、国际配送、国际采购、国际转口贸易功能
	福州保税物流园区	具备保税仓储、国际物流配送、流通加工和增值服务、进出口和转口贸易、口岸和退税、物流信息等功能
珠江三角洲地区	深圳盐田港物流园区	具有保税仓储、流通加工和增值服务、全球采购和配送、国际中转和转口贸易、检测维修、商品展示等功能
	深圳前海湾物流园	具有港口及陆路散杂货集散、集装箱中转、加工、转运、与货运交易、信息、管理、保险和金融等物流功能

（续）

区域	园区名称	简单阐述
珠江三角洲地区	广州南沙国际物流园区	具有与临港工业配套的仓储、增值加工、物资配送等服务功能，以及国际中转、国际贸易、国际采购等功能
	广州黄埔国际物流园区	以广州港黄埔港区、广深铁路为依托，在黄埔形成了港口物流、铁路物流及相关物流产业集群
	普洛斯珠海港物流园	为横琴新区、珠海市区及珠江西岸提供城市配送和区域配送等服务，推动保税区转型升级
西南沿海地区	防城港东湾物流园区	具有港口、口岸、港航服务、保税、仓储配送、国际中转、多式联运、国际贸易、冷链商贸等多种物流功能
	钦州港综合物流园	由西港物流区、中港物流区、保税港区组成，建设铁公海联运枢纽、出口加工基地和工业产品交易平台
	湛江保税物流中心	是B型保税物流中心，具有保税仓储、转口贸易、国际物流配送、出口货物入中心退税等多种保税政策功能

表4-3 我国主要内河港口物流园区一览表

区域	园区名称	简单描述
长江	武汉阳逻港综合物流园区	有集装箱转运、粮食交易和煤炭配送等三大全国性的物流配送中心
	重庆寸滩物流园区	具有港口作业、空运服务、对外贸易、出口加工、商品展示、保税多式联运和金融商贸服务七大业务功能，并建有国内首个"水港+空港"一区双功能的保税港区
	重庆果园港物流园	具有仓储、加工、交易、包装、多式联运、保税、商贸等物流服务功能
	湖南金霞现代物流园	园区拥有长沙新港、长沙铁路货运站、长沙传化公路港、长沙金霞保税物流中心、联运物流一级公路口岸、中石化油品输油管道等核心物流平台
	泸州临港物流园区	具有拖车物流服务及保税物流服务，兼有流通加工及城市配送功能
西江	梧州港港口物流中心	有码头装卸区、集装箱中转区、多式联运区、仓储配送区、流通加工、商务办公区、港口信息服务中心、金融物流区八个功能区
京杭运河	徐州双楼物流园区	有徐州国家公路货运主枢纽、徐州保税物流中心、徐州港双楼作业区通用码头工程

4.2.2 港口物流园区规划

1. 港口物流园区规划基本理论

（1）规划原则 港口物流园区总体布局规划应遵循以下原则：

1）注重协同发展的原则。港口物流园区是重要的物流产业集聚区，凭借公路、铁路、水运的交通优势，可为腹地提供"公铁水"联运的物流服务。对港口物流园区进行规划建设时，要考虑与附近的物流设施或企业产生协同关系，以使它们能够实现优势互补、共同发展。

2）适度超前和循序渐进的原则。建设港口物流园区的目的是促进本区及周边腹地社会经济的发展。在园区规划期内，相应地区及周边腹地的社会经济是一直在发展变化的，存在着对物流的潜在巨大需求。因此，园区的规划建设要在完成需求预测的基础上，做到适度超前和循序渐进，以使建设完成后的园区不落后于当地社会经济的发展。

3）利用与整合现有物流资源的原则。建设港口物流园区的主要作用就是集中港口及园区周边的物流资源，港口物流园区可以充分利用港口及园区周边现有物流基础设施，对现有物流资源进行整合，以使它们功能互补、发挥整体最佳优势。

4）与城市规划相协调的原则。港口物流园区是当地城市的组成部分及功能配套设施，其规划建设应该与当地城市总体规划相协调。

5）适应物流市场的需求原则。当地及周边腹地的物流需求对港口物流园区的规划建设有很大的影响。规划建设园区时，首先必须了解当地及周边腹地的物流现状，然后采用一些方法对未来物流市场的需求进行分析预测，最后以需求预测为依据规划建设物流园区，以使物流园区建设完成后能适应物流市场的需求。

6）合理开发和利用港口岸线资源原则。港口岸线资源是稀缺资源，规划建设港口物流园区时要合理开发及利用港口岸线资源，以使其发挥最大限度的经济拉动作用。

7）可持续发展原则。为了港口物流园区今后能持续发展下去，在其规划建设时既要合理地使用土地又要保护周边的生态环境，努力创造一个良好的可持续发展的物流环境。

（2）规划内容 港口物流园区规划是指对港口区域物流用地进行选址规划，确定战略定位和发展模式，规划平面布局，对区内功能进行设计，对设施、设备进行配置，以及对园区经营方针和管理模式等进行策划的过程。港口物流园区的规划建设是一项系统工程，其物流活动范围广阔，既有城市的、区域的、全国的活动领域，又有跨国的活动领域；物流流程复杂，须经过运输、仓储、配送、包装、搬运、装卸、流通加工、信息处理等环节；园区规划涉及面极广，涉及环保等部门。港口物流园区规划内容如图4-2所示。

1）选址规划。园区的选址规划是要解决"港口物流园区应该建在什么地方"的问题。

2）战略定位与发展模式规划。战略定位是港口物流园区规划的首要环节，是园区规划的核心，也是为园区创造一种独特有利的价值定位，针对竞争环境确立相应的优势地位。如果说，园区的功能及布局是"身"，园区定位则是"魂"。定位准确的园区，能够更好地吸引企业和产业的集聚，实现差异化竞争和发展。战略定位中也要考虑园区的发展模式，解决物流园区未来经营方向与其周边相关产业之间的关系定位。

3）平面布局规划。平面布局规划是港口物流园区规划最为重要的内容之一。

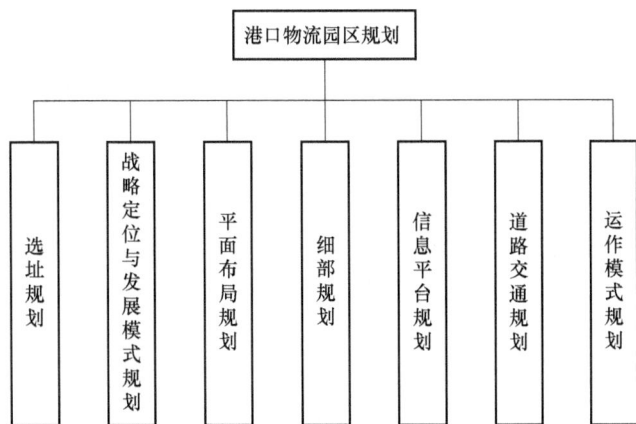

图 4-2　港口物流园区规划内容

园区的平面布局规划主要解决三个方面的内容：一是"园区应该由哪些功能区组成"；二是"这些功能区的规模如何"的问题；三是"这些功能区之间相对位置的关系是怎样的"。

4）细部规划。港口物流园区的细部规划主要包括物流设施布置规划、物流设备设计与选择，以及作业流程设计等内容。

5）信息平台规划。港口物流园区是物流相关资源的集聚地，是采集信息、整合资源为社会提供物流服务的重要场所。随着不断发展的互联网技术和日趋成熟的信息技术在物流领域的广泛应用，园区信息平台的重要性日益显现，其规划也成为港口物流园区规划的重要内容。

6）道路交通规划。港口物流园区内部道路是园区的骨架，一方面它把港口物流园区的各组成部分连接成为一个整体，另一方面它还实现了园区与外部交通的有效衔接；同时，它也是园区消防通道和园区景观构成的重要因素。园区内部的路网不仅对功能分区的布局产生影响，还对车辆、人员的进出及车辆回转等动线产生影响。港口物流园区道路交通规划主要包括路网布局出入口规划设计、交通组织等方面的内容。

7）运作模式规划。港口物流园区的运作模式规划主要是解决"园区应该如何建设"以及"园区建成以后如何运营"两个问题。具体来说，港口物流园区的运作模式规划主要包括投资开发模式、赢利模式、运营模式、发展模式等方面的内容。

（3）规划步骤　港口物流园区总体布局设计的工作流程主要有以下五个阶段：

第一阶段，收集、分析原始资料。主要是通过市场调研，如现场调查、询问访谈、问卷调查等方式，摸清主要客户的物流需求，包括物流服务需求功能种类、物流需求量、物流流向等基本数据；以及收集港口物流园区自身建设的一些重要数据，主要包括园区面积功能区数量，各功能区面积大小、比例和主要服务对象等；在此基础上，进行简单的汇总分析。

第二阶段，对数据进行相应的系统分析。在市场物流需求和港口物流园区自身数据资料收集的基础上,对所获取的数据进行相应的系统分析,以便整理出规划所需的信息。

第三阶段,功能区模糊聚类分析。就是将属性相近和关联性较强的功能区进行聚类,以减少功能区之间的搬运费用、避免货流和人流的绕行。

第四阶段,功能区初步布局。具体是指从规划区和功能区两方面进行分析,在第二阶段所得结果的基础上,得到园区内部功能区的初步布局。

第五阶段,仿真优化。具体是指通过 AutoMod 等软件的仿真,分析基于园区内部功能区初步布局的交通和业务流程,从而对功能区的面积和位置进行适当调整。

港口物流园区总体布局设计具体工作流程如图4-3 所示。

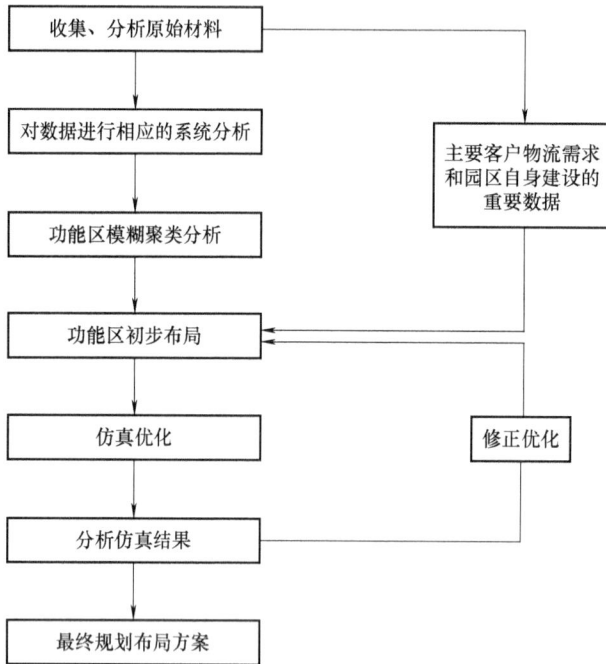

图 4-3 港口物流园区总体布局设计工作流程

2. 港口物流园区平面布局规划

(1)港口物流园区平面布局模式 港口物流园区平面布局三种模式为功能区式布局模式、地块式布局模式、混合布局模式,其优缺点和适用条件见表4-4。

表 4-4 港口物流园区平面布局三种模式比较

布局模式	优 点	缺 点	适用条件
功能区式布局模式	同类设施统一规划和建设于某一功能区,可以最大限度地提高设施的共享和效率,利于同类企业之间的协作	灵活性较差,可能会因为物流需求量预测不准而造成设施建设多余或不足;无法满足入驻企业的个性化需求	适合由主体企业引导开发的港口物流园区,依托大型枢纽的港口物流园区及专业型港口物流园区

（续）

布局模式	优　　点	缺　　点	适用条件
地块式布局模式	用地灵活性高，可减少物流基础设施的超前投入；入驻企业可以根据自身需求进行自建自营	物流流程链缺乏统一规划，物流资源分散，不利于整合优化；入驻企业初建周期长、投入高	适用于物流市场发育良好的区域或城市，港口物流园区内以几家大型企业为主导
混合布局模式	结合了功能区式和地块式布局模式的优点，在用地集中性与灵活性、设施共享与个性化需求方面能进行有效协调	监管不力，可能造成过多非物流设施和非物流业务占用物流用地	大型综合性港口物流园区

（2）港口物流功能区确定　港口物流园区的功能区确定是要解决"港口物流园区应该由哪些功能分区组成"的问题。园区功能分区的确定受到市场需求、战略定位、发展模式等诸多因素的影响。综观国内外已建的港口物流园区，功能区的划分各具特色，不同园区的功能区的划分不尽相同；即便在同一个园区内，也可能因为战略定位不同而导致功能区划分的不同。一般而言，港口物流园区功能区的划分应遵循以下原则：①以市场需求为导向；②坚持市场拉动与政府推动相结合；③适度归并与整合，促进用地合理化；④便于企业入驻与运营；⑤系统性原则。

对于港口物流园区的整体服务结构而言，客户是服务对象，客户的具体需求（即社会生产、生活需要，也即市场需求）是服务内容，功能分区（包括在该功能分区上配置的设施、设备等）是服务载体。在明确港口物流园区服务结构的基础上，结合上述原则，以服务对象为核心、以战略定位为补充，执果索因地进行分析，形成功能区划分的具体思路，如图4-4所示。

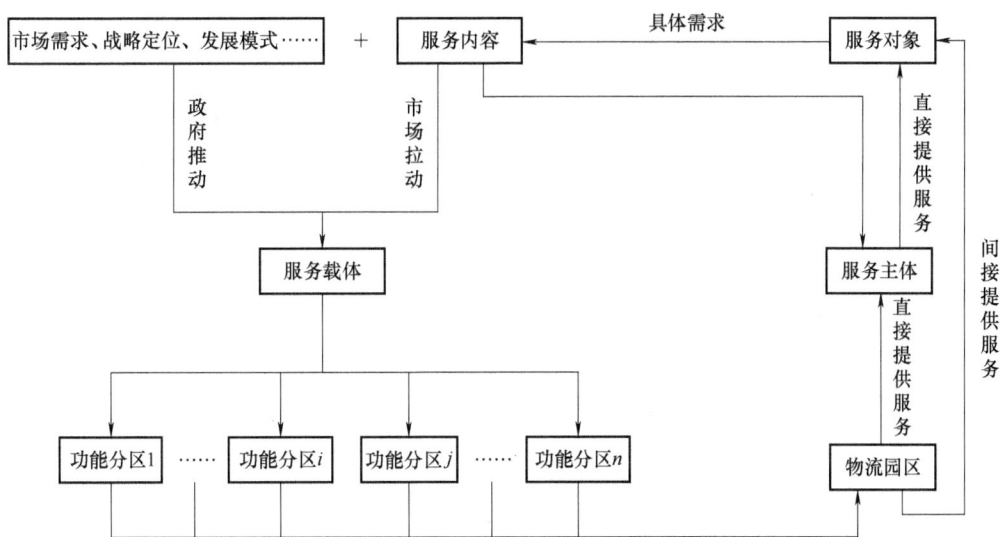

图4-4　功能区划分的思路示意图

（3）港口物流园区规模确定　港口物流园区的规模确定是要解决"港口物流园区的总体占地规模及各功能分区占地规模的大小"的问题。关于港口物流园区的占地规模，国内外尚无严格统一的标准，一方面它受到战略定位、货运需求量、用地条件、交通的依托条件、设施设备的技术水平及物流运作水平等诸多因素的影响，不同的客观因素可能导致园区的占地规模不同；另一方面港口物流园区不仅仅具有单一的物流功能，更是一个服务综合体，有些功能分区的占地规模可以定量计算，比如仓储配送区、流通加工区等，但有些功能分区的占地规模无法定量计算而只能定性地分析，如综合服务区、企业基地区等。因此，港口物流园区具体建设规模，一方面要借鉴国内外已建成港口物流园区的经验，特别是要借鉴一些重要的技术参数；另一方面要从地区实际出发，在考虑各种影响因素的基础上，坚持定量计算与定性分析相结合。

通过上面的分析，形成了港口物流园区占地规模确定的两种思路与方法：一是类比分析的方法，即通过将规划的港口物流园区与国内外已建成的港口物流园区相比较，借鉴并调整一些参数，来确定规划的园区总体及各功能分区的占地规模；二是定量、定性相结合的分析方法，即对于占地规模可以定量计算的功能分区采用定量计算的方法，对于无法定量计算的功能分区则采用定性分析的方法加以确定。

1）类比分析法。采用类比分析法确定港口物流园区占地规模，关键是要做好三个方面的工作：一是要广泛地收集资料，不同国家、不同类型、不同规划目的等的已建成港口物流园区的资料都应尽量收集，资料收集得越充分越有利；二是要根据规划需要，对收集的资料进行整理、分析，统计出相应的技术参数；三是要深入分析资料中的港口物流园区与规划的园区在建设背景条件等方面的区别，对统计的技术参数做出适当调整，用以指导规划的物流园区的占地规模的确定。

2）定量、定性相结合的分析法。在计算港口物流园区各功能区的面积时，通常分为三个部分进行考虑：一是物流功能区，决定着园区整体物流作业能力，主要有公路货运区、仓储配送区、流通加工区等；二是非物流功能区，主要有展示交易区、综合服务区、生活配套区等；三是其他，包括道路、绿化等。

港口物流园区中物流功能区的占地面积可以定量计算，而非物流功能区和其他道路、绿化面积则很难定量计算。通常，物流功能区面积占港口物流园区总面积的比例较大，是决定物流园区总面积的主要因素。在园区总占地面积和各物流功能区占地面积确定的基础上，对占地面积难以定量计算的功能分区则可以通过定性分析，适当地加以确定。

（4）港口物流园区平面布局　港口物流园区的布局规划是要解决"功能分区之间的相对位置关系是怎样的"的问题，即在预定的规划"红线"范围内合理地确定各功能分区的相对位置。一般而言，港口物流园区布局规划应遵循以下原则：①距离最小原则；②系统优化原则；③统筹兼顾原则。

目前，港口物流园区布局规划并无适用的量化方法，主要是因为园区不同功能分区之间，即便同样是从事物流作业的功能分区之间，物流量关系与非物流量关系都往往很难预测和确定。微观层面的设施布局规划中经常采用的 SLP、CRAFT、MultiPLE、ALDEP 等方法在中观层面的物流园区布局规划中难以适用。不同的园区，因为不同的选址位置、不同的战略定位、不同的交通条件及不同的用地条件等客观因素的影响，形成个性化的布局原则，当然其布局结果也各不相同。因此在具体的规划实践中，一般采用以布局的一般原则与个性原则为布局规划约束条件的方法，形成布局规划的诸多可行方案；再通过对可行方案进行比选，得到最终的布局方案。

3. 港口物流园区道路交通规划

港口物流园区作为大型服务综合体，物流、商贸配套服务等活动必然产生大量货流和人流交通，而且这些交通不仅活动于园区内部，还需要通过园区周边的路网进行货流与人流的集散。因此，园区的内部道路必须承担两个方面的功用：一是满足港口物流园区内部各类活动的交通需求，二是要实现园区与周边路网的良好衔接。

一般而言，物流园区道路交通规划要遵循以下原则：①要满足物流与人流的交通需求；②要与港口物流园区总体布局相协调；③要体现动态规划的思想；④要易于交通组织与管理；⑤要满足绿化、消防、管线铺设等方面的要求。

港口物流园区道路交通规划一般包括以下三个步骤：

（1）交通量预测　交通量预测是园区道路交通规划的重要基础。园区产生的交通量主要包括物流交通量和人流交通量两大部分，其中以物流交通量为主。对于物流交通量的预测，要根据港口物流园区总的物流量进行预测。人流交通量大致由两部分组成：一部分主要是由于物流运作、员工通勤产生的交通量，这部分人流交通量的预测要结合物流交通量的预测进行；另外一部分则主要是由于园区的商贸活动和配套服务活动而产生的，这部分人流交通量的产生与相应的建筑面积存在很大关系，因此其预测需要特别处理。

（2）园区内部路网规划　园区内部路网是由不同等级的道路组成的。根据园区用地条件、功能分区布局要求、周边路网状况等客观因素，将不同等级的道路以一定形式进行布局并有效衔接，便形成了港口物流园区的路网。

（3）内部路网形态选择　港口物流园区内部路网的形态是指园区内部路网的布局形式，它与功能分区的布局相互影响、相互联系，并在一定程度上决定了园区的总体布局形态。港口物流园区的内部路网布局主要有以下三种形式：

1）带状。规模较小且功能较为单一的港口物流园区，往往以一条主干道为主轴，各功能分区排列在主干道的两侧；园区的主出入口在主干道的一端或相对的两端。这种路网形态结构简单，货物运输容易组织。

2）网格状。港口物流园区的路网由多条横向、纵向的主干道或次干道组成，将园区分割成若干网格，功能分区分布于网格之中。这是一种比较常见的港口物流园区路网形态。这种路网布局形式的特点是道路整齐，有利于建筑物的布置，有利于灵活方便地分散交通及交通组织。

3）放射状。放射状布局形式往往有一个布置核心或顶点，功能分区围绕布置核心或顶点向外扩展，与核心区关系的强度由内向外逐渐减弱，路网呈现由核心区向外放射的形态。

4. 园区出入口规划

（1）基本原则　港口物流园区的出入口是实现物流园区内部道路与周边路网衔接的重要设施，不仅是交通堵塞的瓶颈地段，也是交通事故的多发地段。因此，园区的出入口规划应该科学、合理。为此，物流园区出入口的规划设计应遵循以下原则：①要满足车辆进出物流园区的要求；②与园区周边路网协调，减少对周边道路交通的影响；③与港口物流园区内部路网协调，便于车辆集散；④要有利于展示物流园区形象，实现交通功能与形象功能相结合。

（2）园区出入口形式　一般而言，港口物流园区出入口的设置有沿道路直接开口、辅助道路开口、专用道路开口和高架道路开口四种形式。

5. 园区交通组织

安全、有序的交通环境是物流园区各类活动得以正常开展的重要基础。然而，安全有序的交通环境的形成，不仅需要科学、合理的交通相关设施的规划，还需要在交通设施规划的基础上进行科学、合理的交通组织。

（1）基本原则　一般而言，港口物流园区的交通组织应遵循以下原则：①交通分流原则；②干道交通优先原则；③交通效率原则。

（2）交通组织　根据港口物流园区的内部路网结构和用地的交通特性，园区内部道路交通组织主要由内部交叉口交通组织、园区内部路径优化组织和园区停车场地交通组织三个方面组成。

4.3　航空物流园区

4.3.1　航空物流

1. 航空物流企业

航空物流企业（Aviation Logistics Enterprise）是航空物流活动的主体，是航空物流服务的提供商。航空物流企业除了具有一般企业的营利性、自负盈亏等特征外，还具有航空物流特色的经济特征，主要包括规模经济性、网络经济性和范围经济性三个方面。

（1）航空物流企业的规模经济性　假设某航空公司只在一个城市（即公司所在地）设立基地，只有一架飞机执行从该城市到另一城市的往返航班飞行，每一航班都可达到满意的载运率（实际载重/可载重量）。在一天内，随着往返航班次数的增多，该公司的固定成本（主要包括建立飞行基地投入的固定资产、购置飞机及其维修设备、除飞行人员外的工资支出等）将逐渐摊薄，平均成本曲线将逐渐下降。

（2）航空物流产业的网络经济性　航空物流产业的网络经济性是指随着航空公司航线网络的扩大，其所提供的每一航线上的航班密度增大，载运率提高，旅客通过网络中心转换航班的时间缩短等导致的收益递增、平均成本下降的情况。航空公司所建立的航线网络覆盖面越广，联结的城市越多，这种网络经济性就越明显。当航线网络从空间上超越单个航空公司的有效经营范围时，在更大的市场范围内，或者说在多个区域性市场之间，航空公司网络中心之间的相互联系将形成更加庞大的网络。网络节点之间的互联互通，进一步提高了航空运输的便捷性，从需求和供给两个方面促进了市场容量的迅速扩大，使整个产业的总成本得到节约，这就是航空物流产业的网络经济性。产业所具有的网络经济性能够对单个航空公司的网络经济性产生协同和放大作用，进一步扩大单一企业的网络覆盖面。在此意义上，航空公司的网络经济性之间存在相互依存的关系。

（3）航空物流企业的范围经济性　如果把航空运输企业在不同航线上提供的运输服务看作不同的产品，那么企业一般都是多产品的供给者。当一家企业在多个航线上提供运输服务时，将表现出明显的范围经济性，即航线的增加会使每一航线上的运输量相应增加，使总运输量以递增的速度增长，从而使每一航线上单位产品的成本下降。

2. 航空物流产业

产业是国民经济中以社会分工为基础，在产品和劳务的生产和经营上具有某些相同特征的企业或单位及其活动的集合。产业是社会分工的产物，是社会生产力发展的必然结果，是企业与国民经济之间的一种集合概念。航空物流产业（Aviation Logistics Industry）是指国民经济中从事航空物流经济活动的社会生产部门，是从事航空物流经济活动的所有企业或单位的集合。

（1）航空物流产业的性质　航空物流产业具有生产性和自然垄断性。

1）航空物流产业是生产性服务业。航空物流产业是第三产业和物流产业的重要组成部分，不仅是服务业，而且是生产性服务业。

2）航空物流产业具有自然垄断性。从现阶段乃至一个较长时期内我国国情和航空物流发展来看，航空物流产业是一种自然垄断性产业。航空物流的高技术密集性以及进入初期的高风险、高投入，无疑抬高了行业的进入门槛，给普通投资者设置了进入壁垒，即航空物流的资本和技术密集性特征直接导致了该产业的自然垄断性。

（2）航空物流产业的构成　航空物流产业是以航空运输业为主干，加上其他相关行业所形成的集合体。航空物流产业主要由以下行业构成。

1）航空货运业（Air Cargo Industry）。航空货运业是以飞机为主要运载工具，以货物（含行李、特种货物）为运输对象的空中运输活动行业。航空货运业主要有国际航空货运、国内航空货运、快运、包机运输等业务。当前，伴随着世界经济的快速发展，航空货运业也走过了发育期，步入了成长期。一方面，航空运输业作为世界经济全球化的催化剂，促进和加快了世界经济一体化进程；另一方面，航空货运业自身也出现了全球化发展的趋势。航空货运业全球化的基本表现是管理自由化、市场区域化、企业跨国联盟化。

2）航空快递业（Air Express Industry）。航空快递业是主要以飞机为工具，快速收寄、运输、投递单独封装的、有名址的包裹或其他不需储存的物品，按承诺时限递送到收件人或指定地点，并获得签收的寄递服务业。

3）航空货运代理业（Air Freight Forwarding Industry）。航空货运代理业是以大规模、成批量航空货物承运代理、报关、运输为主体的行业。航空托运业是代办各种小量、零担航空运输、代办航空包装的行业。航空货代业与航空托运业本身，既不掌握航空货源也不掌握航空运输工具，而是以中间人身份一面向货主揽货、一面向航空运输企业托运，以此收取手续费用和佣金。有些航空托运业主专门从事向货主揽取零星航空货载的业务，加以归纳集中成为包机运输货物，然后自己以托运人的名义向航空运输企业托运，赚取零担和包机运输货物运费之间的差额。

4）航空邮政业（Aviation and Postal Industry）。航空邮政业是主要以飞机为工具，以收寄、运输、投递航空包裹和航空信函为主要业务的服务业。它在促进国民经济和社会发展、保障公民的通信权利等方面发挥着重要作用。当前，传统邮政业积极参与航空快递等业务，正向信息流、资金流和物流三流合一的现代航空邮运业转变。

4.3.2 航空物流园区

1. 航空物流园区的概念

航空物流园区是以航空飞行器及机场地面配套物流设施为核心，以运输服务为手段，为多家航空公司、航空货运代理、综合物流企业提供公共物流设施、物流信息服务及综合物流服务的场所。

2. 航空物流园区的作用

（1）发挥航空物流园区的经济效应　航空物流园区的经济效应是指依托机场优势以及机场对周边地区产生直接或间接的经济影响，促使资本、技术、人力等生产要素在机场周边集聚的一种新型经济形态。航空物流园区的经济效应可被分为直接效应、间接效应、感应性效应和辐射性效应。

（2）满足航空货运增长需求　随着国家产业结构调整的深入，不断增多的高科技、高附加值产品对航空货运将有较大需求。高新技术产品进出口量的增加，不仅使航空货运量加大，还可为机场带来空地联运、包装、分拣、报关、信息传递等高附加值的物流服务项目。

（3）促进枢纽机场建设　各大机场都以覆盖面广、延伸能力强、辐射范围广、服务功能强的枢纽机场为发展的战略目标。建设航空物流园区，也是实现构建枢纽机场目标的重要举措。枢纽机场除了能够带来大量旅客流量外，还能带来大量货流。

（4）增强机场竞争力　韩国仁川机场、日本成田机场、新加坡樟宜机场等机场都建立了航空物流园区，提升了机场的货运功能和处理效率。

（5）航空物流园区与航空货运相得益彰　航空货运作为现代物流中的重要环节，逐步得到政府的高度重视，正赶上新的发展机遇。为提高机场竞争力，许多国家按照现代物流重要节点的要求对机场进行设计、建设，将兴建物流园区作为发展航空货运的主要战略之一。航空物流园区的建立以航空货运为核心，有助于航空货运的发展及货运枢纽港的形成、供应链系统的完善和地区经济的发展。

3. 航空物流园区的建设

航空物流园区的建设投资大、资金回收期长、风险高，涉及城市短期或中长期的发展规划、郊区土地的使用、交通运输的现有结构、周边生态环境的影响、投资者的利益等诸多因素。如果规划失误，损失和影响巨大，因此应当采取科学、有效的方法，对园区的功能进行合理定位，从园区选址、功能定位、规划设计等方面确保建成后的合理运作。

（1）选址应在机场附近 航空物流园区紧邻机场，方便航空货物的及时处理，可使货物地面运输距离最短，满足货运代理人进行理货、货物加工、存储和货物交接的需求；既方便了货运代理人，又提高了整个物流园区的运作效率。

（2）功能定位要合理、分期发展 航空物流园区运作的成败，取决于能否让物流企业满意并能吸引更多的航空公司和物流企业入驻。因此，航空物流园区应当以经营航空货物为特色，适度发展非航空货物的现代物流运作，即在短期内主要发展机场核心业务，如货站、仓库、地勤、航空快递中心等；在保证核心业务功能的基础上提供增值服务，如建立保税区或自由贸易区、提供多种联运功能等服务。

（3）要有长远规划和前瞻性 园区建设应具备较高的现代化程度、较强的综合功能，能满足未来一定时期内的需求，并保持较强的竞争优势。如开发一系列完善互补的物流设施，包括现代化的航空货站、保税物流园区、国际商务中心、联运站、对外行政区域等。园区提供优惠措施，吸引有实力的物流公司进驻，租户既可以充分享用接近机场设施的便利条件，又可以从事加工、物流、展示等方面业务。

4. 航空物流园区的功能

航空物流园区主要包括三大功能：基本物流功能、物流增值功能、物流服务支持功能。

（1）基本物流功能 基本物流功能是机场货运原有的传统功能，也是机场物流园区的核心功能，包括货站、仓库、地勤、航空快递中心的功能。这些功能的服务质量和运作效率是直接影响航空货运量、航空货运速度和处理效率的关键因素，同时也是航空公司、货主、第三方物流公司选择机场的关键因素。

（2）物流增值功能 增值功能包括结算、进口保税及出口监管、报关清关及其他工商税务等。航空物流园区的结算不仅仅是物流费用的结算，在从事代理、配送的情况下，航空物流园区还可以替货主或航空公司向收货人或者货运代理人结算货款等。进口保税及出口监管、报关清关主要针对国际货运而言，是指货物在进出口时可以先进入保税物流中心，享受进口保税或出口退税的政策，并且可以在保税中心进行报关清关业务。航空物流园区还可以办理代收、代缴日常工商税务等杂事。

（3）物流服务支持功能 物流服务支持功能主要体现在提供信息、商务和物流培训、咨询支持。信息平台为物流园区的参与者（包括航空公司、货运代理人、货主）提供多方信息支持服务，是航空物流园区的重要组成部分。这里的信息，除了机场本身的信息，还应包括航空公司、海关、商检部门和货运代理的相关信息。商务支持平台主要为园区参与者提供如行政区域、餐饮、银行、海关、商检部门等一系列配套支持服务。物流培训主要是给航空物流园区的运营商进行必要的培训，使之可以与物流园区的经营者相互配合，方便园区的管理。物流咨询主要是帮助物流园区的参与者解决某些物流规划及物流运作方面的专业性问题。

4.3.3 典型的航空物流园区

1. 鄂州的顺丰机场

2018 年 2 月 23 日，国务院、中央军委发布批复文件，正式同意新建湖北鄂州民用机场（即顺丰国际机场，以下简称顺丰机场）。这意味着，筹备已久的顺丰机场完成了正式审批，此前国家民航局已于 2016 年 4 月正式同意顺丰机场选址湖北鄂州燕矶，湖北省则是在 2018 年 2 月政府相关工作报告中提出，将在鄂州打造国际航空物流枢纽，并设立 200 亿元航空产业发展基金，用于引进临空产业。2019 年 1 月，国家发展改革委发布了《国家发展改革委关于新建湖北鄂州民用机场工程可行性研究报告的批复》，顺丰也发布了《关于公司子公司参与的湖北国际物流核心枢纽项目的进展公告》。国家发展改革委批复文件称，"为贯彻推动长江经济带发展等国家战略，促进区域经济社会协调发展，完善区域综合交通运输体系，适应航空货运发展需求，提升应急救援保障能力，同意新建鄂州民用机场。"这意味着，总投资 320.63 亿元、全球第四个、亚洲第一的货运枢纽——鄂州顺丰机场获得了国家发改委的"通行证"。

鄂州顺丰机场定位为客运支线、货运枢纽机场，主要发展我国国内各主要城市及境外的航空快递运营中转业务，兼顾传统航空客、货运服务。其中，飞行区跑道滑行道系统按满足 2030 年旅客吞吐量 150 万人次、货邮吞吐量 330 万 t 的目标设计，航站区、转运中心等设施按满足 2025 年旅客吞吐量 100 万人次、货邮吞吐量 245 万 t 的目标设计，飞行区等级指标为 4E。到 2045 年，旅客吞吐量和货邮吞吐量则分别达到 1500 万人次和 765.2 万 t。届时，这里将成为全球第四个、亚洲第一的航空物流枢纽。

2. 郑州航空港物流园区

2010 年 10 月 24 日，经国务院批准正式设立郑州新郑综合保税区，目前规划面积 415 km²，规划人口 260 万人，定位为国际航空物流中心、以航空经济为引领的现代产业基地、内陆地区对外开放重要门户、现代航空都市、中原经济区核心增长极，是一个立体综合交通枢纽，拥有航空、高铁、地铁、城铁、普铁、高速公路与快速路等多种交通方式，是我国内陆首个人民币创新试点、三个引智试验区之一、全国十七个河南唯一一个区域性双创示范基地、河南体制机制创新示范区，被列为郑州国家中心城市建设的"引领"、河南"三区一群"国家战略首位、河南最大的开放品牌、带动河南融入全球经济循环的战略平台。示意图如图 4-5 所示。

2018 年，航空港实验区地区生产总值突破 800 亿元，达到 800.2 亿元，同比增长 12%，分别高于河南省、郑州市 4.4、3.9 个百分点，增速排名郑州市第一。电子信息业产值突破 3000 亿元，达到 3084.2 亿元。外贸进出口总额突破 500 亿美元，达到 527 亿美元。跨境电商业务单量突破 2000 万单，达到 2114.4 万单，在郑州市中的占比由 2016 年的 3.28% 提升至 2018 年的 21.8%，3 年提高了 5.6 倍。规模以上工业增加值增长 11.7%，分别高于河南省、全郑州市 4.5、4.9 个百分点。一般公共预算收入完成 42.4 亿元，增长 16.8%，分别高于河南省、郑州市 6.3、7.8 个百分点，增速郑州市排名第一。客货运规模继续保持中部地区"双第一"，

图 4-5　郑州新郑国际机场

客运达到 2733.5 万人次，其中国际旅客达到 171.5 万人次；货运达到 51.5 万 t，进出口货物达到 32.92 万 t。

3. 美国孟菲斯国际机场

孟菲斯国际机场（Memphis International Airport）位于美国田纳西州孟菲斯市东南 11.2km 处，隶属于孟菲斯-谢尔比机场管理局，它是世界最大的货运机场，是美国西北航空的第三大转运中心，是联邦快递的总部所在地，同时也是海港航空和南方航空快递的枢纽机场。孟菲斯国际机场物流几乎能辐射到美国全境。

作为联邦快递主要的全球枢纽机场，孟菲斯国际机场要处理极大数量的航空货物运输。联邦快递从孟菲斯出发的直达目的地有美国本土的许多城市、阿拉斯加的安克雷奇、夏威夷的檀香山，以及众多加拿大、墨西哥还有加勒比地区的城市。而跨洲方面，直达地包括科隆、迪拜、巴黎、伦敦、坎皮纳斯、首尔和东京。从 1993 年到 2009 年，孟菲斯国际机场在货物运输量方面是世界最大的货运机场。在 2010 年，其货物运输量被香港国际机场超越，排在第二，但依然是全美货物运输量最大的机场之一。

孟菲斯国际机场曾经是西北航空的枢纽机场。在 2008 年达美航空和西北航空合并之后，达美航空逐渐减少在该机场的航班，弱化其枢纽的地位。在 2014 年 7 月，在孟菲斯国际机场经营的所有航空公司平均每天提供 83 个旅客航班。其他航空公司，如西南航空、边疆航空和 Allegiant 航空开始在该机场运营，加剧了航空公司之间的竞争。2014 年，孟菲斯国际机场有 375 万乘客数量，7 月至 2014 年 9 月单季度同比去年有 4.7% 的降幅。孟菲斯国际机场在 2011 年已成为全美起飞最昂贵的机场，平均花费是 476.22 美元。

【本章小结】

港口物流企业是从事至少一种及以上与港口物流有关的运输（含运输代理、货物快递等）或仓储经营业务，并能按照看客户的物流需求对运输、装卸、仓储、流通加工、配送、报关等基本功能进行组织和管理，具有与其自身相适应的信息管理系统，实行独立核

港口物流

算，独立承担民事责任的经济组织，包括运输型、仓储型和综合服务性港口物流企业。

港口物流园区是指临近并依托港口，以降低综合物流成本、提高物流组织和运作效率为目的的，具有港口物流基本服务组织，具有运营管理、金融、保险等配套增值服务、经济辐射拉动和为企业、用户提供多功能、一体化的便捷综合物流服务等功能，集中建设的物流专业设施群和众多专业化港口物流企业在地域上的物理集结地。

一般而言，港口物流园区功能区的划分应遵循以下原则：①以市场需求为导向；②坚持市场拉动与政府推动相结合；③适度归并与整合，促进用地合理化；④便于企业入驻与运营；⑤系统性原则。

航空物流企业是航空物流活动的主体，是航空物流服务的提供商。航空物流企业除了具有一般企业的营利性、自负盈亏等特征外，还具有航空物流特色的经济特征，主要包括规模经济性、网络经济性和范围经济性三个方面。航空物流产业是从事航空物流经济活动的所有企业或单位的集合，它不同于航空客运业和通用航空业，主要从事行李、货物和邮件的运输。

航空物流园区的建立对降低商品总价值中的物流成本具有重要作用。航空物流园区可以实现高效的物流运作，会吸引大量航空公司和物流企业入驻，促进地区乃至全国的物流产业发展，加速并推进产业结构的调整和优化。

【主要词汇】

港口，港口物流企业，港口物流园区，流通加工，分拨配送，园区规划，航空物流园区，航空物流，航空快递业。

【案例分析】

曹妃甸港口物流园区——国际性港口物流中心⊖

曹妃甸港口物流园区由西港区、港池岛区、东港区、甸头区和化学区五个部分组成，园区总面积 62.03km²，可利用岸线长度约 33.1km，可建立 5 万 t 级以上泊位 131 个。

其中，甸头区岸线长达 6.8km，可安置大型深水泊位 16 个，大型干散货泊位 10 个、大型原油泊位 4 个及 LNG 泊位 2 个。东港区岸线长达 8.5km，可安置 10 万 t 级以下泊位 27 个，作为通用码头作业区及集装箱、钢铁类货种的物流区，码头类型包括杂货泊位、多用途或集装箱泊位、通用散货泊位等。港池岛区岸线长达 15.8km，可安置 15 万 t 级以下泊位 63 个，作为专业化煤炭下水码头、其他干散货码头作业区及煤炭、矿石类货种的物流区，用于满足"北煤南运"和其他大宗散货的运送需要。西港区岸线长达 5.7km，可安置 10 万 t 级以下泊位 23 个，作为集装箱、杂货等归纳运送类码头及再生资源园区等。化学区在港口公司液体化工码头范围内，岸线长度 0.6km，建立 2 个 5 万 t 级（可兼靠 8 万 t 级油船）的液体化工泊位。

该港口物流园区坚持以科学发展观为统领，充分发挥地理区位、深水大港的优势，合理开发和维护港址资源，科学计划、有序、疾速地开发建立而成，完成了全部工作的

⊖ 资料来源：http://Hebei. zhaoshang. net/yuanqu/detail/8634/intro。

和谐、可持续开展。目前已累计完成投资 322 亿元，先后建成矿石、原油、煤炭及通用等 24 个泊位，构成吞吐能力 1.9 亿 t，并正在积极开展港口物流工业，在建的煤炭、矿石、液化、多用途及再生物资等码头项目及关联物流项目共 12 个。园区已实施项目 23 项，总投资 502 亿元，矿石一期和二期、煤炭一期、原油、散货等码头已经投入使用，矿石三期、煤炭二期和续建等项目正在加紧建设；开滦集团投资 20 亿元的动力煤储配基地项目已投入运营。未来，依托曹妃甸港码头的门类全、吞吐能力强、开放层次高、优惠政策多等优势，该园区将重点建设能源、矿石等大宗货物的集疏港、贸易港，商业性能源储备基地，钢铁、煤炭、矿石、木材、天然气、可再生资源等货种的交易中心，逐步形成以先进技术为支撑，以物流一体化和信息化为主线，具有曹妃甸特色、达到国际先进水平的港口物流服务体系，逐步成为我国北方地区国际性港口物流中心。

分析：

1. 什么是港口物流园区？

2. 结合曹妃甸港口物流园区，谈谈成功的港口物流园区应具备哪些基本要素？

【思考练习】

1. 名词解释

（1）港口物流企业

（2）港口物流园区

（3）航空物流企业

（4）航空物流园区

2. 填空题

（1）港口物流企业有（　　）、（　　）和（　　）三类。

（2）与其他物流企业相比，港口物流企业具有（　　）、（　　）和（　　）三个主要特点。

（3）从港口物流的发展来看，港口物流园区可以分为（　　）、（　　）和（　　）、（　　）四种类型。

（4）港口物流园区的三大主要功能为（　　）、（　　）、（　　）。

（5）港口物流园区平面布局三种模式为（　　）、（　　）、（　　）。

（6）航空物流企业除了具有一般企业的营利性、自负盈亏等特征外，还具有航空物流特色的经济特征，主要包括（　　）、（　　）和（　　）三个方面。

（7）航空物流园区主要包括（　　）、（　　）、（　　）三大功能。

3. 简答题

（1）港口物流企业有哪些职能？

（2）港口物流企业包含哪些业务内容？

（3）简述港口物流企业发展趋势。

（4）港口物流园区的主要特征有哪些？

（5）简述建设航空物流园区的要点。

（6）航空物流园区有哪些作用？

第 5 章　港口物流基础设施与设备

【学习目标】

了解港口集疏运的基本内容；熟悉进行国际多式联运应具备的条件，以及集装箱码头、散货码头典型的设施设备；掌握港口装卸设备选择原则及设备养护；运用港口装卸工艺知识分析设备选型的合理性。

5.1　集疏运系统

5.1.1　港口集疏运的含义

在整个运输链当中，港口总是以其强大的集散功能，来解决需求地与产出地之间大批量货物的交易流通问题。现代港口为了适应现代物流服务的需求，拓展了服务功能，已经实现从传统货物转运场所到物流、商流、资金流、技术流、信息流全面大流通的汇集点的转变；从港口车船换装点到以港口为中心，以公、铁、水、空综合运输为特征的现代港口枢纽的转变。

"集"就是集中、聚集，通过各种运输方式把货物聚集到转运点；"疏"，就是疏散、散开，将货物通过各种运载工具疏散到目的地。

港口集疏运系统（Collection and Distribution System），是指与港口相互衔接、主要为集中与疏散港口吞吐货物服务的交通运输系统。由铁路、公路、城市道路及相应的交接站场组成，是港口与广大腹地相互联系的通道，也是港口赖以存在与发展的主要外部条件。任何现代化港口都必须具有完善与畅通的集疏运系统，才能成为综合交通运输网中重要的水陆交通枢纽。

5.1.2　港口集疏运系统的特征

港口集疏运系统的具体特征，如集疏运线路数量、运输方式构成和地理分布等，主要取决于各港口与腹地运输联系的规模、方向、运距及货种结构。一般来说，与腹地运输联系规模大、方向多、运距长或较长，以及货种复杂的港口，其集疏运系统的线路往往较多，运输方式结构与分布格局也较复杂。由于各港口的实际情况十分复杂，互不相同，故其集疏运系统的具体特征也不同。一般大型或较大型港口的集疏运系统，均应因地制宜地向多通路、多方向与多种运输方式发展。

5.1.3　国际多式联运

1. 国际多式联运的定义

国际多式联运（International Multimodal Transport）简称多式联运，是在集装箱

运输的基础上产生和发展起来的，是指按照国际多式联运合同，以至少两种不同的运输方式，由多式联运经营人将货物从一国境内的接管地点运至另一国境内指定交付地点的货物运输。国际多式联运适用于水路、公路、铁路和航空等多种运输方式。在国际贸易中，由于85%~90%的货物是通过海运完成的，因而海运在国际多式联运中占据主导地位。

2. 国际多式联运的条件

进行国际多式联运应具备以下条件：

1）多式联运经营人与托运人之间必须签订多式联运合同，以明确承、托双方的权利、义务和豁免关系。多式联运合同是确定多式联运性质的根本依据，也是区别多式联运与一般联运的主要依据。

2）必须使用全程多式联运单据（Multimodal Transport Document）。该单据既是物权凭证，也是有价证券。

3）必须是全程单一运价。这个运价一次收取，包括运输成本（各段运杂费的总和）、经营管理费和合理利润。

4）必须由一个多式联运经营人对全程运输负总责。他既是与托运人签订多式联运合同的当事人，也是签发多式联运单据或多式联运提单者，承担自接受货物起至交付货物止的全程运输的责任。

5）必须是两种或两种以上不同运输方式的连贯运输。这是一般联运与多式联运的一个重要区别。如海/海、铁/铁、空/空联运，虽为两程运输，但仍不属于多式联运。同时，在单一运输方式下的短途汽车接送也不属于多式联运。

6）必须是跨越国境的国际货物运输。这是区别国内运输和国际运输的条件。

3. 国际多式联运的优越性

开展国际多式联运具有许多优越性，主要表现在以下方面：

1）简化托运、结算及理赔手续，节省人力、物力和有关费用。在国际多式联运方式下，无论货物运输距离有多远、由几种运输方式共同完成，也不论运输途中货物经过多少次转换，所有一切运输事项均由多式联运经营人负责办理；而托运人只需办理一次托运，订立一份运输合同，一次支付费用，一次保险，从而省去托运人办理托运手续的许多不便。同时，由于多式联运采用一份货运单证，统一计费，因而也可简化制单和结算手续，节省人力和物力。此外，一旦运输过程中发生货损、货差，就由多式联运经营人对全程运输负责，从而简化了理赔手续，减少了理赔费用。

2）缩短货物运输时间，减少库存，降低货损货差事故，提高货运质量。在国际多式联运方式下，各个运输环节和各种运输工具之间配合密切、衔接紧凑，货物所到之处中转迅速及时，大大减少货物的在途停留时间，从根本上保证了货物安全、迅速、准确、及时地运抵目的地，从而相应地降低了货物的库存量和库存成本。同时，多式联运是通过集装箱为运输单元进行直达运输的，尽管货运途中须经多次转换，但由于使用专业机械装卸，且不涉及箱内货物，因而货损、货差事故大为减少，从而在很大程度上提高了货物的运输质量。

3）降低运输成本，节省各种支出。由于多式联运可实行门到门运输，因而对货主来说，在货物交由第一承运人以后即可取得货运单证，并据以结汇，从而提前了结汇时间。这不仅有助于加速货物占用资金的周转，而且可以减少利息的支出。此外，由于货物是在集装箱内进行运输的，因而从某种意义上看，可相应地节省货物的包装、理货和保险等费用的支出。

4）提高运输管理水平，实现运输合理化。对于区段运输而言，由于各种运输方式的经营人各自为政、自成体系，因而其经营业务范围受到限制，货运量相应也有限。而一旦由不同运输经营人共同参与多式联运，经营范围可以大大扩展，同时可以最大限度地发挥运输经营人现有设备的作用，选择最佳运输线路组织，合理化运输。

5）其他作用。从政府的角度看，发展国际多式联运具有以下重要意义：有利于加强政府部门对整个货物运输链的监督与管理；保证本国在整个货物运输过程中获得较大的运费收入分配比例；有助于引进新的先进的运输技术；减少外汇支出；改善本国基础设施的利用状况；通过国家的宏观调控与指导职能，保证使用对环境破坏最小的运输方式，达到保护本国生态环境的目的。

5.2　港口物流的主要设备

5.2.1　集装箱码头的主要设备

随着集装箱运输的发展，集装箱码头装卸搬运机械也得到了相应的发展。集装箱码头的机械设备主要分为岸边装卸机械、水平运输机械、堆场装卸机械。

岸边装卸机械主要有岸壁集装箱装卸桥（Quay Crane，QC）、多用途门座起重机（Tractor）、高架轮胎式起重机（Rubber Tired High Mast Crane，HMC）等；水平运输机械主要有牵引车（Tractor）、挂车（Trailer）、跨运车（Straddle Carrier，SC）；堆场装卸机械主要有叉车（Fork Lift，FL）、轮胎式龙门起重机（Rubber Tired Gantry crane，RTG）、轨道式龙门起重机（Rail Mounted Gantry，RMG）、正面吊运机（Reach Stacker，RS）。

1. 岸边装卸机械

（1）岸壁集装箱装卸桥　现代集装箱码头普遍采用岸壁集装箱装卸桥进行船舶的装卸作业。岸壁集装箱装卸桥，简称集装箱装卸桥或桥吊，它是集装箱码头装卸集装箱的专用机械。世界各集装箱专用码头大多采用这种设备装卸集装箱。

集装箱装卸桥沿着与码头岸线平行的轨道行走。它主要由带行走机构的门架、承担臂架机构的拉杆和臂架等部分组成。臂架又可分为海侧臂架、陆侧臂架及门中臂架三部分。海侧臂架和陆侧臂架由门中臂架连接。臂架的主要作用是承受装卸桥小车的重量，小车带有升降机构，而升降机构又用来承受集装箱吊具和集装箱的重量。海侧臂架一般设计为可变幅式。当集装箱装卸桥在移动时，为了船舶或航道的安全，一般将海侧臂架仰起。

按照框架结构的外形，集装箱装卸桥一般可分为 A 型和 H 型两种。两种装卸桥的海侧臂架都可用铰链使悬臂俯仰。A 型装卸桥的特点：自重轻，轮压为 35t 左右，但稳定性差。H 型装卸桥的特点：稳定性好，抗风自助强，但自重大，轮压为 38t 左右。从发展趋势看，集装箱码头大多采用 H 型装卸桥。

按照臂梁形式，集装箱装卸桥一般又可分为俯仰式、梭动式和折叠式三种。目前，集装箱码头所用的集装箱装卸桥采用俯仰式较多。

按照配备的小车数量，集装箱装卸桥一般又可分为单小车装卸桥和双小车装卸桥两种。

(2) 多用途门座起重机　多用途门座起重机是港口通用件杂货门座式起重机的一种变形，它是为了适应船舶混装运输的需要而发展起来的，主要增加了装卸集装箱的功能。和通用门座起重机一样，它一般也是由起升机构、变幅机构、旋转机构和大车行走机构组成。

多用途门座起重机可按不同的需要，配备不同的装卸工属具（例如集装箱专用吊具、吊钩、抓斗等），设置相应的附加装置，可进行集装箱、件杂货、重大件、散货的装卸作业。多用途门座起重机是多用途码头的一种理想的作业机型。

多用途门座起重机的工作覆盖面积大，与岸边集装箱装卸桥相比，自重较轻、轮压较低；对码头的负荷要求低，从而可安装在原有的门机码头上使用。集装箱吊具有自动旋转装置，以保持装卸作业过程中，集装箱的纵轴线与码头岸线平行。它有吊具水平补偿装置，以保持变幅过程中，吊具与集装箱的水平状态。吊具还装有偏重心调节装置，以防止集装箱偏载所产生的箱体倾斜。

多用途门座起重机的装卸效率较高，在装卸作业时，平均装卸效率可达 18-25 TEU/h。多用途门座起重机可方便地变更作业方式和更换工属具。在多用途码头，它得到了广泛的使用。

(3) 高架轮胎式起重机　高架轮胎式起重机是 20 世纪 70 年代末发展起来的新机型，是在轮胎式起重机的基础上发展起来的。

高架轮胎式起重机具有如下特点：调动灵活，码头不需要安装轨道，可像普通轮胎式起重机那样任意行走；机动灵活，既可在前方作业，又可在堆场作业，设备可得到充分利用；驾驶室离地面高，视野广；臂架的铰点高，不会出现因船舶干舷高而不能进行装卸作业的现象；通用性强，可配置不同的吊索具，可装卸集装箱、件杂货、散货等，适用于多用途码头。

高架轮胎式起重机的自重，虽然相对于大型的岸边装卸机械来说较轻，但其自重仍达 200 多吨，对码头的承载能力要求较高，需要较大的码头建设投资。

2. 水平运输机械

(1) 牵引车　集装箱牵引车又称拖头。其本身不具备装货平台，必须和集装箱挂车连接在一起，才能拖带集装箱进行码头内或公路上的运输。

一般说来，牵引车有两种分类方法：按司机室形式分类法和按用途分类法。当然，在实际业务操作中，也有其他分类法，如按车速分类法（高速车、低速车）和按额定载重量分类法（轻车、重车）等。

(2) 挂车　挂车又称为拖车或平板。其本身没有动力，仅仅是一个载箱的平台。随着集装箱运输的发展，挂车的专业化和标准化程度不断提高，出现了能满足不同需要的各种挂车。

1）挂车的种类。按底盘前后车轴的配置不同，挂车可分为全挂车（Full Trailer）和半挂车（Semi Trailer）。

挂车底盘下前后两端都配有车轴的，称为全挂车；挂车底盘下前端不配车轴，仅后端配有车轴的，称为半挂车。半挂车是集装箱码头堆场普遍采用的挂车，又称为底盘车（Chassis）。

按构成结构的不同，挂车可分为骨架式挂车（Skeletal）和平台式挂车（Platform）。

挂车只有钢结构骨架，没有铺底板面的，被称为骨架式挂车，是集装箱运输的专用设备。它仅由底盘骨架组成，结构简单，重量轻，维修方便，在集装箱运输中得到了广泛的应用。骨架式挂车由于仅由底盘骨架构成，故所载运的集装箱也作为强度构件，加入半挂车的结构中予以考虑。

挂车不仅有钢结构骨架，而且在骨架上铺有底板面的，称为平台式挂车。除有两条承重的主梁外，还有若干横向的支撑梁，这些支撑梁上铺有钢板或木板。在固定集装箱的位置上，按集装箱的尺寸和角件规格，全部安装旋锁件。平板式集装箱半挂车既能装载集装箱，又能装载普通货物。

2）挂车与牵引车连接方式。挂车本身没有动力，需同牵引车连接在一起，构成整体，才能进行集装箱水平运输。其连接方式可分为半拖挂车方式、全拖挂车方式和双联拖挂车方式三种。

① 半拖挂车方式。它是用牵引车直接同半挂车相连的连接方式。其特点是：全长较短，回转半径小，倒车转向灵活；驱动力大；安全可靠。目前在采用牵引车完成水平运输的码头，大多采用半拖挂车方式。码头堆场使用的拖挂车要求回转半径小、机动灵活、视线好，故一般采用平头式半拖挂车。

② 全拖挂车方式。它是用牵引车直接同全挂车相连的连接方式。其特点是：通过牵引杆架与挂车连接，箱重由挂车承担，牵引车本身不承担箱重。全拖挂车是仅次于半拖挂车的一种常用拖带方式，操作较半拖挂车略为困难。目前我国上海港外高桥一期码头部分水平运输是采用这种全拖挂车方式的。

③ 双联拖挂车方式。它是半拖挂方式后面加上全挂车的连接方式。这种方式在高速行驶时的摆动较大，操纵性能差，故目前应用不广。

（3）跨运车　集装箱跨运车是在 20 世纪 60 年代中期，随着集装箱运输的发展，为了与码头前沿的岸边集装箱起重机相配合，在搬运长大件和钢铁制品的基础上发展起来的。用于集装箱码头、集装箱中转站，从事集装箱的搬运、堆码等工作。

1）跨运车的结构与功能。跨运车是以门型车架跨在集装箱上，由吊具的液压升降系统吊起集装箱进行搬运和堆码。它采用旋锁机构与集装箱结合或脱开。吊具能升降，以适应装卸堆码要求；吊具还能侧移、倾斜和微动，以满足箱对位的要求。

跨运车还可用于在货场上装卸集装箱底盘车。它与龙门起重机相比，具有更强的灵活性，既可采用跨运车独立完成码头前沿至堆场的搬运和堆垛作业，也可与龙门起重机和底盘车配合作业。

2）跨运车的优点。

① 由于集装箱从船上卸下时，采用落地方式接运，因而不需要像底盘车运输方式那样要对准底盘车上的锁头才能放箱，由此提高了集装箱装卸桥的工作效率。

② 集装箱在堆场可重叠堆存，堆放层数根据箱型而不同。重箱最高可堆放三层；但从实际作业情况来看，一般出口集装箱堆两层，而进口集装箱因箱内货物不明而通常只能堆一层。但与底盘车方式相比，还是节省了一定的堆场面积。

③ 跨运车是一种多用途机械，它以 24km/h 以上的速度在场地上进行各种作业，故向薄弱环节调配机械的灵活性较强。

④ 在码头每天的作业量不平衡时，可根据作业量的大小随时自由地增减机数，而不会使装卸作业混乱。

3）跨运车的缺点。

① 跨运车本身的价格比较贵，采用跨运车进行换装和搬运时可能会提高装卸成本。

② 跨运车采用液压驱动、链条传动，容易损坏，故修理费用高，完好率低，这是跨运车方式中最突出的问题。

③ 跨运车的轮压比底盘车大，一般轮压以 10t 计，故要求较厚的场地垫层。

④ 在进行"门到门"的内陆运输时，需要用跨运车再一次把集装箱装上底盘车，比底盘车方式多了一次操作。

3. 堆场装卸机械

（1）叉车　集装箱叉车是集装箱码头的常用装卸机械，主要用于吞吐量不大的综合性码头进行集装箱的装卸、堆垛、短距离搬运、车辆的装卸作业，是一种多功能机械。它是从普通的叉车为适应集装箱作业的需要而发展起来的。集装箱叉车有正面叉和侧面叉两种。叉车除了配备有标准的货义以外，还配备有顶部起吊和侧面起吊的专用属具。一般集装箱叉车都应符合以下作业需要：

1）起重量应保证能装卸作业所需的各种箱型。

2）起升高度应符合堆垛层数的需要。

3）荷载中心（货叉前臂至货物重心之间的距离）取集装箱宽度的一半，即 1220mm。

4）为了便于对准箱位，货架应能侧移和左右摆动。

（2）龙门起重机　龙门起重机简称龙门吊，是一种水平桥架设置在两条支腿上构成门架形状的桥架型起重机。龙门吊由于其跨度大，因而起重机运行机构大多采用分别驱动方式，以防止起重机产生歪斜运行而增加阻力，甚至发生事故。

1）龙门吊的类型。龙门吊一般有轮胎式龙门起重机（又称无轨龙门吊）和轨道式龙门起重机（又称有轨龙门吊）两种形式。

① 轮胎式龙门起重机　轮胎式龙门起重机是集装箱码头堆场进行装卸、堆垛作业的专用机械。轮胎式龙门起重机由前后两片门框和底梁组成门架，支撑在橡胶轮胎上。装有集装箱吊具的行走小车沿着门框横梁上的轨道运行，配合底盘车进行

集装箱的堆码和装卸作业。

轮胎式龙门起重机的主要特点是机动灵活、通用性强。它不仅能前进、后退，而且还设有转向装置，通过轮子的90°旋转，能从一个箱区转移到另一个箱区进行作业。

② 轨道式龙门起重机 轨道式龙门起重机是集装箱码头和集装箱中转站堆场装卸、搬运和堆码集装箱的专用机械。轨道式龙门起重机一般比轮胎式龙门起重机大，堆垛层数多。

轨道式龙门起重机是沿着场地上铺设的轨道行走的，因此只能限制在所设轨道的某一场地范围内进行作业。轨道式龙门起重机自身定位能力较强，较易实现全自动化装卸，是自动化集装箱码头中比较理想的一种机械。

2）龙门吊的优点。

① 运行时稳定性好，维修费用较低，即使初始投资稍大，但装卸成本还是较低的。

② 堆垛集装箱时，箱列间可不留通道，紧密堆存，因此在有限的场地面积内可堆存大量集装箱，场地面积利用率较高。

③ 在堆场作业中运行方向一致、动作单一，故容易采用电子计算机控制，实行操作自动化。

3）龙门吊的缺点。

① 由于堆存层数较高，在需取出下层的集装箱时就要经过多次倒载，在操作上带来许多麻烦。

② 堆场上的配置数量一般是固定的，不能用设备数量来调整场地作业量的不平衡。因此，当货主交接的车辆集中时，可能会待机时间较长，如搬运起重机发生故障，就会迫使装卸桥停止作业。

③ 龙门吊自重较大，轮胎式龙门吊的轮压一般为20t，轨道式龙门吊的轮压更大，而且堆装层数多，故场地需要重型铺路。

④ 大跨距的龙门吊由于码头不均匀下沉，可能会产生轨道变形，有时会影响使用。

（3）正面吊运机 第一台集装箱正面吊运机是由BELOITI公司于1975年研制成功并投放市场的，是场地作业机械中的一种机型。与叉车相比，正面吊运机具有机动性强、稳定性好、轮压较低、堆码层数高、可隔箱作业、场地利用率高等优点。

集装箱正面吊运机主要有以下特点：

1）有可伸缩和左右旋转120°的吊具。

2）有可带载变幅的伸缩式臂架。

3）能堆码多层集装箱，并可跨箱作业。

4）操作安全、可靠。

5）轮压低。

6）换装吊具后，可进行非集装箱作业。

5.2.2　散货码头的主要设备

1. 散货装船机械

（1）固定式装船机　固定式装船机是一种整机不能沿码头岸线移动的装船机型。为了适应装船的需要，扩大物料的抛撒面，这类机型的悬臂可做旋转、俯仰和伸缩的动作，因此这种装船机也称为悬臂转动式皮带装船机。有些装船机的悬臂还可摆动，因而也称为摆动式装船机。由于这类装船机的性能全面，装船效率高，对码头的承载能力要求低，可节约码头的建造费用，因而成为国内外煤炭和矿石码头的主要装船机型之一。

1）转盘式船机。这是一种我国长江中下游煤炭和矿石出口码头中传统的、应用效果较好的装船机械。该船机的装船作业如下：从锚地送到码头前的空驳系缆后，机头对正舱口，顺次由前到后开动皮带机，将堆场或卸车线的物料，经过一系列中间皮带机传递到悬臂皮带机，通过溜筒装入舱内，装船过程中为满足船舶平衡和驳船强度方面的要求，悬臂要经过几次水平方向的摆动和伸缩，将物料均匀地分配到各舱内。

2）摆动式装船机。摆动式装船机根据运行轨道的形式不同，可以分为两种：一种是弧线式装船机；另一种是直线式装船机。

① 弧线式装船机的前端栈桥轨道呈弧线形，装船机的前端同转台车的中心与后端墩柱中心距离不变，物料靠来回摆动的装船悬臂内的皮带机装船。这种装船机所需码头岸线的长度和码头前沿皮带输送机的长度，比移动式装船机明显减少，因而可节省码头建设费用。同时，这种装船机对船型的实用性也较转盘式装船机好，装船效率高，因此被大型的煤炭或矿石码头采用。

② 直线式装船机是一种整机不沿码头岸线移动的固定式装船机。它与弧线式装船机的主要区别是：装船机的前端栈桥的轨道呈直线形，也就是说，装船机的桥架沿支线轨道摆动。这种装船机具有其独特的优点，如它采用大跨距的回转桥架。由于前端有支承轨道，因而避免了巨大的悬臂倾覆作用，有利于加大回转半径，在较小伸缩变幅的情况下，完成船舶舱口面积的覆盖。这样就可以采用单机头，充分发挥皮带机高效率的特点；水工建筑也只受竖向载荷，使水工建筑的投资减少。但这种装船机臂架支点的结构很复杂，不仅要能旋转，而且要能伸缩，并要求这些动作同步进行，因此技术要求较高。

（2）移动式装船机　移动式装船机是一种整机可沿泊位前沿轨道全长行走的装船机械。这类装船机性能完善，可适应在各种煤炭和矿石码头的任一船舱装载，但构造比较复杂。为了供料，需要沿码头设置高架结构栈桥和皮带运输机，需要配备可与装船机一起移动的卸料车和供料皮带运输机等设备，因此对码头结构强度的要求较高。

移动式装船机具有灵活、机动、工作面大、对船型变化的适应性强的优点，因此是国内外煤炭、矿石码头最常用的一种装船机械。选用这种装船机进行装船，一般都采用定船移机工艺。

2. 散货卸船机械

散货卸船机械按机械工作特点，可分为间歇型卸船机和连续型卸船机两类。间歇型卸船机主要有船吊、带斗门机、装卸桥等，其特点是利用抓斗抓取物料卸船，因为在抓斗卸船的工作循环周期中有一个空返回程，所以被称为间歇型卸船机。散货卸船机除可用于煤炭、矿石卸船外，还可用于散粮、散盐、沙等散装货卸船。抓斗卸船随主机的不同，可分为双索抓斗和舶吊抓斗两种形式。

(1) 间歇型卸船机

1）船舶吊杆。船舶吊杆的工作特点如下：

① 为了装卸作业的安全，船舶吊杆工作时，抓斗起升高度不能太高。

② 船舶吊杆的起重量较小，卸货效率较低。

③ 清仓量大。

④ 在采用船舶吊杆抓斗卸船方式时，不需要在码头上配备卸船机械，因此可节约码头的建设费用，同时港口的装卸成本也可降低。

2）带斗门机。这是一种在门机的门架下设置可伸缩漏斗的散货卸船专用机械。带斗门机的工作特点是卸船效率高，一方面是由于门架下的漏斗可根据抓斗行程调节伸缩，使抓斗带货运行的行程缩短；另一方面是因为带斗门机的起升、变幅速度比普通门机高 40%~50%，从而提高了装卸效率。

3）装卸桥。装卸桥也称桥式卸船机，是国内外大型散货码头最主要的卸船机械。装卸桥抓斗的行程路线简单，起重量大，同时装卸桥还可以承受较大的动量载荷，因此其装卸小车的工作速度比较快，抓斗的工作周期大为缩短，从而提高卸船的效率。装卸桥在国外大型散货码头得到了普遍使用。

(2) 连续型卸船机 链斗式卸船机和斗轮式卸船机是两种常见的散货连续型卸船机。这两种卸船机主要由垂直提升的斗式提升机和水平输送的皮带机两大部件组成。

1）链斗式卸船机。链斗式卸船机的工作过程如下：物料由链斗提升机提取，卸到回转转盘附近的料槽内，由臂架皮带机送进大车中的中心料斗，再经过下面的双料斗直接卸到汽车或火车内，或者经皮带机卸到火车上，经坑道皮带机转库场堆存。

2）斗轮式卸船机。斗轮式卸船机的作业特点是由双排斗轮取料，物料落入中间皮带机上，输送到链斗提升机，由其将物料提升到悬臂皮带机，转送到岸上。

斗轮可以由舱内操纵转动 210°。由于驾驶员易于观察物料的抓取情况，因而机动性较好，抓取效率较高，也可以减少整机移动和悬臂转动的次数。从发展趋势来看，各式连续型卸船机是一种可提高卸船效率的、很有发展前途的专用卸船机械。

3. 散货堆场机械

散货堆场机械是指用来完成物料的进、出场和堆料作业的专用机械。物料品种、特性和堆存量是选用堆场机械设备的主要因素，而应用的机械设备的不同也会影响物料进、出场和堆存形式，两者要相互适应。

(1) 堆料机 堆料机是国内外散货堆场常用的专用机械。堆料机有单悬臂、双悬臂、旋臂式三种机型。堆料机与堆场皮带机系统可以组成不同的堆场装卸工艺形式。

(2) 取料机 取料机是专用于堆场取料的机械，常见的是与水平固定式皮带机配合使用的取料机，但也有流动式取料机。取料机通常与堆料机配合使用来完成物料进出堆场的作业。这种堆取分开作业的营运费用较低，但土建部分的投资大，因此在一般情况下适用于外形尺寸长而宽的堆场。取料机按取料装置的结构特征，可分为斗轮取料机、门座斗轮取料机和螺旋取料机等形式。

(3) 皮带输送机 皮带输送机是散货装卸作业线联结装卸船、装卸车、堆场机械和各种储存给料作业环节之间的水平运输的转运工具。随着装卸船效率的提高和煤炭、矿石装卸工艺的现代化发展，皮带输送机已具有固定式、大容量、长距离和高效率等特点。

5.2.3 港口装卸设备的选择

装卸设备的选择是港口企业设备管理的重要任务和首要环节。设备选择是否恰当，不但将长期影响装卸生产能否安全、优质、高效、低成本地进行，而且也影响港口企业的技术进步和经济效益，因此应予以十分重视。选择和评价设备的总原则是：技术上先进，经济上合理，生产上适用，操作上方便。在一般情况下，技术上先进和经济上合理是统一的，但由于设备的设计、制造及使用条件等原因，两者有时会出现矛盾，因而应综合分析、论证后确定。

选择港口装卸设备时应根据技术和经济的要求，全面综合地考虑以下因素：

(1) 设备的生产性（即设备的生产率） 装卸设备的生产效率一般以单位时间内完成的装卸量来表示，且必须与港口企业的生产规模及生产任务相适应。既要保证购入设备有充分的负荷，又要保证装卸作业线上各生产环节能力的平衡，避免因个别环节能力的过高或过低而造成浪费。

(2) 设备的可靠性 可靠性是指精度的保持性、零件的耐用性、设备的安全可靠性。设备可靠性越好，发生故障的可能性越小，这对保证生产正常安全进行、装卸工人的人身安全、货运质量、减少故障的停机损失等极其重要。

(3) 设备的节能性 设备的能源消耗是衡量设备好坏的重要因素。能源消耗一般用设备的单位开动时间的能源消耗量来表示，如小时耗油量、耗电量等；也有以单位产量的能源消耗量来表示的，如以每吞吐吨或操作吨的能耗来表示。显而易见，应该选择完成同样的生产任务而能源消耗最少的设备。

(4) 设备的维修性 维修性是指装卸设备的可修性和易修性。维修性对设备维护和修理的工作量以及费用的支出都有很大影响。维修性好的装卸设备，一般是结构比较简单、零部件组合合理、标准化水平高、互换性能好，而且维修时工作方便，易检查、易拆卸、易更换。

(5) 设备的适应性 适应性包括以下内容：一是在装卸对象固定的条件下，装卸设备能够适应不同装卸条件和环境，操作使用灵活方便；二是在装卸对象多变的条件下，能够装卸不同的货种，通用性好；三是装卸设备选择要从生产实际需要出发，选择结构紧凑、重量轻、体积小，适合舱内、库内、车内的货物装卸作业等。

（6）**设备的环保性** 环保性是指装卸设备的噪声和排放的有害物质对环境的污染程度。在选择装卸设备时，应选择能将噪声控制在保护人体健康的卫生标准范围内，并应配备有相应的治理"三废"的附属装置的设备。

（7）**装卸设备的成套性** 主要考虑装卸作业线的设备及各环节能力的配套，实现单机配套、作业线装卸系统配套，以形成作业线的合理综合能力。否则，不仅设备的能力不能得到充分发挥，而且将造成一定的经济损失。

（8）**设备的投资费用**（即经济性） 设备投资费用的多少，关系到设备使用过程中的折旧。在实行固定资产有偿使用的条件下，投资费用还关系到每年应支付的利息，这些都对装卸成本和设备的经济性产生重要影响。

应该指出，以上选择装卸设备所考虑的因素之间是互相关联的，因此应对这些因素做全面综合的分析，统筹兼顾，在全面的技术经济方案论证和比较后做出选择。

5.2.4 设备的使用与维护保养

1. 设备的合理使用

装卸设备寿命的长短、效率的高低、性能的好坏，固然取决于设备本身的设计、制造和安装的质量和水平，但在很大程度上也取决于对设备的使用是否科学和合理。因为正确而合理地使用装卸设备，可以减少设备的磨损，保持应有的精度，发挥应有的功效并延长使用寿命。

正确而合理地使用设备，应注意以下几点：

1）要根据装卸设备的性能、结构和其他技术特征，恰当地安排装卸任务和工作负荷。在组织装卸作业时，应根据所装卸货物的种类、包装、件重及对装卸、堆存的技术安全要求等，制定合理的装卸工艺，选择合适的装卸设备及其配套的设备和工具，尽可能地满足装卸设备的负荷量，以充分发挥装卸设备的生产效率，但也要避免超负荷、超性能、超范围作业，以实现安全生产和经济生产。

2）要针对设备的不同特点，建立和健全科学的管理制度和有关规程。如岗位责任制，安全操作规程，维护、保养、修理制度，设备运转记录等，有效地保证装卸设备的合理使用。

3）要为各类装卸设备配备合格的驾驶员及操作工人。各类装卸设备能否正常运转，很大程度上取决于司机和操作工人的素质。为此，要求驾驶员熟悉并掌握装卸设备的性能、结构、安全操作规程及维护保养技术，要具备"三好""四会"的基本功，即"用好、管好、保养好""会使用、会保养、会检查、会排除故障"。

4）为装卸设备提供良好的工作条件。良好的工作条件可以为保证设备的正常运转、性能、效率、使用寿命等创造条件。对有关装卸设备的搬运距离、路况、照明等应做出规定。

2. 设备的维护保养

设备维护保养的目的是保证设备正常有效地运行，排除不应发生的故障，保持设备良好的运行性能，随时改善设备的运行状况，以延长设备的使用寿命。为了达到这一目的，要求必须做好制度、技术、人员培训三方面的工作。

经过长期实践，以预防为主的观点已为世界各国普遍接受。在港口企业中，港口设备的保养是设备状态维修方法的基础。为了进一步突出设备保养的全面性和强制性，港口一般采用日常保养和定期保养相结合的二级保养制度。日常保养工作的具体内容已融入港口日常的生产、管理工作之中。下面主要介绍港口设备的定期保养。

（1）定期保养的定义　港口设备的定期保养是指港口装卸设备在运行一定时间后，由操作人员和专业保养人员按规范、有计划地强制保养，是对装卸设备的全面性维护。定期保养是装卸设备运行管理和状态维修管理的重要组成部分，是使装卸设备能经常保持良好技术状态的预防性措施。该定义主要突出以下四项要求：

1）定期保养是由操作人员和专业保养人员按各自的职责分工，相互合作，共同完成的。

2）定期保养是按一定运行时间间隔制订出保养作业计划。这个计划是状态维修管理计划的组成部分。计划必须按时间顺序管理，执行计划必须具有严肃性。

3）定期保养是一项强制性管理措施。

4）定期保养对装卸设备进行全面性维护，以使其保持应有的技术状态。

（2）定期保养的特点

1）定期保养是状态维修的基础。定期对港口设备进行保养，可使其运转情况得到及时改善。消除可以避免的磨损和损坏，就可以减缓设备的劣化趋势，实质上也就是延长了设备修理周期、减少了修理工作量，因此可以说执行定期保养是推行状态维修的基础。没有保养的基础保证，也就无法推行状态维修。

2）定期保养具有强制性。由定期保养的目的可以得知，它贯穿设备运行的全过程，可使设备运行状态得到及时的改善，消除可以避免的磨损和损坏。也就是说，定期保养伴随着设备运行的全过程，不是可有可无的作业行为，而是必须对设备进行的强制性行为。

3）定期保养具有全面性。一台装卸设备是由各个系统总成部件组合而成的，总成部件运转状态的正常与否直接对整机的技术状态产生影响。整机的技术状态也是通过总成部件反映出来的，因此对装卸设备必须实施全面性定期保养。实施全面性定期保养的项目不宜过多。根据港口装卸设备的复杂程度和结构特点，以相互关联的总成部件及影响安全的部件装置为重点，抓重点并兼顾全面，达到对设备进行全面保养的目的。

（3）定期保养的基本内容

1）对机械设备进行清洁和擦洗。

2）检查、调整、紧固各操纵、传动等连接机构的零部件。

3）对各润滑点进行检查、注油或清洗换油。

4）调整和检查安全保护装置，保证其灵敏可靠。

5）使用相应的检测仪器和工具，按规范对设备主要测试点进行检测，并做好记录。

3. 设备的检查与修理

（1）设备的检查　设备检查是设备维修工作中的一个重要环节。设备检查的目的是及时发现设备在工作中的问题，了解设备的运行情况，为设备维修工作提供依据，以提高修理质量和缩短修理周期。

设备检查分为日常点检、巡回检查、定期检查、状态检测以及修前检查。

1）日常点检。日常检查是指每日检查和交接班检查，由设备操作者按点检卡上的要求进行检查。

2）巡回检查。由维修值班人员按规定的巡回路线，对所负责的设备和检查点，进行日常的检查，掌握设备日运行状况。

3）定期检查。定期检查又可分为定期功能检查和定期参数检查。定期功能检查的对象主要是重点设备。以机械设备为例，一般不拆卸、不刮研、不检查精度，只打开盖子检查和调整间隙，排除小的故障隐患，修补小缺陷，修除毛刺和划痕等。定期参数检查主要是针对精密、大型和关键设备所进行的检查。在进行参数检查前，应先做功能检查，然后再检查设备主要参数。例如，精密设备的精度、锻压设备的最大工作能力、动力设备的功率及重负荷受压设备的安全性等。定期检查是按设备检查计划由专职检修人员负责执行。

4）状态监测。对使用状态中的设备进行不停机的在线监测，这种方法能够确切掌握设备的实际特性，有助于判定需修复或更换的零部件和元器件，使设备的潜力得到充分利用，避免过度维修，能够最大限度地节约维修费用；并且由于及时发现和更换了处于故障边缘的零部件和元器件，避免了故障停机所造成的生产损失，对流程式、流水式生产和关键设备的作用更为突出。状态监测要利用传感器和仪器，连续地或定期地从监测部位取得信号，进行波形、频谱和数值分析，并由人负责信号和数据的记录、分析和处理。

5）修前检查。修前检查是在设备修理之前，以维修人员为主进行的深入检查。修前检查要拆卸零部件和元器件，进行检验和测量，目的是确定修理内容和方法。此外，修前检查还包括对一个单位设备技术状态的完好率检查、对维护质量的优劣情况检查等。

（2）设备的修理 设备修理是指对各种原因引起的设备故障或损坏，通过更换或修复已损坏的零部件和元器件，使设备的性能得以恢复。港口企业在设备维修实践的基础上，依据设备的故障理论和故障规律，建立了一套预防维修制度，如例行保修制、状态保修制等。港口生产使用的龙门吊等通用性机械通常使用例行保修制；而港口码头前沿装卸船舶的主机，则采用状态保修制，以提高主机的使用效率。

根据修理内容、工作量和维修理论的不同，港口设备的修理作业可以划分为不同的类型。

1）大修。大修旨在全面恢复设备工作能力的修理工作，其特征为将设备全部或大部分拆卸分解，修复基准件，更换或修理所有不宜继续使用的零部件和元器件，整新外观，使设备精度、性能等达到原出厂要求。为了提高设备工作能力，可以对需要改进的部位（部件或项目）或整机结合大修，进行现代化改装。

2）项目修理。项目修理简称为项修，修理的项目是指设备部件、装置或某一项设备的输出参数。项目修理是在设备技术状态管理的基础上，针对设备技术状态的劣化程度，特别是在已判明故障的情况下，所采取的有针对性的修理活动。

4. 设备的改造与更新

设备的改造与更新是促进企业技术进步、提高产品质量、提高劳动生产率、增强企业竞争能力的有力措施，是设备管理的重要组成部分。

（1）设备改造　设备改造是对现有设备进行技术改革，以改善设备的性能、提高生产效率。设备改造有两种类型，一是设备的改装型改造，即通过扩大生产能力，达到增加产量的目的，如加大功率、体积、容量等；二是设备的技术型改造，就是把科学技术的新成果应用于现有设备，改变现有设备技术落后的面貌。设备改造必须和生产技术发展、新产品开发结合起来，与设备维修工作结合起来，才能收到投资少、收效大、见效快的效果。

（2）设备更新　设备更新是指用先进合理的设备去更换已经陈旧落后、经济上不合理或已不能继续使用的设备。设备更新是设备运动规律的客观要求，任何设备都存在着两类磨损，一是有形磨损，这是由于设备在使用过程中的物理磨损而使设备有一定的使用寿命；二是无形磨损，是由于社会的发展和科学技术的进步，不断出现新的性能更好的设备，使原有的设备经济效能降低，再是由于生产设备的厂家生产效率提高，生产成本下降，而使原有设备发生贬值。由于设备存在着以上两种类型的磨损，使设备形成三种寿命：一是设备的自然寿命，是指设备从投入使用到完全报废为止所经历的时间，这是由设备的有形磨损引起的。二是设备的技术寿命，这是由于科学技术的进步，市场上出现了更先进、合理的设备，使设备在自然寿命没有结束前被淘汰，这是由设备的无形磨损引起的。三是设备的经济寿命，由于设备老化，随着使用时间的增加，设备的维护费用日益增多，导致产品成本不断增高，在经济上得不偿失；这种从设备投入使用到因经济上得不偿失而被淘汰所经历的时间，称为设备的经济寿命；影响设备经济寿命的有有形磨损原因也有无形磨损原因。

由于设备存在着三种寿命，因而要求企业在进行设备更新时，要根据生产的需要，对设备的三种寿命进行综合分析，确定最佳更换周期，以取得较好的经济效益。

5.3　港口物流装卸工艺

5.3.1　港口装卸工艺的性质与作用

所谓工艺，是指社会生产中改变劳动对象所采取的方法，在制造业中指的是加工方法。在港口企业中，港口装卸工艺是指在港口实现货物从一种运载工具（或库场）转移到另一种运载工具（或库场）的空间位移的方法和程序。

港口的主要任务是货物装卸和储存。装卸工艺即是港口的生产方法。研究装卸工艺，就是分析和改进装卸方法，使通过港口的物流更经济、更合理，从而达到安全、优质、高效、低成本地完成装卸任务的目的。

港口装卸工艺在港口生产管理中具有重要作用，概括起来有以下方面：

1）港口装卸工艺是港口生产的基础。

2）港口装卸工艺是劳动管理的重要内容。

3）港口装卸工艺现代化是港口技术进步的标志。

4）港口装卸工艺直接影响港口的生产绩效。

5.3.2 港口装卸工艺的基本内容

在港口，装卸工艺工作主要包括两个方面，即港口日常装卸工艺工作和港口装卸工艺设计工作。

1. 港口日常装卸工艺工作

这一工作是以港口现有的工艺系统与装卸设备为基础，通过挖掘潜力、技术创新和有效的组织，合理运用现有的人力、物力，以达到安全、优质、高效、低消耗地完成港口装卸任务的目的。这是属于港口内涵式的扩大生产能力的工作，具体包括：①工属具的改进和创新；②装卸工艺线的再设计；③作业线改进；④工程心理学研究；⑤装卸作业技术标准的制订与修改。

评价港口日常装卸工艺工作，主要可从以下方面进行：①安全质量；②环境保护；③作业线装卸效率；④机械设备及劳动力的利用；⑤各生产环节之间的协调；⑥劳动强度；⑦经济效益。

2. 港口装卸工艺设计工作

装卸工艺设计是港口规划发展中的主要决策内容之一。在设计装卸工艺方案时，必须根据货物的种类、流向、流量、包装、理化性质等因素，以及车型、船型、码头形式、港口的自然条件、运输组织等方面的具体情况，拟订一系列可供比较的、有价值的方案，并经过详尽分析和比较，找出一个较为合理而且可行的方案。

港口装卸工艺工作主要涉及以下方面的内容：①装卸机械设备类型的选择和吊货工属具的设计；②工艺流程的合理化；③货物在运输工具和库场上的合理配置和堆码；④驾驶员和工人的先进操作方法；⑤工艺规程的制定和修改。

5.3.3 港口装卸工艺合理化原则

国内外港口生产实践表明，合理的装卸工艺应该符合一些基本的原则。揭示这些原则，将有助于人们去解释为什么这样的工艺要比那样的工艺合理。原则的存在无疑将激励人们对现行生产方法不断进行深入分析、思考，其结果将促成设备和人力的更好利用。

1. 安全质量原则

安全质量原则是指在港口生产过程中，防止货物损坏和差错，保护人员的生命安全及设备、设施的正常运行。没有安全，就不可能有经济高效的生产；运输业不生产新的产品，任何质量事故都意味着对港口企业、货主、国家和地区经济造成损害，甚至影响国家对外信誉。尽管人人都认为安全是必要的，但很多人并不能始终在生产中保持安全意识。港口货物装卸，特别是船舶作业，潜伏着很大的不安全因素。管理人员和工人必须坚决贯彻"安全质量第一"的方针，认真执行有关安全质量操作规定。

2. 充分利用机械设备原则

充分利用机械设备原则是指对于劳动强度大、工作条件差、搬运和装卸率不高、动作重复的环节，尽可能地采用有效的机械化作业方式。

港口装卸作业，劳动强度很大。因此，用机械代替人力从事装卸作业具有十分重要的意义。装卸工艺机械化不仅是降低体力劳动繁重程度的根本途径，同时也是保证作业安全、提高劳动生产率的重要手段。装卸作业机械化作为港口现代化的主要标志之一，将有力地推动港口生产走向文明，提高装卸工人的社会地位，稳定装卸工人队伍，促进港口繁荣。

3. 专用化和适应性原则

专用化原则是指尽可能地采用专门的工艺、专用的设备进行货物的装卸、搬运和储存。专用化，是社会化大生产的产物，是现代化大工业发展的客观规律和基本特征。从世界范围来说，海运生产规模急剧扩大，为了寻求更好的经济效果，海运生产的专用化有了更深入的发展。运输船舶发展出集装箱船、滚装船、油船、矿石船、液化气船等多种专用船型。港口装卸工艺也大大提高了专业程度。

适应性原则是指采用的工艺方案或者装卸设备应尽可能地适用于不同种类货物的装卸作业要求。当设备适应性增强的时候，它的应用范围就可以相应扩大，使用比较方便。适应性原则对港口装卸设备来说，具有重要意义。因为港口装卸的货种杂、变化多，采用适用性强的设备便于应付各种各样的变化和情况，但这条原则不能盲目滥用，因为这条原则是和专用化原则相对立的。

究竟是采用专用化设备有利，还是采用适应性强的设备有利，关键在于对货物和车船类型等作业条件，以及未来变化的可能进行调查和预测，对经济效益做出科学的评估。

4. 高效作业原则

高效作业原则是指装卸工艺的设计应保证港口机械的装卸能力得到充分发挥，以缩短车船在港停留时间。

港口装卸工艺的重要特点之一，是不仅要使货物在港口的换装最经济，而且要尽力缩短运输工具在港口的停留时间。因此，在货运量一定的情况下，要以较低的库场机械生产率保证较高的车船装卸效率。在满足同样作业需求的前提下，尽可能地采用工序数少的作业方案；协调好作业线各环节，平衡前后工序的作业能力；充分利用人、机作业时间，减少可能出现的空闲时间；避免装卸工艺的中断；在路线设计时，尽力走直线，缩短货物位移的空间和时间；在堆场方面，应充分利用库场允许的空间高度，发挥最大的堆存能力；尽可能使用安全、简便的工属具，以提高直线、搬运的作业效率。

5. 标准化原则

标准化原则是指在装卸工艺方案及直线设备的选择时，应尽可能采用标准化成熟的方案和设备系列，以及标准化的货物单元。

设备标准化是符合经济原则的，可以大大减少备件的数量，提高维修人员的技术熟练程度和维修质量，降低维修费用。当前，我国港口严重存在机型杂的问题，迫切需要根据标准化进行调整和整顿。

便于维修固然是设备需要标准化的重要原因，而把运输作为系统来看待的时候，标准化具有更重要、更深远的意义。标准化是专用化协作必不可少的条件，是现代化运输系统的基础。

标准化既指设备设计制造的标准化，也指装卸作业的标准化。前者，通过标准化可以减少备件，从而降低成本；后者则可以提高工人操作的熟练程度。

6. 环境保护原则

环境保护原则是指在装卸工艺的时间和改造中，应采取有效措施，防止在作业过程中对周围环境产生有害影响。环境保护的任务是，合理利用自然环境，防止环境污染和生态破坏，为人民创造清洁适宜的生活和劳动环境，保护人体健康，促进经济发展。

装卸某些货物时可能会因为货物的性质不同而产生各种不同的污染，如尘污染、油污染、毒性污染、噪声污染等。为了消除污染，保护人民健康，要认真找出造成污染的原因，积极采取措施。在散货装卸过程中，可以根据不同情况，采用吸尘、喷水等方法解决尘雾飞扬等问题。油船装卸时，周围要用围油栏拦住，以免油污扩散。

5.4 装卸工艺与设备匹配

装卸工艺与装卸设备系统，是两个关系密切但又不同的概念。装卸工艺是指货物装卸的方法与流程。装卸设备系统，则是用于实现装卸工作机械化的各种装卸机械以及辅助设备的集成。例如，在件货装卸之时，龙门起重机可以与叉式装卸车配合，组成一个机械化系统，但是同一个机械化系统，可以有多个不同的工艺方案——成组运输、成组装卸及堆存、散件装卸。

必须指出的是，现代化装卸工艺是以先进的装卸机械化系统作为基础的，而且机械化系统一经采用，更换就会比较困难；因此，必须根据港口的具体营运状况与自然条件，合理地设计机械化系统，特别要注意构成机械化系统主体的装卸设备类型的选择。影响装卸工艺与设备匹配的因素，大致包括货物、运载工具、自然条件、港口建筑物与运输组织等。

5.4.1 货物方面

1. 货物特性

货物特性具体表现如下：

1）货物的尺寸、重量、容重、形状与包装形式，会影响起重量的选择。

2）货物品种的多样性，会影响机械的通用性与灵活性的选择。

3）货堆的脆弱性与包皮的牢固性，会影响装卸方法与货堆高度，进而决定装卸机械的性能要求。

4）货物的冻结性与凝结性，对于设备的有效应用具有重大影响，例如盐、化肥散运时，会因凝结而结壳；冻结的货物由于不能自流，因而会影响车辆与露天地下坑道的有效运用。

　　5）货物的磨损性与腐蚀性，会加速机件的损坏，因此需要特别地防护及维修。

　　6）针对货物的易燃、易爆、扬尘性，在设计装卸机械化系统时，要从安全、环保的角度采取有效措施。

　　在设计机械化系统之时，还需要考虑特定货物所需要的某些辅助作业设备，比如干燥、净化、精选、粉碎、分票、选材、称量、计件等设备的需要。

2. 吞吐量

　　货物吞吐量的大小，会关系到是否需要设置专用化泊位与采用专用化机械。港口的专用化生产是社会化大生产的产物，也是现代化大工业发展的客观规律与基本特性。

3. 货物流向

　　货物流向是影响机械设备选择的又一重要因素。水运货物是经过铁路还是经过水路转运，是双向货流还是单向货流，货物是全部需要经过库场还是有很大比重直接换装，货物是否经过仓库，这些对于机械设备的选择都有着很大的影响。双向货流要求机械在装船与卸船的两个方向都能够进行工作。在这方面，起重机系统比输送系统更为优越。

　　除此之外，货物方面还要考虑流量、流向的稳定程度，因为这会关系到是否适宜采用专用化装卸设备。

5.4.2　运载工具方面

1. 船舶类型

　　泊位的长度主要根据船长来决定，船宽会关系到岸上机械的臂长。船舷及上层建筑的高度决定着起重机门架及输送栈桥的高度，以及与岸上机械具备升降式或伸缩式悬臂的必要性。舱口数会影响岸上机械的数量，舱口的尺寸会影响作业方法与装卸效率，舱口面积与货舱面积之间比例的大小会影响舱内作业的效率，而舱内的作业往往成为限制装卸效率的主要因素。船舱结构会影响舱内机械的采用。舱口位于上层建筑里面的客、货船，要求采用特殊的装卸方法。

　　在进行机械化系统的技术经济指标计算时，在设计上根据设计任务中提供的设计代表船型，但是在工艺上往往不能满足于设计代表船型。一般来说，专用化车型与船型，会有利于采用专用机械、提高装卸效率。但是，由于车船类型比较复杂，存在着各种车船类型到港口的可能性，因此在设计机械化系统时，通常需要考虑一定的灵活性。

2. 车辆类型

　　关于车型除了特定情况（如用自卸车运散货）之外，我国目前还很少用某一种车型装运一种货物。因此，除有特殊要求外，一般只需要了解是否有篷车或有篷货车装运散货的情况。

5.4.3　自然条件方面

1. 水位与潮汐

　　我国海港的潮差一般不大，内河港口的水位差则很不相同，有的港口变化比较小，有的则变化很大。若是水位变化过大，会使得直立式码头的造价昂贵，使得水工建筑的投资增加；在斜坡式码头条件下，船舶与岸线相对位置变化会很大，要求机械化系统能够灵活适应，保证高水位与低水位时车辆和船舶的装卸作业工作。

如果需要地下建筑物，则需要了解地下水位的高度。若是地下水位高，便会增加港口建造地下坑道施工方面的困难，影响地下坑道的经济合理性。水流的方向，决定着船舶靠码头的首尾方向，在某些情况下，对于工艺布置也会有所影响。

2. 地质与地形

地质条件对于码头形式、结构、造价及机械设备的选用，都有着重大的影响。例如，地质不好的条件下，安装重型机械或建造高大的储货舱与油罐时，会遇到技术方面的困难。即使可以解决技术问题，地基处理的费用也将会大大增加，从而影响设计系统的经济性。土质太坚硬（如钢渣填土）的情况下，挖掘工程量太大会给施工造成困难。在设计工艺方案时，应当尽量利用原有地形条件，根据高站台、低货位、滑溜化等原则，利用位能进行货物装卸。

3. 气象条件

经常下雨的港口，为了解决雨天的装卸问题，应当研制防雨设备。北方港口为了防止货物在严寒季节冻结，也应当采取相应的措施。冬季要封冻的港口，应当考虑冰凌对码头形式与机械设备的影响。

5.4.4 港口建筑物方面

1. 岸壁形式与码头结构

岸壁的形式有三种——直立式、混合式与斜坡式。混合式又因直立段的位置而分为半斜坡式与半直立式。

直立式岸壁的造价要高于混合式的，混合式岸壁的造价又高于斜坡式的。直立式岸壁与斜坡式岸壁造价的差额，会随着高度的增加而显著增加；在地质条件不好时，差额会更大，因为地质条件对斜坡式岸壁的影响，远小于对直立式岸壁的影响。

2. 库场类型及位置

库场地面的允许负荷与平坦程度、仓库高度、支柱数量、库门尺寸等，都影响着流动机械类型的选择。库场的平面尺寸与形状，会影响某种特定情况下选择某种类型的机械是否恰当。库场与码头的相对位置，决定着货物的搬运距离，影响着各种机械的使用效果。

3. 铁路和公路与码头的相对位置

铁路线与地面的高度差，影响着流动机械的应用。铁路线与公路和码头的平面相对位置，对机械设备的选择也有影响。在设计机械化系统时，要尽可能地避免陆上运输工具对装卸工作的干扰。

5.4.5 运输组织方面

车船运输组织的特点是选择装卸机械类型的重要因素，因而其是决定工艺方案的又一重要因素。例如，有的港口船舶要候潮进、出港，因此船舶作业时间与装卸船的生产率与潮汐的周期是相互关联的。同理，铁路的成组编解或成列、运输组织方面的要求等，都需要照顾到。

除了上述条件以外，还要注意港口作业频繁、对生产要求高等特点。

【本章小结】

港口集疏运系统是指与港口相互衔接、主要为集中与疏散港口吞吐货物服务的交通运输系统；由铁路、公路、城市道路及相应的交接站场组成；是港口与广大腹地相互联系的通道，也是港口赖以存在与发展的主要外部条件。

在国际贸易中，由于85%~90%的货物是通过海运完成的，因而海运在国际多式联运中占据主导地位。开展国际多式联运可以简化托运、结算及理赔手续，节省人力、物力和有关费用；缩短货物运输时间，减少库存，降低货损货差事故，提高货运质量；降低运输成本，节省各种支出；提高运输管理水平，实现运输合理化；等等。

随着集装箱运输的发展，集装箱码头装卸搬运机械也得到了相应的发展。集装箱码头的机械设备主要分为岸边装卸机械、水平运输机械、堆场装卸机械。岸边装卸机械主要有岸壁集装箱装卸桥、多用途门座起重机、高架轮胎式起重机等；水平运输机械主要有牵引车、挂车和跨运车；堆场装卸机械主要有叉车、轮胎式龙门起重机、轨道式龙门起重机、正面吊运机等。

散货码头装船机械主要有固定式装船机和移动式装船机，卸船机械可分为间歇型卸船机和连续型卸船机两类，散货堆场机械主要有堆料机、取料机及皮带输送机。

港口设备选择和评价的总原则是：技术上先进，经济上合理，生产上适用，操作上方便。根据技术和经济的要求，全面综合地考虑以下因素：设备的生产性，即设备的生产率；设备的可靠性；设备的节能性；设备的维修性；设备的适应性；设备的环保性；装卸设备的成套性；设备的投资费用，即经济性。

随着船舶不断地向大型化、专业化发展，港口物流的典型设备和装卸工艺也不断趋向大型化、高效化、专业化发展。港口装卸机械设备与装卸工艺匹配的影响因素大致包括货物、运载工具、自然条件、港口建筑物与运输组织等。港口装卸工艺的选择还需要遵循安全质量原则、充分利用机械设备原则、专用化和适应性原则、高效作业原则、标准化原则及环境保护原则。

【主要词汇】

港口集疏运，国际多式联运，岸边装卸机械，水平运输机械，堆场装卸机械，港口装卸工艺，港口设备选择。

【案例分析】

超大型智能港口自动化装备成套关键技术及创新[一]

上海国际航运中心洋山深水港四期工程，位于上海浦东新区杭州湾内、东海大桥以

[一] 资料来源：www.sohu.com。

南，地处整个洋山深水港区最西侧，依托颗珠山岛及大、小乌龟岛围海填筑而形成，平均陆域纵深约 500m，总用地面积 223.16 万 m²。工程泊位岸线总长约 2770m，其中集装箱码头泊位长 2350m、辅助工作船泊位长 350m，共建设 7 个码头结构 15 万 t 级集装箱泊位（远期可以升级为 20 万 t 级），设计年通过能力初期为 400 万标准箱、远期为 630 万标准箱，总投资为 140 亿元人民币。

1. 超大超重型"无人"远程操控自动化桥吊及其成套关键技术

桥吊起重量为 65t，外伸距为 70m。其主小车中吊具进出船舶舱口作业需人工干预的远程操控，除此以外的其他作业动作包括副小车全部作业及动作，全部为自动化作业模式。桥吊采用"双小车 + 中转平台"的设计。中转平台是主小车与门架小车交互衔接的区域，在这里安装机械臂和传送装置后，可以对集装箱锁钮进行全自动拆装。岸桥上不设置驾驶室，主小车作业时，仅在船侧进行取放箱时需要人工介入，其余时段均可自动运行。依托先进的船型扫描系统（SPSS），通过安装在主小车上的三个激光摄像头对整个船型进行实时扫描并建立轮廓地图，借此可以在自动作业过程中获得智能减速和防撞保护功能。门架小车则为全自动作业，且具有极佳的准确性和稳定性。通过实时状态在线监测桥吊运行状况，确保设备的可靠性。

2. 超大重型全自动化轨道吊及其成套关键技术

自动化堆场垂直于码头布置，其自动轨道式龙门起重机（ARMG）共 88 台，在海侧对自动导引车（Automated Guided Vehicle，AGV）作业及陆侧对外来集卡作业，也是在码头操作管理系统（Terminal Operation System，TOS）和设备管理控制系统（Equipment Control System，ECS）控制下，完全自主自动化运行。

全球港口业内首次创新布置三种不同形式轨道吊（无悬臂、单悬臂、双悬臂）方式联合作业，轨道吊采用全电驱动。为确保集卡作业安全，陆侧轨道吊在装卸作业过程中采用自动化加可人工干预的远程操控方式，其余作业过程均为全自动化模式。堆场海侧首创双 20ft（1ft = 0.304 8m）吊具轨道吊，提升了轨道吊与岸桥作业工况的匹配度，并可实现完全自动作业模式，可有效提高作业效率。

3. 智能化自动导引车及其成套技术

码头内部水平运输系统，采用自动导引车共 130 台，起重量为 65t，速度为 6m/s，采用可自动更换的锂电池，完全由 TOS 和 ECS 共同自主智能控制，实现无人车运行。

自动导引车是船舶装卸作业的重要运输载体，集装箱通过它从桥吊转运到堆场的海侧支架或悬臂式轨道吊下方，或是从堆场转运到桥吊下。

自动导引车采用锂电池驱动，纯电力驱动的自动导引车能耗较小，能源效率系数高，无废气排放，绿色环保，且维护成本较低，采用了当今最前沿的技术。自动导引车除了无人驾驶、自动导航、路径优化、主动避障外，还支持自我故障诊断、自我电量监控等功能。通过无线通信设备、自动调度系统和地面上敷设的 6 万多个磁钉引导，自动导引车可以在繁忙的码头现场平稳、安全、自如地穿梭，并通过精密的定位准确到达指定停车位置。同时，在此基础上又推出了独特的液压顶升机构，由自动导引车升降平台对设置在堆场海侧交接区的固定集装箱支架起、落箱，达到自动导引车无须被动等待堆场设备赶来装卸车的目的，解决了水平运输与堆场作业间的解耦问题，有效提高了设备利用率。

分析：

1. 洋山深水港的智能化和自动化体现在哪些环节？

2. 洋山深水港的"双小车"模式与传统的"单小车"模式相比有哪些优势？

【思考练习】

1. 名词解释

（1）集疏运

（2）港口装卸工艺

（3）国际多式联运

（4）水平运输机械

2. 填空题

（1）集装箱码头的机械设备主要分为（　　）、（　　）、堆场装卸机械。

（2）散货堆场机械主要有堆料机、（　　）、（　　）。

（3）根据技术和经济的要求，港口装卸设备的选择应全面综合地考虑设备的生产性、（　　）、（　　）、（　　）、（　　）、（　　）、（　　）等因素。

（4）根据修理内容、工作量和维修理论的不同，港口设备的修理作业可以划分为（　　）、（　　）两种类型。

（5）港口装卸工艺合理化原则包括（　　）、（　　）、（　　）、（　　）、（　　）、（　　）六个方面。

3. 简答题

（1）什么是港口集疏运系统？

（2）国际多式联运的优越性有哪些。

（3）如何进行港口设备维护保养？

（4）装卸工艺在港口生产活动中的作用是什么？

（5）影响装卸工艺与设备匹配的因素有哪些？

第6章　港口物流商务运作

【学习目标】

了解港口投融资基本含义、港口物流效率评价的各种方法；熟悉港口投融资模式和方法、港口物流营销的方式方法、口岸管理制度、口岸检疫检验及海关货运监管制度；掌握货物港口费收计算及船舶港口费收计算、货运事故处理程序及货运事故记录。

6.1　港口投融资模式

6.1.1　港口投融资的含义

1. 港口投资

港口投资（Port Investment）是指港口以自有的资产投入，承担相应的风险，以期合法地取得更多资产或权益的一种经济活动。港口投资可分为直接投资和间接投资两种。

（1）直接投资（Direct Investment）　一般是把资金投放于生产经营环节中，主要为港口设立、购置各种生产经营性资产的投资，以期通过对港口的投资获取投资收益。这种港口经营性直接投资，在总投资中所占比重较大。

（2）间接投资（Indirect Investment）　又称金融投资或证券投资，是指把资金投放于证券等金融性资产，以期获取股利或利息收入的投资。随着金融市场的完善和多渠道筹资的形成，对港口的间接投资会越来越广泛。

2. 港口融资

港口融资（Port Financing）是指港口从自身生产经营现状及资金运用情况出发，根据港口未来经营与发展策略的需要，通过一些渠道和方式，利用内部积累或向港口的投资者及债权人筹集生产经营所需资金的一种经营活动。港口融资与资金供给制度、金融市场、金融体制等有着密切的关系。港口融资主要有内源融资与外源融资。

（1）内源融资（Endogenous Financing）　内源融资是指港口经营活动结果产生的资金，即港口内部融通的资金，主要由留存收益和折旧构成。它也是指港口不断将自己的储蓄（主要包括留存盈利、折旧和定额负债）转化为投资的过程。内源融资在港口的资本形成中具有原始性、自主性、低成本和抗风险的特点，是港口生存与发展不可或缺的重要组成部分。

（2）外源融资（Exogenous Financing）　外源融资是指港口通过一定方式向港口之外的其他经济主体筹集资金。外源融资方式包括银行贷款、发行股票、企业债券等；此外，商业信用、融资租赁在一定意义上说也属于外源融资的范围。

3. 港口投融资的意义

港口投融资通过港口投融资建设，提高港口的经济效益。进行港口投融资的这种经济行为，有利于促进港口的运转，达到经营与管理的目的。港口不仅能够收取成本，同时还能获得利润。港口投融资作为一种经济手段，广泛存在于各种不同的社会形态中。

港口投融资是促进经济增长的重要因素之一，港口投融资属于区域基础设施投融资的一部分。作为一种诱发性投资，港口投融资能够带动相关产业的进步，一方面提高了交通运输业的生产能力；另一方面，由于基础设施建设具有很强的需求导向作用，因而港口投融资对制造业、建筑业等相关产业的发展会产生极大的需求拉动作用，从而刺激生产扩张、提高就业水平、激活各种需求市场，为经济发展推波助澜。

港口投融资是推动"以港强市"策略有效实施的重要步骤。利用港口的发展，提供一个良好的交通运输外部环境，以提高城市内外各种物资流动的快捷性、便利性及畅通性，吸引外来投资，加强本市与其他区域的经济贸易往来，提升城市的综合竞争力。因此，港口投融资不仅是港口建设和发展的重要组成部分，而且是各港口城市发展策略得以有效实施的重要步骤。

货物的进出口绝大部分经过港口，港口的运输、装卸，仓储、通关等作业效率的高低对于物流服务的质量好坏至关重要，港口投融资是发展物流业的重要举措。

港口投融资的特点是：规模大、周期长，还具有垄断性；港口项目完成后，对其他产业的产品的需求量少；港口投资对社会的贡献往往并不直观，在它的经济效益的构成中，只有一小部分能够在行业本身形成的利税之外体现，很大程度上是通过直接的社会效益体现的；港口投融资既有公共性，又有企业性；港口建设投融资在推动港口建设的可持续发展中，体现出了它的特定效应；港口建设投融资的资本投入相对密集，投资项目和对成本的沉没性不可分割。

6.1.2 港口投融资的模式

1. 港口投融资的理论认识

与经营性（或竞争性）项目投资、基础性项目投资和公益性项目投资三大类进行对应，港口建设投资项目属于基础性项目，涉及的基础设施具体又可归结为两类：一类是公益性基础设施，如航道、码头（专用码头除外）、集疏运通道、防波堤、灯塔等；另一类是经营性基础设施，如仓库、堆场、各类装卸机械、港口作业船舶等。

基础设施投融资体系是指基础设施投融资活动所采取的基本制度、政策和运行方式，以及其相互联系而构成的整体。基础设施投融资体系又分为以下类型：

（1）财政主导型的投融资体系 具体表现在三个方面：①政府以双重身份参与基础设施投融资活动，即一方面是投资主体，另一方面是投资活动的管理者。②财政控制着基础设施建设资金供给渠道，并主要依靠财政的无偿拨款筹集资金，非财政资金在整个基础设施建设中所占的份额很小。③政府对基础设施实行垄断式的计划调控和行政管理。

（2）银行主导型的投融资体系 随着社会财富的增长，以及由此带来的银行业的发达，政府储蓄和私人储蓄的总量增加，银行集聚了相当多的储蓄。基础设施建设对银行具有很强的依赖性，银行成为基础设施投融资方向和规模的主导者。具体表现在三个方面：①银行既是市场经济中货币和货币资本经营的主体，又是基础设施投融资的主体。②银行主要控制着基础设施建设资金的供给渠道，并主要依靠企业贷款的形式将资金转化为基础设施领域的直接投资。③政府主要依靠银行系统，实行"相机控制"的宏观调控与管理模式。

（3）政策主导型的投融资体系 具体表现在三个方面：①投资主体是以政府信用为依托的，包括政府和民间投资在内的多层投资体。②政府通过信息诱导、政策诱导、利益诱导等方式，广泛调动社会各投资主体参与基础设施投资的积极性和主动性。各投资主体间采用各种有效而灵活的投资组合方式开展投资活动，投资资金既表现出政策性，即不以营利为主要目的；又体现出有偿性，即一手以有偿方式筹集资金、一手以有偿方式使用资金。③政府对整个社会基础设施的投融资活动实行以市场为主、政府管制为辅的准政府性运行方式。

（4）市场主导型的投融资体系 在以市场作为资源配置主要形式的经济模式中，基础设施领域的市场主导型投融资体系的形成是一种必然的趋势。具体表现在四个方面：①企业和个人成为社会最主要的基础设施投资主体，政府在基础设施建设的直接投资规模较小。②基础设施的投融资主要依赖于发达资本市场采取的直接融资的方式。③所有在基础设施领域内的投资主体，严格按照健全而完善的市场规则处理相关关系。④政府通过市场机制的传导和宏观经济政策的改变，调控及监管整个社会的基础设施。

2. 港口投融资的主要模式

港口作为进出口贸易的主要枢纽，它的建设和发展历来受到各国的高度重视。由于各国的经济及社会制度不同，其港口建设投融资模式也有所差异，当前有以下三种常见的港口建设的投融资模式。

（1）政府投融资模式 采取该模式的国家通常把港口作为国家的社会经济基础设施，认为港口不仅是重要的物流枢纽，还是国民经济不可或缺的重要基础设施，可以对经济、产业、城市的发展起到强有力的推动和拉动作用。采取该模式的国家以新加坡、法国、德国、澳大利亚为代表。一般来说，这些国家对港口建设给予大力的财政支持。通过这种模式，可以有力地发挥港口带动国民经济发展的作用，但港口企业本身的经济效益可能不高。

（2）私营企业投融资模式 政府始终坚持在港口投资计划方面不监控、不参与。不管是航道设施还是港口设备，国家都不参与投资；港口所有项目都通过企业自筹资金来解决，港口营运完全采取自负盈亏的管理方式。这种港口投融资模式的优点在于其经济效益较高，大多数港口均可实现盈利；缺点在于建设中没有对港口的投融资特性进行充分考虑，很多经济效益较差的港口建设动力不足，仅仅依靠私营企业和民间游资推动港口的持续发展，也存在一定制约。

（3）政企共建投融资模式 采用这一模式进行港口投融资的国家和地区都把

港口作为基础设施之一，政府每年都会从公共投资中拿出一部分用于港口内、外航道及公用锚地的建设及维护工作，其他经营性设施往往采取企业参与的方式进行。这种模式对于投资的经济效益也比较关注。政企共建模式是目前港口领域最为多见的一种投融资模式，这种模式的主要特点是兼顾了港口的公共性和营利性。

3. 我国港口投融资的主要方式

投融资方式在我国主要是指在资源配置过程中，投融资的决策方式（谁来投资）、投资筹措方式（资金来源）和投资使用方式（怎样投资）的总称，它是投融资活动的具体体现。总的来看，国家资本的投入是港口基础设施建设的保证，银行贷款是现阶段港口建设的主要渠道，境外资金的投入是港口建设的新的活力，股票融资是港口企业融资的重要渠道，项目融资方式不断创新。

（1）政府投资　政府投资是指投资主体为政府。如港口公用基础设施项目，因其非排他性和非竞争性特点，一般企业和个人没有能力也不愿意承担其筹资活动，所以政府成为投资主体。可以建立各级政府的港口开发投融资平台，从事港口开发建设、经营和投融资活动。

（2）银行及债券融资　在港口开发的过程中，结合项目融资需求，可匹配相应期限银行贷款，解决长期资金需求。在全国银行间债券市场、交易所债券市场发行企业债和公司债，解决中短期资金需求。

（3）股票融资　充分把握证券市场的重大机遇，对接资本市场，通过证券市场为港口整合开发建设筹措资金。利用上市公司平台，通过 IPO 定向增发和可转债（最终转股）等进行股权融资。

（4）企业投资　由中外大型航运企业独资或入股开发建设和经营部分码头、泊位。通过这种形式，可以使港口选择出可长期合作的战略经营伙伴，有利于港口的长期发展。如我国中远海运集团投资沿海主要港口、参与码头经营等。

（5）融资租赁　融资租赁是以物为载体的筹资方式，如港口作业设备投资的筹集特别适合采用这种方式。

（6）PPP 融资　PPP（Public- Private- Partnership，通常译为"公共私营合作制"）融资是指政府与私人组织之间，为了合作建设城市基础设施项目或是为了提供某种公共物品和服务，以特许权协议为基础，彼此之间形成一种伙伴式的合作关系；并通过签署合同来明确双方的权利和义务，以确保合作的顺利完成，最终使合作各方达到比预期单独行动更为有利的结果。通过 PPP 模式发展产业基金、联合社会资本，引进战略投资者，共同参与有关港口资源整合、开发相关涉海公共事业项目。

（7）BOT 融资　BOT（Build- Operate- Transfer，即建设-经营-转让）融资是私营企业参与基础设施建设，向社会提供公共服务的一种方式。在国际融资领域，BOT 不仅仅是包含了建设、运营和移交的过程，更是项目融资的一种方式，具有有限追索权的特性。

（8）ABS 融资　ABS（Asset Backed Securitization）融资是以项目所属的资产为支撑的证券化融资方式，即以项目所拥有的资产为基础，以项目资产可以带来的预期收益为保证，通过在资本市场发行债券来募集资金的一种项目融资方式。资产证券化是国际资本市场上流行的一种项目融资方式，已在许多国家的大型项目中采用。

（9）海外融资　海外融资主要是通过资本市场和货币市场进行的，最常见的是股票和债权。积极筹集境外资金，联合境外资本，设立境外控股公司，建立港口海外投资、资本运作、国际贸易及经济技术合作的综合运营调度中心和海外业务拓展平台、海外资本经营平台、海外资源整合平台。

（10）新型融资方式　它是指探索建立自由贸易账户（FT），推进本外币一体化各项业务创新方法，利用产业链金融、票据融资等创新型工具，降低港口整体融资成本的新型融资方式。

4. 我国海外港口投资模式选择

目前中资企业在海外港口的投资模式以合资和并购居多。海外港口的投资模式灵活多样，主要有独资、合资、并购、BOT、特许经营等。一般来说，经济发达地区的港口投资模式以合资和并购居多，经济欠发达地区以 BOT 为主。

（1）独资与合资　独资模式是指企业在海外港口市场单独投资、独立经营、自负盈亏的一种国际直接投资方式。合资模式是指企业与投资目标国的港口企业，以共同投资组建企业的方式，进入国际市场。在这种模式中，合作各方共同管理、共同经营、共负盈亏、共担经营风险。

（2）并购　并购是兼并与收购的合称。兼并通常由一家占优势的企业吸收一家或多家企业。收购是指一家企业用现金或者有价证券购买另一家企业的股票或者资产，以获得对该企业的全部资产或者某项资产的所有权，或该企业的控制权。海外并购是中资企业进行海外港口投资的重要手段。

（3）BOT　一个典型的海外港口投资 BOT 的组织结构是：项目发起人组建一家项目企业，用以承担新建港口的开发和运营，政府或港口当局将授予该企业一项特许权，以便其在一个固定期限内开发和经营该港口。

（4）特许经营权　特许经营是指特许经营权者以合同约定的形式，允许被特许经营者有偿使用其名称、商标、专有技术、产品及运作管理经验等从事经营活动的商业经营模式。原中远太平洋（现中远海运港口）获得的希腊比雷埃夫斯港 2 号码头及 3 号码头的经营权，是中资企业首次在国外获得港口的特许经营权。

6.2　港口物流营销

6.2.1　市场营销概述

1. 市场

市场（Market）起源于古时人类对于固定时段或地点进行交易的场所的称呼，是指买卖双方进行交易的场所。发展到现在，市场有如下意义：

1）早期市场的界定沿用了经济学的定义，将市场定义为是一些买主和卖主发生作用的场所（地点）或地区，是商品交换的场所。

2）从顾客需求的角度看，市场是指一种商品或劳务的所有潜在购买者的需求总和。通常购买者形成市场，销售者构成行业。

3）从企业经营的角度来看，市场是卖方、买方、竞争者的集合。

4）从关系营销的角度看，市场是由所有利益攸关者构成的集合。

2. 市场营销

市场营销（Marketing）理论作为一门学科，产生于 19 世纪末 20 世纪初的美国。市场营销思想和理论的形成得益于市场规模迅速扩大、市场的决定力量由卖方向买方转化，以及公平竞争环境的建立。市场营销学的发展主要是沿着营销理念的深化、营销对象内涵外延的扩大和理论基础的不断丰富三条脉络演进发展的。

市场营销学是系统地研究市场营销活动规律性的一门科学，是对现代化大生产及商品经济条件下工商企业营销活动经验的总结和概括，它阐明了一系列概念、原理和方法。市场营销学家菲利普·科特勒（Philip Kotler）指出，市场营销学是一门建立在经济科学、行为科学以及现代管理理论基础上的应用科学。市场营销学的研究对象是市场营销活动及其规律，即研究企业如何识别、分析评价、选择和利用市场机会，从满足目标市场顾客需求出发，有计划地组织企业的整体活动，通过交换，将产品从生产者手中转向消费者手中，以实现企业营销目标。

市场营销有如下意义：

1）市场营销是将货物和劳务从生产者流转到消费者过程中的一切企业活动。

2）市场营销是对思想、产品及劳务进行设计、定价、促销及分销的计划和实施过程，从而产生满足个人和组织目标的交换。

3）市场营销既是一种组织职能，也是为了组织自身及利益相关者的利益而创造、传播、传递顾客价值、管理顾客关系的一系列过程。该定义一方面着眼于顾客（或消费者），另一方面强调了市场营销的特质。

着眼于顾客，表现为明确了顾客地位、承认了顾客价值、强调了与顾客的互动。顾客构成市场，市场可以沉浮企业。争取顾客支持、满足顾客需要，是企业思考营销问题的核心。现代市场营销的发展趋势之一就是顾客越来越多地参与到了营销活动中来。这种参与意识、体验活动贯穿于从新产品开发到售后服务、从营销战略开发到营销策略实施。要积极运用全面体验管理，增强在营销各个环节中与顾客的互动作用，真正做到尊重顾客价值，也就保证了市场营销过程紧紧围绕顾客价值进行。市场营销不仅要以本企业的利益为目标，而且要兼顾和它有关系的各种组织的利益，避免企业把市场营销仅看作一项营利手段而已，这样才能保证市场营销活动的可持续发展。关注顾客价值，专注于更好地创造、传播和传递顾客价值，管理顾客关系，专注于把自己的事情做好，这是市场营销最本质的要求。

市场营销作为一种活动，有四项基本功能：发现和了解顾客需求，指导企业决策，开拓市场，满足顾客需要。

3. 市场营销组合

市场营销组合（Marketing Mix）是指企业为实现预期目标，将营销中的可控因素进行有机组合。对于生产经营有形产品的企业来说，市场营销组合主要是通过产品策略（Product）、价格策略（Price）、渠道策略（Place）、促销策略（Promotion）

进行有效组合，即"4Ps"组合。对于服务型企业而言，需要制定出"7Ps"组合策略，即产品策略、定价策略、渠道策略、促销策略、人员策略（People）、有形展示策略（Physical Evidence）、服务过程策略（Process），确保企业制定出满足顾客需要、可以赢得竞争优势的有效策略。

4. 市场营销的主要理念

营销理念是企业营销活动的指导思想。营销理念贯穿于营销活动的全过程，并制约着企业的营销目标和原则，是实现营销目标的基本策略和手段。伴随着市场经济的发展，营销理念也在不断演变。常见营销理念中的生产观念、产品观念、推销观念，被称为传统的营销理念；市场营销观念和社会营销观念，被称为新的营销理念。

（1）生产观念 生产观念又称为生产者导向观念，是一种传统的经营思想。其基本内容是：企业以改进、增加生产为中心，生产什么产品，就销售什么产品。企业的主要任务是扩大生产经营规模，增加供给，并努力降低成本和售价。

（2）产品观念 产品观念是指企业不是通过市场分析开发相应的产品和品种，而是把提高质量、降低成本作为一切活动的中心，并以此扩大销售、取得利润的一种经营指导思想。它是生产观念的后期表现。它认为顾客总是喜欢优质的产品，只要产品好，就不愁销不出去，即所谓"酒香不怕巷子深"。但是，产品观念只看到自己产品的诸多优点，而忽视了顾客需求变化，从而可能会使企业生产经营陷入困境。

（3）推销观念 推销观念是指以推销现有产品为中心的企业经营思想。它是生产观念的发展和延续，它强调，如果不经过销售的努力，顾客就不会大量购买。在卖方市场向买方市场过渡时，大多数厂商由于生产能力过剩，希望通过大量促销活动积极推销产品。推销观念的主要不足在于：营销者只注重推销企业所制造的产品，而不是制造市场所需要的产品，没有站在顾客的角度来看待自己的营销活动。

（4）市场营销观念 市场营销观念是一种以消费者需求为中心，以市场为出发点的经营指导思想。市场营销观念的基本内容是，顾客需要什么产品，企业就应当生产、销售什么产品。它强调，企业应当注重选择目标市场，发现目标市场中顾客的内在需要，并能运用整体营销手段，在满足顾客需要的同时使企业盈利。因此，目标市场、顾客需要、整体营销及盈利是市场营销观念的四大支柱。"用户至上""顾客就是上帝"等广告用语，就真实反映了市场营销的观念。从本质上说，市场营销观念是一种以顾客需要和欲望为导向的哲学，是消费者主权论在企业市场营销管理中的体现。

（5）社会营销观念 社会营销观念是以社会长远利益为中心的市场营销观念，是对市场营销观念的补充和修正。20世纪70年代以来，国际市场营销环境发生了急剧的变化，尤其是对能源短缺、人口膨胀、环境污染及消费者权益保护运动等问题的日益重视，使得市场营销观念开始受到怀疑和指责，指责的内容包括忽视社会伦理道德、资源浪费、环境污染等各种弊端。社会市场营销观念要求市场营销者在制定市场营销政策时，要统筹兼顾企业利润、消费者需要和社会利益。

（6）新世纪营销观念 在新的市场环境下，现代企业要赢取市场就必须掌握以下的营销理念，即顾客价值导向营销理念、顾客心理导向营销理念、服务导向营销理念、知识导向营销理念、绿色导向营销理念、合作竞争导向营销理念、关系导向营销理念、互动营销理念、品牌导向营销理念、口碑导向营销理念和国际导向营销理念等。

6.2.2　服务与服务营销

1. 服务的意义

服务（Service）是行动、过程和表现。

国际标准化组织认为，服务是：为满足顾客的需要，供方与需方接触的活动和供方活动所产生的结果。

美国市场营销学会将其定义为：主要是不可感知却使欲望获得满足的活动，而这种活动并不需要与其他产品或服务的出售联系在一起。生产服务时可能会或不会利用实物，而且即使需要借助某些实物协助生产服务，这些实物的所有权也将不涉及转移的问题。

营销大师菲利普·科特勒认为，服务是：一方向另一方提供的任何一项活动或利益，它本质上是无形的，并且不产生对任何东西的所有权问题；它的生产可能与实际产品有关，也可能无关；由此，服务的本质是无形性和无所有权的转移。

与有形产品相比，服务具有以下共同特征：

（1）不可感知性　它可以从三个不同的层次来理解。首先，服务的很多元素看不见，摸不着，无形无质；其次，顾客在购买服务之前，往往不能肯定他能得到什么样的服务；最后，顾客在接受服务后，通常很难察觉或立即感受到服务的利益，也难以对服务的质量做出客观的评价。实际上，真正无形的服务极少，很多服务需借助有形的实物才可以产生。

（2）不可分离性　有形的工业品或消费品，在从生产、流通到最终消费的过程中，往往要经过一系列中间环节，生产和消费过程具有一定的时间间隔。而服务则与之不同，它具有不可分离性的特点，即服务的生产过程与消费过程同时进行，也就是说服务人员向顾客提供服务时，也正是顾客消费服务的时刻，二者在时间上不可分离。

（3）差异性　差异性是指服务无法像有形产品那样实现标准化，每次服务带给顾客的效用、顾客感知的服务质量都可能存在差异。这主要体现在三个方面：其一，由于服务人员的原因（如心理状态、服务技能、努力程度等）而产生的差异，即使是同一服务人员提供的服务，在质量上也可能会有差异；其二，由于顾客的原因（如知识水平、爱好等）而产生的差异，顾客的不同也直接影响服务的质量和效果，比如同听一堂课，有人津津有味，有人昏昏欲睡；其三，由于服务人员与顾客间相互作用的原因而产生的差异，在服务的不同次数的购买和消费过程中，即使是同一服务人员向同一顾客提供的服务也可能会存在差异。

（4）不可储存性　服务的生产与消费同时进行，以及其无形性，决定了服务不能在生产后储存备用，顾客也无法购后储存。很多服务的使用价值，如不及时加以利用，就会过期作废。如车、船、飞机上的空座位，宾馆中的空房间，闲置的服务设施及人员。

（5）缺乏所有权 缺乏所有权是指在服务的生产和消费过程中，不涉及任何东西的所有权转移。既然服务是无形的又不可储存，服务产品在交易完成后便消失了，顾客并没有实质性地拥有服务产品。缺乏所有权会使顾客在购买服务时感受到较大的风险。

（6）时间因素极其重要 顾客将时间视为珍稀资源并慎重分配，厌恶无谓的等待，希望服务能够及时并便利，这就要求提升服务传递速度，使顾客等待时间最小化。

此外，顾客可能会参与服务生产、人是体验中的一部分、服务运营投入与产出差异性极大以及可能会通过非实体渠道分销等。

从基于过程视角看，服务可以分为人体服务、所有物的服务、精神服务、信息服务，见表6-1。

表6-1　基于过程视角的四种服务分类

服务活动性质	服务的直接接受者	
	人	所 有 物
有形活动	人体服务，即针对人体的服务，如旅客运输、住宿，医疗服务等 …	所有物服务，即针对实物的服务，如货运、维修与保养等 …
无形活动	精神服务，即针对人的思想的服务，如教育、心理治疗等 …	信息服务，即针对无形资产的服务，如会计、法律服务等 …

2. 服务营销

服务营销（Service Marketing）是企业在充分认识到满足消费者需求的前提下，为充分满足消费者需要，在营销过程中所采取的一系列活动。服务营销的特点主要表现为：

（1）推销比较困难 一般产品可以被陈列、展销，以便消费者进行比较、挑选。但大多数服务产品却没有自己独立存在的实物形式，难以展示，也不可能制造标准的服务样品，推销比较困难。由于服务产品的无形性，因而消费者在购买服务产品之前，一般不能进行检查、比较和评价，只能凭借经验、品牌和宣传信息来选购。

（2）销售方式单一 服务产品生产与消费的同步性，决定了企业不可能广泛利用中间商进行销售，而只能更多地采取直接销售的方式；而直接销售的方式使服务产品的生产者不可能同时在多个市场出售自己的产品。

（3）服务需求弹性大 人们对服务产品的需求是随着经济的发展、收入水平的提高以及生产专业化、效率化的加强而发展的，消费者的需求表现出较大的弹性。研究结果表明，需求的波动是服务经营者最感棘手的问题。

（4）服务供求分散 人们对服务产品的供求具有分散性。这就要求服务网点广泛而分散，尽可能接近消费者。

（5）**强调人员和有形展示** 服务的无形性，以及生产与消费的同步性，要求服务营销充分考虑人员与有形展示，使得服务营销组合在传统市场营销的"4Ps"的基础上，又增加了人员、有形展示、服务过程三个因素，从而形成了服务营销的"7Ps"组合。

3. 服务营销核心理论

（1）**顾客导向的"4Cs"理论** 20 世纪 80 年代，美国营销专家劳特朋（R. F. Lauterborn）向传统的"4Ps"理论发起挑战，提出"4Cs"理论。这一理论强调以顾客需求（Consumption）为导向，充分考虑顾客所愿意支付的成本（Cost）、照顾顾客的便利性（Convenience）、与顾客进行沟通（Communication）。也就是说，多想想顾客的需要与欲望，而不只是企业的产品；多想想顾客为满足自己而愿意支付的成本，而不只是企业的价格；多想想顾客获得满足的便利性，而不只是企业在什么地点销售产品；多想想如何与顾客沟通，而不只是单方面促销。

（2）**竞争导向的"4Rs"理论** 20 世纪 90 年代，美国的舒尔茨（Don E. Schultz）提出"4Rs"理论，阐述了全新的营销要素，包括与顾客建立关联（Relevance），提高市场的反应速度（Reaction），重视关系营销（Relationship）和营销回报（Reward）。与顾客建立关联，是指在竞争的环境中，企业必须时刻关注顾客的需求及其变化，提高顾客的满意度和忠诚度；同时必须注意与上游厂商形成一个卓越的价值让渡系统或战略网，提高整个战略网的竞争力。提高市场的反应速度，是指厂商应在顾客的需求变化时，甚至是变化前做出适当的反应，以便与顾客的需求变化相适应。重视关系营销，是指企业应当与顾客建立长期、稳定且密切的关系，降低顾客流失率，建立顾客数据库，开展数据库营销，从而降低营销费用。营销回报，是指企业营销的真正动机在于为企业带来短期的利润回报和长期的价值回报，这是营销的根本出发点和目标。"4Rs"理论强调以竞争为导向，注重关系营销，注重维护企业与顾客之间的长期合作关系。

（3）**服务营销三角形理论** 考虑到人的因素在服务营销中的重要性，克里斯蒂安·格隆罗斯（Christian Gronroos）提出，服务业的营销实际上由三个部分组成（见图 6-1），即企业、员工和顾客。

其中，外部营销包括企业提供的服务准备、服务定价、促销、分销等内容；内部营销是指企业培训员工，以及为促使员工更好地向顾客提供服务所进行的其他各项工作；互动营销则主要强调员工向顾客提供服务的技能。图 6-2 中的模型清楚地显示了员工因素在服务营销中的重要地位。

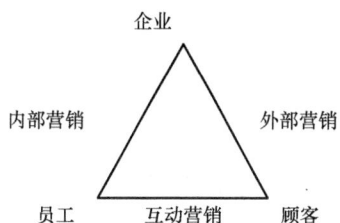

图 6-1 服务业三种类型的营销

（4）**服务利润链理论** 1994 年，詹姆斯·赫斯克特（James Heskett）等五位哈佛商学院教授从价值链视角提出了"服务利润链"（Service Profit Chain）概念，指出可以将服务利润链形象地理解为一条将盈利能力、客户忠诚度、员工满意度和忠诚度与生产力联系起来的纽带，它是一条循环作用的闭合链，其中每一个环节的实施质量都将直接影响其后的环节，它的最终目标是使企业盈利。简单地讲，利润是由客户的忠诚度决定的，忠诚的客户（也就是老客户）给企业带来超常的利润空间；客户忠诚度是靠客户满意度取得的，企业提供的服务价值（服务内容和过程）决定了客户满意度；最后，企业内部员工的满意度和忠诚度决定了服务价值。简言之，客户的满意度最终是由员工的满意度决定的。

图 6-2 对服务利润链对这一思路做出了很好的说明。

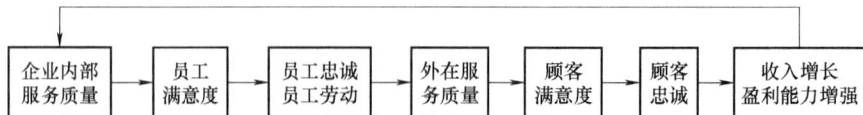

```
┌─────┐  ┌────┐  ┌────┐  ┌────┐  ┌────┐  ┌───┐  ┌──────┐
│企业内部│→│员工 │→│员工忠诚│→│外在服│→│顾客 │→│顾客│→│收入增长│
│服务质量│  │满意度│  │员工劳动│  │务质量│  │满意度│  │忠诚│  │盈利能力增强│
└─────┘  └────┘  └────┘  └────┘  └────┘  └───┘  └──────┘
```

图 6-2 服务利润链

（5）顾客感知服务质量理论 1982 年，克里斯蒂安·格隆罗斯提出顾客感知服务质量模型，认为顾客对服务质量的评价过程实际上就是将其在接受服务过程中的实际感觉与接受服务之前的心理预期进行比较的结果。如果实际感受满足了顾客期望，那么顾客感知质量就是好的；如果顾客期望未能实现，即使实际质量以客观的标准衡量是不错的，但是顾客感知质量仍然是不好的。顾客感知服务质量模型如图 6-3 所示。

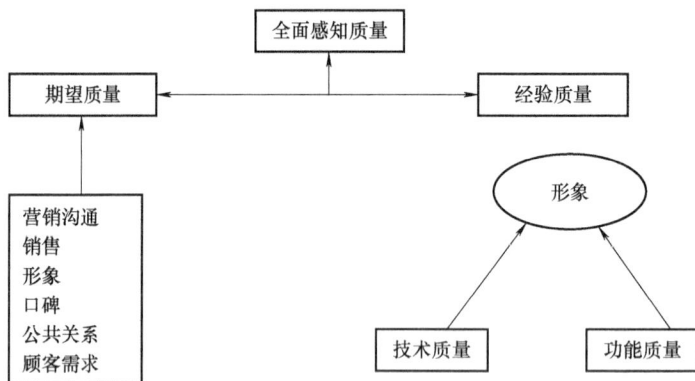

图 6-3 顾客感知服务质量模型

顾客感知服务质量模型中，服务质量由技术质量和功能质量两部分构成。技术质量是指服务结果和产出的质量，也就是服务交易时顾客所获得的实际产出、企业为顾客提供的服务结果的质量；功能质量是指服务过程的质量，它强调服务过程中人与人之间互动的感觉。

6.2.3 港口物流营销

1. 港口物流营销的意义

港口物流营销是指港口以市场需求为核心，通过采取整体营销行为，以提供物流服务来满足顾客的需要和欲望，从而实现港口利益目标的活动过程。

与一般工商企业市场营销相比，港口物流营销具有以下主要特性：

1）营销者提供的是物流服务，而物流服务的质量水平并不完全由港口所决定，还同顾客的感受有很大关系。因此，对港口而言，需要通过诸如场所气氛、人员素质、价格水平、设备先进程度和供应链整合能力等能反映服务能力的"信号"，让顾客满意。

2）营销的对象广泛，市场的差异程度大。由于供应链的全球化，物流活动变得更加复杂。工商企业为了将资源集中于自己的核心业务上，往往将其他非核心业务外包。工商企业急剧上升的物流外包为港口提供了广阔的市场营销范围和服务对象。顾客的广泛性导致了市场的差异性，因此，港口面对的是一个差异程度很大、个性化很强的市场，这就要求港口进行营销工作时，必须根据目标市场客户的特点为其量身定制，并建立一套高效、合理的物流解决方案。

3）物流服务能力强。港口物流营销面对的需求是非标准化的，因此提供的物流服务必须是个性化的，这就客观上要求港口具有强大的营销和服务能力。如必须具备较大的运营规模，建立有效的地区覆盖，具有强大的指挥和控制中心，兼备高水准的综合技术、财务资源和经营策略。

2. 港口营销的原则

（1）注重规模，讲究效益　港口产生的效益取决于它的规模，因此进行市场营销时，首先要确定某个客户或某几个客户的物流需求具有一定的规模，才去为他们设计有特色的物流服务

（2）注重合作，讲究优势　现代物流的特点要求在更大的范围内进行资源的合理配置，因此港口本身并不一定必须拥有物流业的所有功能。港口只要做好自身的核心物流业务即可，其他业务可以交给别的物流企业去完成。也就是说，港口物流营销还应该包括与其他物流企业进行合作。

（3）注重回报，讲究共赢　市场营销的真正价值在于其为企业带来短期或长期收入和利润的能力。一方面，取得回报是港口生存和发展的物质条件，是营销活动的动力；另一方面，港口在营销活动中要回报顾客，要满足顾客的物流需求，为顾客提供价值，回报是维持市场关系的必要条件。因此，港口在为顾客提供服务时，要讲究既满足顾客需要，又取得应有的回报，实现双赢。

3. 港口物流营销规划

营销活动涉及企业外部环境和内部条件，影响因素众多，需要系统规划。对港口而言，营销规划包括：明确目标，编制任务书，进行营销评审，开展 SWOT（态势分析法）分析，辨别营销成功要素的关键假定条件，设立营销目标和营销策略，评估预期成果，确认替选计划和可选组合，制定营销方案，监督、控制和评估。

（1）明确目标　根据彼得·德鲁克的理论，目标设置可以从市场地位、创新目标、生产率、资源开发利用、利润率、管理者的业绩和发展、职工的业绩和态度、社会责任 8 个方面考虑。

目标也可从社会效益目标、业务目标、营销目标、企业效益目标进行设置。目标必须符合以下要求：

1）目标应明确而具体。制订目标是为了实现它，因而要求目标定得准确。

2）层次化。显示出哪些目标是主要的，哪些是派生的。如营销目标是增加利润，可分解为增加营运收入和降低成本两个方面，而增加营运收入又可以分解为通过提高原有市场占有率和开拓新的市场来进行，等等。

3）数量化。数量化是指要给目标规定出明确的数量界线，如产值、产量、利润等。在订立目标时要明确规定是增加多少，而不要用大幅度和比较显著之类的词。

4）现实性。应当根据对市场机会和资源条件的调查研究和分析，来规定适当的目标水平。

5）协调一致性。在决策过程中，目标往往不止一个，多个目标之间既有协调一致的时候，也有会发生矛盾的时候，常常需要对多个目标进行协调。

6）规定目标的约束条件。目标可以分为有条件目标和无条件目标两种：不附加任何条件的决策目标称为无条件目标；凡给目标附加一定条件的被称为有条件目标，而所附加的条件则称为约束条件。约束条件一般分为两类：一类是指客观存在的限制条件，如一定的人力、物力、财力条件；另一类是主观要求，例如目标的期望，以及不能违反国家的政策、法令等。

7）目标要有时间要求。目标中必须包括实现目标的期限，即使将来在执行过程中有可能会因情况变化而对实现期限作一定修改，但确定目标时必须把预定完成期限规定出来。

（2）编制任务书 任务书的基本内容包括：港口的经营业务是什么，客户是谁，应如何去满足客户的需求（即经济学上的生产什么），为谁生产，怎样生产。戴维给出了任务书的 9 个组成部分，即顾客（他们是谁）、产品和服务（主要产品和服务是什么）、位置（在什么地方竞争）、技术（基本技术是什么）、关心生存（基本经济目标是什么）、哲学（基本信念、价值观、抱负和哲学重点是什么）、自我意识（主要优势和竞争优势是什么）、关心公众形象（公共责任是什么，它期望什么样的形象）、关心职工（对其职工的态度怎样）。

港口确定营销任务需考虑：过去历史的突出特征、最高决策层的意图、周围环境的发展变化、资源情况、核心竞争力。

（3）进行营销评审 营销评审是指有选择地收集数据，以评估港口现状和影响该港口发展的内外部因素，包括环境评审、市场评审、竞争评审和内部评审。

环境评审主要表现为对港口外部所有因素（如政治法律、经济、技术、文化、自然等因素）进行审核，以便发现营销机会和威胁。

市场评审包括审核市场规模、市场增长速度、市场需要、顾客购买行为以及中间商。

竞争评审主要分析港口的主要竞争对手是谁，以及对手的目的与目标、市场行为、市场份额、定位、服务质量、经营资源、营销组合策略等。

内部评审包括审核港口的目的与目标、市场份额、定位、服务质量、经营资源、营销组合策略等，找出竞争优势所在。

（4）开展 SWOT 分析 SWOT 分析主要考察港口自身优势和劣势，以及所面临的外部机遇与威胁。其基本内容是：①优势（Strength）和劣势（Weakness）分析（SW），主要是着眼于港口城市自身的实力及其与竞争对手的比较。②机会（Opportunity）和威胁（Threats）分析（OT），将注意力放在外部环境的变化及对港口的可能影响上。

SWOT 分析的步骤包括：

1）罗列港口的优势和劣势、可能的机会与威胁，构造 SWOT 矩阵分析表格，见表 6-2。

表 6-2　SWOT 矩阵分析表

	机会（O）	威胁（T）
优势（S）	SO 分析	ST 分析
劣势（W）	WO 分析	WT 分析

2）优势、劣势与机会、威胁相组合，形成 SO、ST、WO、WT 策略，见表 6-3。

表 6-3　SWOT 矩阵策略表

	机会（O）	威胁（T）
优势（S）	SO 战略（增长型战略） 机会、优势组合： 依靠内部优势 利用外部机会	ST 战略（多元化战略） 威胁、机会组合： 利用内部优势 回避外部威胁
劣势（W）	WO 战略（扭转型战略） 机会、劣势组合： 利用外部机会 克服内部劣势	WT 战略（防御型战略） 威胁、劣势组合： 减少内部劣势 回避外部威胁

3）对 SO、ST、WO、WT 策略进行甄别和选择，确定港口目前应该采取的具体战略与策略。

（5）辨别营销成功要素的关键假定条件　关键假定条件是为了营销计划的顺利实施而对未来经营条件的一种估计。关键假定条件既有总体上的，也有局部市场的，如总体经济形势、国民收入的变化、通货膨胀率、政府管制的变化、预计需求水平等。

（6）设立营销目标和营销策略　营销目标是指港口进行市场营销活动所要达到的最终目的。通常用销售量、市场份额、利润、营销成本、顾客目标等指标来衡量。

营销目标既可以针对新老市场，也可以针对新老服务（产品）。如在市场渗透、市场开发、服务开发、多样化经营等行为下，确定收入、利润和市场份额的目标。

确定营销目标的方法可以是通过细分目标，即将总目标进行层级分解，形成次级目标，如第一层次目标、第二层次目标、第三层次目标等。

为了达到营销目标，港口需要制定营销策略。物流市场营销策略由服务产品、定价、地点或渠道、促销、人员、有形展示和过程七个要素构成。

（7）评估预期成果　评估预期成果是指在营销策略实施前，对销售收入、销售成本、营业成本和相关费用等财务指标进行的预测和估计。可以将定量分析和定性分析结合，评估预期成果，财务损益表是一个不错的考察工具。

（8）确认替选计划和可选组合　营销策略要有备选方案，若关键假定条件发生变化，营销策略必须更换；在确定营销方案之前，应确认是否有更为有效的营销策略。

（9）制订营销方案　营销方案是港口实施营销规划的具体时间安排和活动纲要，以及每一阶段要达到的目标的合理安排。其主要内容包括：活动安排（每一项活动都应该在特定时期内完成）；日程（对每项活动应有一个明确的时间表）；责任（规定负责活动监督和控制的部门或人员）；预算（完成这些活动所需要的资源）。

在营销方案实施过程中，港口与其内、外部相关人员或部门的沟通是非常重要的，它有助于营销方案的监督、控制和评估。

（10）监督、控制和评估　随着营销活动的实施，港口应及时监督、控制和评估已实施的部分，纠正偏差，以确保营销目标的实现。一方面，港口通过建立营销信息系统，掌握监督、控制所需的资料，按照监控程序实施监督与控制；另一方面，对可量化的指标，如销售收入、营销成本、利润、投资回报等，要进行量化评估，对难以量化的，如顾客态度、广告效果、顾客投诉等也要给予合理评价。

4. 港口物流营销管理过程

营销管理过程，就是指港口识别、分析、选择和发掘市场营销机会，以实现港口的任务和目标的管理过程。营销管理过程主要包括分析市场机会、选择目标市场、确定营销组合和营销管理活动。

（1）分析市场机会

1）建立营销信息系统，收集、研究营销信息。营销信息系统通过制度化、日常化、程序化信息工作，可避免信息工作的临时性和随意性。它通过对信息需求的评估，对营销情报、营销研究、营销分析、内部报告等系统和信息的分送工作，保证信息的全面、准确和及时。

2）发现和识别营销机会。在任何市场环境中，都经常存在一些未满足的需要。这些未满足的需要，可能是长期以来就存在的，也可能是由于市场的变化而产生的。以通过营销信息系统掌握的信息为基础，营销管理人员要善于发现和识别未满足的需要和各种营销机会。

3）评价营销机会。营销管理人员要对发现的营销机会进行评价，从物流成本与顾客能接受的价格、从港口的任务、目标与要求的一致性、从港口利用此机会与竞争者利用此机会的优劣势对比等方面进行综合评价。

（2）选择目标市场　发现营销机会后，营销管理人员就要进行市场研究和分析，要了解不同类型顾客的特点，并对市场中顾客的行为、心理、决策过程等加以研究。只有这样，才能保证对市场有真实、客观、准确的认识。

目标市场选择包括对物流市场的需求预测、物流市场细分化、目标化及定位等步骤。

1）对物流市场的需求预测。对物流市场的需求预测主要着眼于预测特定市场的规模和发展前景，以及测定特定市场中需求种类及顾客的不同偏好。

2）物流市场的细分化、目标化和定位。物流市场的细分化是指，按不同的需求特征把顾客分成若干部分，也就是把物流市场分成若干部分。而那些被选中的细分市场则称为目标市场。港口对选择的目标市场进行经营，即市场目标化。市场定位就是确定港口提供的物流产品（服务）在目标市场中的竞争地位。定位表明港口要在目标市场上为自己的产品或服务树立一个明确的、与众不同的、有吸引力的形象，向特定顾客群传达服务信息。

（3）确定营销组合 营销组合就是将产品、价格、分销、促销、人员、有形展示和服务过程策略进行最佳组合和应用，以满足目标市场的需要，实现港口的任务和目标。

港口物流服务产品应综合考虑提供服务的范围、服务质量、服务水平、品牌、保证及售后服务等。

在港口物流服务价格方面，要考虑价格水平、折让和佣金、付款方式和信用等。顾客可以从一项服务的价格中感受服务价值的高低，因此服务价格是顾客是否接受服务的一个非常重要的因素。

服务提供者的所在地及其地缘的便利性，会影响港口物流营销效益。地缘的便利性不仅是指实体意义上的便利，还包括传导和接触的其他方式（如利用互联网建立的电子商务平台）。因此，渠道是重要的，渠道的类型及其覆盖的地区范围与服务的便利性密切相关。

促销是指港口为了激发顾客的购买欲望、影响他们的购买行为、扩大市场而进行的一系列联系、报道、说服、公关等促进工作。促销包括了广告、人员推销、营业推广、公共关系等各种市场营销沟通方式。

港口从事生产或操作性工作的人员，往往会是物流服务产品的一部分，他们具有服务表现和服务销售的双重任务。除员工外，"人"的要素还包括顾客。为使营销活动顺利开展，顾客之间的关系不可忽视。一方面，顾客对某项服务质量的评价，很可能受到其他顾客的影响；另一方面，当一群顾客接受同一服务时，对服务的满足感往往是由其他顾客的行为间接决定的。

有形展示会影响顾客对港口的评价。有形展示包含的因素有实体环境（如装潢、颜色、陈列、声音等）、提供服务时所需的装备实体及其他实体性信息标志（如港口所使用的运输工具、设施设备、形象标识等）。

过程，即服务传递过程。服务过程方面需考虑的因素有服务人员态度、整个过程中的运作政策、分解程序的方法、服务供应中的器械化程度、服务操作过程中顾客的参与程度、提供的咨询服务、活动流程等。

（4）营销管理活动 营销管理活动是营销过程中关键的、极其重要的一步。在营销中，是否按计划要求进行，时间、费用如何，环境是否发生变化，应该怎样应对，这些问题都要通过组织控制来解决。营销管理活动主要包括：做好思想舆论宣传，组织调整工作；按照计划，把决策方案具体化；推行目标管理，按各职能部门的工作要求，将总目标层层分解，协调上下关系，创造条件，制定实施的具体措施和细则；建立健全的反馈系统，进行控制和协调，保证决策的全面实施。

6.3 港口收费计费管理

6.3.1 港口收费计费的法规及适用范围

《港口收费计费办法》（以下简称《办法》）是为贯彻落实我国全面深化改革、

清理规范进出口环节收费总体部署，顺应港口收费政策改革变化，更好地服务国民经济、对外贸易和航运事业发展而制定的法规。

我国沿海、长江干线主要港口及其他所有对外开放港口，提供船舶进出、停泊、靠泊，旅客上下，货物装卸、驳运、储存和港口保安等服务，由港口经营人和引航机构等单位向船方、货方或其代理人等计收港口经营服务性费用，适用于《办法》。

各港与香港、澳门、台湾之间运输的港口收费，比照《办法》中航行国际航线船舶和外贸进出口货物及集装箱的有关规定执行。

其他港口的收费计费办法，依据地方定价目录规定的定价权限和具体适用范围制定，可参照《办法》有关规定执行。

长江干线船舶引航（移泊）的收费计费办法另行规定。

6.3.2 港口收费计费的主要种类

港口收费包括实行政府定价、政府指导价和市场调节价的经营服务性收费，其中实行政府定价的港口收费包括货物港务费、港口设施保安费；实行政府指导价的港口收费包括引航（移泊）费、拖轮费、停泊费和围油栏使用费；实行市场调节价的港口收费包括港口作业包干费、库场使用费、船舶供应服务费、船舶污染物接收处理服务费、理货服务费。

1. 货物港务费

货物港务费是指经由港口吞吐的货物及集装箱，由具体负责维护和管理防波堤、航道、锚地等港口基础设施的单位向货方或其代理人收取货物港务费。

2. 港口设施保安费

港口设施保安费是指经由港口吞吐的外贸进出口货物及集装箱，由取得"港口设施保安符合证书"的港口经营人，按港口设施保安费费率表规定费率向货方或其代理人分别计收进、出港港口设施保安费。

外贸进、出口内支线运输集装箱，由承担国际运输段的船方或其代理人向其挂靠港口的港口经营人代交港口设施保安费。

外贸进口货物及集装箱因故停留中途港不再经水运前往到达港或其他港口的，港口设施保安费由中途港计收；因故停留中途港未办理清关手续并继续经水运前往原到达港或其他港口的，港口设施保安费由到达港计收。

3. 引航（移泊）费

引航（移泊）费主要分为引航国际航线船舶与国内航线船舶两大类，并分别依据"航行国际航线船舶港口收费基准费率表"和"航行国内航线船舶港口收费基准费率表"来收取相关费用。

4. 拖轮费

船舶靠离泊使用拖轮和引航或移泊使用拖轮，提供拖轮服务的单位向船方或其代理人计收拖轮费。航行国际、国内航线船舶每拖轮艘次费率分别按"航行国际航线船舶拖轮费基准费率表""航行国内航线船舶拖轮费基准费率表沿海港口部分"和"航行国内航线船舶拖轮费基准费率表内河港口部分"的规定费率计收。

沿海港口的船舶靠离泊和引航或移泊使用拖轮艘数的配备标准由所在地港口行政管理部门会同海事管理机构提出，各省级交通运输主管部门对其合规性、合理性进行审核后公布。长江干线拖轮艘数的配备标准由我国交通运输部长江航务管理局会同沿江相关省级交通运输主管部门制定，并对外公布。

5. 停泊费

停泊在港口码头、浮筒的船舶，由提供停泊服务的港口经营人向船方或其代理人计收停泊费。

航行国际、国内航线船舶，停泊费分别按"航行国际航线船舶港口收费基准费率表"和"航行国内航线船舶港口收费基准费率表"中的规定费率计收。

停泊在港口锚地的航行国际航线船舶，由负责维护港口锚地的单位向船方或其代理人"航行国际航线船舶港口收费基准费率表"中的规定费率计收停泊费。

系靠停泊在港口码头、浮筒的船舶，视同停泊码头、浮筒的船舶，计收停泊费。

由于港口原因或特殊气象原因造成船舶在港内留泊，以及港口建设工程船舶、军事船舶和执行公务的公务船舶留泊，免收停泊费。

6. 油栏使用费

船舶按规定使用围油栏，由提供围油栏服务的单位向相关规定明确的布设围油栏义务人收取围油栏使用费。

航行国际航线船舶的围油栏使用费，按"航行国际航线船舶港口收费基准费率表"的规定费率计收。航行国内航线船舶的围油栏使用费，按"航行国内航线船舶港口收费基准费率表"的规定费率计收。

7. 港口作业包干费

港口经营人为船舶运输的货物及集装箱提供港口装卸等劳务性作业，向船方、货方或其代理人等综合计收港口作业包干费；港口经营人为客运和旅游船舶提供港站使用等服务，向客运和旅游船舶运营企业或其代理人综合计收港口作业包干费。

《办法》规定港口作业包干费不得包含实行政府定价、政府指导价的收费项目和其他实行市场调节价的收费项目。

8. 库场使用费

货物及集装箱在港口仓库、堆场堆存，或经港口经营人同意，在港口库场进行加工整理、抽样等，由港口经营人向货方或其代理人收取库场使用费。库场使用费的收费标准由港口经营人自主制定。

9. 船舶供应服务费和船舶污染物接收处理服务费

为船舶提供供水（物料）、供油（气）、供电等供应服务，由提供服务的单位向船方或其代理人收取船舶供应服务费。

为船舶提供垃圾接收处理、污油水接收处理等船舶污染物接收处理服务，由提供服务的单位向船方或其代理人收取船舶污染物接收处理服务费。

船舶供应服务费和船舶污染物接收处理服务费的收费标准由提供服务的单位自主制定。水、油、气、电价格按照国家规定价格政策执行。

6.4 港口口岸管理

6.4.1 我国的口岸管理制度

我国的口岸管理（Port Administration），实行的是国家与地方政府专项管理和各边境口岸执法行政的制度，使得港口管理在整体上形成了多层次、多环节、多目标、多功能的综合管理系统。

口岸管理系统由以下四个分系统组成。

1. 交通运输分系统

交通运输分系统包括港口、机场、车站，以及与之相联系的铁路、公路、航空、航运、管道运输等各种运输方式，主要任务是完成进出口物资、旅客的装卸、疏导及位移工作。

2. 外贸分系统

外贸分系统的主要任务是完成外贸成交、货源组织等工作，为口岸提供货运基础。

3. 监督分系统

监督分系统包括检查、检验、检疫三个子系统，代表国家对进出境的人员、行李、货物及运输工具履行管理、监督检查职能，维护国家的权益与国际信誉。

4. 服务分系统

服务分系统包括为船舶等交通工具及其驾乘人员服务的供应、船舶代理、船舶引水、海员俱乐部，为进出口货物服务的货运代理、仓储、理货。口岸服务分系统不仅以各自不同的方式为口岸各项工作及进出口岸的交通工具、旅客、货物提供服务，而且也在一定程度上维护着国家的权益与国际信誉，还肩负有宣传的责任。

口岸是国家的重要基础设施，同时也是对外开放的门户与窗口，其管理水平与运作效率，是影响开放型经济发展的一个重要因素；其软、硬环境与工作效率，是影响港口物流发展的一个重要因素。

6.4.2 口岸检查检验

口岸检查检验（Port Inspection）是指对进出口货物、出入境人员及其交通运载工具，依法进行的检查与检验，简称为查验。检查检验是维护国家主权与尊严的一种重要体现，也是保障国家安全、方便合法出入境的必要措施。

口岸检查检验的对象，是进出我国港口、国界通道、航空港、车站与国家批准地点作业的各种外籍交通工具，以及航行国际航线、港澳地区的我国交通工具，以及它们的驾乘人员与所载的旅客、货物及物品。

口岸检查检验的任务，是维护国家主权、经济利益与对外信誉，保证进出口运输的质量安全，提高效率，促进对外贸易、经济技术文化交流与旅游事业的发展，为建设社会主义现代化强国、发展国际统一战线与爱国民族统一战线做出贡献。

口岸检查检验由国家派驻口岸、代表国家依法对口岸进行管理的海关、边防检查、海事、出入境检验检疫4个行政管理执法机构执行。

1. 海关

海关（Customs）是国家的进出关境监督管理机关，它代表着国家对进出境活动实施的监督管理，主管机关是国家海关总署。其宗旨为：依据《中华人民共和国海关法》《中华人民共和国进出口关税条例》等法规、条例的规定，依法对进出境活动实施监督管理，从而维护国家的主权与利益，同时促进对外经济贸易与科技文化交往，保障社会主义现代化建设。

其中，出入境检验检疫依法划入海关，由海关统一管理。其宗旨为：依据《中华人民共和国国境卫生检疫法》《中华人民共和国进出境动植物检疫法》《中华人民共和国进出口商品检验法》等法规的规定，对出入境人员与交通工具实施传染病检疫、检测与卫生监督，对进入我国国境与过境的动植物、动植物产品及其运载工具等实施检疫，对进出口货物进行检查并且发给检验证书等。

2. 边防检查

边防检查（Frontier Inspection）是国家通过设在对外开放口岸的边防检查机构，依法对入出境人员、交通运输工具及其携带、运载的行李物品、货物等，实施检查、监督的行政管理活动，主管机关为公安部边防局。其宗旨为：依据《中华人民共和国出境入境管理法》《中华人民共和国外国人入境出境管理法》《中华人民共和国出境入境边防检查条例》等法规的规定，实施边防检查、监护与管理，维护国家主权，保卫国家安全，同时，方便各国之间的合法往来。这也是国家对外开放政策对边防检查工作的一项要求。

3. 海事

海事（Maritime）是国家海事机构依法监督水上交通安全与防止船舶污染水域的行政管理机构，其主管机关为国家海事局。其宗旨为：依据《中华人民共和国海上交通安全法》《中华人民共和国内河交通安全管理条例》《中华人民共和国海洋环境保护法》等法规、条例的规定，实施海事管理与服务，维护国家主权，保障水上的交通安全，促进水上运输事业的发展，保护水域环境，防止水域污染。

6.4.3　海关货运的监管制度

申报、查验、征税、放行，是我国海关通关的基本程序。

1. 申报

申报是指货物、运输工具与物品的所有人或其代理人，在货物、运输工具、物品进出境之时，向海关呈交规定的单证手续。

2. 查验

查验是指海关在接受申报之后，以已经审核的法定单据为依据，在海关监管场所，对进口或出口的货物进行实际的核对与查验，确定货物的进出口是否合法，以及货物的品名、数量、规格等是否与报关单证所列一致。进出口货物，除了海关批准免验的以外，都应当接受海关的查验。查验进出口货物，应当在海关规定的时间与场所内进行。如果要求海关在海关监管场所以外的地方查验，应当事先报请海关同意，海关要按照规定收取规费。海关查验货物时，进出口货物的收货人或其代理人应当到场，并且按照海关的要求，负责搬移货物、开拆与重封货物的包装等。海关认为必要时，可以进行开验、复验或提取货样。

3. 征税

征税是指根据查验的结果，由海关税费征收环节关员对报关单、随附单证及货物查验结果审核无误之后，打印、签发各类税费专用缴款书；进出口货物的收、发货人，持海关签发的税费专用缴款书到银行缴纳税费，并且将银行的缴款回执交还海关。

4. 放行

放行是指海关对货物、运输工具、物品进行查验之后，在有关单据上签印放行，或者开具放行通知单，以示海关监督的结束。

海关监管的基本任务为：根据《中华人民共和国海关法》和国家有关进出口的政策、法律、法规，监督管理货物与运输工具的合法进出，检查并且处理非法进出、偷漏税等走私活动。

海关监管，是采取前期管理、现场监管、后续管理相结合的监管体制。其业务制度基本程序为申报审核、检查查验、核查核销、结关放行。经过结关放行后的进出口货物，才可以解除海关监管，办理提货、运输手续。出境运输工具，要经过海关办结海关放行手续之后，才准予驶往境外。

6.5 货运事故及其处理

6.5.1 货运事故的概念

货运事故（Transport Accidents）是指自货物承运验收开始，至货物运达目的地向收货入交付货物时止，由于承运方或托运方或第三方的责任，在装卸、运输、保管过程中，所发生的货物灭失、短缺、损坏或变质，以及件数或重量短少等现象。

在实际工作中，货运质量事故一般表现为货损及货差这两大类。货损是指货物发生颠损、磨损、破裂、变形、湿损、污损、腐烂等。货差是指货物发生短少、失落、错装、错卸、错运、交接差错等。

在我国的港口工作中，发生或发现货运事故时，应当按照《中华人民共和国合同法》等相关法律、法规的相关规定，首先要做好货运的记录，其次要对事故的原因进行调查，最后要根据调查的结果做出货运事故的处理。

6.5.2 货运事故的处理程序

货运事故的处理，主要包括索赔、理赔与赔偿。

1. 索赔（Claims）

托运人、收货人或作业委托人（简称"索赔人"），向承运人与港口经营人要求货运事故赔偿时，应当在自收到货运记录的次日起的180天以内，提交索赔书。超过时效之后提出的索赔要求，承运人与港口经营人便不再受理。提出货运事故索赔书的同时，应当随附货运记录、货运单证、货物损失清单、价格证明等文件。

2. 理赔（Settlement）

承运人、港口经营人，在收到货运事故索赔书之后，应当在自收到的次日起的60 天以内，将处理意见以书面形式通知索赔人。索赔人收到承运人、港口经营人的处理意见通知以后，如果有异议，应当在自收到的次日起的 10 天内提出。

承运人或港口经营人在受理赔偿要求时，应当审查赔偿要求的时效、赔偿要求人的要求权利、应附的单证等，对于经审查不合规定的赔偿要求，应当向要求人说明理由，退回文件。

3. 赔偿（Compensate）

承运人或港口经营人，需要对由其责任造成的货物损失进行赔偿。赔偿价格的计算，理应按照《货物运输事故赔偿价格计算规定》来办理。但是货物被盗并已经向公安部门报告且立案的赔偿，期限可以顺延半年。

在索赔与理赔操作过程中，应该充分运用操作流程，以将事故的损失降到最低。一旦发生货运事故，应当即刻通知事故受损方、保险公司等有关部门，到现场确定货损的事实。港口如果在该事故中被确定为事故的责任方，那就应当按照事故责任的比例进行赔偿。如果事故的类别属于港口责任保险范畴，港口则应当编制索赔报告，依据赔偿金额的损失向保险公司提出补偿。

6.5.3　货运事故的记录

货运事故的记录，是分析责任与处理事故的依据。在货物运输装卸的过程中，发生或发现货运事故时，必须编制货运记录。

如果货运事故涉及承运人、托运人、收货人、港口经营人与作业委托人中的不同当事人，应当根据货运事故发生的不同阶段来编制货运记录。在货物进港时发生货运事故的，应由起运港的港口经营人会同作业委托人进行编制；在装船时发现和发生货运事故的，则应由承运人会同起运港港口经营人或托运人进行编制；在运输过程中发现和发生货运事故的，应由承运人会同港口经营人或收货人进行编制；在货物交付时发现和发生货运事故的，应由到达港的港口经营人会同收货人进行编制。

货运事故的记录，分为货运记录、港航记录与普通记录三种。

1. 货运记录

货运记录是记载承运人与托运人或收货人之间责任的记录。遇有下列情况之一时，应当根据交付货物当时的实际情况，来编制货运记录。

1）品名、件数、包装、标志与运单记载不符的。

2）货物出现溢短、灭失、变质、污染、损坏的。

3）有货无票或有票无货的。

货运记录使用印有号码的用纸，按照每一张运单进行编制，并且要由负责编制记录的人员与相关人员签章。货运记录为一式三份，一份交由收货人或托运人，一份由编制港留存，一份转责任单位，如果事故责任涉及多个单位，可以按照需要增加抄本。

2. 港航记录

港航记录是港、航企业之间记载事故原始情况的记录，对于收货人、托运人不发生效力，因而不向托运人与收货人提供。但它是承运人内部各环节之间辨明责任、采取保证货运质量措施的依据。

港航在进行货物交接时，发生或发现货损、货差等事故，以及按规定应当编制记录证明的，港口应当会同船舶编制港航记录。任何一方要求编制记录时，对方不得拒编，意见有分歧的可以在记录上批注；如果一方坚持拒编、拒批；对方可以实事求是地编制"港航备忘录"，据实说明情况，递交对方的上级或转交有关部门。

遇有下列情况之一时，应当编制港航记录。

1）货物有灭失、变质、污染、损坏、腐坏现象的。

2）货物有件数溢短、货单分离、货单不符现象的。

3）货物有标志脱落不清、包装破损或经过整修等现象的。

港航记录的编制为一式五份：进口时，编制单位留存一份，交由船舶一份，并转港口主管货商部门三份（其中一份寄起运港，一份寄船公司）；出口时，编制单位留存一份，交由船舶两份（其中一份带交到达港），转港口主管货商部门两份（其中一份转交船公司）。

3. 普通记录

普通记录是记载承运人向托运人或收货人提供证明事项的记录，但是不涉及承托运之间的责任。遇有下列情况之一时，应当编制普通记录。

1）托运人按照舱封或装载现状与承运人进行交接，以及其他封舱（箱）运输的货物，出现非承运人责任的灭失、短少、变质、污染、损坏与内容不符现象。

2）托运人随附在货物运单上的单证丢失。

3）托运人派人押运造成的损失，或者甲板货物发生非承运人责任所造成的损失。

4）承运人提供船舶水尺计量数。

5）货物包装经过加固整理。

6）收货人要求证明与货物数量、质量无关，而承运人又能证明的其他情况。

普通记录编制的份数，根据需要而确定。

6.6 港口物流效率评价

6.6.1 港口物流效率评价意义

港口物流效率评价（Evaluation of Port Logistics Efficiency）可以从规模地位、运营效率、社会贡献三个维度展开。规模地位是指港口基础设施所能达到的规模等级和作业能力，以及港口所处区位优势和行业地位等；运营效率从宏观角度考虑整个港口岸线的利用效率和港口集疏运系统的运行效率，从微观角度考虑码头装卸、船舶靠泊服务等港口作业效率等；社会贡献是指港口生产经营活动和临港产业发展带来的社会经济贡献，主要包括港口增加值、港口节能减排、港口安全生产等内容。

港口物流效率评价具体应包括以下四个方面：①确定各种港口物流效率的评价指标体系；②采用合理、合适的评价模型对其进行评价；③找出影响港口效率的因素，并分析港口实际效率与效率标准的差距；④针对港口物流效率的主要影响因素，提出改进对策和建议。

6.6.2　港口物流效率评价方法

国内外现有研究对港口物流效率的测评方法主要有两大类,一类是非参数化方法,另一类是参数化方法。

1. 非参数化方法

(1) 平衡计分卡法　平衡计分卡 (Balanced Score Card) 是从财务 (Financial)、客户 (Customer)、内部运营 (Internal Business Processes)、学习与成长 (Learning and Growth) 四个角度,将组织的战略落实为可操作的衡量指标和目标值的一种新型绩效管理体系。

平衡计分卡打破了传统的只注重财务指标的业绩管理方法。平衡计分卡认为,传统的财务会计模式只能衡量过去发生的事情 (落后的结果因素),而无法评估组织前瞻性的投资 (领先的驱动因素)。在工业时代,注重财务指标的管理方法还是有效的;但在信息社会里,传统的业绩管理方法并不全面,组织必须通过在客户、供应商、员工、组织流程、技术和革新等方面的投资,获得持续发展的动力。正是基于这样的认识,平衡计分卡方法认为,组织应从四个角度审视自身业绩:学习与成长、内部运营、客户、财务。

平衡计分卡可将企业的战略目标用各种可以测量的指标表达出来,使管理层及各级员工能够对企业的发展战略有明确的认识,并促使发展战略向经营实践转化。简单地说,平衡计分卡就是通过建立一整套财务与非财务指标,包括财务绩效指标、客户指标、内部运营指标、学习与成长指标等的体系,对企业的经营绩效和竞争状况进行综合、全面、系统的评价。一个合理的平衡计分卡可以反映企业的战略和策略,并可以将企业的策略转化为一系列相互联系的指标 (这些指标由长期决策目标和达到这些目标的途径共同决定);并且可以明确结果指标和产生这些结果的执行动因间的因果关系。

平衡计分卡的特点是:它在保留了传统财务指标的基础上,增加了客户、内部运营、学习与成长三方面的非财务指标,从而达到全面计量企业绩效的目的。其最突出的特点是,将企业的远景、使命和发展战略与企业的绩效评价系统联系起来,把企业的使命和战略转变为具体的目标和评测指标,以实现战略和绩效的有机结合。

(2) 数据包络分析法　数据包络分析方法 (Data Envelopment Analysis, DEA) 是运筹学、管理科学与数理经济学交叉研究的一个新领域。它是根据多项投入指标和多项产出指标,利用线性规划的方法,对具有可比性的同类型单位进行相对有效性评价的一种数量分析方法。DEA 方法及其模型自 1978 年由美国著名运筹学家查恩斯 (A. Charnes) 和库珀 (W. W. Cooper) 提出以来,已广泛应用于不同行业及部门,并且在处理多指标投入和多指标产出方面,体现出得天独厚的优势。

DEA 避开了计算每项服务的标准的成本,因为它可以把多种投入和多种产出转化为效率比率的分子和分母,而不需要转换成相同的货币单位。因此,用 DEA 衡量效率可以清晰地说明投入和产出的组合,使得它比一套经营比率或利润指标更具有综合性,并且更值得信赖。

2. 参数化方法

（1）随机前沿分析法 随机前沿分析法（Stochastic Frontier Analysis）是目前采用比较多的港口物流效率测评方法。所谓随机前沿分析法，是指通过测量某一待考察港口与效率前沿港口的偏离程度来衡量该港口的效率。效率前沿港口是指在给定的技术条件和外部市场情况下，实现最佳绩效的港口；效率前沿港口在实际中并不存在，它是指在效率分析过程中，相对其他港口而言效率最佳的港口，它因港口样本集合的不同而发生变化。

随机前沿分析方法的特点为：首先，虽然考虑了随机误差，但是假设的边界函数具有一定的主观性，且该假设本身又难以验证，函数形式的准确性对效率值有相当影响；其次，一旦无效率项的实际分布偏离了所设定的分布形式，那么使用随机前沿分析类模型就无法区分港口物流效率中的无效率项和随机误差项；最后，随机前沿分析方法只能测度港口在整个考察期内的平均效率，而不能测度某个时点上的效率，而在技术进步、内部管理水平变化等因素的影响下，港口物流效率是会随时间而发生变化的。

（2）线性回归法 线性回归法（Linear regression method）是利用数理统计中的回归分析，来确定两种或两种以上变量间相互依赖的定量关系的一种统计分析方法，运用十分广泛。如果在回归分析中，只包括一个自变量和一个因变量，且二者的关系可用一条直线近似表示，这种回归分析则为一元线性回归分析。如果回归分析中包括两个或两个以上的自变量，且因变量和自变量之间是线性关系，则称为多元线性回归分析。

2000 年西布鲁克（Seabrooke）应用随机前沿模型，在综合考虑了港口效率低下的情况后，对港口私有化是否作为提高港口竞争优势的一种必须手段进行了研究，并运用了线性回归模型和主成分分析法检验了影响港口竞争力的主要因素。他还采用了一些世界集装箱化港口的数据进行了检验，得出了私有企业参与港口行业在一定程度上提高了港口的运营效率，从而提高了港口竞争力的结论。

（3）神经网络法 神经网络法（Neural network algorithm）是由大量的、简单的处理单元广泛地互相连接而形成的复杂网络系统，它反映了人脑功能的许多基本特征，是一个高度复杂的非线性动力学系统。神经网络具有大规模并行、分布式存储和处理、自组织、自适应和自学习能力，特别适合处理需要同时考虑许多因素和条件的、不精确和模糊的信息处理问题。

部分学者通过建立一套完备的港口效率评价的神经网络模型，得出一些港口企业的排名，试图实现对港口效率的客观评价。理论上，人工神经网络可以逼近任何函数，能够自动转换输入变量及构筑分段式模型，这些智能化特点使大系统的模糊评价、动态评价和综合评价有了科学依据。同时在评价中能够产生一系列决策参数，使人工神经网络成为辅助决策的可靠工具。

【本章小结】

港口投资有直接投资和间接投资两种。港口融资主要有内源融资与外源融资。港口建设的投融资模式主要可分为政府投融资模式、私营企业投融资模式、政企共建投融资模式。我国港口投融资的主要方式政府投资、银行及债券融资、股票融资、企业投资、融资租赁、PPP 融资、BOT 融资、ABS 融资、海外融资以及其他新型融资方式。

市场营销作为一种活动，有发现和了解顾客需求、指导企业决策、开拓市场、满足顾客需要等基本功能。服务营销组合则由产品、定价、渠道、促销、人员、有形展示、服务过程七个因素组成。港口物流营销管理过程主要包括分析市场机会、选择目标市场、确定营销组合和营销管理活动。

港口作为交通运输枢纽，拥有设备、设施和人力，能为船舶和货物提供各种服务，并根据有关规定和标准，向服务对象收取相关费用，即港口费收。

我国的口岸管理，实行的是国家与地方政府专项管理和各边境口岸执法行政的制度，使得港口管理在整体上形成了多层次、多环节、多目标、多功能的综合管理系统。

在我国的港口工作中，发生或发现货运事故之时，应当按照《中华人民共和国合同法》等相关法律、法规的相关规定，首先要做好货运的记录，其次要对事故的原因进行调查，最后要根据调查的结果做出货运事故的处理。港口货运事故的及时处理是保证港口生产顺利进行的基础。

国内外现有研究对港口物流效率的测评方法主要有两大类：一类是非参数化方法，另一类是参数化方法。

【主要词汇】

港口投融资，港口物流营销，营销组合，港口费收，港口口岸管理，货运事故处理，港口物流效率。

【案例分析】

招商港口第一、二期短期融资券成功发行
总额合计为 10 亿元○

招商局港口集团股份有限公司（证券简称：招商港口，证券代码：001872）发公告称，公司 2019 年度第一期超短期融资券（简称：19 招商局港 SCP001，代码：011901266）已发行完毕。

据了解，招商港口第一期超短期融资券实际发行总额为人民币 3 亿元，期限为 180 日，每张面值为人民币 100 元，按面值平价发行，票面利率为 2.98%。

公司 2019 年度第二期超短期融资券（简称：19 招商局港 SCP002，代码：011901267）已发行完毕。

公告显示，招商港口第二期超短期融资券实际发行总额为人民币 7 亿元，期限为270 日，每张面值为人民币 100 元，按面值平价发行，票面利率为 3.08%。

2019 年 6 月 4 日，公司发行了 3 亿元的 2019 年度第一期超短期融资券和 7 亿元的2019 年度第二期超短期融资券，2019 年 6 月 6 日资金已全额到账。

资料显示，招商港口主要从事集装箱和散杂货的港口装卸、仓储、运输及其他配套

○　资料来源：http://www.zgsyb.com/news.html?aid=493247。

港口物流

服务，主要经营深圳西部港区 24 个集装箱泊位和 15 个散杂货泊位，汕头港 9 个多功能泊位、2 个集装箱泊位、2 个散货泊位和 1 个滚装船泊位，顺德港 4 个多功能泊位、厦门漳州港 2 个集装箱泊位、6 个散货泊位，斯里兰卡科伦坡港 3 个集装箱泊位、汉班托塔港 4 个多功能泊位、2 个油品泊位和 4 个集装箱泊位、多哥洛美港 3 个集装箱泊位、巴西巴拉那瓜港 3 个集装箱泊位。

分析：

1. 招商港口为什么要超短期融资券？

2. 超短期融资券发行成功的因素是什么？

【思考练习】

1. 填空题

（1）港口投融资的主要模式有（　　　）、（　　　）、（　　　）。

（2）服务营销组合是由（　　　）、（　　　）、（　　　）、（　　　）、（　　　）、（　　　）、（　　　）七个因素组成的。

（3）从基于过程视角看，服务可以分为（　　　）、（　　　）、（　　　）、（　　　）。

（4）国内外现有研究对港口物流效率的测评方法主要有两大类：一类是（　　　）方法；另一类是（　　　）方法。

2. 简答题

（1）简述我国港口投融资的主要方式。

（2）港口物流营销管理的基本内容是什么？

（3）简述港口费收的组成。

（4）简述口岸检查检验的含义及任务。

（5）简述货运事故处理流程。

第7章 港口物流生产运作

【学习目标】

了解港口生产过程需遵循的原则、港口生产计划的分类和内容；熟悉港口生产过程及其组织的任务，掌握港口生产作业计划的内容与编制原则；掌握生产调度工作的流程与要求，以及港口生产指标体系。

7.1 港口生产过程与原则

7.1.1 港口生产过程及其空间组织

1. 港口生产过程（Port Production Process）及其组成

港口生产过程是指通过对各种生产要素和生产过程的不同阶段、环节、工序的合理安排，使其在空间、时间上结成一个协调的系统，使产品在运行距离最短、花费时间最省、耗费成本最低的情况下，按照合同规定或市场需求合理组织企业生产的过程。通常从接待车、船开始，至送走车、船结束的一个生产周期。港口生产过程实质上是通过人的思维对各种生产要素进行合理组合的过程。所谓合理的组合，就是根据一定的组织原理进行统筹安排，使港口各环节的能力与船舶流、车流、货物流，在空间上、时间上、经济上得到统一。生产过程中组织的合理与否，对提高效率、节约装卸成本起着重要作用。

港口生产过程，按程序可划分为生产准备过程、基本生产过程、辅助生产过程和生产服务过程四个阶段。

（1）**生产准备过程** 生产准备过程是在基本生产活动进行之前所进行的全部生产技术准备和组织准备。如装卸工艺方案设计，装卸作业技术标准图的编制，车、船装卸作业组织程序的拟定，以及装卸工属具的设计等技术准备工作。

（2）**基本生产过程** 基本生产过程是货物在港里所进行的装卸过程，又叫货物的换装过程。是指货物从进港到出港所进行的全部作业的综合，是直接完成船、车货物的装卸过程，包括卸船过程、装船过程、卸车过程、装车过程、库场作业过程、港内运输及其他生产性作业等。由此可见，港口企业的生产过程最少由一个以上的操作过程组成。

货物在港内储存期间，根据需要可进行库场之间的搬运，这类作业应视为一个独立操作过程。但货物在同一库场内的倒垛、转堆，属库场内整理性质，与翻舱、散货的拆、倒、灌、绞包、摊、晒货物等同属装卸辅助作业，均不计为操作过程。

港口为了便于抓好各环节之间的衔接与配合，实现装卸工作机械化和合理的劳动组织，以实现港口生产全面质量管理，又将操作过程划分为若干个工序。工序是组成港口基本生产过程的最小单元，是指在一个完整的操作过程中，能起独立作用的部分。通常港口的作业过程可划分为以下几个工序。

1）舱底作业工序，包括装船和卸船时在舱内的摘挂钩、拆码货组、拆码垛及平舱、清舱等全部作业。

2）起落舱作业工序，包括装船和卸船时船舱到岸、岸到船舱、船舱到车辆、车辆到船舱以及船舱到船舱的作业。

3）水平搬运作业工序，包括码头、库场、车辆之间的水平搬运作业。

4）车内作业工序，包括装卸车时的上下搬动、车内的拆码垛作业。

5）库内作业工序，包括库场内的拆码垛、拆码货组、供喂料作业。

在进行基本生产过程组织时，要使组成操作过程的各装卸工序的生产能力协调一致，否则整个操作过程的装卸效率都将受到最薄弱环节装卸作业工序能力的制约。因此，要保证基本生产过程（或操作过程）的协调性和连续性，就要保证其他非主导工序向主导工序协调，以保证主导工序的连续性。所谓主导工序，是指对整个装卸作业过程起主导作用的工序，例如组织船、库（场）作业过程时，主导工序就是指卸船（或装船）机械的效率。

（3）生产服务过程　生产服务过程是为基本生产（过程）和辅助生产（过程）进行服务的各种活动。

（4）辅助生产过程　辅助生产过程是保证基本生产过程的正常进行所必需的各种辅助性生产活动。如装卸机械的维修保养，装卸工属具的加工制造，码头、库场、道路等项工程建筑的维修、改造。

2. 生产过程的空间组织

（1）空间布置的考虑因素　生产过程的空间组织，是研究生产过程的合理布置及其生产任务的分配问题。生产过程的合理布置由两部分组成：一是基本生产过程、辅助生产过程、生产服务过程所属各个组成部分的合理布局问题；二是基本生产过程各环节的布局问题。随着生产的发展，各个部门及其各个组成部分也要发展，并不断扩大规模。在这种情况下，辅助生产部门、服务生产部门在空间布置方面应考虑：

1）不能大量占用港区生产用地，造成库、场紧张的局面。一切没有必要在港区范围内的部门，应迁出港区并设在港外，避免发生与港口基本生产过程争地的矛盾。

2）规划期与实际发展需要在基本生产过程的空间布置方面发生矛盾时，应服从基本生产过程发展的需要。

3）与基本生产联系紧密，管理方便，必须设置在港内的车间、库房等，可以布置在后方的就不应该布置在前方库场。

4）设置在港内的部门，布置要紧凑，尽可能减少占地面积，不影响基本生产过程的布局。

（2）泊区专业化方式　生产过程的空间组织，主要以泊区的专业化作为基础，库场的分工服从泊区的需要。泊区专业化有以下几种方式：

1）货种专业化泊区是按照件杂货、散货、木材等货种来划分泊区的。

2）流向专业化泊区，即以货流的进口、出口划分泊区。

3）货种、流向双专业化泊区。

4）机动性泊区或通用性泊区。

完成生产过程的空间组织是十分重要的，它不仅是生产过程时间组织的基础，而且是保证港口生产过程连续性、协调性、节奏性、经济性的前提。

生产过程的空间组织以泊位传统专业分工为基础，按照货物吞吐量计划中的主要大宗货物，根据各泊区的通过能力，分配任务。大宗货物分配完之后，首先将那些运量不大、货种属于季节性的、不稳定的货物分配到机动性泊区；然后将各泊区的吞吐量计划汇总即得到港务公司的吞吐量，通常要根据港务公司的能力进行一次调整平衡工作；当港务公司调整平衡货物吞吐量计划以后即可作为月度计划下达，同时由各港务（埠）公司编制出装卸作业技术方案；最后统筹编制月度运输生产方案。月度运输生产方案是生产过程空间组织的蓝图。

月度运输生产方案的主要内容：装卸任务计划及机械设备使用计划，托运货源分类流向计划，分货类流向吞吐量计划，装（卸）车计划。

3. 生产过程的时间组织

港口生产过程的合理组织，不仅要在空间上使各个港务公司的任务与能力达到协调、平衡，而且必须在时间上，保持生产过程的各个阶段、环节、工序紧密衔接。生产过程的空间组织是生产过程组织的基础，生产过程的时间组织是生产过程空间组织实现的保证。

港口生产过程的时间组织是通过一系列作业计划实现的。一般来说，月度计划既是生产过程时间组织又是时间组织的计划。旬度计划、船舶昼夜轮班计划、船舶工班开舱作业计划等就是生产过程时间组织的具体体现，通过计划可以控制生产过程进度。

4. 生产过程组织的任务

（1）保持港口畅通，加速车、船、货物的周转　港口是物流链上的节点，港口的畅通是保证各条运输线路畅通的关键。如果港口发生堵塞，就会在各条运输线路上立即反映出来，并将引起连锁性反应。因此，保持港口畅通是生产组织的首要任务。只有港口畅通无阻，才能够保证车、船、货物的快速周转。

（2）保证按期、按时、安全优质地完成车、船装卸任务　车、船装卸是货物在港口实现换装的中心环节，也是生产过程组织的主要任务。它通过将各种作业计划落实到具体的车、船、班组，保证重点物资的运输、重点船舶的装卸，尤其是当港口出现不平衡的时候。

（3）充分合理运用港口的能力和一切技术手段，完成一定的生产任务　在港口生产组织中，如何使投入的物化劳动和活劳动消耗最少是一项重要任务，因为它是关系到港口经济效益高低的主要原因。因此，无论是生产过程的空间组织，还是生产过程的时间组织，都应该把提高港口经济效益、不断降低装卸成本放到重要的地位。

（4）加强港口生产过程相关各部门间的合作　生产过程组织的另一项重要任务是与港口生产过程有密切关系的各个部门之间的组织配合与全面协作。这是保证

港 口 物 流

港口生产顺利进行不可缺少的条件。因为港口生产过程从输入到输出以及各个生产环节，都涉及港、航、路、货等多个部门在技术、经济、管理、组织上的联系，所以如果没有它们之间的配合与协作，港口生产过程组织就是难以实现。

7.1.2 港口生产过程的原则

港口装卸工作比一般工业企业生产更为复杂，影响因素也更多。因此，要科学、合理组织生产过程，就要通过良好的生产组织工作，使整个生产过程的各个环节相互衔接、协调配合，保证人力、物力、空间和时间得到最充分、最合理的利用，多、快、好、省地完成运输生产任务，以达到最佳的经济效果。为达到这一目的，在组织生产过程中必须遵循以下原则：

1. 生产过程的连续性

连续性是指组成生产过程的各个环节、各个工序、各个阶段，在时间上是紧密衔接的、不发生各种不合理的中断现象。

港口生产过程的连续性主要表现为：

1）港口生产过程的组织是以运输工具为对象的。对运输工具而言，从进港开始直到完成了全部作业、将货物运出港为止，才算完成了港口的生产过程。因此，作业一旦开始，就要保证作业的连续性。但这并不意味着所有的作业都必须连续进行，主要是要保证关键作业连续进行。例如，一艘海船有若干个舱口，在组织作业时，只要保证重点舱装卸作业的连续性即可，其他非重点舱的装卸作业则不一定要求连续进行，但要注意非重点舱的结束作业时间不得晚于重点舱的结束作业时间。

2）一艘船舶的装卸，一般都由若干条作业线组成；而一条装卸作业线又是由若干个作业工序按照一定的程序连接起来的，某一工序的中断将引起整个作业线的中断。为保证装卸作业线的连续性，必须保证各作业工序的能力是平衡与协调的。

3）港口生产过程的连续性还应表现为生产准备过程、基本生产过程、辅助生产过程及生产服务过程之间，组织平行作业或合理安排顺序，以避免在作业过程中由于衔接不好而使生产作业中断。

4）根据港口生产活动的不平衡性特点，港口生产经营企业还要具备一定后备能力，而后备能力在任务非高峰期间是以闲置状态存在的，因此不能要求港口所有资源都处于连续工作状态，特别是港口的主要生产资源——泊位，必须要有一定的工作中断时间。

5）港口生产过程的连续性还表现为货物在港作业的连续性，也就是说，要最大限度地缩短货物在港停留时间，尽快实现其使用价值。

2. 生产过程的协调性

港口生产过程的协调性，是指港口生产各主要环节之间、作业线上各作业工序之间，在生产能力上，即在人员、设备等各个方面，配合得当。同时，还要保证装卸的各种运输工具之间配合得当。虽然，船舶装卸是主要任务，但也不应忽视对其他运输工具的装卸组织工作。对其他运输工具的装卸，同样占据了港口企业的很大一部分资源，如果组织得不好、配合不当，将会导致资源的浪费。而且，对其他运输工具的装卸若组织得不好，将会影响到船舶装卸。

3. 生产过程的均衡性

港口生产过程的均衡性，是指在相同的间隔时间内，下达的任务要均衡，同时也包括各个阶段、各个作业工序所完成的任务相同（接近）或稳步上升。由于港口生产活动受多种因素的制约，受自然、政治、经济及技术等因素的影响，因而不同时期的生产任务有可能发生变化，导致不均衡。除此之外，由于港口并不是孤立存在的，一般总是与若干个港口相联系，即使对某个港口、某种货物的发运是均衡的，几个港口的装卸点合在一起后也可能会引起对方港口生产任务的不均衡。因此，组织好港口生产过程的均衡性，是生产过程组织水平的集中表现，能给港口企业带来良好的经济效果，可避免前松后紧，防止赶任务，防止货损、货差、设备损坏，有利于安全生产和保持企业的正常秩序。

4. 生产过程的经济性

港口生产过程的经济性，是指在组织港口生产过程中不仅要考虑生产效率，而且要全面考虑经济效益，这也是港口管理由生产型转为经营型的重要标志。为此，在船舶装卸时间相等的条件下，应该尽量采用装卸成本低的装卸工艺方案；在货物堆存的库场比较分散时，要通过方案比较，确定船舶是否应该移泊等。要避免片面加速运输工具的装卸而不考虑港口企业经济效益的倾向，同时也要避免片面追求港口企业的经济效益而损害社会效益的倾向。

追求经济效益是港口企业经营的目标，也是衡量生产过程组织水平的重要标志。以最少的投入获得最大的产出，这一指导思想在组织港口生产过程中，应自始至终得到尽可能具体的体现。

港口生产过程组织中的连续性、协调性、均衡性和经济性是相互联系的，只有四个方面都做好了，才能算真正组织好了港口企业的生产过程。

7.2 港口生产

港口生产作业计划（Port Production Plan）以及调度是港口物流生产活动的重要依据和基础，也是实现港口物流服务目标的重要保证。

7.2.1 港口生产作业计划的内容及编制原则

港口是重要的物流集疏运中心。如何提高港口生产运作效率，不仅关系到港口企业的效益，而且关系到整个物流行业的效率。港口生产作业计划作为港口物流生产活动的重要组成部分，是实现港口物流服务目标的保证，同时也是港口生产调度的依据和基础。港口生产作业计划编制的最终目标，是通过科学合理地配置码头泊位、机械设备、库场、人力等资源，最大限度地满足顾客对港口物流服务的需求，完成港口物流生产和利润指标。

1. 港口生产作业计划的内容

港口生产作业计划是以装卸对象为编制依据的阶段性计划，通常涉及的内容为：

（1）船舶泊位的安排 这是生产作业计划的第一步，也是关键的一个环节。

要根据各码头泊位条件，以及正在作业船舶的进度，充分掌握抵港船舶的各种信息，科学合理地安排船舶作业的码头泊位，并布置各项船舶在港作业的准备工作。

（2）确定装卸工艺和流程　根据抵港船舶船型特点、包装特点和码头机械设备资源情况，选择最好的装卸工艺和流程。在同样条件下，先进合理的装卸工艺和流程能创造较高的生产效率和较好的经济效益。装卸工艺和流程是一项专业性、技术性较强的工作，无论集装箱专用码头、散货码头还是其他类型码头，都有潜力可挖。

（3）合理分配港口生产资源，确定作业生产进度和安全质量要求　根据确定的装卸工艺流程，合理地分配港口生产资源，确定各项作业的生产进度、安全质量要求以及相应的责任者。

（4）确定协作单位　根据船方、货方的有关要求，确定与作业有关的协作单位，向它们提出协作要求，以保证装卸作业的顺利进行。生产作业计划是指导企业组织日常生产活动的具体行动计划，是保证企业有秩序进行均衡生产的重要手段，是动员和组织港口全体职工完成和超额完成生产任务的工具，是企业全面计划管理的重要组成部分。

通过作业计划，港口的生产计划可以落实到装卸公司、装卸队、装卸班组和工人，可以使企业的每一环节、每一队组、每日每班都有明确的目标，有利于调动广大职工的积极性，便于对生产进行组织、协调和控制。

生产作业计划，不仅可以合理地使用和调配装卸机械和人力，而且可以挖掘企业内部的生产潜力，避免装卸生产时松时紧、前松后紧等状况，有效保证港口生产均衡、有节奏地进行。

正确地编制和执行生产作业计划，可以促使企业的各项管理工作更加细致和具体，有利于企业不断提高管理水平，并取得良好的经济效益。

2. 编制港口生产作业计划应遵循的原则

为做好港口生产作业计划工作，在编制计划时应遵循以下原则：

（1）企业经济效益（微观）**与社会效益**（宏观）**相结合的原则**　港口是国民经济建设的重要部门，它直接影响着国民经济发展的速度。因此在编制港口生产作业计划时，既要考虑港口自身的经济效益，也要考虑社会效益；既要遵循国家的方针、政策，提倡企业职业道德和协作精神，也要满足国民经济发展对港口的需要。

（2）安全质量第一的原则　安全质量既包括员工人身安全，也包括机械设备和货物的安全，还包括码头服务工作质量。编制生产作业计划时，要牢固树立安全质量第一的观念。没有安全质量的保证，港口将受到事故的牵制而无法组织正常和有效的生产活动，工人的生命安全将受到威胁，企业的经济效益和声誉将受到影响，还会给顾客（如货方、船方）带来损失。

（3）平衡性原则　编制港口生产作业计划时，要掌握综合平衡的原则，这是港口生产的多环节、多因素特点决定的。首先要合理配置企业各生产要素，平衡各主要作业环节的能力，使各生产要素发挥最佳效益，使港口发挥最大通过能力；其次要综合考虑港口外部环境的影响，使生产作业计划既具先进性，又具合理性。

（4）先进科学的原则　组织现代化港口大生产，需要扎实的专业知识和丰富的实践经验，既要善于应用现代科学的管理方法，也要善于总结以往的工作经验。在编制生产作业计划时，要尽可能地采用先进的工艺、流程和方法，提高设备利用率和工时效率；要尽可能充分地挖掘和利用各生产要素的潜力，特别是发挥其中最活跃、最具决定性的要素——人的积极性，以最少的消耗争取最大的经济效益。

7.2.2　港口生产作业计划的分类

港口生产作业计划按照时间可分为月度生产作业计划、旬度生产作业计划和昼夜生产作业计划。

1. 港口月度生产作业计划

港口月度生产作业计划是年度生产计划的具体化，是为了保证年度生产计划的完成而制订的分阶段计划。月度生产作业计划主要由吞吐量计划和装卸工作计划组成。吞吐量计划是依据港口综合通过能力和月度货源组织落实情况而编制的，反映月度进出港口的各类货物的数量，并以此确定港口月度生产任务。装卸工作计划是在吞吐量计划确定后编制的，集中反映港口装卸作业以及与装卸作业有关的各项工作的数量与质量指标，目的是保证吞吐量计划的完成。如，集装箱码头生产计划管理部门于每月底制订下个月的月度生产作业计划，下一个月的月度生产作业计划是年度计划与作业计划之间的纽带；同时，港口生产又是以月度生产作业计划与航、路、货之间建立起严密的组织协作关系。因此，月度生产作业计划在港口生产组织过程中具有十分重要的地位。

（1）月度生产作业计划的内容　月度生产作业计划的内容包括：

1）各企业的客货运输量、周转量及港口吞吐量计划。

2）重点物资运输计划。

3）火车装卸计划。

4）成组、定线和集装箱运输、装卸计划。

5）主要技术经济指标和技术组织措施计划。

6）月度会议决议。

（2）编制月度生产作业计划的依据　编制月度生产作业计划的依据主要有：

1）年度、季度计划任务。

2）月度内贸货物托运计划。

3）月度外贸进出港船货计划。

4）各航运部门船舶运力动态资料。

5）港口码头、库场、设备及装卸、疏运能力资料。

2. 港口旬度生产作业计划

港口旬度生产作业计划是月度生产作业计划的细化和分解，考虑 10 天内的船舶到港情形，具体安排公司的旬度进出任务，根据本旬度来港船舶资料基本确定船舶的装卸货种、数量、流向与作业泊位，并初步确定船舶在港装卸停泊时间。通过旬度生产作业计划，可以较早发现月度生产作业计划在均衡性等方面存在的问题，便于港口各级领导及时采取调整措施。此外，旬度生产作业计划也是航运部门安排运力、调整船舶到港密度的依据。

港 口 物 流

（1）旬度生产作业计划的主要内容　旬度生产作业计划的主要内容包括：

1）上一旬度生产进度、本旬度的任务计划及累积进度。

2）旬度内船舶动态及泊位使用计划。

3）重点船舶的要求或作业方案。

4）各主要货种（类）完成情况及本旬计划指标。

5）库场的调整使用计划，了解旬初库存及预计旬末的库存量。

6）装卸计划及挂线方案，篷布等备品计划。

（2）旬度生产作业计划编制的原则

1）必须贯彻先计划内后计划外、先重点后一般、按船舶到港先后顺序作业和班轮优先等原则。

2）要努力组织均衡运输，尽量做到日保旬、旬保月，防止上旬松、中旬亏、下旬拼命赶的现象出现。

3）经济合理地使用船舶及港口设备能力，贯彻落实定线、成组、集装箱运输方案，努力缩短车、船、货在港停留时间，不断提高运输、装卸质量和效率。

3. 港口昼夜生产作业计划

港口昼夜生产作业计划是港口生产作业计划体系中最具体也是最重要的执行计划。港口生产经营企业要完成年度生产作业计划、月度生产作业计划、旬度生产作业计划，都要基于昼夜生产作业计划的完成。实际上，港口昼夜生产作业计划就是港口生产经营企业每天开展生产活动的任务书。因此，要成功编制一份港口昼夜生产作业计划，需要具备很多详尽的资料。如，船方、货方的要求；货物种类、数量和流向；船舶到港时间、积载情况、装卸设备等；集疏运列车、卡车及驳船等运输工具的到港密度与载货容量等；天气状况、海浪、潮汐等；港口自身所具备的码头泊位能力，装卸设备的供应状况，库场堆存能力及员工的在岗情况等。

为了最大限度地利用各种资源，实现降低单位运作成本、提高港口收入的目标，现代港口生产作业昼夜连续涉及的信息量、工作量非常大，这就需要一套完整的港口生产作业计划体系来保障港口生产作业的有序进行。只有成功编制港口昼夜生产作业计划，才能实现港口物流生产活动的连续性、协调性、节奏性、均衡性和经济性，才能实现供应链各环节之间的紧密衔接及相互协调运行。

（1）昼夜生产作业计划的主要内容　昼夜生产作业计划的主要内容包括：

1）船舶装卸作业顺序、泊区（作业地点），重点船舶安排。

2）作业船舶各工班计划中的开工舱口数、配工人数、机械配备的各种类型和数量等。

3）船舶装卸量计划和昼夜装卸量计划。

4）单船装卸量计划。

5）单船计划开工和作业完成时间。

6）船舶靠泊后，中途中断一工班以上的原因。

7）火车作业、汽车作业、前后方库的倒载作业计划等。

8）安全质量措施。

9）重点船、重点舱、重点车、重点货的要求。

（2）昼夜生产作业计划编制的原则

1）局部服从全局的原则。从全局观点出发，凡是确定的重点船、重点车、重点货，都应作为昼夜生产作业计划的重点。

2）重点优先的原则。凡是重点船、重点车、重点货，都应优先安排计划，并确保作业时间按时完成。

3）贯彻车船并重、合理的开头量比例、以车保船的原则。

4）能力与任务相适应的原则。

5）安全质量第一的原则。

7.3　港口生产调度

港口生产调度（Port Operation）是港口生产系统的核心，也是港口成功开展物流服务活动的保障。港口生产调度工作质量的高低直接影响到港口企业的生产效率与经济效益。如何提高港口生产调度的准确性和合理性，如何最大限度地发挥生产调度的核心作用，一直是港口企业为提高自身竞争力而不断探索的重要问题。

港口生产调度是指保证港口生产作业计划实现而进行的一系列指挥、检查、督促、协调和平衡工作。港口生产调度部门依据制订好的生产作业计划，把生产中各部门或各环节有机地联系起来，实现港口的有节奏的生产和服务。

7.3.1　生产调度工作的流程与要求

1. 港口生产调度工作的流程

1）及时获取相关信息，如货源、运输工具（车船）、装卸机具和人力等。

2）具体调配各种资源，如决定采用的装卸操作方法、选用的机械类型、配备一定规模的人力、安排船舶作业顺序、确定停靠泊位和作业起止时间等。

3）掌握货物的装卸、堆存、疏运等过程中的情况和进度，及时发现问题并采取相关补救措施，保障港口生产作业计划、组织、协调、控制等以低成本、高效率完成，并为客户提供高效、优质的服务。

2. 港口生产调度工作的要求

鉴于上述港口生产调度工作的流程，对港口生产调度工作提出以下要求：

（1）预见性　预见包括两个方面：一是采取预控措施，消除港口生产中的隐患；二是事先准备，采取有效的应急措施。有了预见性，才能保证港口生产调度工作的主动性。

（2）计划性　计划是为达到既定目标而预先规定的工作进度及措施。计划性是港口生产调度工作的基础和依据。

（3）集中性　为了有效地维护港区生产经营的统一领导，保证生产资源合理配置，以及生产活动有条不紊地正常进行，在港口采用集中管理方法是必要的。当然，这种集中管理的有效性有赖于港口两层管理之间的协调性。

（4）及时性　及时性表现为发现问题迅速，信息反馈及时，解决问题果断。

（5）经常性 生产一旦开始，就必须不间断地进行生产调度、协调和平衡，这些正是港口现场生产调度指挥系统的工作内容。

（6）全面性 既要全面掌握港区内部人、财、物的资源配置和生产作业计划等情况，又要掌握各协作单位的与港口生产密切相关的信息。

7.3.2 我国现行港口生产调度的方法

目前，我国港口生产调度工作实行两级调度制，主要是通过编制生产作业计划、召开各类生产调度会议及现场调度指挥来开展。

1. 港口生产调度会议制度

（1）作用 港口生产调度会议制度是根据港口生产经营的特点和要求而确立的，是做好港口生产调度工作的重要保障，其作用在于：

1）协调港航、车货等各方面的联系与配合，保证装卸运输的顺利进行。

2）通过各种生产会议、布置港口的月度、旬度和昼夜等生产作业计划。

3）检查和总结各生产作业计划的完成情况，以及安全质量情况。

4）完成好重点船、重点舱和重点货的装卸任务。

（2）类型 由于港口生产调度会议是围绕着港口生产作业计划的制订、布置，以及生产作业计划完成情况的反馈而召开的，因而港口生产调度会议也相应划分为月度生产调度会议、旬度生产调度会议和每日生产调度会议（包括交接班会、生产计划预编会和生产会等），另外根据港口特殊的装卸任务也可临时召开一些生产调度会议。

港口生产调度会议制度与港口生产运作管理中的调度机构相对应，而调度机构的设置又与港口企业管理机构的设置相一致，港口企业管理机构是根据港口规模、港区分散或集中程度、码头专业化程度及生产经营特点等情况而设置的，一般采用两层管理机构"集团公司-装卸公司"，相应地在生产调度中也采用集团生产调度会议和装卸公司生产调度会议两层调度会议制度。

2. 现场生产调度

一般港口除了集团、装卸公司两层调度部门外，在现场生产调度中还配有值班调度人员和装卸指导员（即单船指导员），负责港口装卸生产的现场直接组织和指挥工作。

现场生产调度的总任务是：以昼夜生产作业计划和调度部门布置的任务为依据，具体负责所承担船舶的劳动力和机械设备的配置、装卸工艺和流程的落实，努力做到使各装卸生产任务能平衡、安全地进行。

（1）集团层级 港口两层生产运作管理过程中，集团公司主要负责以下生产安排的决策：

1）船舶到港后作业泊位的指定（指泊），即负责全港船舶作业任务的分配。

2）确定重点装卸船舶的优先权，保证重点物资的装卸。

3）确定船舶作业总体进度及要求，对现场生产调度提出指示。

4）全港性资源的调配（如拖轮、浮吊、铁路专用线、二线库场等）。

（2）装卸公司 装卸公司主要负责以下生产安排的决策：

1）针对集团公司下达的生产任务，制订具体的生产作业计划。

2）根据公司可以调配的生产资源，合理安排人力、设施、设备，以最经济的方式组织生产。

3）向集团公司申请全港性生产资源的使用。

4）负责生产过程中的现场指挥。

5）及时反馈生产进度，就生产中遇到的重大问题请示集团公司。

7.4 港口生产统计指标

港口生产统计指标（Port Production Index）是反映港口物流生产经营目标和活动状态、规模、效果和质量，用来衡量港口物流生产作业绩效的指标。港口生产统计指标体系的设计，是一项非常重要的工作，一个完善的指标体系对港口的生产会起到不断促进与提高的作用。

7.4.1 港口生产统计指标体系

港口生产统计指标，是一组综合反映港口物流生产、经营活动状态、特征的信息。根据港口生产经营的特点，港口生产统计指标体系应当包含以下指标：

1）生产经营成果统计指标。

2）安全质量统计指标。

3）劳动生产率统计指标。

4）生产设备（设施）及运用的统计指标。

5）船舶在港停留时间的统计指标。

6）燃料、物料消耗的统计指标。

7）财务收支及资金占用的统计指标。

8）经济效益统计指标。

上述各项指标，按照其说明问题的性质，可以分为数量指标与质量指标两类。按照指标的作用，又可以分为计划指标与考核指标两类。

数量指标反映港口生产经营活动的规模与能力的水平，通常用绝对数表示，比如吞吐量、操作量、机械起运量与泊位数等。

质量指标反映港口生产经营活动的效果与质量的水平，通常用相对数（比例、比值、百分率等）表示，比如操作系数、船舶平均每千吨货在港的停泊时间、泊位占用率、库场容量运用率、装卸机械利用率等。

计划指标是企业生产计划当中规定的，必须达到或完成的生产目标。它既是执行计划的依据，也是指导生产与实行考核的基础。计划指标既要能够反映出港口物流生产的规模、能力与水平，又要能够反映出其效果与质量。

考核指标是指对企业或部门的生产、经营、管理工作进行评比、奖惩的衡量标准。它可以包括计划指标的内容，但又不完全是计划指标。具体的考核，可以侧重于生产当中某些薄弱环节。例如，当港口船舶排队严重时，可以将船舶的在港时间作为重点考核项目。

7.4.2 港口吞吐量指标

吞吐量（Port Throughput）是港口生产指标体系当中最重要的产量指标，分为旅客吞吐量与货物吞吐量。

旅客吞吐量是指由水运乘船进出港区范围的旅客人数，其计量单位为人次。旅客吞吐量应包括乘游船进出港口的旅客人数，但不包括港区内轮渡及短途客运的旅客人数、免费儿童及各船舶的船员人数。港区范围是指各港口的港章当中，所规定的或经过港口当地政府机关划定的港口陆域、水域范围。

货物吞吐量是指经由水运运进、运出港区范围，并且经过装卸的货物（箱）数量，包括邮件及办理托运手续的行李、包裹，以及补给船舶的燃料、物料与淡水，计算单位为"吨（t）"或"TEU"（标准箱）。

货物吞吐量由出口吞吐量和进口吞吐量两部分组成。出口吞吐量是指从本港装船运出港口的货物数量，包括在本港扎排运出的竹木排。进口吞吐量是指由水运运进港口卸下的货物数量。

通常，货物吞吐量的计算方法为：

1）自该港装船运出港区的货（箱）计算一次出口吞吐量。

2）由水运运进港区卸下的货（箱）计算一次进口吞吐量。

3）由水运运进港区、经过装卸又由水运运出港区的转口货（箱），无论是船到船直接转口，还是经过库场之后再装船转口，都分别按照进口装船和出口装船，各计一次吞吐量。

3）将补给国内外运输船舶的燃料、物料与淡水，计算为出口吞吐量。

4）将由水运运进港区，并且在港内消耗的建港物资、人防物资与防汛物资（包括港用机械、设备等），计算为进口吞吐量。

5）由水运运进、运出港区的邮件、行李、包裹，分别按照进口或出口计算吞吐量。

下列情况不计算货物吞吐量：

1）港区范围内的水上运输货（箱）。

2）船舶运载进港之后，未经过装卸又原船运载出港的货（箱）。

3）自船上卸下，继而又装到同一船上的货（箱）。

4）装船后未运出港区，又卸入该港区范围内其他地方的货（箱）。

5）本港港区范围内的轮渡、短途运输货物以及为运输船舶装卸服务的驳运量和各码头之间的驳运量。

6）港口进行疏浚运至港外抛弃的泥沙及其他废弃物。

7）路过的竹、木排，在港进行原排加固、小排并大排、大排改小排等加工整理的。

8）渔船或其他船舶直接自江、海、湖泊中捕捞进港口的水产品及挖掘的河泥。

港口货物吞吐量的统计，一律以统计期（月、季、年）末最后一天的18时整为截止时间。

货物吞吐量统计除按进出口、全港、本港等统计外，还要根据不同贸易性质、货物类别、船舶类型、货物流向、码头泊位等进行统计：

1）按货物的贸易性质，可以分为内贸吞吐量和外贸吞吐量。

2）按货物的类别，可以分为不同货类的吞吐量。根据我国交通部发布的标准JT/T 19-2001），所有运输货物共分为 17 大类、122 中类和 197 小类，组成三个层次。一般港口统计按大类统计，即煤炭及其制品；石油、天然气及制品；金属矿石；钢铁；矿物性建筑材料；水泥；木材；非金属矿石；肥料及农药；盐；粮食；机械设备、电器：化工原料及制品；有色金属；轻工、医药产品；农、林、牧、渔业产品；其他货类。

3）按装运货物的船舶分类，可以分为杂货船、散货船、滚装船、集装箱船、油船、客货船及其他。

4）按货物流向，分为不同国家和地区统计。

5）按货物所通过的码头泊位，逐个泊位统计。

在按照重量吨统计时，货物吞吐量的统计一律以重量（吨）为计量单位，集装箱应当被视为货物的外包装箱，无论是空箱还是重箱，箱的自重都一并计算吞吐量。

按照 TEU 统计时，一个标准集装箱（20ft）计一个 TEU，其他箱型按照各自的换算系数折合成 20ft 标准箱来进行统计。

7.4.3 装卸工作量指标

货物的换装是港口的主要生产活动之一。通过装卸工作量指标，可以对港口装卸工作进行全面考察，进行评价分析和汇总，发现存在的问题，从而改进和提高港口装卸工作的组织管理水平。装卸工作量指标包括装卸自然吨、操作量、货物起运量等。在统计工作中，凡在港务局所管辖的码头、锚地、浮筒及库场上进行的作业，都要纳入统计的范围。

1. 装卸自然吨

装卸自然吨是指进、出港区，并且经过装卸的货物数量。一吨货物从进港到出港（包括进港后不再出港货物，即在港内消耗的物资，如建港物资等），无论经过几次操作，都只需计算一个装卸自然吨。

装卸自然吨与吞吐量一样，都是港口装卸工作量的主要指标，它与吞吐量的主要差别在于，水水中转货物在港口进行换装作业时，每一装卸自然吨计算为两个吞吐量，而水陆中转时则统计为一个吞吐量。装卸自然吨由于不会随着货物流程的变化而改变数值，因此常常被用来作为计算港口装卸成本的计量单位。

在计算装卸自然吨时，除进港后不再出港货物在进港时统计外，其余一律在装船或装车出港时统计。这样的统计：首先是符合港口生产活动的特点，即当货物装运出港时才完成了港口的生产过程；其次是可以促使港口重视卸货的同时重视装货，有利于提早实现商品的使用价值，减少货物在库场的积压，提高堆场利用率，保持港口的畅通。

2. 操作量

操作量是指通过一个完整的操作过程，所装卸、搬运货物的数量。其计量单位为操作吨。在一个既定的操作过程当中，一吨货物无论经过几组工人或多少次装卸机械的操作，也无论运输距离的远近、是否有辅助作业，都只计算一个操作量。

一个完整的操作过程，是指货物由一个运输工具（船或车）到另一个运输工具（船或车）或库场、由库场到运输工具或库场的整个装卸搬运过程。

操作过程一般划分为：

1）船→船。

2）船→车、驳。

3）船→库、场。

4）车、驳→库、场。

5）库、场→库、场。

6）车、驳→车、驳。

同一库场之内的倒垛、转垛，属于库场的整理工作。翻舱、拆包、灌包、缝包、摊晒货物、过秤等，都属于辅助作业，一律不可计算为操作量。

装卸自然吨、货物吞吐量与操作量之间的关系见表7-1。

表7-1 装卸自然吨、货物吞吐量与操作量之间的关系

操作过程	装卸自然吨	货物吞吐量	操作量
船-船	1	2	1
船-库场-船	1	2	2
船-港内驳运（去货主码头）	1	1	1
船-港内驳运（去港务局码头）	1	1	1
船-库场-港内驳运（去货主码头）	1	1	2
船-库场-港内驳运（去港务局码头）	1	1	2
港内驳运（自港务局码头来）-库场-船	1	1	2
车-船	1	1	1
车-库场-船	1	1	2
车-库场-港内某处（港口自用物资）	1	0	2
船-库场-港内某处（港口自用物资）	1	1	2
船-库场-库场-车	1	1	3

3. 操作系数

操作系数用于测定每吨（箱）货物在该港区内的平均操作次数，是考核港口装卸工作组织完善程度的主要质量指标之一。其计算公式为

操作系数 = 操作量/装卸自然吨

由于每吨货物通过港口时，至少要经过一次装卸，因此操作系数≥1；如果港口的全部装卸作业都是以直接作业的形式来进行的，则操作系数等于1。

在一般情况下，操作系数低的港口，直接换装的比重高，库场的需求量少，完成换装作业所消耗的劳动量小、成本低、货损少，因而这通常是港口生产组织管理工作追求的目标。

但是在当前船舶大型化、港口现代化的新情况之下，加快船舶周转速度，要求

极高的装卸效率，宁可采取两次操作的工艺方案；常常是先将大盘货物集中在码头的前沿库场，或是将卸下的货物先存放在港区库场，然后再慢慢疏散。因此，大型现代化码头的操作系数，有时反而会比旧码头的还要高，配备的库场面积比例也比旧码头的高。

当然，在一般情况之下，还是应当加强管理协调，尽可能地降低操作系数。

4. 货物起运量

货物起运量指标是反映港口装卸机械工作量大小的指标，又叫装卸机械起运量指标。其计算公式为

$$Q_{起} = \sum_{i=1}^{m} \sum_{j=1}^{n} G_{ij} \tag{7-1}$$

式中　$Q_{起}$——货物起运量；

　　　G_{ij}——第 j 类机械完成第 i 类货物的起运量，$i = 1，2，\cdots，m$；$j = 1，2，\cdots，n$。

7.4.4　装卸效率指标

1. 船舶平均每停泊艘天所装卸货物的吨数（总定额）

$$P_{总} = \frac{q_{货}}{T_{停泊}} \tag{7-2}$$

式中　$P_{总}$——船舶平均每停泊艘天所装卸货物的吨数（t/艘天），又称总定额；

　　　$q_{货}$——装卸货物吨数；

　　　$T_{停泊}$——船舶总停泊时间（艘天）。

2. 船舶平均每装卸艘天所装卸货物的吨数（纯定额）

$$P_{纯} = \frac{q_{货}}{T_{装卸}} \tag{7-3}$$

式中　$P_{纯}$——船舶平均每装卸艘天所装卸货物的吨数（t/天），又称纯定额；

　　　$T_{装卸}$——船舶生产性停泊时间（艘天）。

3. 平均船时量

平均船时量是指来港装卸的船舶，平均每艘船每小时所装卸货物的吨数，其计算公式为

$$\overline{P}_{船·时} = \frac{\sum q_{船}}{\sum T_{船}} \tag{7-4}$$

式中　$\overline{P}_{船·时}$——平均船时量（t/艘时）；

　　　$\sum q_{船}$——船舶装卸货物吨数之总和；

　　　$\sum T_{船}$——船舶装卸作业时间之总和。

4. 平均舱时量

平均舱时量是指在港装卸的船舶平均每一舱口每小时所装卸货物的吨数，其计算公式为

$$\overline{P}_{舱·时} = \frac{\sum q_{船}}{\sum T_{舱}} \tag{7-5}$$

式中 $\overline{P}_{舱·时}$——平均舱时量（t/舱时）；

$\sum T_{舱}$——船舶作业舱时之总和。

一个舱口开一条作业线 1 小时，则计算为一个作业舱时；如果一个舱口开两条作业线 1 小时，则计算为两个作业舱时。船舶国籍不同、所载货种与流向不同、船型不同及大小不同，对上面的这组统计指标均有很大影响。为了便于分析比较，上述指标要分国籍、分货种和分分船型进行统计。

5. 平均车时量

平均车时量是车辆装卸的效率指标，应按货类进行统计分析。

$$\overline{P}_{车} = \frac{\sum q_{车}}{\sum T_{装卸}} \tag{7-6}$$

式中 $\overline{P}_{车}$——平均车时量（t/车时）；

$\sum q_{车}$——车辆装卸货物吨数之和；

$\sum T_{装卸}$——车辆装卸时间之和。

6. 平均台时量

平均台时产量是反映装卸机械生产率的指标，根据货类，按机械类型分别统计分析：

$$\overline{P}_{台时} = \frac{\sum q_{货}}{\sum T_{作业}} \tag{7-7}$$

式中 $\overline{P}_{台时}$——平均台时产量（t/台时）；

$\sum q_{货}$——机械装卸或搬运货物吨数之和；

$\sum T_{作业}$——机械作业时间之和。

7. 装卸工时效率

装卸工时效率是指装卸工人（包括机械司机及其助手）平均每人工作 1 小时所完成的操作量，其计算公式为

$$P_{工时} = \frac{Q_{操}}{N_{工时}} \tag{7-8}$$

式中 $P_{工时}$——装卸工时效率（操作吨/工时）；

$Q_{操}$——与装卸工时数相对应的操作量；

$N_{工时}$——装卸工时数。

8. 装卸工日产量

装卸工日产量是指装卸工人（包括机械司机和助手）平均每个装卸工日所完成的操作量，其计算公式为

$$P_{工日} = \frac{Q_{操}}{N_{工日}} \tag{7-9}$$

式中 $P_{工日}$——装卸实际工日数（操作吨/工日）。

装卸实际工日数是指装卸工人（包括机械司机和助手）出勤后实际装卸作业的工日数，包括节假日加班装卸日在内。凡一个装卸工人出勤并参加装卸工作，不论是否满一个工班或加班加点超过一个工班，均按一个装卸工日计算。

7.4.5　车、船在港的停留时间指标

船、车在港停留时间是港口综合质量指标之一，反映了船舶、车辆自进港到离港的平均停留时间。分析船、车在港停留时间的种类和原因，可以发现装卸组织中的问题、生产中的薄弱环节，便于采取有效措施，以尽量减少、压缩船车在港停留时间，合理组织装卸，提高装卸效率，加速船舶周转。分析船舶在港停留时间的原因，还可分清经济责任，为船舶速遣、滞留、奖罚等提供可靠依据。

1. 船舶在港停留时间指标

（1）船舶在港停留时间的统计范围　船舶在港停泊时间所考核和统计的范围，是在港务局管辖的码头、浮筒、铺地上进行装卸货物的运输船舶（海港在 500 载重吨以上的船舶，河港在 100 载重吨以上的货船），既不包括路过及来港避风未装卸货物的船舶，也不包括计划批准停航的船舶、卸完货后准备修理的船舶、在装卸时间以外洗刷锅炉及其他处于非运营状态的船舶。对外籍船舶，则不论其所停泊码头的隶属关系，以及由什么单位进行装卸，都要进行考核和统计。船舶在港停留时间的计量单位为"艘天"或"艘时"。

（2）船舶在港停留时间的计算　船舶在港停留统计的截止时间，一律以月、季、年最后一天的 18 时为截止时间。凡 18 时前装卸完毕，且已发航的船舶，则统计在本报告期内。这与吞吐量统计的口径一致。

船舶在港停留时间的起讫时间按以下规定计算：船舶进港直接靠码头时，从靠好码头时起，到装卸货物完毕离开码头时止；船舶进港先在锚地或浮筒停泊时，从在锚地、浮筒泊妥时起，至装卸货物完毕离开锚地、浮筒时止。在港停泊且处于非营运状态船舶的停泊时间不做统计。例如，重载进港、卸货完毕后转入停港封存、修理或报废拆除的船舶，其在港停泊时间，计至统计的货物卸完时止；在装卸时间以外进行清洗锅炉及航次检修的时间，不计为在港停泊的时间。

（3）船舶在港停泊时间的组成　船舶在港停泊的时间，由生产性停泊时间、非生产性停泊时间与自然因素引起的停泊时间三部分组成。

1）生产性停泊时间。它是指船舶在运输生产过程当中所必需的停泊时间，包括装卸作业时间、技术作业时间、移泊时间与其他生产性停泊时间。

装卸作业时间，包括装卸前后张挂安全网、起放吊杆，开盖货舱、接卸输油管（臂）的准备时间，装卸货物时间，补给船用燃料、物料及淡水的时间，扫舱、铺舱、隔舱及油轮加温等的时间。

技术作业时间包括船舶靠离泊位、浮筒的时间，拖驳运输船舶的编、解船队的时间。

移泊时间是指装卸作业计划当中规定或受港口条件的限制，必须从这一泊位移至另一泊位作业的移泊时间。

其他生产性停泊时间，是指除了上述各种生产性停泊时间以外的其他生产性停泊时间，比如船舶联检时间等。

2）非生产性停泊时间。它是指由于运输、装卸组织工作不善，船舶到港不均衡，货物不能够按时集中等原因产生的运输生产过程非必需的停泊时间。造成非生

港口物流

产性停泊的原因，具体包括港方原因、船方原因、物资部门原因与其他原因四部分。

港方原因造成的非生产性停泊，包括因港口能力不足或调度不当，致使船舶等待码头泊位、仓库、工人，等待港作拖船、驳船，以及港口装卸机械故障等由于港方责任所造成的停泊时间。

船方原因造成的非生产性停泊，包括因船方责任而等待货物积载图、船员、运行拖驳船，以及船上装卸具和照明发生故障等造成的停泊时间。

物资部门原因造成的非生产性停泊，包括因物资部门责任，如货物流向未定不能开工卸货或货物未按时集中而等货，以及物资部门未及时提货造成库场堵塞，以致船舶无法作业而造成的停泊时间。

其他原因造成的非生产性停泊时间是指除上述原因以外所造成的非生产性停泊时间。如等待联检等。

3）自然因素引起的停泊时间。它是指由于自然因素影响而产生的停泊时间，包括因风、雨、雾等不能作业，高温季节工人工间休息、候潮进出港等所造成的停泊时间，以及船舶到指定地点避风的停泊时间及其往返的航行时间。

船舶在港停留时间的计量单位，为"艘时"或"艘天"。船舶在港停留时间统计的截止时间，一律为月、季、年的最后一天的18时整。

（4）船舶在港停泊时间的主要指标

1）船舶平均每次在港停泊天数。船舶平均每次在港停泊天数，是指报告期内离港的船舶，从进港时起至出港时止，平均每艘船在港停泊的天数。

一般来说，每艘船舶平均在港停泊的时间越短越好，但由于船舶在港停泊时间的构成复杂，每艘船舶在港停泊时间的长短，受货种、流向、船舶吨位、装卸效率、装卸作业性质、非生产性停泊时间和自然因素等的影响，因而船舶平均在港停泊时间的差别会很大。

$$\overline{T}_{次} = \frac{\sum_{i=1}^{N} T_{停i}}{N_{次}}（天）\qquad(7-10)$$

式中　$\overline{T}_{次}$——船舶平均每次在港停泊天数；

$\sum_{i=1}^{N} T_{停i}$——船舶停泊总艘天；

$N_{次}$——船舶停泊总艘次数，即船舶在港停泊艘次的总和。

船舶从进港时起到出港时止，不论是装货还是卸货，或者又装又卸，也不论移泊次数的多少，都只计算为一个停泊艘次。

2）船舶平均每次作业在港停泊天数。船舶平均每次作业在港停泊的天数，是指在报告期内离港的船舶，从进港起至出港止，平均每艘船每次作业在港口的停泊天数。

$$\overline{T}_{作业} = \frac{\sum_{i=1}^{N} T_{作业i}}{N_{作业}}（天）\qquad(7-11)$$

式中　$\overline{T}_{作业}$——船舶平均每次作业在港停泊天数；

$\displaystyle\sum_{i=1}^{N}T_{作业 i}$——船舶在港作业停泊天数总和；

$N_{作业}$——船舶在港作业总艘次数，即船舶在港装卸作业次数的总和。

一艘船舶在港单装或单卸只计算为一个作业艘次，而卸货后又装货的双重作业则计算为两个作业艘次。

3）船舶平均每装卸千吨货在港停泊时间。船舶平均每装卸千吨货在港停泊时间，简称千吨货停时，是指报告期内在港停泊船舶，平均每装卸千吨货所消耗的属于港方责任的停泊时间。

$$\overline{T}_{千} = \frac{\sum T}{\sum Q} \times 1000 \tag{7-12}$$

式中　$\overline{T}_{千}$——船舶平均每装卸千吨货在港停泊时间；

$\sum T$——船舶装卸货物停留时间，等于生产性停泊时间和因港方原因造成的非生产性停泊时间之和；

$\sum Q$——船舶装卸货物吨数之和。

2. 铁路货车在港停留时间

铁路运输是我国一些港口的主要集疏运方式，因此缩短铁路货车在港停留时间，加速其周转，对加速船舶的周转具有重要的意义。

铁路货车在港停留时间是反映铁路货车在港的时间指标，由于它的计量单位是车小时，所以也简称"车点"。

该指标统计的范围包括所有在港区管辖范围内的火车装卸线或路、港协议规定的交接线内装卸货物的铁路货车，但不包括港口的自备货车。统计报告的截止时间一律以 18 时为准，18 时以前装卸完毕并于路方办妥交接手续的车辆，统计在本报告期内。

（1）货车一次作业平均在港停留时间　这是一个反映铁路货车在港时间的指标，是指报告期内已发出车辆，在港区范围内平均每辆货车每作业车次的停留时间。其计算公式为

$$\overline{T}_{车次} = \frac{\displaystyle\sum_{i=1}^{N}T_{车}}{N_{作次}} \tag{7-13}$$

式中　$\overline{T}_{车次}$——一次作业平均在港停留时间（h）；

$\displaystyle\sum_{i=1}^{N}T_{车}$——总停留车时数，是指报告期内在港车辆停留小时的累计数；

$N_{作次}$——作业车次数，是指装车和卸车数的总和。装（或卸）一辆车计算为一个作业车次；同一辆车卸货后又装货称为双重作业，计算为两个作业车次。

总停留车时数的计算方法视港口有无调车机车而不同：

对有调车机车的港口，其总停留车时的计算，是从路局将车辆送至路港交接线，路、港双方检验完车体，办理完交接手续起；至装卸作业完毕，港方将车辆送到路港交接线，办理完交接手续止。它包括解体、编组、接运车辆的运转等技术作

港口物流

业时间、辅助作业时间、待装卸作业时间和装卸作业时间。

对没有调车机车的港口，其总停留车时数的计算，应从路局将车辆送到港口装线摘完钩时起；到装卸作业完毕，关好车门，盖好篷布，捆绑完毕，清理好列车两旁安全通路时止。它包括装卸作业时间和待装卸作业时间。

（2）日均到港车数 这是反映路局每天平均送到港口铁路专用线的车辆数。其计算公式为

$$\overline{N}_{日 \cdot 车} = \frac{\sum_{i=1}^{N} N_{车i}}{T_日} \qquad (7\text{-}14)$$

式中 $\overline{N}_{日 \cdot 车}$——日均到港车数，应按重车、空车分别计算；

$\sum_{i=1}^{N} N_{车i}$——报告期送到港口铁路专用线的车辆数，按重车、空车分别统计；

$T_日$——报告期日历天数。

（3）日均装（卸）车数 日均装（卸）车数是平均每天装车或卸车的总和。其计算公式为

$$\overline{N}_{日 \cdot 装} = \frac{\sum_{i=1}^{N} N_{日 \cdot 装i}}{T_日} \qquad (7\text{-}15)$$

$$\overline{N}_{日 \cdot 卸} = \frac{\sum_{i=1}^{N} N_{日 \cdot 卸i}}{T_日} \qquad (7\text{-}16)$$

$$\overline{N}_{日 \cdot 装卸} = \overline{N}_{日 \cdot 装} + \overline{N}_{日 \cdot 卸} \qquad (7\text{-}17)$$

式中 $\overline{N}_{日 \cdot 装}$，$\overline{N}_{日 \cdot 卸}$，$\overline{N}_{日 \cdot 装卸}$——分别为平均日装车数、卸车数和装卸车数；

$\sum_{i=1}^{N} N_{日 \cdot 装i}$，$\sum_{i=1}^{N} N_{日 \cdot 卸i}$——分别为报告期装车、卸车累计数。

7.4.6 港口生产设备的运用指标

1. 码头泊位运用情况指标

码头泊位运用情况的指标，具体包括泊位占用率、泊位利用率、泊位作业率。

（1）泊位占有率 泊位占用率是指泊位占用小时数与泊位日历小时数的比值，反映码头泊位停靠船舶占用的程度。其计算公式为

$$K_{泊 \cdot 占} = \frac{T_{泊 \cdot 占}}{T_{泊 \cdot 日}} \times 100\% \qquad (7\text{-}18)$$

式中 $K_{泊 \cdot 占}$——泊位占有率；

$T_{泊 \cdot 占}$——泊位占用小时数（以下称为"泊位占用时间"），是指泊位日历数当中，实际停靠船舶所占用泊位的时间，包括装卸时间与非装卸时间。

$T_{泊 \cdot 日}$——泊位日历小时数是指报告期内全部装卸生产用泊位在册日历小时数的总和，包括占用小时数与非占用小时数。

泊位占用时间的计算，应当是从船舶靠泊系妥第一根缆绳时起，至船舶离泊解

完最后一根缆绳时止。

计算泊位占用时间，要以既定的泊位数为准，即一个既定的泊位停靠船舶1小时，无论是停靠一艘，还是两艘及其以上船舶，都只能计为一个占用泊位艘时，不可计算为两个或两个以上的占用泊位艘时。

例如，当一个泊位靠一艘船时，其泊位占用时间就是该码头的延续时间；当一个泊位停靠两艘及以上船舶时，其泊位占用时间的计算，应从第一艘船舶靠码头时起至最后一艘船舶离码头时止，仍按一个泊位占用时间计算，第二艘及以后陆续靠码头的船，进行累计计算。当两个泊位停靠一艘大船时，即以该船停靠码头时间乘2作为这两个泊位的占用时间。其他靠泊船舶情况的泊位占用时间，以此类推。

计算泊位占用时间时，只计算直接靠码头船所占用的时间，停靠外档的船一律不予计算。

（2）泊位利用率 泊位利用率是指泊位生产性停泊时间占泊位日历小时数的比重。它表明泊位生产的使用情况。其计算公式为

$$K_{泊·利} = \frac{T_{泊·生}}{T_{泊·日}} \times 100\% \qquad (7\text{-}19)$$

式中　$K_{泊·利}$——泊位利用率；

　　　$T_{泊·生}$——泊位生产性停泊时间。

（3）泊位作业率 泊位作业率是指泊位作业小时数与泊位日历小时数的比值。其计算公式为

$$K_{泊·作} = \frac{T_{泊·作}}{T_{泊·日}} \times 100\% \qquad (7\text{-}20)$$

式中　$K_{泊·作}$——泊位作业率；

　　　$T_{泊·作}$——泊位作业小时数，是指在占用时间当中进行装卸作业的时间，包括装卸前后的准备时间、结束时间，纯装卸时间，补给供应及其他作业时间。

泊位占用率与泊位作业率，并非越高越好，而是要视船舶装卸量的变化情况进行综合评价。一般来说，这两项指标的提高幅度，以低于或等于船舶装卸量的增幅为好。

2. 库场运用指标

库场运用指标是反映港口企业仓库和堆场运用情况的指标。它统计的范围是港务局营业用的所有仓库和堆场，包括待修、在修、待报废及租入、借入的仓库和堆场，但不包括批准封存、出租、外借及非营业用的仓库和堆场。

在中转过程中，由于种种原因不可能所有货物全部直接进行换装，其中的大多数都要在港口储存一段时期。因此，库场是港口生产设备中不可缺少的部分。库场使用情况的好坏，会影响到码头泊位的能力是否能得到充分发挥。库场的使用情况还在一定程度上反映出港口的集疏运是否畅通，因为疏运不畅往往表现为库场拥塞。

下面是库场运用指标。这些指标要分别按仓库、粮食筒仓、油库（分原油和成品油）和堆场进行统计，各港还可以根据需要分货种进行统计。

港口物流

（1）库场总面积　库场总面积是所有库场面积的总和，每一个库场的面积等于该库场的长乘以宽，其计算公式为

$$S_总 = \sum_{i=1}^{n} l_i \times b_i \tag{7-21}$$

式中　$S_总$——库场总面积（m^2）；

l_i，b_i——第 i 座库场的长度、宽度（m）。

（2）库场有效面积　库场有效面积是指库场总面积中减去通道、货架间距、垛距、柱距、装卸月台、固定设备、办公室等不能堆存货物的面积后，可以用来堆存货物的面积。

（3）库存面积利用率　库存面积利用率是指库存有效面积与总面积之比，其计算公式为

$$K_S = \frac{S_{有效}}{S_总} \times 100\% \tag{7-22}$$

（4）库场总容量　库场总容量是指仓库、堆场拥有的最大堆存能力，其计算公式为

$$W = S_{有效} \times a_技 = S_总 \times K_s \times a_技 \tag{7-23}$$

式中　$a_技$——单位面积技术定额（t/m^2）；

W——库场总容量（t）。

该公式是理论上的容量。

库场平均仓容量为

$$\overline{W} = \frac{\sum (S_{有效} \times a_使)}{T_营} \tag{7-24}$$

式中　$a_使$——单位面积使用定额（t/m^2）；

$\overline{W}$——平均仓容量（t）；

$T_营$——库场营运期（天）。

（5）平均堆存期　平均堆存期是指每吨货物在库场内平均堆存的天数。其计算公式为

$$T_{堆存} = \frac{G_{吨天}}{Q_堆} \tag{7-25}$$

式中　$T_{堆存}$——货物堆存期（天）；

$G_{吨天}$——货物堆存吨天数；

$Q_堆$——货物堆存吨数；

（6）库存容量利用率　库存容量利用率是一个反映库场容量利用程度的指标，其计算公式为

$$K_u = \frac{G_{吨天}}{\overline{W} \times 日历天数} \times 100\% \tag{7-26}$$

式中　$G_{吨天}$——货物堆存吨天数；

$\overline{W}$——平均仓容量（t）。

（7）容量周转次数　容量周转次数是指在营运期内库场单位容量平均周转的

次数，其计算公式为

$$N_{容} = \frac{Q_{堆}}{W} \tag{7-27}$$

3. 机械运用指标

（1）机械完好率　装卸机械完好率是反映装卸机械技术良好状况的一项指标，其计算公式为

$$K_{机 \cdot 完} = \frac{T_{机 \cdot 完}}{T_{机 \cdot 日}} \times 100\% \tag{7-28}$$

（2）机械利用率　装卸机械利用率是反映装卸机械利用程度的指标，其计算公式为

$$K_{机 \cdot 利} = \frac{T_{机 \cdot 工}}{T_{机 \cdot 日}} \times 100\% \tag{7-29}$$

式中　$K_{机 \cdot 完}$，$K_{机 \cdot 利}$——分别为机械完好率、机械利用率；

$T_{机 \cdot 完}$，$T_{机 \cdot 工}$——分别为机械完好台数、机械工作台时；

$T_{机 \cdot 日}$——机械日历台时。

【本章小结】

港口生产过程是从接待车、船开始，送走车、船结束的一个生产周期。港口生产的组织过程实质是通过人的思维对各种生产要素进行合理组合的过程。港口生产过程，就是通过组织工作，在保证人身安全和货运质量的前提下，使整个生产过程的各个环节相互衔接、协调配合，保证企业资源、空间、时间都得到最合理利用，以便整个生产过程获得最佳经济效益。生产过程组织的合理与否，对提高效率、节约装卸成本起着重要作用。

港口生产作业计划作为港口物流生产活动的重要组成部分，是实现港口物流服务目标的保证，同时也是港口生产调度的依据和基础。港口生产作业计划编制的最终目标，是通过科学、合理地配置码头泊位、机械设备、库场、人力等资源，最大限度地满足顾客对港口物流服务的需求，完成港口物流生产和利润指标。

港口生产调度是指保证港口生产计划实现而进行的一系列指挥、检查、督促、协调和平衡工作。港口生产调度部门依据制订好的生产作业计划，把生产中各部门或各环节有机地联系起来，实现港口有节奏地生产和服务。

港口生产统计指标是反映港口物流生产经营目标和活动状态、规模、效果和质量，用来衡量港口物流生产作业绩效的指标。港口生产统计指标体系的设计，是一项非常重要的工作，一个完善的指标体系对港口的生产会起到不断促进与提高的作用。

通过对港口生产组织、生产过程、生产计划、生产调度等的详细讨论，可以较为全面地了解港口生产运作的全过程，同时对港口指标体系进行分析，便于对港口效率进行统计与分析。

【主要词汇】

港口生产过程，船舶作业计划，昼夜生产作业计划，"两级调度制"，货物吞吐量，

港 口 物 流

装卸自然吨，操作量，总定额，纯定额。

【案例分析】

大幅提升码头利用率！洋山港深化"双档靠泊"试验取得成功⊖

2019年9月24日，支线集装箱船舶"恒隆8"轮安全靠妥另一艘支线集装箱船舶"信源和18"轮外档，并成功进行集装箱装卸作业，内外档船舶长度差突破原先15m的限制要求，达到40.2m，标志着洋山港深化"双档靠泊"试验取得圆满成功，港区通航功能提升取得新突破。

"双档靠泊"即码头"船外靠船"，内支线集装箱船停靠在已靠泊船舶外侧船舷的操作方式，该举措能使码头利用率提升一倍，可有效缓解内支线船泊位不足的压力，提升港口通航效率和服务能级。

近年来，内支线船舶大型化趋势明显，存量船舶船型差异增大，按当前条件可进行"双档作业"船舶比例大幅降低；再加上洋山四期竣工后，洋山港内支线集装箱船流量增幅较大，2019年上半年同比增长了25.32%，通航功能提升的需求更加迫切。

为解决以上矛盾，洋山港海事局联合洋山港集装箱码头经营单位，对洋山港气象、水文条件及支线船舶资料进行分析，总结以往经验，进一步优化支线船舶双档靠泊作业限制条件。通过研讨和专家反复论证，确定了在里档靠泊大船的情况下，放开外档船长要求，取消了与内档船舶长度差距不大于15m的限制，并成功进行了实船试验。

优化方案全面实施后，可进行"双档作业"船舶比例将提升17.36%，届时，洋山港内支线船舶泊位紧张的问题将得到一定程度的缓解，港口中转效率将大幅提升，江海直达"水水中转"的时间和成本优势将进一步凸显，对进一步提升上海国际航运中心建设软实力和自贸区临港新片区建设具有积极意义。

分析：

1. 洋山港"双档作业"对其他港口生产有什么借鉴作用？

2. 提高港口生产效率还有哪些途径？

【思考练习】

1. 名词解释

（1）港口生产过程

（2）货物吞吐量

（3）装卸自然吨

（4）港口生产调度

2. 填空题

（1）港口企业生产过程，按其程序可划分为（　　　）、（　　　）、（　　　）和生产服务过程四个阶段。

（2）组织港口生产过程中必须遵循（　　　）、（　　　）、（　　　）、（　　　）四个方面

⊖ 资料来源：www.sohu.com。

的原则。

（3）港口生产计划按照时间可分为（　　）、（　　）和（　　）。

（4）货物吞吐量是港口生产指标体系当中最重要的产量指标，分为（　　）吞吐量与（　　）吞吐量。

3. 简答题

（1）港口生产过程组织的任务是什么？

（2）港口生产过程连续性的主要表现是什么？

（3）昼夜轮班作业计划编制的原则有哪些？

（4）请详细介绍港口生产统计指标体系。

（5）什么是货物吞吐量、装卸自然吨、操作量？

（6）什么是生产性停泊时间？

第8章 港口物流服务运作

【学习目标】

了解港口物流业务的含义与主要类型；熟悉港口物流库场业务、港口物流船舶代理业务、货运代理业务的范畴与基本程序；掌握港口物流基本业务的主要内容。

8.1 港口物流库场业务

8.1.1 港口库场的含义

1. 港口库场的定义

港口库场（Port Storehouse）是指港口为保证货物换装作业正常进行，防止进、出口货物灭失、损坏，而提供的用于储存与保管货物的仓库、货棚、堆场、货囤、筒仓和其他建筑物的总称。它是港口极其重要的组成部分之一，也是整个运输过程中不可缺少的重要环节。

不同港口中库场建筑物的类别和所需面积不同，其中集装箱港口需要大量堆场和少量后方仓库进行装拆箱作业；杂物港口需要使用仓库、货棚、堆场等多种建筑物与较大的占地面积；油港只要油槽和管道，其占地面积往往较小。

仓库外形如图8-1所示。

图8-1 仓库外形

2. 港口库场的功能

在现代港口物流系统中，大批货物要从各地发货人所在地运送到港口。由于货物种类繁多，运往的地点不同，因此这些到港等待装船的货物事先要在港口不同仓库、堆场进行集中和组合；进口货物抵港卸载时，许多货物来不及由铁路、公路或水路中转出去，这些货物也需要在港口库场储存。因此，港口库场在现代运输组织中是不可缺少的，具有重要的作用。

港口库场的功能主要有：①货物的集散功能；②调节与缓冲功能；③实施货运作业的功能；④保管货物的功能。

3. 库场业务流程

库场业务流程如图 8-2 所示。

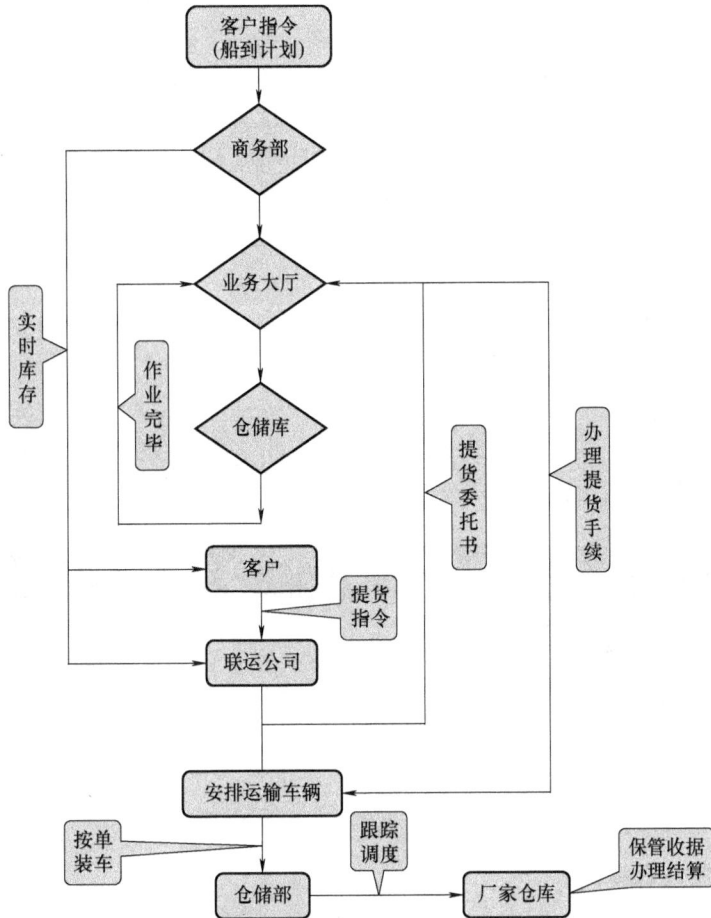

图 8-2　库场业务流程示意图

4. 港口库场的类型

每个港口都拥有一定数量及不同种类的仓库和货场，港口库场的种类可以从建筑特征、库场所处位置和所保管货物的类别等方面来进行分类。

（1）按建筑特征可分为露天货场、货棚、仓库、货囤等　露天货场用来堆存适于露天保管的货物，货棚又被称为半露天库房，只有棚顶，四周不围闭。仓库一般为封闭的建筑物，有单层仓库及多层仓库两种形式，库内设有必要的通风、防火设备，可用于堆存件杂货；仓库是港口库场最重要的设施。货囤，是一种水上仓库，一般为铁质的或水泥制成的有顶盖的平板驳船，也有用废旧船舶改建成的，既可以停靠船舶进行装卸，也可以在舱面及舱内堆存货物。

（2）按库场所处的位置可分为前方库场、后方库场等   前方库场是指设置在接近码头前沿的仓库或货场，能缩短货物搬运的距离，提高港口的装卸效率，减少泊位与库场间流动机械运行的干扰。后方库场是指在吞吐量大的码头泊位设置足够大面积的库场，可以为前方库场分担堆存压力。

（3）对大型港口可考虑设置进口库场、出口库场及中转库场   考虑到货物通过港区库场的几种形式，如进口、出口、中转等，为了取得较好的经济效益及便于组织管理，大型港口还可考虑设置进口库场、出口库场及中转库场。其中，进口库场是为进口货物及卸船服务的库场；大型港口还可以考虑将进口库场进一步划分为杂货进口库场、大宗货进口库场，南方进口、北方进口及远洋进口库场等。

除了以上分类方法，按所保管货物的类别，还可分为普通库场、煤场、矿石堆场、仓库、油库、冷藏库、危险品仓库等。

8.1.2   港口库场业务

港口库场业务主要是入库作业、保管作业、出库作业。库场业务具体如图 8-3 所示。

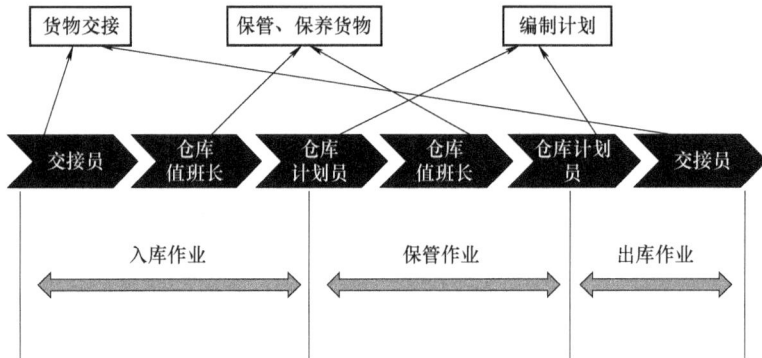

图 8-3   库场业务示意图

1. 货物的入库作业

入库作业包括入库前准备、货物入库验收、货物堆码、单据处理。

（1）入库前准备   货物入库前先要做好收货的准备。

首先，应摸清入库货物情况。一般先要从出口货物的装船通知单入库联、装船预报表附页、进口货物的分舱单，取得入库货物的包装、规格、数量等详细资料，对出口货物还应了解装船舱别、到货港和货物的来源；对进口货物还应了解出港的流向、在港堆存时间及卸船作业顺序、进度等情况。

其次，是安排货位，做到先算后堆。一般要做到：进口货按入库顺序，出口货按到港顺序及配舱顺序，从里边货位开始逐渐向外开垛脚，不能从外向里堆垛，把门堵死；大票货先确定货位，小票零星货机动安排；大票货不堵小票货，轻泡货不堵重件货，近港货不堵远港货，缓发货不堵急发货；同一收货人的货物集中堆放；在安全前提下，货垛尽量堆高，利用空间，提高堆存量。货物入库前要匡算每票货所需的货位面积，再根据货位纵深确定开脚数。

（2）**货物入库验收**　货物入库验收是指库场在货物正式入库前，按照程序和手续，对到库货物进行数量和外观质量的检查。货物验收实质上是一种责任交接。

验收的主要任务是查明到货的数量和质量状态，为入库和保管打基础，防止库场和货主遭受不必要的经济损失，同时对供货单位的货物质量和承运部门的服务质量进行监督。

库场应凭单收货，没有单据的货物不能验收入库，单据和货物要全面核对。

货物验收的基本内容包括质量验收和数量验收。

货物质量的验收主要是对包装的验收。质量验收通常是在初验时进行的，检验包装有无被撬、开缝、污染、破损、水渍等不良情况。同时还要检查包装选用的材料、规格、制作工艺、标志、打包方式是否符合有关标准的要求。国家或国家主管部门未规定标准的应按《水路、公路运输货物包装基本要求》的规定验收。没有标准和要求的，应基于保证运输安全和货物质量的原则进行包装。对不符合要求的，应该拒收，或由托运人负责加固、整修，并编制普通记录随货同行。

货物数量的验收是保证货物数量准确不可缺少的重要步骤，是在初验的基础上做进一步的货物验收，即所谓的细数验收。在进行数量验收时，必须注意同供货方采取相同的计量方法，出库时也按同样的计量方法，避免出现误差。货物数量的验收主要是件数的验收，凡按件交接的货物都一定要认真点清件数，成组货物既要点清关数，又要注意每关细数。

（3）**货物堆码**　应按照货物性质、作业要求和堆码标准化要求进行堆码。货物堆码是根据货物的特性、形状、规格、重量及包装质量等情况，同时综合考虑地面的负荷、储存的要求，将货物分别叠堆成各种码垛。

堆码操作的要求：

1）安全。堆码的操作工人必须严格遵守安全操作规程，使用各种装卸搬运设备，严禁超载，同时还须防止超出建筑安全负荷量。码垛必须不偏不斜、不歪不倒，牢固坚实，以免倒塌伤人、摔坏货物。

2）合理。不同货物的性质、规格、尺寸不相同，应采用不同的垛形。货垛的高度要适合，不压坏底层的货物和地坪，与屋顶、照明灯保持一定距离；货垛的间距、走道的宽度、货垛与墙面等，都要合理、适度。

3）方便。货垛行数、层数，力求成整数，便于清点、收发作业。

4）整齐。货垛应按一定的规格、尺寸叠放，排列整齐、规范。货物包装标志应一律朝外，便于查找。

5）节约。堆垛时应注意节省空间位置，适当、合理安排货位的使用，提高仓容利用率。

库场货物堆码应实行标准化，把货物堆码工作置于严密标准的基础之上，这也是实行科学管理的基本要求。货物堆码的规范要求主要是指"五距"，即垛距、墙距、柱距、顶距和灯距。

要设计一种货物的堆码标准，必须考虑该种货物的性质、包装种类、包装材料、数量、成组方式等条件。

（4）**单据处理**　库场收货入库，是一种责任转移，库场从货主或船方接过货

港 口 物 流

物就要对接收货物的数量、质量负责。因此，需要填写和签证有关交接单据。

内贸出口货物，库场可以在入库联、运单上签收；外贸出口货物，可以在附页上签收。

进口货物则大多填制理货交接计数单。除了交接单据签证外，还要填制收货报表，登账入册。对单证处理的要求是：及时、正确和清洁；按规定内容、要求、方法填制、批准；字迹清楚，改动处盖章；在规定时间内完成，并投入流转。

2. 货物的出库作业

货物出库作业是库场根据货物出库凭证（提货单、领料单、调拨单），按其所列的货物名称、规格、数量、时间、地点等项目，组织货物出库，登账、配货、复核、点交清理等一系列工作的总称。货物出库必须依据货主开出的货物出库凭证进行。不论在任何情况下，库场都不得擅自动用、变相动用或者外借货主的库存货物。

货物出库作业从业务性质上可分为向收货人交付和由车、船转运出港两种，但对库场来说，它们实质上是一样的。

（1）发货前准备 发货前应查看存货账和货堆实物，查看数量是否相符、有无质量问题，做到心中有数。一票大宗货堆在几个货垛的，应根据库场使用要求，确定出货桩脚，出剩残堆应优先出清。对于易弄错的货垛，应在货垛旁做出明显记号，对作业工组交代清楚。

货主持提货凭证来提货时，应先对提货凭证进行审核，弄清是否办过提货手续，货物品名、规格、件数是否相符等。支付现金的提货凭证应核对提货日期。

对接运的车、驳，应询问核对，防止错装错发。

（2）发货与交接 发货交接应注意做到如下各点：

1）出库凭证和手续必须符合要求。出库凭证的格式不尽相同，但不论采用何种形式，都必须真实、有效。出库凭证不符合要求的，仓库不得擅自发货。特殊情况发货必须符合仓库有关规定。

2）发货前双方商定交接计数办法，坚持当面交接。一般货物入库检验与出库检验的方法应保持一致，以免造成人为的库存盈亏。

3）港口只凭标志相符、包装完整发货，对箱内货物一般不负责任。当包装残损、内货状况不明时，不能贸然开出记录，让其提走件货；而是应暂时将货留下，内贸货双方在场开箱验货，外贸货则应由商检局开箱鉴定。

4）按车、按驳办理交接签证时，一般不开总交接单，也不要预先开单，以防更改。点垛交接才可以一次办总交接。

5）空袋地脚货应随原批货同行。

6）发现短缺时，不能随便用同品种规格的货物抵补，必须要求货主开具抵补证明，并在提货凭证上写明抵补情况，出仓日报上也应写清抵补情况。

7）发货完毕，应检查库场、道路，注意有否漏发、错发和掉件。

8）提高服务质量，满足用户需要。货物出库要求做到及时、准确、保质、保量地将货物发放给收货单位，防止差错事故发生；工作应尽量一次完成，提高作业效率；为用户提货创造各种方便条件，协助用户解决实际问题。

（3）单据处理　库场发完货应立即与接货方办理交接手续，签证有关交接单据。交接签证单据是双方交接的凭证，库场凭此作为货物账册付账的原始依据。车辆提货的交接单据，同时又是出门通行证。船舶装运的货物交接单据也叫库场——船舶交接计数单。该交接计数单由发货库场员填写，内容要详尽、具体，在装好后填妥，交船舶方签证。除了填签交接单据外，还要在提货凭证上做出记录，写明日期、操作过程、提取数量与结存量。如果提货凭证记录栏已记满，或者港口要收回提货凭证，则应另填提剩单给货方作为下次提货凭证。开出提剩单后，原提货凭证上应做记录并收回。

货物出库后，还要填制出仓报表，并在货物账册上付账。

3. 货物的保管作业

只要货物在库场堆存保管期内，港口就要对货物的安全质量承担责任，确保不发生货损、货差事故。

具体来讲，货物保管要做好以下工作：

（1）防止盗窃破坏事件发生　仓库员应坚守岗位，离开时应锁门。库门钥匙要由专人保管，上班领取，下班缴回。进出仓库的人员应登记，与仓库作业无关人员，不能进入仓库。

（2）做好消防工作　库场应按堆放货物种类，配备消防器材。消防器材应放置在固定地点，不能挪为他用，并定期检查更换。对火种、电源要进行严格管理。仓库内不准使用电炉、煤炉，不得带火种入库，明火作业应经派出所（消防部门）批准，同时进行监护，车辆进入港区应安装"火星熄灭装置"，铁路机车进入港区不得通炉。

（3）做好防汛、防台风工作　防台汛措施应落实，器材配足，有专人负责，并加强检查督促。水管下水道要保持畅通。屋面漏雨、门窗破裂要及时修复。盖油布要经常检查，破洞要及时补好。堆场盖油布要扣牢网绳，以防被风吹开。质量不好的仓库，低洼堆场中的货物，在台汛期间要催货主快些提走或联系运力转出，不能运出港区的，就在港内转栈。防汛墙外的货物要特别注意。要随时掌握气象情况，防止天气突变造成湿损事故。

（4）健全货账制度，定期盘点　库场堆放货物必须建立货账制度，做到有货有账，货账相符。货物入库应及时登账，货物出库应及时销账。库场堆存货物应定期盘点，杂货每月一次，煤炭等大宗散货每季或半年一次。盘点发现数量溢缺时，应查明原因、报告有关部门更正账面。杂货仓库每月盘货后，填制月结报表。该报表可作为存货的账册。

建立保管责任制、交接班制度和经常性的安全检查制度，保证以上各项措施、制度落实到位。

8.2　港口物流理货业务

8.2.1　理货业务的概念

船舶理货（Tally）业务是港口物流生产活动中的基本业务之一，也是港口提

港口物流

供物流服务的基本职能。

港口理货是水路运输的货物,在承运人与托运人、收货人之间发生物权转移时的交接公证工作,并以此划分承运人与托运人、收货人之间在货物数量和质量方面的责任。

理货是随着水上贸易运输的出现而产生的,其含义为计数用的筹码。

这是因为船舶在港口装卸货物时,人们最早是用木、竹制的筹码来计算货物数字的,所以最早的理货工作就是计数。

国际贸易成交后,商品要通过运输来实现交换,也就是说,卖方的货物要交到买方的手中必须经过一系列搬运和交接工作。货物在搬运过程中,只要有交接就有理货。理货员在船边进行理货工作如图8-4所示。

图8-4　理货员在船边进行理货工作

8.2.2　理货的业务范围

理货的业务范围是随着外贸运输的发展而逐步扩大的,从最初的计数、挑残,发展到现在的服务于海上货物运输所涉及的货物交接的各个领域。

各国理货机构的理货业务范围大同小异:所谓大同,就是都对货物进行计数、分票、理残、交接和出证;所谓小异,就是在验舱、计量、丈量、检验等业务方面有所不同。理货机构的理货业务范围也是在不断变化的,是根据外贸运输关系人的需要,逐步发展的。

1. 理货业务类型

按理货对象,可分为船方理货、货方理货、保险方理货、其他方理货等。

按货类和船舶,可分为成件货物理货、集装箱理货(含理箱和理货)、载驳船理货和散装船理货等。

按工作地点,可分为国内港口理货、随船理货、出国理货(去国外合资或独资理货)和内地理货等。

按货物性质,可分为外贸货物理货、内贸货物理货、行李包裹理货、海外货物理货,以及转口、过境货物理货等。

按理货规则,可分为强制性理货和委托性理货等。

2. 理货业务内容

1)点清货物数字,剔清货物残损,分清货物标志、批次和件号。

2）点清集装箱数字，剔清集装箱残损，分清集装箱箱号和铅封号。

3）点清集装箱箱内货物数字，剔清箱内货物残损，分清箱内货物标志、批次和件号。

4）集装箱的验封和施封。

5）绘制积载图，制作分舱单。

6）办理散装货物单证、手续。

7）货物甩样、分规格、挑件号。

8）货物丈量、计量。

9）监装、监卸。

10）办理交接、签证手续，提供有关单证。

理货员在场站进行理货工作如图 8-5 所示。

图 8-5　理货员在场站进行理货工作

8.2.3　理货的工作程序

1. 装船理货程序

（1）装船前的准备工作　在船舶装货前 24 小时，船舶代理人将载货清单、装货清单、危险品清单和经船方确定的货物配载图等有关单证资料，送交理货机构。发货人或其代理人将经港口仓库确认并批准货物堆放位置的装货单附页和经海关核准放行的装（收）货单一起，送交理货机构。

理货机构收到这些单证资料后，要进行整理和登记。如发现问题，及时联系解决。然后将有关单证资料交给指派登轮的理货人员使用。

理货人员收到单证资料后，要立即着手进行下列准备工作：

1）核对装货单和载货清单。装货单是理货人员验收货物和装船理货的凭证。载货清单全称是"国际航行船舶出口载货清单"，习惯上称为"出口舱单"或"舱单"。它是船舶代理人根据装货单按卸货港顺序汇总编制的，供理货人员了解和掌握全船所载货物的总件数和总重量用。核对装货单和载货清单，应以装货单上记载内容为准。如发现两者内容不一致，应按装货单修正载货清单。

2）编制舱口装货计划表。舱口装货计划表是理货长根据货物配载图和装货单，按舱口分层次编制的全船装货顺序计划表，俗称"进度表"。

3）准备所需物品。准备登轮工作所需的单证、资料和理货用品。

港 口 物 流

4）与大副联系有关事宜，包括：了解和核对卸货港顺序；修正配载图上错配、漏配、重配的装货单，纠正配载图上存在的问题，了解衬垫隔票要求、装卸方面的问题、理货方面的事宜。

理货长应将与船方洽谈的有关事项记录在交接簿内，供接班人员掌握。

（2）装船过程中的理货工作

1）熟悉装货单，准备理货。装货单是理货的依据，要注意：掌握本舱口所装货物的种类、卸货港顺序；掌握货物积载的位置和要求，尤其是特殊货物；了解货物衬垫隔票的要求和物料的来源；了解直装或现装货物的来源、操作过程和交接方法。

2）凭单装船理货。从港口库场装船的货物，在装船前，理货员凭装货单先到港口库场检查核对货物，然后将附页交给库场员，凭此发货装船，或将附页交给装卸工组以便凭此到库场提货装船。

直装、现装货物，凭装货单收货装船。在装船过程中，理货员在船上或船边凭装货单逐票逐钩核对货物标志，点清件数，检查包装。核对货物标志，主要是核对货物的主标志和卸货港名称。点清件数，是指对杂货，要逐票点清件数；对大宗货物，工人必须要坚持做到定量画钩，理货人员逐钩复查，点清数字；对直装、现装的货物，要在船上或船边与发货人或驳船船员画钩计数，按钩交接清；对船方有特殊要求的货物，装船前应通知船方共同进行点交点接，理清数字。检查包装，重点是检查货物包装是否完整，保障货物完整无损地装船。

3）监督装舱。在装货过程中，要指导和监督工人装舱积载和衬垫隔票。

4）编制单证。在装船作业过程中，理货人员应按钩填制计数单，整票货物装上船时，应如实批注装货单。如发生理货待时，应填制待时记录。

5）复核计数单和装货单。核对内容包括：核对计数单上填写的装货单编号、标志、包装、件数是否与装货单相符合；复核计数单上填写的总件数和总重量是否正确；对直装、现装货物，要核对计数单与随车清单或驳船清单是否相符；整票货物未装完时，要核对计数单上填写的件数与装货单附页上签注的件数是否相符；复核已装船的装货单编号和份数与计数单上填写的是否相符。

6）销账进度表和载货清单。在复核计数单和装货单的基础上圈销进度表，俗称"销账"。这是装船理货工作中很重要的一环，因为它是全船装货进度的综合反映，是绘制积载草图的依据，也是确定出口总数的基础。

7）交接班。理货人员的交接班有时是在装船作业过程中进行的，因此交接班的两个理货人员应在理货岗位上进行交接。这就要求接班的理货人员应提前到理货岗位，交班的理货人员在接班人未到前，不能擅自离开理货岗位。

（3）装船结束时的理货工作 一般要求在装船结束后2小时内，完成全船的所有理货工作（特殊情况除外）。在2小时内要完成一般事务、编制单证和船方签证三项任务。

1）一般事务：检查和整理好所有理货单证和其他有关单证资料；检查和处理好最后一批装货单；复核装船货物的总件数和总重量，复核装船货物的分港数和分舱数；复核退关的装货单编号和货物数量；向港口库场了解有没有遗漏货物、残损货物是否全部装上船；向各舱理货员了解装货结束时间和其他有关事宜。

2）编制单证：填制最后一份日报单和待时记录，编制完货物分舱单和理货证明书，完成货物积载图的绘制工作。

3）船方签证：在完成上述各项工作的基础上，提请船长或大副签认最后一批装货单、理货证明书和货物积载图等单证。签字结束后，理货人员应携带所有单证资料及理货用品离船；然后将全船的单证资料整理好，交主管部门，并汇报有关情况。

2. 卸船理货程序

（1）卸船前的准备工作　船舶到港前 24 小时内，船舶代理人应将进口舱单、分舱单、积载图、危险品清单、重件清单等有关单证资料送交理货机构。货方代理人应将进口货物的详细资料送交理货机构。理货机构根据进口舱单和进口货物有关资料制成若干份分标志单（又称分唛单）、一份销账进度表和一份流向单，交给登轮的理货长使用。

理货人员收到单证资料后，着手进行下列准备工作：查阅和整理单证资料，联系港口调度和库场，了解船舶停靠泊位、时间，卸船作业计划，货物流向或库场货位安排。着重掌握以下情况：①船舶性质和国籍；②货物的来源和装货港，各舱货物的种类、性质、数量和积载情况；③卸船作业计划，货物现提数量和流向，进港口库场的数量和堆存地点；④对成套设备、重大件、危险品、贵重品等特殊货物的卸货安排、装卸工艺、安全措施、注意事项和对理货工作的要求等；⑤主管部门对理货工作的指示和要求；⑥在交班簿上填写各舱的重点货种、注意事项、交接方法和验残要求等内容。

船舶靠泊后，理货人员登轮向船方大副了解有关情况：①装货港装货时的天气情况、装卸工艺、操作方法、理货方法，有无数字相关争执和退关，有无残损批注和保函等；②船舶在航行途中的天气情况，有无海事报告等；③船舶在中途港的装卸、理货情况，过境货的隔票情况，备用袋的存放位置，如装有车辆则要索取钥匙；④了解舱内货物的积载、隔票情况；⑤商定原残货物的验残方法和要求；⑥征求对理货工作的要求和卸货注意事项；⑦尽可能地借阅装货单和装货港的理货单证。

理货人员要将向船方了解的情况，记录在交接簿内；对重大问题，应及时向主管部门汇报。

（2）卸船过程中的理货工作

1）与装卸人员协调。主要协调以下内容：介绍舱内货物的种类、性质、票数和积载隔票情况；介绍残损货物的验残要求，要求工人发现原残货物应立即通知理货员，未经理货员处理的，不得随意搬动；要求对工残货物，能实事求是地签认理货员编制的工残记录；要求装卸工组必须按票起卸，配合理货人员做好分票工作；要求装卸工组在卸精密仪器、使领馆物资、展览品等贵重货物时，要轻拿、轻放，注意货物倒置标志；卸大宗货物时，要做好定量钩；要求发现混票或隔票不清现象时，要及时通知理货员，经理货员处理后，再起卸。

2）理货作业。凭分票标志单进行分票、理数；处理原残和工残货物；处理理货与港口库场或收货人及其代理人办理货物交接手续等；将船方提出的合理要求及时通知装卸指导员；协助工人联系船方，解决起落吊杆、起货机故障、安装照明设备、舷梯等问题；协助工人联系船方，指导起卸重大件、危险品和困难作业的货物。

3）交接班。主要交接以下事项：①交资料，交班理货人员要将所有单证资料向接班理货人员交接清楚；②交情况，主要交接卸货进度、全船理货数字、货物残损情况、向船方了解的情况、卸船理货注意事项等内容；③交要求，交分票、理数、验残要求；④交指导，交工人按票起卸要求，交办理货物交接手续要求等；⑤交问题，交工作中发生的各种问题和处理情况、交接情况。

上述交接内容，除了口头交代清楚外，还要将一些重要内容记录在交接簿上。

3. 卸货结束时的理货工作

卸船结束时，一般也要求在 2 小时内完成全船的理货工作（特殊情况除外）。在这短短的 2 小时内要完成一般事务、编制单证和船方签证三项任务。

（1）一般事务　一般事务包括：检查和整理好所有理货单证和其他有关单证资料；复核卸船货物的总件数和残损货物数量和内容；了解有没有漏计和漏卸货物；了解卸货结束时间等；与港口库场核对全船理货数字，与收货人或其代理人核对现提货物数字；最后确定卸船货物的溢短数字、残损货物数字和内容。

（2）编制单证　填制最后一份日报单和待时记录，编制理货证明书、货物残损单和货物溢短单。

（3）船方签证　在完成上述各项工作的基础上，提请船长或大副签认理货证明书、货物残损单和货物溢短单。

签证结束后，理货人员应携带所有单证资料及理货用品离船；然后整理好全船的单证资料，交主管部门，且汇报有关情况。

8.3　港口物流船舶代理业务

8.3.1　国际船舶代理的定义

船舶代理（Ship Agency，简称船代）是根据船舶所有人或船舶经营人的委托，办理船舶有关港口作业业务和进出港口手续的工作。船舶代理分国内水运船舶代理和国际海运船舶代理。国内水运船舶代理，通常由各港务管理单位办理；国际海运船舶代理，有船舶揽货总代理和不负责揽货的船舶代理两种形式。

船舶代理单位办理的业务包括组织货物运输，如组织货载等；组织旅客运输；安排货物装卸；为船舶和船员服务，代办各种手续；代办财务有关业务、船舶租赁和买卖等，以及商办海事处理和海上救助等业务。

8.3.2　国际船舶代理的业务范围

《中华人民共和国国际海运条例》第二十六条规定："国际船舶代理经营者接受船舶所有人或者船舶承租人、船舶经营人的委托，可以经营下列业务：（一）办理船舶进出港口手续，联系安排引航、靠泊和装卸；（二）代签提单、运输合同，代办接受订舱业务；（三）办理船舶、集装箱以及货物的报关手续；（四）承揽货物、组织货载，办理货物、集装箱的托运和中转；（五）代收运费，代办结算；（六）组织客源，办理有关海上旅客运输业务；（七）其他相关业务。国际船舶代理经营者应当按照国家有关规定代扣代缴其所代理的外国国际船舶运输经营者的税款。"

虽然各国的船舶代理机构或代理行都有自己的业务章程，但是代理的作用和业务范围却大致相同。如《中国外轮代理公司业务章程》规定了船舶代理的 20 项业务。通常国际船舶代理业务范围大体可归纳为以下五个方面：

（1）客货运组织工作　包括客运组织和货运组织两部分。客运组织：代办客票、办理旅客上下船手续等。货运组织：代为揽货、洽订舱位；绘制出口货物积载计划，缮制各种货运单证；签发提单、提货单；办理海上联运货物的中转业务等。

（2）货物装卸工作　包括联系安排装卸，办理申请理货及货物监装、监卸、衡量、检验，办理申请验舱、熏舱、洗舱、扫舱，洽办货物理赔工作等。

（3）集装箱管理工作　包括办理集装箱的进出口申报手续，联系安排集装箱的装卸、堆存、清洗、熏蒸、检疫、修理、检验；办理集装箱的交接、签发集装箱交接单证等。

（4）船舶、船员服务工作　包括办理船舶进出口岸的申报手续，主要有船舶出入境海关手续、出入境边防检查手续、出入境检验检疫手续、海事机构申报手续；申请引航以及安排泊位；洽购船用燃料、物料、属具、工具、垫料、淡水、食品；安排提取免税备件，洽办船舶修理、检验、拷铲、油漆；办理船员登陆、签证、调换及遣返手续，转递船员邮件，联系申请海员证书，安排船员就医、游览等。

（5）其他工作　包括洽办海事处理、联系海上救助；代收运费及其他有关款项、提供业务咨询和信息服务；支付船舶速遣费及计收滞期费；经办船舶租赁、买卖、交接工作，代签租船和买卖船舶合同，经营、承办其他业务等。

船代业务关系如图 8-6 所示。

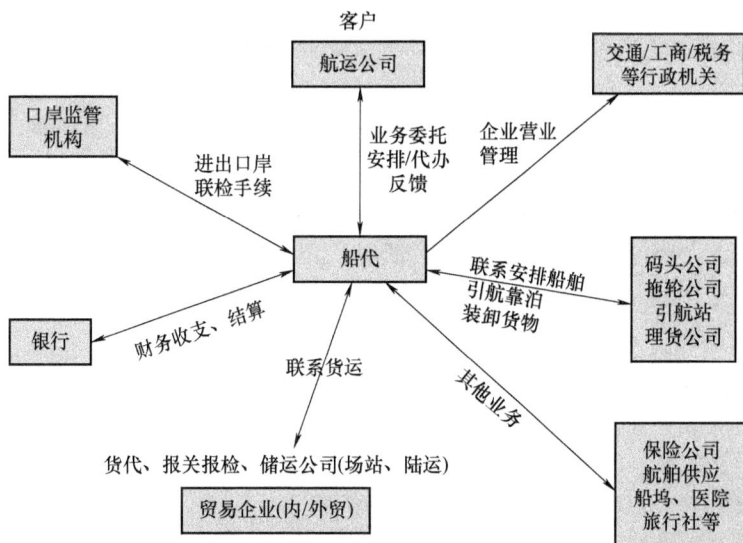

图 8-6　船代业务关系图

8.3.3 国际船舶代理关系的建立

1. 建立船舶代理关系

《中华人民共和国合同法》规定：委托合同是委托人和受托人约定，由受托人处理委托人事务的合同。委托人可以特别委托代理人处理一项或者数项事务，也可以概括委托受托人处理一切事务。

在建立船舶代理关系时，必须经过委托人的授权和代理人的接受这一过程才能建立。也就是必须经过船公司或与船舶有关的当事人提出代理的要求，并经代理人的同意，船舶代理关系方告成立。

建立国际船舶代理关系，可采用双方谈判、签订书面合同的形式，也可以由委托方用函电形式（包括电报、电传、传真、电子数据交换和电子邮件等），将委托事项告知代理人，代理人审核后，双方就委托事项和代理费用等达成一致并确认后生效。在船舶代理中，一般采用前一种方法。班轮公司在班轮船舶所挂靠港口有可能设有办事处，与船舶代理人面对面地谈判比较方便。班轮代理一般是长期代理，有必要在合同中将双方的责任、义务以及权利等事项详尽订明。后一种情况主要出现在航次代理关系中。

一般在航次代理中，船舶所有人或船舶经营人或船舶承租人给船舶代理人发函电委托，在委托函电中列明委托办理的事项、船舶规范、船舶来港任务、装卸条款、预计到港时间和吃水、货物数量、有无过境货和危险品、委托方全称及联系地址和方式、上一停靠港和下一停靠港等。船舶代理人根据来港船舶和装卸的货物对委托事项进行审核，主要审核船舶能否满足港口的各种条件，以及费用要求能否接受等；如果审核后决定接受委托，船舶代理人应给委托方发电确认代理，这样船舶所有人或船舶经营人或船舶承租人和船舶代理人之间就建立了船舶代理关系。

船舶代理人收到委托方的委托函电需要审核的具体内容主要包括：

1）船舶预计抵/离港吃水是否符合港口条件，港口当局是否允许其装/卸危险品，超长/超重的大件货物是否在港口机械的装卸能力范围内，以及能否满足装卸时间要求等。

2）对专程来港加油、加水、添加食品的船舶应审核加油、加水、添加食品的种类和数量，落实供应和费用之后，才能接受代理委托。

3）收到发生海上事故的船舶的委托函电后，应及时了解是否有人员伤亡、事故发生地点和经过、船舶和货物损坏情况，必要时迅速联系医院、海事局、修船厂等。若需要有关方提供担保，则应及时转告委托方，并协助处理。

2. 船舶代理人的义务

1）国际船舶代理人应当按照委托人的指示处理委托事务。需要变更委托人指示的，应当经委托人同意；因情况紧急，难以和委托人取得联系的，代理人应当妥善处理委托事务，但事后应当将情况及时报告委托人。

2）国际船舶代理人应当亲自处理委托事务。经委托人同意，代理人就委托事务直接指示转委托的第三人，国际船舶代理人仅就第三人的选任及自己对第三人的指示承担责任。转委托未经委托人同意的，国际船舶代理人应当及时对转委托的第三人的行为承担责任，但在紧急情况下国际船舶代理人为维护委托人的利益需要转委托的除外。

3）国际船舶代理人应当按照委托人的要求，报告委托事务的处理情况。船舶离港后，国际船舶代理人应当报告委托事务的结果。

8.3.4 船舶代理合同的主要内容

船舶代理合同根据船舶营运方式，可分为不定期船舶代理合同和班轮代理合同。

1. 不定期船舶代理合同

对具体的某一船舶的某航次船舶代理合同而言，只要明确代理关系和委托事项等内容即可。在经常有船舶到港口的不定期船运输的情况下，长期航次船舶代理合同的内容就会比较复杂。此时，通常在代理合同中应该具有以下主要条款：

1）合同当事人。

2）原则。委托人同意委托代理人担当他所拥有/承租/经营的船舶挂靠港口的船舶代理人；船舶代理人接受委托，尽力保护委托人的利益，并根据代理标准和规则有效地履行协议并为自己的工作负责。

3）船舶代理人的服务和责任。

4）委托人的义务。

5）费用结算。

6）报酬。

7）赔偿。

8）合同的解除。

9）仲裁。

10）补遗/修改。

11）有效期。

2. 班轮代理合同

班轮代理合同属于长期代理合同，因此班轮代理合同相对于航次代理合同而言，内容更加全面，措辞更加准确、完整。班轮代理合同的主要内容也包括了上述11项内容，另外还包括有关集装箱、代为揽货等与班轮运输特点相关的内容。

8.3.5 备用金制度

备用金是指委托人或第二委托人预付给船舶代理人的用于支付船舶在港期间发生的费用、船员借支、代理费以及处理有关特殊事项的备用款项。在班轮运输代理中，由于船舶代理人与委托人建立的是长期代理关系，船舶代理人一般代收运费，因而船舶代理人通常不要求委托人预付备用金，双方在约定期间内结算即可。因此，船舶代理人要求委托人预付代理费一般出现在不定期船舶代理中。在不定期船舶代理中，除另有协议或特殊情况外，代理人不垫付船舶在港发生的费用，在代理关系建立后，委托人或第二委托人必须及时将备用金汇至代理人处，否则由此造成的船舶延误和其他损失或费用均由提出委托的一方负责。

港 口 物 流

1. 备用金的索汇

备用金的索汇工作直接关系到船舶进港作业的安排和离港后的财务结算。为防止索汇的备用金不足以支付船舶在港发生的各项费用，通常索汇的备用金会充足一些。但是，如果备用金超出船舶在港发生的费用，多余的备用金还要退还给委托人，就会增加委托人的成本。因此，备用金的索汇应该适当。原则上应在考虑船舶吨位、船舶装卸货物的数量、船舶停泊情况以及特殊委托事项的基础上，及时和略有宽裕地索汇备用金。

2. 索汇的步骤

船舶代理人索汇时，首先应明确委托人和索汇对象。委托人负责承担船舶港口费用，船舶抵港前应由委托人委托给船舶代理人，委托人最迟在船舶离港前应将备用金汇至代理人指定的账户，当然也可用支票或现金的方式。如果代理人不清楚索汇对象，则应根据具体情况判定委托人。

其次要估算备用金。备用金的数额是代理人根据船舶总吨、净吨等船舶规范和货物的种类、数量等货物资料以及船舶的特殊事项（如船舶的加油、加水、供应伙食、船员遣返以及船舶吨税执照是否有效等）估算出来的。因此，在估算备用金前，必须清楚以上事项，以及与估算港口使用费有关的其他事项。对于建立长期代理关系或经常有业务往来的委托人，由于双方在长期往来中，已建立了较好的业务往来关系，对经营和财务经济状况已有了较好的了解和信任，而且代理人可以按需要随时提出增汇，因而委托人只需要按船舶航次预付适当数额的备用金即可。

可是，对于初次来港或不经常来港的船舶，应略有宽裕地估算备用金，索汇项目必须逐项分列清楚，将开户银行及账号告知对方，以免项目笼统或汇款银行不详而需反复查询，影响备用金及时送达。

索汇项目基本上可分为以下四大类：

1）港口费用包括港务费、引水费、拖轮费、护航费、系解缆费、停泊费、装卸费、理货费、检疫费、围油栏费、航道护航费、通讯费、杂费等。

2）吨税。

3）垫、隔物料及船舶备品。

4）船东费用：包括船员手续费、船员交通费、船员登陆证费、船员住宿费、船员医疗费、船员邮件费、船员通讯费、淡水费、燃油费、修船费、检验费、船长借支、伙食费、交通费、银行手续费等。其中燃油费、检验费可能需要根据租约要求分账。

最后安排索汇。船舶代理人收到委托人的委托函电后，在复电确认接受代理的同时，向委托人或有关方索汇备用金。如果船东或租船人委托代理人同港口签订滞期/速遣协议，除委托人同意外，索汇项目中不应包括滞期/速遣费。对于载运出口货物的船舶，如果委托人要求船舶在港口发生的有关费用从承租人支付的租金或运费中予以扣除时，代理人应立即联系承租人予以确认。索汇时应查明对方是否在本公司账上有余额或欠款，如有余额；应从估算的备用金总额中扣除余款；如有欠款，应同欠款一起索汇。一般情况下，索汇后要密切注意委托人或其他有关方是否已汇出以及汇出了多少。如果船舶到港后，备用金还没有到账，船舶代理人就要及时催促委托人汇付。原则上，备用金到账后，才安排离港。

8.4　港口物流国际货运代理业务

港口货运代理业务（Forwarder Business）是指物流经营人从事的船舶载运货物进港的代理业务，包括船舶装载货物运输代理业务和航次船舶递接装卸准备就绪通知书、制作装卸时间事实记录等业务。

8.4.1　港口货物进出口代理业务

1. 港口货运出口代理业务

港口物流货运代理人从事的船舶载运货物的出口代理业务，主要有办理货物承运、货物中转、安排集装箱的用箱、编制货运计划、缮制各种货运单证、计收运费等。

（1）货物承运　港口物流货运代理人代办货物承运的工作内容与船公司自行办理时基本一致，但签发装货单的工作通常由港口物流货运代理人来办理。在为出口货物办理出运手续时，港口物流货运代理人应根据班轮船期表、运价本、订舱需要和船公司的指示，从开始签发装货单时起至签发装货单时止，为船公司代办签发装货单的工作，并根据需要办理加载和取消货载的工作。特别是代理承运以船上交货价（FOB）条件成交的出口货物时，港口物流货运代理人根据委托人的要求，还要将有关货运情况通知出口商，并向委托人告知出口商办理货物出运手续的情况。

（2）货物中转　随着交通运输方式的专业化、大型化，国际海上中转货物越来越多。中转货物在中转港需要办理一系列手续，完成相关作业。港口物流货运代理人经常会接受委托代办货物中转业务，并在船舶抵港前根据船期、货运资料，联系安排泊位、卸货和接运等工作；在船舶抵港后及时取得舱单、提单副本和其他随船单证，了解中转货物的情况，办理报关、转运等手续，并制作二程船所需单证；在船舶离港后将有关情况告知委托人和卸货港船公司的代理人。

（3）集装箱管理　集装箱管理代理业务是指代理人接受班轮公司的委托，对集装箱及集装箱设备的使用、租用、调运、保管、发放、交接等工作进行管理。

港口物流货运代理人根据出口集装箱清单，获得有关出口集装箱的信息，如出口集装箱的箱号、尺寸、箱型、船名、航次、装港名、开航日期、卸港名、目的港名等。根据已确认接受订舱的集装箱预配清单等单证，向订舱人或其代理人发放空箱设备交接单。在出口集装箱装船后，根据港方提供的实际的出口信息，与出口资料进行核对，确保有关集装箱的信息都是正确的。然后根据船公司的要求，将出口集装箱清单通过传真、电子邮件等方式传给下一港口代理人和船公司，并按规定办理出口集装箱的海关手续。

（4）货运计划与单证　港口物流货运代理人在办理货物承运、签发提单的同时还应做好有关货运计划的工作。港口物流货运代理人根据货物承运、签发提单的情况，及时向船公司提供装船货物的资料，并协助到港船舶及时制订积载计划，通知港口有关部门安排装船作业。

港口物流货运代理人还要缮制各种货运单证。缮制货运单证应遵循整洁、正确和及时的原则。

（5）计收运费 港口物流货运代理人可以根据船公司的委托代收运费，按照托运单证中的运费通知联计算运费，将计算出的运费额的数据输入电脑，用以缮制运费账单，收取运费。计算运费的依据是船公司的运价本或船公司要求使用的协议运价。计算的运费数额应与大副收据或者场站收据记载的内容进行核对。需要时，在核对无误后可以缮制"载货运费清单"，以该单证代替舱单，并转交班轮公司和各卸货港的代理人。

2. 港口货运进口代理业务

港口物流货运代理人从事的船舶载运货物的进口代理业务，主要有办理单证核对、通知提货、收取到付运费、签发提货单、放重箱和回收空箱等。

（1）核对单证 在船舶抵港前，港口物流货运代理人应根据船舶靠港顺序，查看是否已收到电子数据交换（EDI）的数据报文，如舱单、船图、运费清单等，是否已收到装船港船舶代理人邮寄的单证。进口货运单证主要有货载清单、运费清单、提单副本、进口积载图、危险货物清单、重大件货物清单、货物残损单等。

港口物流货运代理人应核对货载清单、提单副本和进口积载图，做到"三单一致"。对进口危险货物，国外装港的代理人在装船以前，应将危险货物的名称、性质、类别等内容通知卸货港的代理人；卸货港的代理人联系港方和作业区，经确认可以进行卸货作业后方可装船。危险货物装船后，卸港代理人应及时填写申报单向海事局申报。

（2）通知提货 《中华人民共和国海关法》规定，进口货物的收货人应当自运输工具申报进境之日起十四日内向海关申报，进口货物的收货人超过前款规定期限向海关申报的，由海关征收滞报金。卸船后，为了保证港口的畅通和正常作业，各港口堆场和仓库等都规定在一定时间内货物免费堆存，超过这段时间将由收货人支付相应的堆存费。对于超过一定时间仍未提取的货物，港口可以根据需要对货物进行疏港，而疏港产生的费用则由提货人承担。如果超期使用船公司的集装箱，则需要缴纳滞期费。

因此，港口物流货运代理人通常要在船舶靠泊开卸前，逐个向提单上记载的通知人发出"到货通知书"。在使用记名提单的情况下，港口物流货运代理人必须向收货人发出通知。这样做的主要目的是避免货物积压在码头堆场、仓库，影响港口的正常作业，同时也为收货人提供良好的港口物流货运服务。

如舱单上通知人、收货人的联系方式不详，港口物流货运代理人应向装港代理人或船公司查明联系方式后补发到货通知书。若货物卸船1个月后，收货人仍未办理提货手续，港口物流货运代理人应再次通知收货人，同时告知装港代理人和船公司。对于冷藏货、鲜活货物等特殊货物，因港口无保管条件或不便存放，港口物流货运代理人应随时用电话通知收货人提货。

（3）收取到付运费 港口物流货运代理人根据船公司的委托或者根据载货运费清单上的记载，在到付运费的情况下，应该收取到付的运费，然后交付货物。

根据船公司的委托、载货运费清单或者提单副本等资料记载的内容，港口物流货运代理人应当在载货船舶抵港卸货前，联系货物的收货人或者提单中的通知人，以书面形式通知到付运费的数额、币种、银行账号及货物的相关情况等内容，并随时关注到付运费是否已付。在确认收妥后，才可以办理签发提单等有关放货手续。

（4）签发提货单　港口物流货运代理人代办签发提货单是一项非常重要的船舶货运代理业务。提货单是收货人或其代理人提取货物的凭证。港口物流货运代理人除凭正本提单签发提货单外，还可以凭保函签发提货单和海运单。

在"电放"情况下签发提货单。除非船公司另有明确的书面指示，港口物流货运代理人应凭正本提单签发提货单。港口物流货运代理人必须将正本提单中的船名、航次、提单号、装货港和卸货港、货名、件数、包装、标志、重量、体积及收货人名称等内容与其他货运单证（主要是载货清单）进行核对，确保这些信息正确无误。此外，提单还必须正确背书和已收妥到付运费，港口物流货运代理人才能签发提货单。

凭保函签发提货单和"电放"情况下签发提货单时，港口物流货运代理人应得到承运人（委托人）的书面授权。在使用海运单的情况下，港口物流货运代理人应将货物交付给单证中记载的收货人，即提货单中记载的收货人应该与海运单中记载的收货人一致。

（5）集装箱管理　港口物流货运代理人通过 EDI、传真、电子邮件等从上一环节停靠港代理人处获得进口资料，如进口箱的箱号、尺寸、箱型、空/重状态、船名、航次、装港名、进口卸港日期、箱主或营运人、目的地、箱量等。在船舶到港卸船前，港口物流代理人应将上述有关资料传给港方。船公司及上一环节停靠港代理人，要求进口集装箱放至指定地点的，货运代理人要做好记录。如果船舶所卸集装箱与进口资料不符，港口物流货运代理人应联系船公司或上一环节停靠港代理人，确认后也要通知它们，并应在集装箱清单或进口舱单上做好更改记录。

在散杂货运输中，收货人取得提货单、办完海关等有关手续并到仓库、堆场、装卸作业区等付清有关费用后，就可提取货物。在集装箱运输中，收货人必须凭办完手续的提货单和提箱单申请书，要求港口物流货运代理人发放设备交接单。港口物流货运代理人对提供的资料进行审核，审核无误且确认提箱人已交付用箱押金后，开具设备交接单给提箱人，供其到指定地点提箱、返箱和检验交接。提箱人将空箱返还后，港口物流货运代理人再将用箱押金返还给提箱人。

港口业务进口代理流程如图8-7所示。

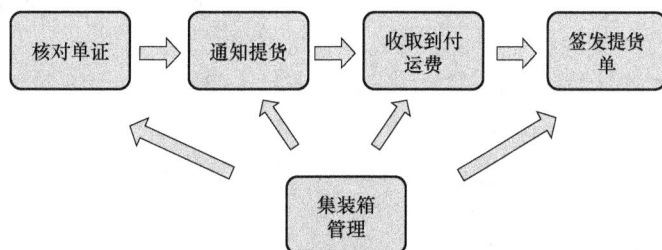

图8-7　港口业务进口代理流程图

8.4.2 港口物流装卸代理业务

在航次船舶港口货运代理业务中，除有关货物运输代理业务外，递接装卸准备就绪通知书和制作装卸时间事实记录也是港口物流货运代理人最重要的工作。装卸准备就绪通知书的递接是装卸时间开始计算的依据，装卸时间事实记录是计算承租人装/卸货物时间的依据，都涉及滞期费/速遣费的计算。

1. 装卸准备就绪通知书的递接

装卸准备就绪通知书是船舶到达租约或买卖合同或协议指定的装/卸港口后，由船长向租船人或发货人或港方或其代理人递交的，说明船舶在各方面具备了装卸条件，可以进行装卸作业的书面通知。

装卸准备就绪通知书须经有关双方，即船方/租方或船方/港方的递接签认才有效。如果合同中订有滞期/速遣条款，船长代表船方应在适当的时间、以适当的方式向合同中规定的另一方递交装卸准备就绪通知书。在船舶到港前，港口物流货运代理人收到合同另一方的委托，可代表合同中的另一方办理装卸准备就绪通知书的接受手续。港口物流货运代理人办理装卸准备就绪通知书的情况通常有：①租方委托，代表租船人与船方办理递接手续；②凡与港方签订滞期/速遣合同的船舶，可代表港方与船方办理递接手续。事先没有接受委托的船舶代理人，不能与船方办理递接手续。

装卸准备就绪通知书应以书面形式递接。近年来，装卸准备就绪通知书常采用电报、电传和传真形式传递。当船舶到达合同中约定的地点，并在装卸的各方面准备就绪时，船长就以电报、电传和传真的形式，向另一方发出装卸准备就绪通知书。

港口物流货运代理人在递接装卸准备就绪通知书时的注意事项：

1）装卸准备就绪通知书的递接应与合同相符。当合同中订有滞期/速遣条款并能明确条款内容时，装卸准备就绪通知书的递接应严格按合同规定办理。船舶代理人在代办装卸准备就绪通知书的接受手续前，必须要有相关方的正式委托，并要争取得到合同的文本或其中有关滞期/速遣条款的摘要，了解合同的具体规定。如装卸准备就绪通知书的递接与合同规定不符，应及时提出、妥善解决，避免日后产生争议。

2）装卸准备就绪通知书与装卸时间事实记录一致。

3）装卸准备就绪通知书与装卸时间事实记录是两份相辅相成的文件，对滞期/速遣的计算起到重要作用。因此，既要办好装卸准备通知书的递接手续，又要考虑滞期/速遣计算的方便和结算的顺利。一旦接受装卸准备就绪通知书，在装卸事实记录中就不能出现与接受装卸准备就绪通知书相抵触的内容。

4）装卸通知书和装货通知书分别递接。在同一港口中既卸货又装货的船舶，即便是在同一泊位进行装卸货，装货通知书也要在卸货完毕、检验合格后才能递接。如果船长同意边卸边装，装货通知书也应在货物卸完时递接；但对已开始装货的各舱的所用时间，要如实做好事实记录。

2. 装卸时间事实记录的缮制

装卸时间事实记录是计算实际装/卸时间和滞期/速遣时间的重要依据。在船舶进行装卸的过程中，通常由船舶所有人和承租人各自委托的代理人详细地记录，包括实际的装卸时间以及装卸作业过程、中断时间和原因等。当装卸货物完毕后，船长、承租人或其代理人在相互核对的基础上，签署装卸时间事实记录。

船舶在港作业期间，船舶代理公司的外勤人员每天至少应登轮一次，掌握生产作业进度，并做好记录；在装卸作业现场经常与装卸组长、理货长核对，避免记录差错；经常与船方核对，发现问题及时协商解决，不要拖到开船时再处理，以免影响开航。

装卸事实记录的用词应精炼、准确。船舶开航前，港口物流货运代理人将缮制好的装卸事实记录交给船长审核、签字、盖章确认，并各执两份。共同签署时，应注明自己代理人的身份。

装卸时间事实记录应详细记录以下内容：

1）必须连贯记载时间，中间不能有间隔。

2）船舶检验后在锚地等泊，如遇下雨、下雪、大雾等不良天气应同时注明"等泊"和"不良天气"。等泊期间的坏天气应参照气象台的天气资料。

3）装卸开始前及装卸过程中发生等泊、等工人、等货物的情况，应根据实际情况记录。

4）记录船舶在港作业过程中出现坏天气的时间。

5）必须在记录中注明船方原因和港方原因造成的装卸停工时间，如注明"由于船方××原因造成停工"。

6）移泊时间的记录。

7）船方申请进行的困难作业及特殊平舱的时间。

8）因船舶设备问题造成工人伤亡或船舶发生碰撞而导致作业中断，应记录为"发生××事故，作业中断"。

9）装卸货物受风力影响的情况。

10）缮制装卸时间事实记录应注意实事求是和正确对待船方所做批注的问题。

装卸时间事实记录的真实性关系到滞期/速遣费计算的准确性，也就是关系到当事人的利益。相关业务人员在处理船方所做批注时，应区别批注的性质，采取不同的处理方法。当船长要加批注时，必须要和船长核对事实，如不能解决，必须迅速向委托人请示，取得委托人的书面确认。

8.5　港口物流金融及保险业务

8.5.1　港口物流金融的含义及模式

物流金融（Logistics Finance），是指在物流业务布置拓展过程中衍生的金融服务模式。从宏观角度审视，其强调物流运营的整个动态流程，即配合相关金融类产品，对各类物流、资金流和信息流进行有机规划、整编，进一步衍生出增值价值，为日后企业可持续经营发展奠定基础；从微观角度审视，物流金融亦可被认定是金融部门在接受企业辅助的基础上，组织的融资服务活动。

1. 融通仓服务方式

在该类方式的规范体系下，金融企业不会和客户直接建立起融资供应交接关系，而是结合第三方物流企业的业务范畴、经营管理质量、资产负债比率等，设定这类物流企业特定范围内的可信贷数值。在此期间，第三方物流行业的核心职责便是和融资企业进行协调和交流，其间需要对质押借款和仓储管理等协议内容予以全方位明确和认证。经过阶段化调查结果的整合分析，发现上述金融服务模式对于一些进口原料类型单一且精力集中于产品出口的企业来讲，适用性较强。首先，一些致力于出口业务的企业随时能够将自身产品快速运输到港口仓库中，由港口物流企业和外商达成外销协议，并定期安排仓储部门进行装箱和运输发送。其次，进口企业在确保将清关工作处理妥当之后，便可以直接将这部分产品放置在最近的港口仓库中，规避以往因为重复性运输、装卸和集中保管造成的大量资金耗费的状况。最后和港口物流企业建立起融通仓业务融资关系，保证日后一旦发生严重缺货现象时能及时予以补充，避免和进口企业生产进度产生严重分歧状况。

2. 保兑仓服务方式

这种方式主张，经销商依照预设的合同内容向金融单位交纳合理数量的保证金并换取所需的承兑汇票，目的是方便后期快捷、实时地进行贷款尾数交付。与此同时，仓储物流企业务必要向银行出示具体的承兑担保证据；同理，相关经销商便要向仓储物流企业出示详细的反担保信息。持续到供货机构获取金融单位提供的承兑汇票后，便可以依照预设的购销合同的内容，高效率地向仓储物流企业进行货物交付。

8.5.2 港口物流外在风险类型

1. 与托运人之间可能产生的风险

1）货物灭失损害带来的赔偿风险，是对物流安全性的挑战，包括货物的灭失和损害。风险可能发生的环节主要有运输、仓储、装卸搬运和配送环节。发生的原因可能有客观因素，也可能有主观因素。客观因素主要有不可抗力、火灾、运输工具出险等，主观因素主要有野蛮装卸、偷盗等。

2）延时配送带来的责任风险，是对物流及时性的挑战。物流企业延时配送往往导致客户索赔。从实践中看，客户索赔的依据大多是物流服务协议。也就是说，此时第三方物流企业承担的是违约赔偿责任。

3）错发错运带来的责任风险，是对物流准确性的挑战。有些时候，物流企业因种种原因导致分拨路径发生错误，致使货物错发错运，由此给客户带来损失。通常，错发错运往往是由于手工制单字迹模糊、信息系统程序出错、操作人员马虎等原因造成的。由此给客户带来的损失属于法律上的侵权责任。但同时，物流服务协议中往往还约定了"准确配送条款"，因此客户也可以依据该条款的约定提出索赔；此时便存在侵权责任和违约责任的竞合，我国合同法规定当事人享有提起侵权责任诉讼或违约责任诉讼的选择权。

2. 与分包商之间可能产生的风险

1）传递性风险。传递性风险是指第三方物流企业能否通过分包协议把全部风险有效传递给分包商的风险。例如，第三方物流企业与客户签订的协议规定赔偿责任限额为每件 500 元，但第三方物流企业与分包商签订的协议却规定赔偿责任限额为每件 100 元，差额部分则由第三方物流企业承担。因此，第三方物流企业虽然对分包环节造成的货损并没有过错，但依据合同不得不承担差额部分的赔偿责任。由于目前铁路、民航、邮政等公用企业对赔偿责任限额的规定限额普通较低，因此第三方物流企业选择由公用企业分包时将面临不能有效传递风险的风险。

2）诈骗风险。资质差的分包商，尤其是一些缺乏诚实信用的个体运输业者配载货物后，有时会发生因诈骗而致货物失踪的风险。

3. 与社会公众之间可能产生的责任风险

1）环境污染风险。第三方物流企业活动中的环境污染主要表现为交通拥堵、机动车排放尾气、噪声等。根据《中华人民共和国环境保护法》，污染者需要对不特定的社会公众承担相应的法律责任。

2）交通肇事风险。运输司机在运输货物的过程中发生的交通肇事，属于履行职务的行为，其民事责任应该由其所属物流企业承担。

3）危险品泄漏风险。危险品在物流过程中有泄漏的风险，随时会给社会公众的生命财产安全带来威胁，这一点值得从事危险品运输的物流企业警惕。

8.5.3　港口物流内在风险类型

从风险发生期间的角度来看，物流活动的各个环节均存在货物灭失和毁损的风险，不论是原材料还是半成品和产成品，当其作为库存货物被静态或动态处理时，就会面临多种风险，这些风险发生的原因既有主观方面的，又有客观方面的，具体在以下几个环节中：

1. 运输风险

运输是物流的中心环节。现代物流的灵活性决定了运输距离长短的不确定性，短线运输中，通常由物流经营者自己充当承运人的角色。在这种情况下，一方面，不论运输司机与物流企业之间是否形成劳动合同关系，只要在物流运输过程中发生交通肇事并发生对第三者的侵权行为，根据《中华人民共和国劳动合同法》及其他相关法律规定，相关民事法律责任均应由物流企业承担，物流经营者直接对货物所有人承担货物毁损或灭失的责任；另一方面，交通事故还有可能造成货物延时配送，物流经营者则基于物流合同对货物所有人承担违约责任。随着经济贸易区域化和全球化进程的加快，现代物流中物的位移距离不断拉长，许多中小规模的物流企业并不具备独立完成路途较长运输的能力，无力支付高昂的船舶、飞机等运输工具的管理和经营成本，这些物流经营者通常不得不将货物运输交由其他承运人或将该环节外包给大型现代物流企业，而物流经营者的角色则相当于传统物流理念下的发货人和收货人。这种情况下的风险主要来自承运人或外包的大型现代物流企业，一旦保险事故发生，物流经营者仅基于物流合同承担对货物所有人的违约责任。

2. 装卸搬运风险

现代物流的装卸搬运环节是在传统运输业和仓储业的基础上产生和发展而来的，是传统物流的沿革。从现代物流的角度看，装卸搬运环节是连接运输、仓储、包装、流通加工等物流活动的重要步骤和关键节点。物流过程中，搬运操作频繁发生，使得装卸搬运成为物流过程最具风险的环节之一。

3. 仓储风险

简单地说，仓储就是为有形的物流货物提供存放场所，并对该物流货物及其出库和入库的全过程进行管理的行为。现代物流中，仓储风险大致可以分为两类：一类是自然灾害引发的风险，如恶劣天气、洪水、海啸和地震等引起仓储物品毁损或灭失的风险；另一类是人为因素，即仓储监管不当等造成损失的风险。人为因素引发的风险主要集中于物流企业的仓储管理水平和员工的业务素质两方面。此外，如前文所述，还有物流经营者于仓库中存放的危险品爆炸或泄漏等风险，这些风险一旦发生，就会对社会环境、社会公众的生命财产安全造成伤害，物流经营者需承担侵权等其他法律责任的风险。

4. 配送风险

配送是现代物流的核心功能之一，是物流中一种特殊性、综合性活动。能否按时、按质、按量地将货物送到客户手中，是现代物流综合服务能力的新标准和新要求，配送的及时性和准确性也是考量物流企业业务能力的关键指标之一，更是主要风险所在。由于配送的货物种类繁多、配送方案千差万别，因而物流经营者在此环节面临的风险也相对广泛。

5. 包装风险

现代物流兴起之前，包装被局限于生产领域，仅作为生产的最终环节，其重要性并没有得到普遍认可。在现代物流中，包装作为流通加工环节的一个重要过程，承担在物流过程中保护货物、方便储运、促进销售的职责，既是生产的终点又是物流的始点，其安全性、标准化、美观性等，决定着产品是否能以完好的价值和理想的效率提高客户满意度。同时，包装还直接影响着装卸搬运、存储、运输的质量和效率，贯穿于整个物流全过程，将生产环节与物流环节有机结合，在物流中发挥着重要作用；可以说没有包装就没有现代化的物流。现代物流活动中，包装过程所产生的风险主要是指包装不当或包装货物损毁或灭失引发的风险，物流企业将因此而承担损害赔偿责任。

6. 信息处理风险

现代物流经营活动中，信息的提供与处理具有越来越重要的地位。首先，物流经营人依赖信息系统掌握货物信息并对货物进行跟踪控制；其次，客户也需要通过信息系统随时掌握货物的动态。信息服务通常是由物流经营者免费提供并将相关事项列入合同条款。在合同中明确约定物流经营人应及时准确地为客户提供货物信息，也就是说，提供货物信息不只是物流经营人吸引客户的优势，从法律层面上讲，更是物流经营人基于物流服务合同而应当承担的义务。信息提供与处理的及时性、准确性，以及物流经营人在物流服务可能无法达到合同预期目标之前及时通知客户，或在未能完全履行物流服务合同的约定时减少给客户造成的损失，这些能力已成为现代物流服务水平的重要衡量标准之一。因此信息系统发生故障，一时无法及时提供信息，或提供的信息有误时，物流经营人便要承担相应的法律责任。

8.5.4　港口物流保险的分类及其险种

物流保险分为广义的物流保险和狭义的物流保险：广义物流保险是指物流各主要环节涉及各类风险的保险；狭义的物流保险仅指物流责任保险。

目前我国物流业广泛应用的保险险种主要包括物流货物险和物流责任险两大类。

1. 物流货物险

物流货物险承保货物在运输、储存、加工包装、配送过程中，由于自然灾害或意外事故造成的损失和相关费用。根据功能的不同，可将物流货物险分为财产保险（仓储险）和物流货物运输险。财产保险是指承保机器设备、厂房、仓储物品等处于静态财产的保险，而物流货物运输险则是以运输过程中的货物作为保险标的，保险人承担因自然灾害或意外事故造成的损失的一种保险。这两类险种主要是针对物流过程中仓储和运输两个功能进行保险的。其中，我国的物流货物运输险主要包括国内水路货物运输保险、国内铁路货物运输保险和国内航空货物运输保险。

2. 物流责任险

物流责任险是针对第三方物流的兴起而发展起来的一个新险种。它是将第三方物流公司承担的运输中承运人的责任及仓储、流通加工过程中保管人的责任等融合在一起，由保险人承保物流业务经营过程中的综合责任的保险。随着现代物流业务的发展，传统的货物财产保险不能保障物流活动的每个环节，物流责任险作为一种更为细化的、能够将物流各环节风险分担或转移的险种，更符合现代物流业发展的需要。

【本章小结】

港口库场是指港口为保证货物换装作业正常进行，防止进、出口货物灭失、损坏，而提供的用于储存与保管货物的仓库、货棚、堆场、货圈、筒仓和其他建筑物的总称。它是港口极其重要的组成部分之一，也是整个运输过程中不可缺少的重要环节。

港口库场业务主要是入库作业、出库作业、保管作业。

港口理货是水路运输的货物，在承运人与托运人、收货人之间发生物权转移时的交接公证工作，并以此划分承运人与托运人、收货人之间在货物数量和质量方面的责任。各国理货机构的理货业务范围大同小异：所谓大同，就是都对货物进行计数、分票、理残、交接和出证；所谓小异，就是在验舱、计量、丈量、检验等业务方面有所不同。理货机构的理货业务范围也是在不断变化的，是根据外贸运输关系人的需要，逐步发展的。

船舶代理是根据船舶所有人或船舶经营人的委托，办理船舶有关港口作业业务和进出港口手续的工作。船舶代理分国内水运船舶代理和国际海运船舶代理。国内水运船舶代理，通常由各港务管理单位办理；国际海运船舶代理有船舶揽货总代理和不负责揽货的船舶代理两种形式。

港口物流货运代理人从事的船舶载运货物的出口代理业务，主要有办理货物承运、货物中转、安排集装箱的用箱、编制货运计划、缮制各种货运单证、计收运费等。

港 口 物 流

物流金融，是指在物流业务布置拓展过程中衍生的金融服务模式。从宏观角度审视，其强调物流运营的整个动态流程，即配合相关金融类产品，对各类物流、资金流和信息流进行有机规划、整编，进一步衍生出增值价值，为日后企业可持续经营发展奠定基础；从微观角度审视，物流金融也可被认定是金融部门在接受企业辅助的基础上，组织的融资服务活动。

【主要词汇】

港口物流，理货业务，国际货运代理，国际船舶代理，港口风险。

【案例分析】

"特拉蒙塔那"轮因短卸货物扣租金而引发的争议⊖

期租船"特拉蒙塔那"轮 1978 年 4 月 13 日自康斯坦萨港装载尿素和硝铵开往上海，1978 年 5 月 12 日抵达上海卸货。5 月 25 日卸货结束后，根据上海理货公司出具的、经大副确认的货物溢短单，短少尿素 2671 袋和硝铵 640 袋。租方（租船人）从应付的租金中扣留了 24 900.83 美元，作为货差损失的补偿，船方（船舶所有人）不承认责任，要求租方退还此数并加计利息。

船方提出，"特拉蒙塔那"轮所载货物在上海全部卸净，中途未停靠任何港口；货物是袋装，每袋重 50kg，不可能发生错交或偷窃。租方认为，船方的上述理由并不能说明船方已经履行了其按提单数量交货的义务。

船方提出，装卸港理货数字不一致，可能是装港或卸港，或两港理货差错造成的。在康斯坦萨港装货时，理货员长时间在船上餐厅逗留，有时一个理货员同时照看两个甚至三个舱口，而且他们工作也不认真。这样，他们就不可能将装船的包数记录准确或者未从已装船袋数中扣除根据船长命令卸下的湿包数；对上海港的理货工作，大副曾要求在短卸单上批注："因装卸港的理货工作是由岸上人员进行的，船方不能负责"，但被拒绝了。

租方认为，租船合同第 20 条规定，船长按照大副收据或理货单相符的数字签发提单。在本案中，船长签发的是清洁提单，这就证明对提单数字并无异议。船东未按清洁提单数字交货，发生短卸，船东应负赔偿责任。

船方指出，租船合同第 21 条规定理货人员由租方安排，该条的真正含义是租方应对理货人员的疏忽负责。船长对于装港的理货工作不满意，但不可能改变那种情况，也不能更换理货人员以保证理货准确。船方并提出英国法院关于"SINOE"轮的判例主张租方应对理货人员的行为负责。

租方认为，根据租船合同第 21 条，理货人员是作为船东的雇员并听从船长的命令和指示行事。因此对于理货人员所进行的工作，船东作为雇主应该负责。

根据双方 1978 年 3 月 10 日签订的"中租 1976 年"定期租船合同中仲裁条款的规定，向海事仲裁委员会提出了仲裁申请。

⊖ 资料来源：www. lawtime. cn。

分析：

1. 本案应该适用哪一国的法律？

2. 你认为本案中船方是否应该对短卸货物承担赔偿责任？

【思考练习】

1. 名词解释

（1）船舶代理业务

（2）理货

（3）货运代理

（4）备用金制度

2. 填空题

（1）入库作业包括入库前准备、（　　　）、（　　　）、单据处理。

（2）按理货对象分，可分为船方理货、（　　　）、（　　　）、其他方理货等。

（3）港口物流内在风险类型主要有运输风险、（　　　）、（　　　）、（　　　）、（　　　）、信息处理风险。

3. 简答题

（1）简述港口库场在港口中的重要地位。

（2）简述库场管理包括哪些主要内容。

（3）理货业务包括哪些内容？

（4）装船理货程序有哪些内容？

（5）卸船理货程序有哪些内容？

（6）理货单证主要有哪些？

（7）简述港口物流国际船舶代理人的主要义务和责任。

（8）简述港口物流货运代理业务的主要内容和流程。

（9）简述港口物流金融的模式和创新。

第9章 港口物流集装箱业务管理

【学习目标】

了解码头的各类箱型及箱务管理制度、CFS仓库库存管理和主要营运指标；熟悉集装箱进出口流程中使用的单证，以及集装箱码头货运站功能、业务流程；熟悉检查桥的业务、流程；掌握集装箱的定义、类型、国际标准以及进出口业务流程。

9.1 集装箱运输基础知识

9.1.1 集装箱的定义

集装箱，英文名为container，是能装载包装或无包装货进行运输，并便于用机械设备进行装卸搬运的一种组成工具。

目前，许多国家（包括我国在内）基本上都是采用国际标准化组织（ISO）对集装箱的定义。《集装箱海关公约》（CCC）、《国际集装箱安全公约》（CSC）、英国国家标准和北美太平洋班轮公会等对集装箱下的定义，内容基本相同。集装箱是一种运输设备，它应当具备以下条件：

1）具有足够的强度，可以长期反复使用。
2）装有便于装卸与搬运的装置，便于从一种运输方式转移到另一种运输方式。
3）便于货物的装填与卸空。
4）适合一种或多种运输方式运送货物，无须中途换装。
5）具有$1m^3$或$1m^3$以上的内容积。

简而言之，集装箱是具有一定强度、刚度与规格，专供运输使用的大型装货容器。

9.1.2 集装箱的类型

为了满足装载不同种类货物的需要，集装箱有不同种类。不同种类的集装箱不仅外观不同，而且结构、强度、尺寸、功能等也各不相同。集装箱的类型如下：

1. 按照制造材料分类

由于集装箱在运输途中，经常会受到各种力的作用与环境的影响，因此集装箱的制造材料需要有足够的刚度与强度，应当尽量采用质量轻、强度高、耐用、维修保养费用低的材料；既要价格低廉，又要方便取得。目前，世界上广泛使用的集装箱按照其主体的制造材料，分为以下几种：

（1）钢制集装箱 其框架与箱壁板皆是由钢材制成的。主要优点是强度高、结构牢、焊接性与水密性好、价格低、易修理、不易损坏，主要缺点是自重大、抗腐蚀性差。

（2）铝制集装箱 铝制集装箱有两种：一种是钢架铝板；另一种仅框架的两端是用钢材，其余部分用铝材。主要优点为自重轻、不生锈、外表美观、弹性好、不易变形，主要缺点则是造价高，受到碰撞时易损坏。

（3）不锈钢制集装箱 不锈钢制集装箱的主要优点是强度高、不生锈、耐腐性好，主要缺点是投资大。

（4）玻璃钢制集装箱 玻璃钢制集装箱是在钢制框架上装上玻璃钢复合板而制成的。主要优点是隔热性、防腐性与耐化学性都比较好，强度大，刚性好，能够承受比较大的应力，且易于清扫，修理简便，集装箱内的容积比较大。主要缺点是自重比较大，造价比较高。

2. 按照用途分类

（1）干货集装箱 干货集装箱（Dry Cargo Container）也称为杂货集装箱，是一种通用集装箱，用以装载除了液体货、需要调节温度的货物及特种货物以外的一般件杂货。这种集装箱的使用范围极广，常用的有 20ft 与 40ft 两种。其结构特点是：通常为封闭式，一般会在一端或侧面设有箱门；箱内设一定的固货装置；在使用时一般要求清洁、水密性好。对于装入这种集装箱的货物，要求有适当的包装，以便充分地利用集装箱的箱容。

（2）开顶集装箱 开顶集装箱（Open Top Container）也称为敞顶集装箱，这是一种没有刚性箱顶的集装箱。开顶集装箱又可分为软顶和硬顶两种，其中有可折式顶梁支撑的帆布、塑料布或涂塑布制成的顶篷，其他构件与干货集装箱类似的称为软顶集装箱；硬顶集装箱的箱顶用薄钢板制成，可利用起重机械进行装卸作业。开顶集装箱适用于装载较高的大型货物与需吊装的重货，比如钢材、木材，特别是像玻璃板等易碎的重货，利用吊车从顶部吊入箱内，不易损坏，也便于在箱内固定。

（3）台架式集装箱 台架式及平台式集装箱（Platform Based Container）是指没有箱顶与侧壁，甚至有的连端壁也去掉，只有底板与四个角柱的集装箱。台架式集装箱又有着很多类型，比如敞侧台架式、全骨架台架式、有完整固定端壁的台架式、无端壁仅有固定角柱与底板的台架式集装箱等。

台架式集装箱可以从前后左右及上方进行装卸作业，适合于装载长大件、重货件及形状不一的货物，比如重型机械、钢材、钢管、木材、钢锭等。台架式集装箱水密性差，不能够装运怕水湿的货物。

平台式集装箱是对台架式集装箱的简化，是仅保留底板而无上部结构的一种特殊结构集装箱。平台式集装箱便于装卸作业，主要用于装载长、重的大件货物，比如重型机械、钢材、整件设备等。平台的长度与宽度和国际标准集装箱的箱底尺寸相同，可以使用与一般集装箱相同的紧固件与起吊装置。这种集装箱的采用，打破了过去集装箱必须具有一定容积的概念。

（4）通风集装箱 通风集装箱（Ventilated Container）一般是在侧壁或端壁设有若干通风孔，适用于装载不需要冷冻但需要通风、防潮湿的货物，比如原皮、水果、蔬菜等。如果将通风孔关闭，则可以作为杂货集装箱使用。

(5) 冷藏集装箱 冷藏集装箱（Reefer Container）是专为运输要求保持一定温度的冷冻货或低温货，而专门设计的一种集装箱，适用于装载鱼、肉、新鲜水果、蔬菜等食品货物。冷藏集装箱的造价比较高，营运费用也比较高，在使用中应当注意冷冻装置的技术状态及箱内货物需要的温度。

(6) 散货集装箱 散货集装箱（Bulk Container）除了有箱门之外，在箱的顶部还设有 2～3 个装货口，在箱门的下部设有卸货口，适用于装载粉状或粒状货物，比如大豆、大米、各种饲料等。在使用时，要注意保持箱内清洁干净，两侧要保持光滑，便于从箱门卸货。散货集装箱的使用既提高了装卸效率，又提高了货物的运输质量，减轻了粉尘对人体的侵害与对环境的污染。

(7) 动物集装箱 动物集装箱（Animal Container）是一种专供装运鸡、鸭、猪等活牲畜的集装箱。为避免阳光的照射，动物集装箱的箱顶与侧壁，用玻璃纤维加强塑料制成。另外，为了保证箱内拥有新鲜空气，侧面与端面都有用铝丝网制成的窗，从而拥有良好的通风。侧壁下方设有清扫口与排水口，并且配有上下移动的拉门，可以将垃圾清扫出去，还装有喂食装置。动物集装箱一般应装在甲板上，因为甲板上空气流通，同时也便于清扫与照顾。

(8) 罐式集装箱 罐式集装箱（Tank Container）是一种专供装运液体货而设置的集装箱，比如酒类、油类及液状化工品等。它由罐体与箱体框架两部分组成，罐体用于装载液体货物，框架用于支承与固定。

(9) 汽车集装箱 汽车集装箱（Car Container）是专为装运小型轿车而设计制造的集装箱。其结构特点为无侧壁，仅设有框架与箱底。为了防止轿车在箱内滑动，在箱底专门设有绑扎设备与防滑钢板。大部分汽车集装箱都被设计成上、下两层，可以装载两辆小汽车。

(10) 衣帽集装箱 衣帽集装箱（Clothing Container）的侧梁上装有许多根横杆，每根横杆上会垂下若干条皮带扣、尼龙带扣或绳索。利用衣架上的钩，可以将成衣直接挂在带扣或绳索上。这种装载法属于无包装运输，不仅节约了包装材料与包装费用，而且减少了人工劳动，提高了运输质量。

3. 按照规格尺寸分类

目前，国际上通常使用的干货集装箱有 20ft、40ft、45ft 等。另外也有一些其他规格的集装箱，例如 35ft 集装箱。

9.1.3 集装箱的标准化

1. 国际标准集装箱

在集装箱运输的早期，集装箱的规格不一，阻碍了集装箱的交换使用，影响了集装箱的运输效率。1961 年，国际标准化组织建立了 104 技术委员会，104 技术委员是专门研究制定集装箱各技术参数和规格的标准化组织。此后多年来，104 技术委员会在制定国际集装箱标准方面做出了很大的努力，建立了国际集装箱标准。集装箱的标准化促进了其在全世界的流通，对于国际集装箱运输的发展起到了决定性作用。目前，世界上大部分国家都使用国际通用的标准集装箱。

2. 集装箱的计量单位

目前，大部分国家集装箱的运输，都是采用 20ft（1ft = 0.304 8m）与 40ft 长的集装箱，45ft 的集装箱在逐年增多。在集装箱生产、运输的过程中，为了使得集装箱的箱数计算统一化，将 20ft 集装箱作为一个计算单位，称之为标准集装箱，简称为标箱（Twenty-feet Equivalent Units，TEU）。40ft 集装箱可以换算为 2TEU。

9.1.4　集装箱运输的特点

由于普通散件杂货的运输，长期以来存在着装卸及运输效率低、时间长、货损、货差，严重影响货运质量，货运手续繁杂等问题，影响了工作效率，因而对货主、船公司及港口的经济效益产生了极为不利的影响。要加速商品的流通过程，降低流通费用，节约物流的劳动消耗，实现快速、低耗、高效率及高效益的运输生产过程，并且将货物送达目的地交付于收货人，就要求变革运输方式，使之成为一种高效率、高效益及高运输质量的运输方式。而集装箱运输，正是这样一种运输方式，它具有以下各项特点：

1. 高效益的运输方式

集装箱运输的经济效益高，主要体现在以下几方面：

（1）简化包装，大量节约包装费用　集装箱是坚固的金属（或非金属）箱子。用集装箱包装后，货物自身的包装强度可减弱，包装费用下降。

（2）减少货损、货差，提高货运质量　货物装入集装箱后，在整个运输过程中不再倒载。由于减少了装卸搬运的次数，因而大大减少了货损、货差，提高了货物的安全和质量。

（3）减少营运费用，降低运输成本　集装箱可节省船舶运费；节省运输环节的货物装卸费用；由于货物安全性提高，运输中保险费用也相应下降。

2. 高效率的运输方式

集装箱运输方式是一种高效率的运输方式。这种高效率包含两方面的含义：一是时间上的高效率，由于集装箱在结构上是高度标准化的，与之配合的装卸机具、运输工具（船舶、卡车、火车等）也是高度标准化的，因而在各种运输工具之间换装与紧固均极迅捷，大大节省了运输时间；二是经济上的高效率，集装箱运输可以在多方面节省装卸搬运费用、包装费用、理货费用、保险费用等，并大幅降低货物破损而导致损失。因此，集装箱是一种高效率的运输方式。

3. 高投资的运输方式

集装箱运输虽然是一种高效率的运输方式，但同时又是一种资本高度密集的运输方式，必须有足够的资金才能够开展集装箱运输。

首先，船公司必须对船舶与集装箱进行巨额投资。有关资料表明，集装箱船每立方英尺的造价，为普通货船的 3.7 ~ 4 倍。集装箱的投资极大，开展集装箱运输所需的高额投资，使得在船公司的总成本当中固定成本占有相当大的比例，高达 2/3 以上。

其次，集装箱港口的投资也很大。专用集装箱泊位的码头设施，包括码头岸线与前沿、货场、货运站、维修车间、控制塔、门房，以及集装箱装卸机械等，实在是耗资巨大。

最后，为开展集装箱多式联运，还需要有相应的内陆设施以及内陆货运站等作为配套建设，这就需要兴建、扩建、改造、更新现有的公路、铁路、桥梁、涵洞等，这方面的投资更是十分惊人。可见，若没有足够的资金，想要开展集装箱运输、实现集装箱化，将是很困难的，必须量力而行、逐步实现。

4. 高协作的运输方式

集装箱运输的涉及面广、环节多、影响大，是一个复杂的运输系统工程。集装箱运输系统包括海运、陆运、空运、港口、货运站，以及与集装箱运输有关的海关、商检、船舶代理公司、货运代理公司等单位与部门。如果配合不当，便会影响到整个运输系统功能的发挥。

5. 适用于组织多式联运

集装箱"门—门"运输的特点，决定了其"多式联运"的特点。所谓多式联运，是指使用两种或两种以上不同的运输方式，对特定货物进行的接运。它是以各种运输工具的有机结合、协同完成全程运输为前提条件的。而在很多情况下，集装箱运输属于国际多式联运。

9.2 集装箱港口物流系统

从概念可以看出，港口物流系统（Terminal Logistics System）的实质，是运用现代理念对港口运输中转节点原有定位的重新定义，是对港口功能的重新认识；港口的服务，不仅有水运货物的装卸、搬运、仓储、简单加工与货运等基本的物流业务和功能性服务，还提供进出口报关、货运交易服务、信息服务、物流咨询、金融保险代理等延伸业务与增值服务。因此，集装箱港口不仅是装卸的节点，更是物流节点与物流系统。

目前，集装箱港口不但由集装箱船舶港口码头基础设施、装卸设备、铁路与公路等集疏运系统、堆场仓储与检测配送中心、简单加工服务等构成，还包括进出口货物的保管服务、货运交易服务、信息咨询服务、保险金融代理服务等一系列相关的延伸业务与增值服务。其目的，是尽可能地缩短集装箱船舶在港口装卸货物的时间与作业时间，并且使集装箱货物的流通更加通畅、合理。

9.2.1 集装箱港口环境子系统

集装箱港口环境子系统，主要是由港口自然地理因素决定的港口区位条件与自然地理条件组成。它是港口物流运作的前提与基础，不仅为港口运作提供了基本的作业环境，而且在增强港口物流体系的辐射能力、保证船舶顺利进出港等方面，具有显著的作用。它主要包括港口的区位条件、岸线长度与条件、锚地条件、水文气象地质条件、泥沙潮汐条件、经济条件等。

9.2.2 集装箱港口基础设施子系统

该系统由港口运作所必需的设施、装备组成。该系统为集装箱港口的正常运作提供配套技术装备与基础设施，是集装箱港口运作的物质基础，是保障港口运作的基础条件。它通过提供港口运作所必需的航道设施、泊位库场生产设施及集疏运设施等，来保证港口的成功运作。

9.2.3　集装箱港口营运子系统

该系统是集装箱港口各子系统当中最为复杂的一个系统，集装箱港口运营子系统主要包括装卸作业系统、集疏运系统与堆场系统。

1. 装卸作业系统

集装箱港口装卸作业系统，实际上可以分为泊位系统与船舶装卸系统两部分。

（1）泊位系统　泊位系统主要包括靠泊设施、船舶信息管理（包括船舶的航线与航行特点等基本信息）、船舶到离时间管理、泊位分配（包含集装箱装卸桥的分配）与泊位分布管理。其中，集装箱泊位系统的分布方式，主要有顺岸式分布、突堤式分布、墩式分布、岛式分布与系船浮筒式。

（2）船舶装卸系统　船舶靠泊以后，便会进行装卸作业。船舶装卸由港口装卸机械完成，但船舶、提箱卡车、送箱卡车到达时间及机械设备服务时间等参数，都是随机的、动态变化的，因此船舶装卸系统是典型的离散事件动态系统。

2. 集疏运系统

集疏运系统主要包括集疏设施、集疏运方式及集疏运管理等。而集装箱集疏设施，通常是指公路、铁路、机场、港口、货运站等；集疏运方式主要有水路运输（包括过驳运输）、铁路运输、公路运输与航空运输；集疏运管理是指对运输计划的制订、组织、协调等。

3. 堆场系统

堆场系统是集装箱码头系统中的一个重要环节。当前，由于集装箱运输要求快捷化、节约化、简单化及标准化，因而要求集装箱堆场向着自动化、无人化、快捷化的方向改进。集装箱堆场的主要作用，是为航运公司提供货柜托运、空箱调运、场内装拆、堆存、修理等现场箱管与储运业务。

9.2.4　集装箱港口信息子系统

目前，大部分集装箱码头在信息技术方面的应用，主要体现在以下方面：采用先进的管理信息系统来提升集装箱码头的业务管理水平，比如，采用 Cosmos、TSB、香港和黄、上海海勃、烟台华东电子等国内外知名的码头系统软件；逐步采用自动化技术取代人工操作，比如，采用电子数据交换技术、自动冷藏箱控制技术与定位系统技术等；通过新技术的应用来提高码头的作业效率，比如，采用进门车道闸口处理技术、图形化船舶与堆场计划技术及无线数据终端技术。

其中，集装箱码头生产运作管理系统是信息化的核心。集装箱码头生产运作过程管理的信息化是集装箱码头提高生产管理效率和管理质量的关键，也是在港口管理中应用计算机的难点。集装箱码头生产运作管理系统的实现及系统的技术水平体现了一个集装箱码头的现代化程度。

集装箱码头生产运作管理系统需要根据码头的实际情况做相应调整，一般由以下基本功能组成，如图 9-1 所示。

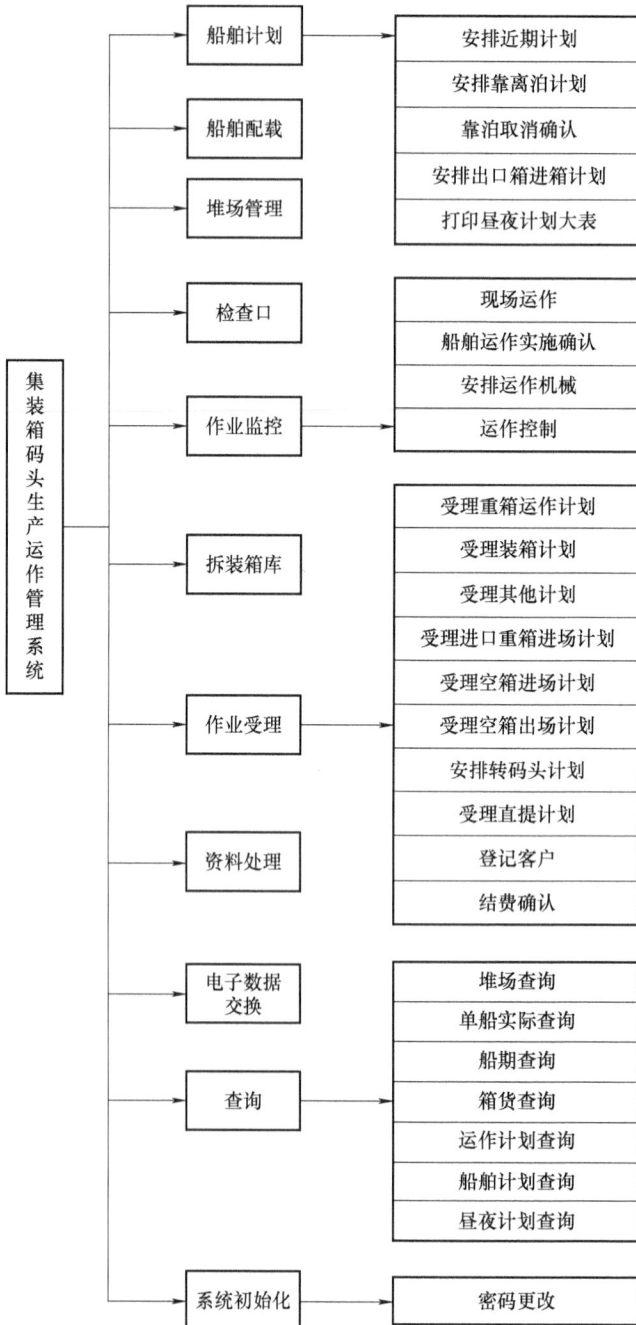

图 9-1　集装箱码头生产管理系统

1）船舶计划。

2）船舶配载。

3）堆场管理。

4）检查口。

5）作业监控。

6）拆装箱库。

7）作业受理。

8）资料处理。

9）电子数据交换。

10）查询。

11）系统初始化。

9.3　集装箱进出口业务

9.3.1　集装箱进口业务流程

1. 确认到港信息

收货人在接到客户的全套单据之后（正本提单或电放副本、装箱单、发票、合同），要提前与船公司或船舶代理部门联系，确定船舶到港的时间、地点；如需要转船，应当确认二程船名，并且了解并确认换单费、押箱费、换单时间。同时，要联系好场站，确认提箱费、掏箱费、装车费、回空费等费用。

2. 换单

凭带有背书的正本提单（比如电报放货，可以带电报放货的传真件与保函）去船公司或船舶代理部门换取提货单与设备交接单。在换单时，需要注意以下几点：

1）正本提单的背书有两种形式，如果提单上收货人栏显示"TO ORDER"，则由发货人与提单持有人背书；如果收货人栏显示某一特定的收货人，则需要收货人背书。

2）保函是进口方出具给船舶代理的一份请求放货书面证明。保函的内容包括进口港、目的港、船名、航次、提单号、件重尺及进口方鉴章。

3）换单时，应当仔细核对提单或电子副本与提货单上的集装箱箱号及封号是否一致。

4）提货单共分为五联，分别为白色提货联、蓝色费用账单、红色费用账单、绿色交货记录、浅绿色交货记录。

5）设备交接单是集装箱进出港区、场站时，用箱人、运箱人与管箱人或其代理人之间，交接集装箱及其他机械设备的凭证，并且兼有管箱人发放集装箱凭证的功能。当集装箱或机械设备在集装箱码头堆场或货运站借出或回收时，由码头堆场或货运站制作设备交接单，经过双方签字以后，作为二者之间设备交接的凭证。

集装箱的设备交接单,分为进场、出场两种,交接手续都是在码头堆场大门口办理。出码头堆场时,码头堆场的工作人员与用箱人、运箱人,针对设备交接单上的以下主要内容共同进行审核:用箱人名称与地址,出堆场时间和目的,集装箱箱号、规格、封志号,空箱还是重箱,有关机械设备是正常还是异常等。

在进码头堆场时,码头堆场的工作人员与用箱人、运箱人,要针对设备交接单上的下列内容进行审核:集装箱、机械设备归还日期、具体时间以及归还时的外表状况,集装箱、机械设备归还人的名称与地址,进堆场的目的,整箱货交箱货主的名称与地址,拟装船的船次、航线、卸箱港等。

3. 报关

用提货单一、三联,并且附上报关单据前去报关。海关放行之后,在白联上加盖放行章,发还给进口方作为提货凭证。报关单据还有正本装箱单、正本发票、合同、进口报关单(一式两份)、正本报关委托协议书、海关监管涉及的各类证件。在报关中,当海关要求开箱查验货物时,应当提前与场站取得联系,调配机械将所查箱子调至海关指定的场站。

4. 报检

若是法检商品,则应当办理检验检疫手续。如需要商检,则要在报关之前,拿进口商检申请单(带公章)与两份报关单,办理登记手续,并且在报关单上盖商检登记在案章以便通关。验货手续,是在最终目的地进行办理的。如需要动植检、卫检,也要在报关前,拿箱单发票和合同报关单,去代报验机构申请报检,在报关单上盖放行章以便通关。

5. 办理提货手续

办理报关报检手续之后,根据海关放行盖章的提货单,以及船公司或其代理人签发的设备交接单,到港区办理提箱手续,并且缴纳相关的港务港建费、港杂费等费用。费用结清之后,港方将提货联退给提货人供提货用。

6. 提货

所有提货手续办妥之后,可以通知事先联系好的堆场提货。提货时需要注意:首先应当与港池调度室取得联系,安排好计划,并且做好相应提货记录。根据提箱的多少,与堆场联系足够多的车辆,尽可能在港方要求的时间内提清,以免产生转栈堆存费用。在提箱过程中,应当与堆场有关人员共同检查箱体是否有重大残破;如果有,则要求港方在设备交接单上签残。

7. 返还空箱

重箱由堆场提到场地之后,应当在免费期内及时掏箱以免超期。如若超期,则需要向用箱人收取滞箱费。返还空箱之后,收货人需要向船公司或船舶代理部门收取押箱费。

9.3.2 集装箱出口业务流程

集装箱货物运输的出口业务与传统班轮运输的货物出口业务,是大体相同的;不同之处在于,增加了发放、接受空箱与重箱、集装箱的装箱作业等环节,改变了货物的交接方式,制定与采用了适应集装箱作业和交接的单证。集装箱货物运输出

口业务的主要环节,包括以下内容:

1. 订舱或托运

货主或者货运代理人,要根据货物的数量、性质、适箱情况、航线、船期、运价、箱位与集装箱类型等,来填制集装箱货物托运单,向船公司或其代理人在其所营运的船舶截单期之前,办理托运订舱,以得到船公司或其代理人的确认。托运单的主要内容包括以下各项:

1) 装箱港以及承运人收到集装箱的地点。

2) 卸货港以及货运目的地。

3) 发货人以及发货人的代理人。

4) 货名、数量、吨数、货物外包装、货类,以及特种货情况的说明。

5) 集装箱的种类、规格与箱数。

6) 集装箱的交接地点以及方式。

7) 填明内陆承运人,以及是由发货人还是船公司进行安排。

8) 在货物交接时,应当注明装箱地点、日期,以及抵达堆场的承运人与日期。

9) 拼箱货当中如果有超长货,应当注明规格及尺寸。

2. 承运

由船公司或其代理人审核托运单,在确认无误可以接受订舱之后,在装货单上签章,以表明承运货物的承诺,同时填写船名、航次、提单号等信息,然后留下货物订舱单的船代留底与运费通知一、二共三联,将其余各联退还给货运代理人,作为对该批货物订舱的确认,以备向海关办理货物出口报关手续用;而船公司或其代理人则在承诺承运货物之后,根据集装箱货物订舱单的船代留底联缮制集装箱货物清单,分送集装箱堆场与集装箱港务公司(或集装箱装卸作业区),并根据货物清单准备空箱的发放与重箱的交接、保管以及装船。

在利用集装箱运输货物时,需要进行正确的配载。配载时需要正确掌握货物的知识,这不仅要选择适合集装箱的货物,而且要选择适合货物的集装箱。因此,在提取空箱之前应当全面考虑,编制好集装箱预配清单,按照预配清单的需要提取空箱。

3. 提取空箱

在货主、集装箱货运站支付船公司集装箱押金的情况下,集装箱是船公司无偿借给货主或集装箱货运站使用的。而在承运人的集装箱货运站装箱时,则由货运站提取空箱。无论是由哪一方提取空箱,都必须事先缮制出场设备交接单;提取空箱时,都必须向箱站提交空箱提交单,并且让箱站的检查桥与门卫,在集装箱设备交接单上签字交接,双方各执一份。应该特别留意的是,在交接时或交接之前,应当对集装箱外部、内部、箱门、附件与清洁状态一一进行检查。

4. 报检、报关

(1) 报检　发货人或其货运代理人,应当依照国家有关法规并且根据商品的特性,在规定的期限内填好申报单,分别向商检、卫检、动植检等口岸监管检验部门申报检验。经过监管检验部门审核或查验,视不同情况分别予以免检放行,或经查验、处理后出具有关证书放行。如果托运的是危险品，还需要凭着危险品清单、危险品性能说明书、危险品包装证书、危险品装箱说明书、危险品准装申报单等文件，向港务监督部门办理申报手续。

（2）报关 发货人或其货运代理人要依照国家相关法规，在规定的期限内，持报关单、场站收据五至七联（七联单时是二至四联）、商业发票、装箱单、产地证明书等相关单证，向海关办理申报手续。根据贸易性质、商品特性，与海关有关规定，在必要时，还需要提供出口许可证、核销手册等文件。经过海关审核之后，根据不同情况，分别予以直接放行或查验后出具证书放行，并且在场站收据第五联（装货单）上加盖放行章。

5. 货物装箱

货物装箱应当根据货运代理的集装箱出口业务员编制的集装箱预配清单，在集装箱货运站或发货人的仓库中进行。整箱货则是由发货人或其货运代理人办理货物出口报关手续之后，在海关派员的监装下自行负责装箱，施加船公司或货运代理集装箱货运站铅封与海关关封。若是在内陆装箱运输至集装箱码头的整箱货，应当有内地海关的关封，并且应当向出境地的海关办理转关手续。

拼箱货由货主或其代理人将不足整箱的货物连同事先缮制的场站收据，送交集装箱货运站。集装箱货运站核对由货主或其代理人缮制的场站收据与送交的货物；接受货物之后，在场站收据上签收；如果在接收货物时，发现货物外表有异状，则应当在场站收据上按照实际情况做出批注。集装箱货运站将拼箱货物装箱之前，须由货主或其代理人办理货物出口报关手续，并且在海关派员的监装下装箱，同时应当从里到外按照货物装箱的顺序编制装箱单。

6. 港口交接与签收

港口要根据出口集装箱船舶的班期，按照集装箱货物的装船先后顺序，向海上承运人或其代理人发出装船通知。海上承运人应当及时通知托运人。托运人或其代理人在收到装船通知以后，应当于船舶开装的前 5 天开始，将出口集装箱与货物按照船舶受载的先后顺序，运进码头堆场或指定货运站，并且于装船前 24 小时停止进港。

无论是由货主自行装箱的整箱货物，还是由货运代理人安排装箱的整箱货物，或者是由承运人以外的集装箱货运站装运的整箱货物，经过海关监装并且施加海关关封后成为重箱，随同装箱单、设备交接单（进场）及场站收据，通过内陆的公路、铁路或水运送交港口集装箱堆场。集装箱堆场的检查桥或门卫与送箱人一起对进场的重箱进行检验之后，双方签署设备交接单，集装箱堆场的业务人员则在校对集装箱清单、场站收据与装箱单之后，接收货物并且在场站收据上签字，然后将签署过的场站收据的装货、收货单两联留下，场站收据正本退还给送箱人。之后，集装箱进入港站堆场，等待装船。

7. 换取提单

港站集装箱堆场签发场站收据之后，将装货单联留下作为结算费用与今后查询之用，而将大副收据联交由理货人员送交船上大副留存。货运代理人收到签署后的场站收据正本，到船公司或其代理人处，交付预付运费，要求换取提单。船公司还要确认在场站收据上是否有批注，确认无误后在已经编制好的提单上签字。

8. 集装箱装船

集装箱进入港区集装箱堆场之后，港务公司根据待装集装箱的流向与装船顺序，编制集装箱装船计划，在船舶到港之前，将待装船的集装箱移至集装箱前方堆场，按照顺序堆码于指定的箱位。集装箱船舶配载应当由海上承运人或其代理人负责编制预配图；港口据此编制船舶配载图，并且须经过海上承运人确认。船舶到港以后，港口按照集装箱装船计划与船舶配载图，组织按照顺序装船。装船完毕之后，由外轮理货公司编制船舶积载图。

船舶代理人应当于船舶开航前 2 小时，向船方提供提单副本、舱单、集装箱装箱单、集装箱清单、集装箱积载图、特殊货物集装箱清单、危险货物说明书等一系列完整的随船单证，并且于开航后采用传真、电邮、邮寄等方式，向卸货港或中转港发出必要的相关资料。

集装箱装船之后，货运代理人根据发货人的委托，应及时向买方或其代理人发出装船通知，以便对方准备付款、赎单、办理进口报关与接货手续，比如成本加运费（CFR）或船上交货价（FOB）合同条款，便于买方及时办理投保手续。

9. 离港及结算

船舶离港之后，集装箱货物运输的货运代理人，要及时退证，办理退关、费用结算，做好航次小结；船公司与货主进行航次费用的清算，货方进行结汇、收汇核销、退税等业务。

9.4　集装箱货运站业务

集装箱货运站（Container Freight Station/CFS）是指把货物装进集装箱内或从集装箱内取出，并对这些货物进行储存、防护和收发交接的作业场所。

9.4.1　集装箱货运站功能与业务

1. 集装箱码头货运站的功能

集装箱码头货运站主要负责集装箱拆/装箱业务和仓库库存管理。集装箱码头货运站除要有完整的仓库外，还需有一定面积的拆箱区，以堆放待拆箱的集装箱及方便客户提货车辆的通行。

集装箱码头货运站的主要功能有：

1）对进口是 CFS 交货的集装箱，安排拆箱进库、保管、发货。

2）对进口是 CY 集装箱码头堆场（Container Yard，CY）交货的集装箱，客户要求拆箱，进行车提、落驳、装火车提货的集装箱，安排拆箱装汽车、驳船、火车。

3）客户要求出口货物在码头装箱出口的，安排货物的进站、装箱。

4）对库存的货物进行保管、管理及有关统计管理。

集装箱码头货运站业务是码头装卸服务的一种延伸。从方便客户、吸引货源的角度来看，集装箱码头货运站是集装箱码头必不可少的一部分。集装箱码头货运站虽然也用来保管货物，但与储存性仓库不同。就其业务性质来说，集装箱码头货运站是运输过程中的临时性仓库，不用作中、长期储存。

2. 集装箱码头货运站的业务

集装箱码头货运站业务一般包括拆箱提货业务（拆箱车提、落驳、装火车）、拆箱进库和仓库库存管理三部分。

（1）拆箱提货业务 拆箱提货业务按提货运输方式一般可分为车提（公路运输）、落驳（水上运输）、装火车（铁路运输）三种。

车提是指舱单上的交货条款是 CY 条款，但客户由于没有整车提货的能力或其他原因，而向码头申请在码头拆箱，将箱内货物改装在由客户派来提货的散货卡车上的作业过程。

落驳是指舱单上的交货条款是 CY 条款，但由于客户没有整箱提货的能力或其他原因，而向码头申请在码头拆箱，将箱内货物改装在由客户派来提货的驳船上的作业过程。

装火车是指舱单上的交货条款是 CY 条款，但由于客户没有整箱提货的能力或其他原因，而向码头申请在码头拆箱，将箱内货物改装在由客户派来提货的火车上的作业过程。

（2）拆箱进库业务 舱单上注明货物交货条款是 CFS 条款的，码头货运站仓库员根据仓库的库存情况，应在集装箱卸船后三天内安排拆箱进库；并将拆箱信息及时通知客户服务部受理台，以便客户服务部受理台能及时接受客户的提货申请。

（3）仓库库存管理 仓库库存管理见第 8 章第 8.1 节。

9.4.2 集装箱码头货运站仓库的主要营运指标

为了加强计划管理及合理使用仓库，必须熟悉各项仓库营运指标，并结合日常生产的实际情况，进行统计分析，以掌握仓库货物的进出数量、存放时间，便于及时发现和解决问题，达到提高码头、仓库服务质量和经济效益的目的。

1. 仓库能力指标

（1）仓库面积 仓库面积有总面积和有效面积两种。

总面积：仓库内地面的总面积，其单位为平方米（m^2）。多层仓库计算总面积时应将各层面积相加。它不包括墙壁厚度、建筑物和障碍物（楼梯、柱子、固定地磅消防设备等）。

有效面积：总面积中可用于堆放货物的面积，即从总面积中减去办公面积、消防及防汛器材用地，以及各种必须留出的间距和通道所占用的面积。有效面积会随着货位和通道布局的不同而增减。

（2）堆存技术定额 堆存技术定额也被称为单位面积荷重定额，是指码头工程技术部门根据仓库建筑结构所能承受的安全重量制定的每平方米有效面积最大允许堆存量。其计算单位为吨/平方米（t/m^2）。它是对仓库使用的一种限制。

（3）堆存使用定额 堆存使用定额是指在能够保证作业安全和货物无损的条

件下，每平方米有效面积所能堆放的货物重量。这一数值是在不超过堆存技术定额的前提下，结合具体的货种、包装情况、数量、堆垛标准、货物特性等因素而制定出来的。不同类别、不同包装形式的货物有不同的堆存使用定额，同一类别的货物也会因仓库条件、包装形式、堆垛方法等因素的不同，堆存使用定额也不同。确定货种的堆存使用定额是一件非常复杂的工作。在具体制定定额时，应采取合理、先进、标准的原则，在具体测算时，应有统一的计算方法，使各单位、各仓库测算的结果有可比性，在此基础上确定的定额也就较为可行。

堆场使用定额是仓库使用方面的主要指标，是编制堆存计划、计算仓库通过能力的依据。

（4）**仓容量**　仓容量又称一次堆存量，是指仓库在同一时间内安全堆存货物的最大吨数。它的大小取决于仓库有效面积、堆存使用定额两个因素。

仓容量是制定规划、编制计划、测算仓库和测算仓库通过能力的主要依据。

（5）**仓库通过能力**　仓库通过能力是指在一定时期内，货物经过仓库周转的最大数量，单位为吨。其计算公式为

仓库通过能力 = 仓容量 × 仓库可供用天数 × 仓库利用率/货物平均堆存期

或

仓库通过能力 = 仓容量 × 仓库容量周转次数 × 仓库利用率

或

仓库通过能力 = 平均仓容量 × 可使用天数/（平均堆存期 × 入库不平衡系数）

2. 仓库运用指标

（1）**货物堆存量**　货物堆存量又称货物入库吨或堆存吨，是指报告期内码头仓库堆存货物的累计吨数。它是反映码头仓库堆存量的指标。

堆存量既是反映仓库工作量大小的重要指标，又是仓库统计的基础指标。

（2）**货物堆存吨大数**　货物堆存吨天数又称货物保管吨天，是指报告期内仓库堆存货物的吨数与其堆存天数的乘积的总和。它也既是反映仓库工作量大小的主要指标，又是仓库统计的基础指标。

（3）**平均堆存期**（天）　堆存期是指货物实际在仓库堆存的天数，从货物进入仓库当天算起至货物提离仓库当日止，以天计算。平均堆存期是指每吨货物自进入仓库开始，至出库为止，在仓库堆存的平均时间，单位是天。

平均堆存期长，说明货物在码头仓库积压、仓库周转慢，仓库的通过能力有待提高。这时应采取相应措施，如最大限度地减少拆箱进库的量；加强催提工作；如可疏运，应增加疏运的量等。

（4）**仓库利用率**　仓库利用率（%）是反映仓库容量在统计期内实际利用情况的指标。它是指一定时期内，平均每天堆存货物吨数与平均仓容量的比值的百分比。

（5）**仓库周转次数**　仓库周转次数是表明仓库使用频繁程度的指标。周转次数多，说明仓库利用好，经济效益高。周转次数有两种计算方法，其含义也有所不同，它们从不同侧面反映仓库使用的频繁程度。

1）按时间计算周转次数。它是指报告期内可使用天数与货物平均堆存天数之

比。其计算公式为

$$周转次数 = 报告期内可使用天数 / 货物平均堆存期$$

用这种方法计算得出的周转次数是仓库在报告期（一年，一季，一月）内平均可以使用的次数。

2）按仓容量计算的周转次数，是指报告期内仓库堆存货物吨数与仓库平均仓容量的比值。其计算公式为

$$周转次数 = 报告期堆存货物吨数 / 平均仓容量$$

用这种方法计算得出的周转次数说明了仓库容量实际使用的频繁程度，反映了仓库的工作量。

9.5　集装箱箱务管理业务

集装箱的箱务管理，是国际集装箱运输系统中极其重要的环节，也是十分重要的工作。做好集装箱的箱务管理，有利于降低集装箱的运输总成本，减少置箱的投资，加快集装箱的周转，提高集装箱货物的装载质量与货运质量，提高企业经济效益与竞争能力。集装箱的箱务管理，主要包括集装箱堆场的箱务管理与船公司的箱务管理等内容，比如集装箱的备箱、调运、保管、发放、交接、检验及维修等。

9.5.1　集装箱堆场箱区的管理

箱区是指集装箱堆场堆放集装箱的区间位置。集装箱堆放在堆场时，一般都用一组代码来表示其在堆场内的物理位置，这个位置便是场箱位，这个代码就是场位号。场位号一般由箱区、行、列、层组成，箱区的编码规则可以参考集装箱在船舶上的积载规则来定。

1. 箱区的分类

集装箱堆场是由多个箱区组合而成的，每块箱区根据其类别，都有着专门的名称。

1）按照进出口业务，分为进口箱区、出口箱区与中转箱区。

2）按照集装箱的种类，分为普通箱区与特种箱区。特种箱区包括冷藏箱区、危险品箱区、超限箱区、残损箱区等。

3）按照集装箱的状态，分为空箱区与重箱区。

4）按照装卸工艺，分为龙门吊箱区、正面吊箱区与堆高机箱区等。

2. 箱区的规划原则

箱区规划是堆场计划的基础，首先要根据港区堆场箱区的分布使用情况、码头装卸效率、到港船舶密度、船舶运量、进出口箱量比例、空重箱堆存比率等情况，对港区堆场进行总体规划。并且根据进出口箱量和空重箱的变化，适时对港区堆场进行调整，利用计算机系统实行对堆场的有效管理，使得港区堆场得到充分利用。因此，对港区进行规划，必须遵循以下各项原则：

1）进、出口箱要分堆。

2）空、重箱要分堆。

3）不同尺寸的箱子要分堆。

4）中转箱要单独堆放。

5）冷藏箱、危险品箱、超限箱等有特殊要求的集装箱，应当放入专门场地专门堆放。

6）不同箱主的空箱、不同的箱型尺寸，要分堆。

7）出口重箱，按照船名、航次、中转港、目的港、重量等进行分堆。

8）残损箱应当留有一定堆存位置。

3. 出口箱区的规划

不同码头对于出口集装箱进场，有着不同的规定，具体根据码头的实力与堆场的大小而定。在计划箱区和安排集装箱进场时，应当考虑到以下几点：

1）按位堆放：在同一位内，堆放同一港口、同一重量等级的集装箱。重量等级是指按照集装箱重量划分的区域值，比如 10～15t 为一个级别。

2）按列堆放：在同一列内，堆放同一港口、同一重量等级的集装箱；但是在同一位内不同的列，可以堆放不同港口、不同重量等级的集装箱。

3）相同卸货港或者中转港、重量等级的集装箱，堆放在同一位、同一列中。

4）对于船型较大的船舶，要考虑多路作业的安排场地。对于同一港口船舶数量较多且多路作业的，也要考虑到多路作业的安排场地。

5）多路作业的干线船，要在规划的箱区分散堆放集装箱。

6）一路或两路装船作业的支线船，堆场要尽量安排集中堆放这些船的集装箱。

7）干线船的出口箱位置，按照几个箱区依次逐个位置安排进箱，一般是在一个位置进箱完成之后，再安排下一个箱区的位置。在堆场位置宽松的条件下，可以采用交替进箱的方式。在某种集装箱集中进场时，也应当采用交替进箱的方式。

8）提前进场箱与延迟进场箱的进场，都是在计划外的作业，需要在受理中心预约后，才能够进场。

9）延迟进场箱若为本航次加载箱，可以安排至本航次出口箱区，与其他本航次已经放行的出口箱区合并放在一起。若非本航次出口箱，则安排至该航次出口箱区便可，注意要与本航次出口的集装箱分开堆放。

4. 进口箱区的规划

在收到进口的集装箱清单与详细摘要之后，进行堆场的安排。对于中转箱，既可以按照中转的类别安排堆场，也可以按照工作点与箱主来安排堆场。在规划时需要注意以下各项事宜：

1）空、重箱，要分开堆放。

2）空箱要按箱主、类别、尺寸，分开堆放。

3）冷藏箱、危险品箱、超限箱、残损箱，要进专用箱区堆放。

4）需要通电的温控重箱，危险品箱区，最高只能堆放三层。

5）货物超限的框架式、平台式或开顶箱，堆放一层的高度，并且箱货与箱货之间的间距，至少要保持不小于50cm。

6）罐式集装箱，禁止堆在靠近车道的一列。

9.5.2 集装箱码头的箱务管理制度

集装箱进入码头堆场，码头就对集装箱有了保管的责任。码头要对堆放在码头堆场内的集装箱的安全负责。其中，危险品箱、冷藏箱、中转箱、空箱、特种箱由于箱体和箱内货物的特殊性，在堆场的管理中有其特殊的地方。

例如，集装箱码头的危险品箱管理。危险品集装箱是指箱内装有《国际海运危险货物规则》（IMDG Code）中列明的危险品货物的集装箱。危险品集装箱在码头的进出口作业有两种形式：一种是指集装箱的进口或出口采用船边直装或船边直提的方式，采用这种方式的货物一般都是危险系数较大，不宜在码头堆存的，如7类放射性物质；另一种则是指可在码头堆场堆放的危险品集装箱，但根据危险品类别的不同，其在堆场的堆放规则也各有不同。

集装箱码头根据各自特点，如地区环境、码头堆场配备的设施，针对不同箱型制定相应的作业规则。

9.6 集装箱码头检查桥业务

集装箱检查桥（Container Gate House）是集装箱码头的出入口，是进出码头的集装箱进行立体检查与交接的场所，是区别码头内外的一个责任分界点。它主要负责对公路集装箱的信息录入、箱体检查工作，并且对相关单证进行审核与交接，是码头与内陆承运人进行集装箱设备交接的重要环节。

9.6.1 检查桥业务的主要内容

集装箱检查桥的业务，主要包括箱体检查、重箱进场、重箱出场、空箱进场、空箱出场、单证审核与整理、场地核箱、特种箱操作等。

1. 箱体检查

检查桥的验箱员与集卡司机一起，对所有进出港区的集装箱进行箱体检查，并且做好相关记录。具体工作包括：

（1）核对基本情况 核对集卡车牌、进港牌号，是否与设备交接单上登记的内容一致；以及核对集装箱的箱号、箱型、尺寸、铅封号，是否与设备交接单、装箱单等单证一致。

（2）外部检查 检查集装箱的外表面是否有损伤，如果发现表面有弯曲、凹痕、褶痕、擦伤等痕迹，则应当在这些损伤处的附近严加注意，要尽量发现其破口在何处，并且对损伤处的内侧进行特别仔细的检查。在外板连接处，若有铆钉松动与断裂，则容易发生漏水现象；箱顶部分也要检查有无气孔等损伤，由于箱顶上可能会有积水，因而一旦有破损就可能造成货物毁损事故的发生；而且在检查时，往往也容易将箱顶的检查漏掉，因此要严加注意。对于已经修理的部分，检查时应当特别注意检查其现状如何，有无漏水现象。

（3）内部检查　人要进入箱内，将箱门关起来，检查箱子是否有漏光现象。同时，要注意箱壁的内衬板上有无水迹。如果发现有水迹，则要在水迹的四周严加检查，必须追究水迹产生的原因。对箱壁或箱底板上突出的钉子或铆钉头、内衬板的压条曲损，应当尽量设法去除或修补；如果无法去除或修补，应当用衬垫物遮挡起来，以免损坏货物。如果箱底的捻缝不良，则集装箱在底盘车上遇雨运行时，从路面上溅起来的泥水，便可能从底板的空隙渗进箱内，污染到货物，因而在检查时应当予以注意。

（4）箱门及附件的检查　检查箱门能否顺利地关闭，关闭之后是否能够密封，门周围的密封垫是否紧密，能否保证水密性，还要检查箱门的把手动作是否灵便，箱门能否完全锁上。检查固定货物时用的系环、孔眼等附件，安装状态是否良好，板架集装箱上的立柱是否备齐，立柱插座有无变形。开顶集装箱上的顶扩伸弓梁是否齐全，有无弯曲变形，还应当将框架集装箱与开顶集装箱上使用的布篷打开，检查其有无破损现象，安装用的索具是否完整无缺。此外，还要检查通风集装箱上的通风口能否顺利关闭，其储液槽与放水龙头是否畅通，通风管、通风门有无堵塞问题等。

（5）清洁状态的检查　检查集装箱内有无垃圾、恶臭、生锈，是否被污脏，是否潮湿。如果这些方面不符合要求，则应当向集装箱提供人提出调换集装箱，或是进行清扫、除臭作业。如果无法采取上述措施，则箱内要铺设衬垫或塑料薄膜等，以防污损货物。另外，箱内发现有麦秆、草屑、昆虫等属于动植物检疫对象的残留物时，即使箱内装的是与动植物检疫完全无关的货物，也必须将这些残留物彻底清除。

2. 重箱进场

检查桥的工作人员在收到验箱员所批注的信息后，必须认真检查该批注与审核集卡司机提供的文件、单证的有效性，测定集装箱的重量，然后对箱号、箱型、车牌号、箱状态、船名、航次、卸货港、中转港、货物件数、提单号、重量等信息进行核对。不同的港口操作有所不同，对于一般出口重箱进场需持的单证的要求也有所不同，有的是根据设备交接单，有的是根据装箱单，有的则是二者都需要。

3. 空箱进场

空箱进场时，需要持船公司或船代签发的集装箱设备交接单。如果该空箱只是重箱进口经过拆箱后，返回码头堆场堆存而已，则仅需要将其箱号、箱型、箱状态、车牌号、箱主信息输入计算机。如果是空箱装船出口，则在进场之前，必须预先将计划通知码头，及时安排堆场的场地与装卸机械，取得预约受理凭条；进场时，检查桥工作人员审核集卡司机提供的集装箱设备交接单内容，并且要将箱号、箱型、箱状态、车牌号、船名、航次、箱主、卸货港等信息录入系统。

4. 重箱出场

重箱出场包括进口重箱、中转箱及退关箱出场。

进口重箱的提箱，需要持有效提货单与设备交接单。提箱时应当严格审核提货单，比如海关放行章、检验检疫章等，若是不齐、不清、不符，则不得提箱。如果代理公司与码头费用无托收协议的，应当先到受理台办理预约，付清相关费用之后再到检查桥提箱。

中转箱出场，一般指的是转码头的重箱，提箱时集卡司机凭着盖有海关验讫章的集装箱转码头海关申报单，以及设备交接单到检查桥办理手续。

退关重箱的提箱，需要持有设备交接单、预约受理凭条与退关箱出卡口证明。

5. 空箱出场

根据集装箱箱主的指令，接受驳箱车队的提箱申请，并且提供作业受理凭条。在出场时，集卡司机需要出具箱主或其代理签发的设备交接单及预约受理凭条。

6. 单证审核与整理

检查桥所涉及的主要单证，包括设备交接单、装箱单、提货单、交货记录联、集装箱残损记录等，这些记录都是码头与内陆承运人进行集装箱设备交接时的原始资料，也是交接时对集装箱破损责任进行划分的原始证据。

7. 场地核箱

根据堆场控制中心提供的核箱单证，进行场地核箱，并且根据该箱的实际情况，进行箱位调整。需要核对的内容，包括集装箱的箱号、箱型、尺寸，是否与核箱单或计算机上的记录相符等。发现箱体有残损的，在核箱结束之后，应当向堆场计划员反馈。核箱完毕之后，要及时、准确地进行相应调整，并且在做好书面记录的同时，及时上报。

8. 特种箱操作

特种箱主要是指危险品箱与冷藏箱。

在高温季节，应当加强对危险货物集装箱的保护工作，在室外温度超过30℃时，要对集装箱的外表进行定期喷淋降温工作。如果发现异常情况，应当及时与控制中心联系，必要时需要与船公司或货主联系。

冷藏箱从集卡卸下，进入堆场，接通电源之后，要检查确认集装箱外部的冷冻机是否正常运行，有故障的应当立即根据实际情况，及时对外联系处理或者进行修理。定期检查温度并且记录检查的结果，仔细核对相关资料当中的设定温度，与在场温控箱所显示的设定温度及记录温度是否相符。对于冷藏箱在装船后或者卸船前发生机器故障的，应当立即上船确认，安排维修，同时做好相应的记录。

9.6.2 检查桥的工作流程

检查桥是集装箱码头业务管理的一个重要环节，它的通过能力直接影响码头堆场作业。因此，确保集卡在检查桥快速通过就显得十分重要，必须制定一套相应的作业流程，在内外条件具备的情况下，保证集卡司机在检查桥办理提箱或进场手续的顺利进行。检查桥的工作流程，主要包括提箱与进箱的操作流程，其详细流程如图9-2所示。

工作程序图

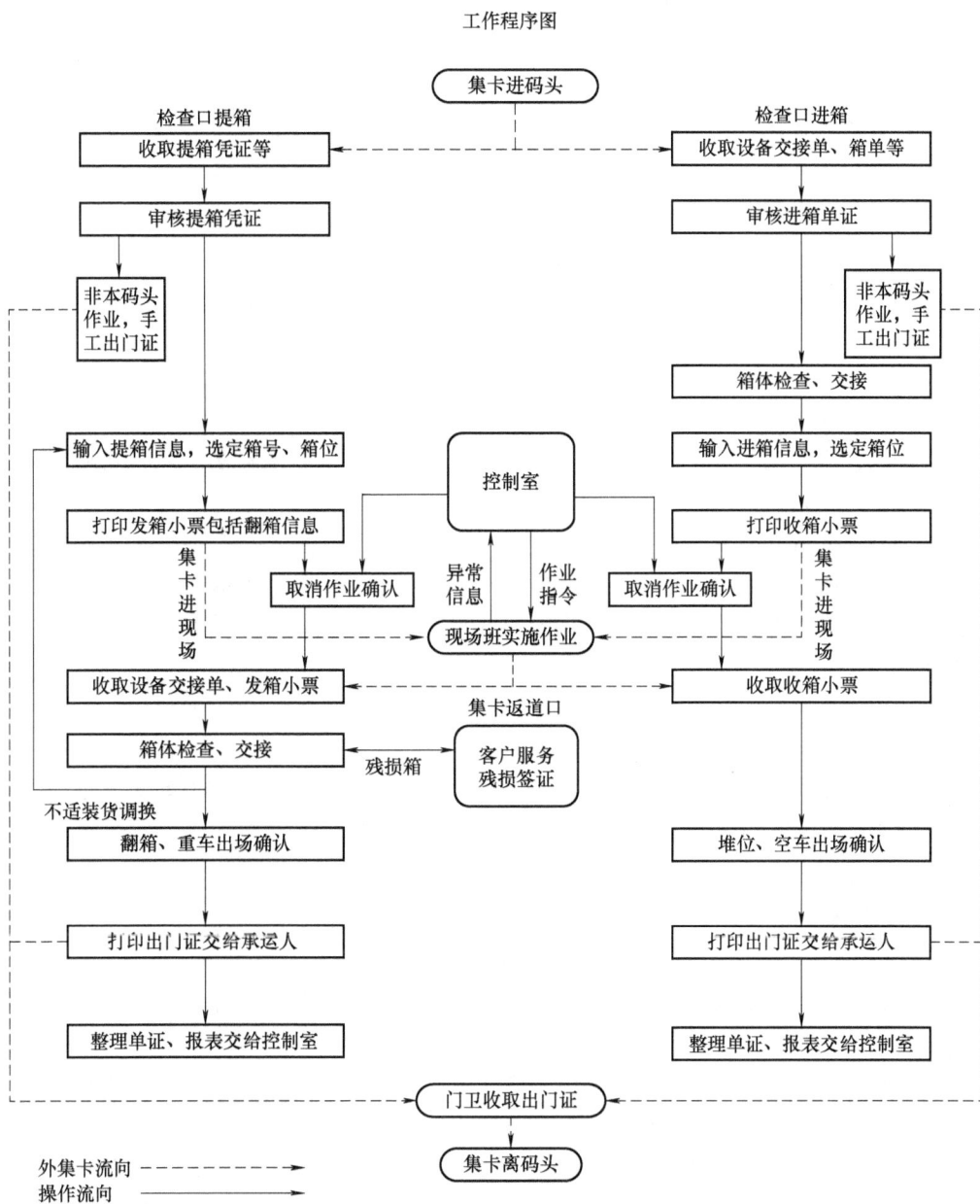

图9-2 检查桥流程图

【本章小结】

集装箱，英文名为container，是能装载包装或无包装货进行运输，并便于用机械设备进行装卸搬运的一种组成工具。为了满足装载不同种类货物的需要，集装箱有了不同种类。不同种类的集装箱不仅外观不同，而且结构、强度、尺寸、功能等也各不相同。

港口物流系统的实质，是运用现代理念对港口运输中转节点原有定位的重新定义，是对港口功能的重新认识；港口的服务，不仅有水运货物的装卸、搬运、仓储、简单加

港口物流

工与货运等基本的物流业务和功能性服务，还提供进出口报关、货运交易服务、信息服务、物流咨询、金融保险代理等延伸业务与增值服务。因此，集装箱港口不仅是装卸的节点，更是物流节点与物流系统。

在集装箱的运输当中，从办理货物托运手续开始，到货物装船、卸船直至货物交付的整个流程，都需要编制各种单证，这些单证是在货方（包括托运人与收货人）与船方之间办理货物交接的证明，也是货方、港方、船方等有关单位之间从事业务工作的凭证，还是划分货方、港方、船方各自责任的必要依据。

集装箱码头货运站主要负责集装箱拆/装箱业务和仓库库存管理。集装箱码头货运站除要有完整的仓库外，还需有一定面积的拆箱区，以堆放待拆箱的集装箱及方便客户提货车辆的行走。

为了加强计划管理及合理使用仓库，必须熟悉各项仓库营运指标，并结合日常生产的实际情况，进行统计分析，以掌握仓库货物的进出数量、存放时间，便于及时发现和解决问题，达到提高码头、仓库服务质量和经济效益的目的。

集装箱检查桥是集装箱码头的出入口，是进出码头的集装箱进行立体检查与交接的场所，是区别码头内外的一个责任分界点。它主要负责对公路集装箱的信息录入、箱体检查工作，并且对相关单证进行审核与交接，是码头与内陆承运人进行集装箱设备交接的重要环节

【主要词汇】

集装箱，集装箱运输，集装箱货运站，集装箱进出口业务，危险品箱，冷藏箱，仓容量，堆存，技术定额，检查桥。

【案例分析】

青岛港：超越第四代港口○

自投产以来，青岛港全自动化集装箱码头持续创造着业界的全球奇迹：船舶准班率保持100%；与传统码头相比，青岛港的作业效率提升了30%，并一直保持单机平均作业效率的世界纪录，最高达到每小时43.23自然箱，比全球同类码头的单机平均效率高出50%。

从形式上看，青岛港的个案虽然是码头自动化的全球奇迹，但是并没有形成一种引领和实践洪流。许多码头在自动化后无法产生预期的成本优势、效率优势和性能优势，实际收益与预期收益之间的差距仍然很大。

在全球工业自动化史上，我们最不应该忘记的是美国与日本汽车产业的自动化之争。美国用几百亿美元提升了整个汽车产业的自动化水平，试图用这个重大的"战役"全面超越在丰田模式这个产业哲学支撑下的日本汽车业，但却失败了。这场汽车自动化的国别之争让人们反省：什么是应该被自动化的，自动化的依据是什么，自动化的范围到底有多大。

○ 资料来源：www.sohu.com。

丰田模式的核心是销售量与生产量的等值，即构造整个产销的信息对称，形成整个工业过程的精益化。美国汽车行业则把自动化的重点放在了生产过程之中，销量的不确定性造成了难以平衡的产销关系。在这种体系之下，自动化反而成了产业"癫痫"与"梗阻"的一种促进因素，而精益也就只是想象中的彼岸世界。

目前码头自动化的困境就是汽车产业生产过程自动化的翻版，由于没有去寻找港口自动化的依据，自动化被限定在码头的某些环节或者是整个码头的自动化，自动化的任何部分都已成为异体组织，造成了整个组织持续不断的排异反应，这就是全球码头自动化徘徊不前的主要原因。

很显然，除了作业效率大幅提升、作业成本大幅下降等的数字之外，青岛港全自动化集装箱码头最引人注意的，是它基于码头并超越了码头，成为一个物流的管理工具，不再是一个单纯的货物装卸环节。或者说，它已具备了物流的管理职能，成为一个物流的管理组织。因此，从某种意义上说，青岛港已经超越了国际上第四代港口的概念。

把全球港口的自动化作为泛工业 4.0 的一个组成部分是十分武断的。实际上，广泛的自动化在全球范围内也造成了"工业 4.0 陷阱"，连接与智能技术的普遍化并没有创造出新的工业哲学，工业 4.0 实际上是自动化的一种更为时代化的表述，发达工业国只是把连接与智能技术当成社会信息化元素注入工业或者是社会，我们应该做的是把这些技术当成组织职能去发挥它们还没有被察觉出的作用。

当从更大范围去审视工业的时候，我们会发现，工业的角色不仅仅是作为一个大的社会部门而存在，还在整个人类的社会组织形式中发挥着独特的"港口效应"，它实际是人与自然关系之间的港口。从这个意义上说，科技是在更深层次上对自然的理解，工业才是人与自然关系的实质。

当工业作为人与自然之间的港口而发挥巨大的组织作用时，我们有理由也必须让真正的港口去发挥它的组织作用。青岛港现在提出要由目的地港向枢纽港转型，就完全具有了超越第四代港口的话语能力。从码头效率和成本方面发生的巨大变化看，这里所说的枢纽港不再是货物吞吐规模意义上的港口，而是大范围物流协调管理意义上的港口，这对世界港口和整个全球贸易来说都具有革命性的意义——港口从作为物流经由介质的转换节点转变为管理基于这个节点的物流"流空间"的路由器。

真正的工业革命还是要回到自动化的原始命题上去：什么东西该被自动化？自动化的依据是什么？自动化的范围到底有多大？当整个社会需求被连接到工业过程之中，市场也就具有了生产属性，产销在社会历史上第一次当然也是永久性地实现了链路闭合，这是工业准确地组织全社会的开始。

港口革命不能只发生在码头上，就像工业在未来社会中的功能一样，它更大的作用是在港口之外，空间范围覆盖了从货物出发地到目的地的全部流程。青岛港的自动化成绩不是来自码头上的自动化装备，而是来自港口所面对的从出发地到目的地的闭合空间内的物流管理。

今天，我们应该认真思考集装箱在统一了供应、移动、需求之间的空间之后的任务，尤其是 5G 即将来临的大背景下，连接与智能技术会在陆路及空中物流、商业、工业中得到全面应用，这些产业的边界会形成新的数据链路与物理实体的新边界，而这些

港 口 物 流

都是港航物流、陆路物流及空运物流等在发展过程中要面临的限制性因素。如何把社会大物流的限制性因素变成有效的组织因素，是对所有物流社会角色的考验。青岛港全自动化码头的实践探索，掀开了从更大范围迎接这种考验的尝试。

分析：

1. 码头自动化的困境是什么？

2. 谈谈 5G 在港口发展中的应用前景。

【思考练习】

1. 名词解释

（1）集装箱设备交接单

（2）CFS

（3）堆存技术定额

（4）集装箱检查桥

2. 填空题

（1）按照制造材料分类，集装箱可以分为（　　）、（　　）、（　　）、（　　）四种。

（2）集装箱港口应当包括（　　）、（　　）、（　　）、集装箱港口信息子系统等。

3. 简答题

（1）常见的集装箱的类型有哪些？

（2）简述集装箱运输的特点。

（3）简述集装箱进出口业务流程。

（4）检查桥业务的主要内容有哪些？

第 10 章 港口物流保税业务

【学习目标】

了解保税、保税货物和保税物流的概念、特征，保税物流园区和保税港区的概念和监管制度，以及我国的保税物流监管体系；熟悉保税海关监管货物的运输、保税核查和海关稽查，保税仓储业务模式和国际中转配送作业流程，国际中转运作模式和国际采购作业模式；掌握保税货物的通关程序、通关单证和保税物流园（港）区的通关模式。

10.1 保税货物与保税物流

10.1.1 保税货物

1. 保税和保税制度

保税（Protective Tariff）是指货物进口后，保持一种暂不缴纳相应关税的状态。

经海关批准的境内企业所进口的货物，在海关监管下，在境内指定的场所储存、加工、装配，并暂缓缴纳各种进口税费。这种海关监管业务制度就是保税制度。

2. 保税货物的特征

保税货物也称为保税物流货物或保税仓储货物，2017 年修订的《中华人民共和国海关法》（以下简称《海关法》）对"保税货物"的解释如下：经海关批准未办理纳税手续进境，在境内储存、加工、装配后复运出境的货物。

保税货物具有以下三个特征：

（1）**目的特定** 保税货物是为特定目的而进口的，即进行贸易活动（在境内储存后复运出境）和加工制造活动（加工、装配），从而将保税货物与为其他目的而暂时进口的货物（如工程施工、科学实验、文化体育活动等）区别开来。

（2）**纳税暂免** 《海关法》规定：暂时进口或者暂时出口的货物，以及特准进口的保税货物，在货物收发货人向海关缴纳相当于税款的保证金或者提供担保后，准予暂时免纳关税。

（3）**复运出境** 保税货物之所以暂免纳税，是因为保税货物进境后并没有在境内流通，最终复运出境，这是成为保税货物的重要前提。从法律上说，保税货物未按一般货物办理进口和纳税手续，因此，保税货物必须以原状或加工后产品复运出境，这既是海关对保税货物的监管原则，也是经营者必须履行的法律义务。

保税货物的通关与一般进出口货物不同，它不是在某一个时间办理进口或出口手续后即完成通关，而是从进境、储存或加工到复运出境的全过程，只有办理了整个过程的各种海关手续后，才真正完成了保税货物的通关，对保税货物的处理，要按照其最终的流向区别对待。

3. 保税货物分类

按照《海关法》对保税货物定义的表述，保税货物可以划分为储存类保税货物和加工装配类保税货物两大类。如果按照海关监管的方式来划分，保税货物可以分成三大类：加工贸易保税货物，仓储保税货物和区域保税货物。本书以海关监管方式的划分为准。

（1）加工贸易保税货物 加工贸易保税货物是指经海关批准，未办理纳税手续进境，在境内加工、装配后复运出境的货物，具体分为来料加工、进料加工两种形式。保税加工货物同时包括保税工厂货物、保税集团货物等。

（2）仓储保税货物 仓储保税货物是指经海关批准保税进境，经过一段时间的储存后又复运出境的货物，主要包括保税仓库货物、保税物流中心货物等。

（3）区域保税货物 区域保税货物主要指进出保税区、出口加工区、保税物流园区等海关特殊监管区域的货物。

4. 海关监管要求

海关对保税货物的监管有设立审批、批准保税、纳税暂缓、监管延伸、核销结关五个方面。

（1）设立审批 保税货物必须存放在经过法定程序审批设立的保税监管场所或者特殊监管区域。

（2）批准保税 保税货物通过批准进入保税监管场所或特殊监管区域来实现保税。

（3）纳税暂缓 办理纳税手续主要包括办理征税手续和减免税手续。一般进口货物和特定减免税货物都必须在进境地海关或主管地海关，办理好纳税手续（包括办妥征税或减免税手续）后才能提取。保税货物在进境地海关凭有关单证册不办理纳税手续就可以提取。但当保税货物最终不复运出境或改变保税货物特性时，需按货物实际进口申报情况办理相应纳税手续。

（4）监管延伸 海关对一般进出口货物的监管时间，进口货物是自货物进境起到办结海关手续提取货物止，出口货物是自向海关申报起到装运出境止，海关监管的地点主要在货物进出境口岸的海关监管场所。监管延伸也是保税制度的一大特点，保税货物的海关监管无论是时间，还是场所，都必须延伸。从时间上说，保税货物在进境地被提取只是海关监管的开始，直到货物储存、加工、装配后复运出境、办结海关核销手续或者正式进口海关手续为止，都属于海关监管的范围。从地点上说，保税货物自提离进境地口岸海关监管场所后，直至向海关办结出口或内销手续止，海关监管覆盖该货物所有储存、加工、装配的场所。

（5）核销结关 核销是保税区别于海关一般进出口货物通关制度的一个重要的特点。对于一般的进出口货物，海关放行就是货物结关的标志。进出口货物收发货人及其代理人向海关申报后，由海关审单、查验、征税、放行，然后提取货物或装运货物。保税货物在进行进出口报关时，海关也加盖放行章，也执行放行程序。但是，保税货物的这种放行，只是一种形式结关，是整个监管过程中的一个环节。保税货物只有核销后才能算真正结关，核销是保税货物监管的最后一道程序。

各种监管形式下，保税物流货物相关监管要点的比较见表 10-1。

表 10-1　各种监管形式下的保税物流货物相关监管要点比较

监管场所、区域名称	存货范围	储存期限	服 务 功 能	审批权限	入区退税
保税仓库	进口	1 年以上 1 年	储存	直属海关	否
出口监管仓库	出口	半年以上 半年	储存/出口/配送/国内结转	直属海关	否
保税物流中心	进出口	2 年以上 1 年	储存/全球采购配送/国内结转/转口/中转	海关总署等四部委	是
保税物流园区	进出口	无期限	储存/国际转口贸易/全球采购配送/中转/展示	国务院	是
保税区	进出口	无期限	物流园区功能 + 维修/加工	国务院	否
保税港区	进出口	无期限	保税区功能 + 港口功能	国务院	是

10.1.2　保税物流

1. 保税物流的概念

保税物流（Bonded Logistics）指的是企业在海关监管区域内，包括保税区、保税仓、海关监管仓等，所从事的采购、仓储、配送、运输、流通加工、装卸搬运、物流信息管理等物流活动。

在改革发展过程中，我国海关特殊监管区的空间结构体系经历了从普通保税区、出口加工区、保税物流中心、保税港区和综合保税区直到自由贸易试验区的逐级升级的过程，保税物流体系空间结构也得到进一步丰富和完善，更加适应我国各区域外向型经济发展的需要，并在当地区域经济发展中发挥着重要的作用。

2. 保税物流的特点

保税物流是物流分类中的一种，符合物流科学的普通规律，但同时具有不同于其他物流类别的典型特点：

（1）系统边界交叉　保税物流货物在地理上看是在一国的境内（领土），从移动的范围来看应属于国内物流，但保税物流也具有明显的国际物流的特点，例如，保税区和区港联动皆具有"境内关外"的性质，因此可以认为保税物流是国际物流与国内物流的交叉区。

（2）物流要素扩大化　保税物流在具有物流的一般要素，如运输、仓储、信息服务、配送等的基础上，还具有海关监管、口岸、保税、报关、退税等关键要素，两者紧密结合，构成完整的保税物流体系。

（3）全过程管理　一般贸易货物通关的基本程序包括申报、查验、征税、放行，是"点式"的管理，而保税货物是从入境、储存或加工到复运出口的全过程，货物入关是起点，核销结案是终点，是全过程的管理。

（4）效率瓶颈问题　在海关的监管下进行物流运作是保税物流不同于其他物流的本质所在。为了达到要求的监管效果，严格的流程、复杂的手续、较高的抽查

港 口 物 流

率在海关对保税物流的监管中必不可少，但这与现代物流追求便捷、高效率、低成本的运作要求相背，物流效率与海关监管效力之间存在"二律背反"。在保税需求日益增长的情况下，海关的监管效率成为保税物流系统效率的瓶颈问题。

（5）平台性　保税物流是加工贸易企业供应物流的末端和销售物流的始端，保税物流的运作效率直接关系到企业正常生产与供应链正常运作，构建通畅、高效率的保税物流系统需要海关、政府、物流企业、口岸等的高效协作。因此，完善的政策体系、一体化的综合物流服务平台必不可少。

3. 保税物流功能

目前，我国形成了六种海关特殊监管区域，即保税区、出口加工区、保税物流园区、保税港区、综合保税区、跨境工业区；三种海关特殊监管场所，即保税物流中心（A型、B型），保税仓和出口监督仓。这些保税区域主要具有以下七种功能：①保税仓储功能；②出口加工功能；③国际采购功能；④转口贸易功能；⑤国际中转功能；⑥国际配送功能；⑦商品展示功能。

10.2　保税物流园区与保税港区

10.2.1　保税物流园区

1. 保税物流园区的概念

在我国，保税物流园区（以下简称"园区"）（Bonded Logistics Park）是指经国务院批准，在保税区规划面积或者毗邻保税区的特定港区内设立的，专门发展现代国际物流业的海关特殊监管区域。

保税物流园区的概念产生源于2003年"区港联动"政策的提出，为充分利用保税区的政策优势和港口的区位优势，并且使二者协调运行而催生了保税物流园区。

2003年我国设立第一个"区港联动"试点——上海外高桥保税物流园区。2004年8月16日，国务院又相继批准大连、天津、青岛、张家港、宁波、厦门、深圳七个与港口相连、条件较好的保税区与毗邻的港口实行港区联动，建立保税物流园区。2008年1月4日，国务院又批准了广州保税物流园区、福州保税物流园区。随着国家政策的逐步深入，我国保税物流园区建设也在全国范围内迅猛开展。

2. 保税物流园区的主要业务

根据《中华人民共和国海关对保税物流园区的管理办法》，保税物流园区可以开展下列业务：①存储进出口货物及其他未办结海关手续货物；②对所存货物开展流通性简单加工和增值服务；③进出口贸易，包括转口贸易；④国际采购、分销和配送；⑤国际中转；⑥检测、维修；⑦商品展示；⑧经海关批准的其他国际物流业务。

10.2.2　保税港区

1. 保税港区的概念

在我国，保税港区是指经国务院批准，设立在国家对外开放的口岸港区和与之相连的特定区域内，具有口岸、物流、加工等功能的海关特殊监管区域。

2005 年 6 月，国务院首次批复设立洋山保税港区，当时该保税港区享有国内各类特殊监管区的优惠政策，成为国内开放度最高、功能最完备、享有经济性与便利性最大、货物跨国境流动障碍最少、与国际惯例最为接轨的政策平台，为探索向自由港发展迈出了重要一步。自 2006 年 12 月洋山保税港区封关运作以来，国务院又先后批复了大连大窑湾保税港区、天津东疆保税港区等多家保税港区。目前，我国共有国家级保税港区 14 家。

2. 保税港区的主要业务

根据《中华人民共和国海关保税港区管理暂行办法》的规定，保税港区内可以开展下列业务：①存储进出口货物和其他未办结海关手续的货物；②对外贸易，包括国际转口贸易；③国际采购、分销和配送；④国际中转；⑤检测和售后服务维修；⑥商品展示；⑦研发、加工、制造；⑧港口作业；⑨经海关批准的其他业务。

3. 保税港区的发展优势

按照国务院的批复，保税港区实行"三合一"叠加政策，即保税区、出口加工区、保税物流园区的优惠政策在保税港区都适用。因此，保税港区具有如下优势：

（1）区位优势 港口与特殊监管区实现了真正意义上的"区港融合"，由一个海关统一监管，真正实现了保税区域与港口的实质联动。

（2）功能优势 与其他海关特殊监管区不同，保税港区叠加了保税区、出口加工区、保税物流园区各项功能政策；保税港区也可以同时开展港口作业、物流、贸易、加工、研发、维修等多种业务类型。

（3）税收优势 保税港区实行以境外货物入区保税、国内货物入区退税、区内自用设备进口免税、区内货物交易免增值税和消费税为核心的"保、退、免三税"政策。境外进入保税港区的货物，海关按照有关规定予以保税，或者免征关税和进口环节税；境内货物进入保税港区视同出口，按照规定实行退税；从保税港区运往境外的货物，免征出口关税；保税港区企业生产的供区内销售或者运往境外的产品，免征相应增值税和消费税；保税港区企业之间的货物交易，不征收增值税和消费税。

（4）监管优势 保税港区内货物可以自由流转；对保税港区与境外之间进出的货物，不实行进出口许可证件管理；对诚信等级高的企业所申报的危险货物，可视为内陆直接装船，不再开箱查验；对境外进入保税港区的货物，检验检疫部门只检疫不检验。

10.3 保税物流监管制度

10.3.1 保税物流监管

1. 保税物流监管的概念

保税物流监管是指一国海关依托国内设立的各种保税区域（场所），对在保税区域（场所）内外或者之间流转的货物所开展的职能管理。

保税物流监管与加工贸易监管并列，共同隶属于海关保税监管职能。在具体海关监管实践中，保税物流监管的范围基于保税物流所依托的保税区域（场所）的不同功能、不同层次而发生变化。同时，保税物流监管的水平决定了保税区域（场所）是否能够实现、发挥好自身的保税物流功能。

我国保税监管业务的发展是加工贸易发展的产物。在我国，加工贸易最初是吸引外资、发展工业、扩大出口和提高我国外贸发展水平的技术，一直持续着"以进养出"的贸易模式。随着现代物流的快速发展，现在，保税物流已经发展成为中国经济发展的新的增长点。海关的基本任务之一就是监管保税加工和保税物流产品。

2. 保税物流监管的业务模式

我国的保税监管业务主要分为保税加工业务和保税物流业务。

（1）保税加工业务 保税加工业务是指在海关监管下，用于制造加工的货物暂不支付进口关税，可作为临时进口原材料和半成品使用。目前，保税加工业务可以再往下细分为加工（包括深加工结转）、装配、检验和修理业务。

（2）保税物流业务 保税物流业务是指在海关监管区域开展的一系列相关业务活动，地点包括保税仓库、海关监管仓库和保税区。业务涉及很多环节，如仓储、运输、配送处理、装卸处理、程序设计和物流信息的存储与交换等。此时，企业可以享受"海外关税"制度以及其他有关税收、外汇和清关的特殊政策。目前，保税物流业务可以细分为采购、运输、仓储、包装、配送、中转和配送。

3. 保税物流监管体系

目前，我国主要有两个保税监管体系，一个是保税加工监管体系，一个是保税物流监管体系。两者都有"物理围栏"和"信息围栏"两种监管模式。

10.3.2 保税物流园区监管制度

1. 海关对区域的管理

1）园区与中华人民共和国境内的其他地区之间，应当设置符合海关监管要求的卡口、围网隔离设施、视频监控系统及其他海关监管所需的设施。

2）园区内设立仓库、堆场和必要的业务指挥调度操作场所，不得建立工业生产加工场所和商业性消费设施。

3）经海关总署会同国务院有关部门对有关设施、场所验收合格后，园区可以开展有关业务。

4）海关在园区派驻机构，依照本办法对进出园区的货物、运输工具、个人携带物品及园区内相关场所实行 24 小时监管。

2. 海关对园区企业的管理

1）园区企业应当具有企业法人资格。园区企业在开展业务前，应当按照《中华人民共和国海关对报关单位注册登记管理规定》及相关规定向海关办理注册登记手续。特殊情况下，经直属海关批准，区外法人企业可以依法在园区内设立分支机构。

2）园区企业应当具备下列条件：①具有向海关缴纳税款及履行其他法定义务

的能力；②在园区内拥有专门的营业场所。

3）园区企业变更营业场所面积、地址等事项的，应当报经直属海关批准；变更名称、组织机构、性质、法定代表人、注册资本等注册登记内容的，应当在变更后 5 个工作日内报直属海关备案。

4）海关对园区企业实行电子账册监管制度和计算机联网管理制度。园区行政管理机构或者其经营主体应当在海关指导下通过"电子口岸"建立供海关、园区企业及其他相关部门进行电子数据交换和信息共享的计算机公共信息平台。

5）园区企业应当依照《中华人民共和国会计法》及有关法律、行政法规的规定，规范财务管理，设置符合海关监管要求的账簿、报表，记录本企业的财务状况和有关进出园区货物、物品的库存、转让、转移、销售、简单加工、使用等情况，如实填写有关单证、账册，凭合法、有效的凭证记账和核算。园区企业应当编制月度货物进、出、转、存情况表和年度财务会计报告，并定期报送园区主管海关。

6）保税物流园区企业不得开展下列业务：商业零售、加工制造、翻新、拆解及其他与保税物流园区无关的业务。

3. 海关对园区与区外之间进出货物的监管

1）园区与区外之间进出的货物，由园区企业或者区外收、发货人（或者其代理人）在园区主管海关办理申报手续。

2）园区货物运往区外视同进口，园区企业或者区外收货人（或者其代理人）按照进口货物的有关规定向园区主管海关申报，海关按照货物出园区时的实际监管方式的有关规定办理。

3）园区企业跨关区配送货物或者异地企业跨关区到园区提取货物的，可以在园区主管海关办理申报手续，也可以按照海关规定办理进口转关手续。

4）除法律、行政法规、规章规定不得集中申报的货物外，园区企业少批量、多批次进、出货物的，经园区主管海关批准可以办理集中申报手续，并适用每次货物进出口时海关接受该货物申报之日实施的税率、汇率。集中申报的期限不得超过 1 个月，且不得跨年度办理。

5）区外货物运入园区视同出口，由园区企业或者区外发货人（或者其代理人）向园区主管海关办理出口申报手续。

6）从园区到区外的货物涉及免税的，海关按照进口免税货物的有关规定办理。

7）经园区主管海关批准，园区企业可以在园区综合办公区专用的展示场所举办商品展示活动。展示的货物应当在园区主管海关备案，并接受海关监管。

8）园区行政管理机构及其经营主体和园区企业使用的机器、设备和办公用品等，需要运往区外进行检测、维修的，应当向园区主管海关提出申请，经园区主管海关核准、登记后可以运往区外。

4. 海关对园区内货物的监管

1）园区内货物可以自由流转。园区企业转让、转移货物时，应当将货物的具体品名、数量、金额等有关事项向海关进行电子数据备案，并在转让、转移后向海关办理报核手续。

2）未经园区主管海关许可，园区企业不得将所存货物抵押、质押、留置、移作他用或者进行其他处置。

3）园区企业可以对所存货物开展流通性简单加工和增值服务，包括分级分类、分拆分拣、分装、计量、组合包装、打膜等具有商业增值的辅助性作业。

4）园区企业自开展业务之日起，应当每年向园区主管海关办理报核手续。园区主管海关应当自受理报核申请之日起 30 日内予以核库。企业有关账册、原始数据应当自核库结束之日起至少保留 3 年。

5）进入园区的国内出口货物尚未办理退税手续的，因品质或者规格原因需要退还出口企业时，园区企业应当在货物申报进入园区之日起 1 年内提出申请，并提供出口企业所在地主管税务部门出具的未办理出口退税证明，经园区主管海关批准后，可以办理退运手续，且无须缴纳进口关税、进口环节增值税和消费税；海关已征收出口关税的，应当予以退还。

6）除已经流通性简单加工的货物外，区外进入园区的货物，因质量、规格型号与合同不符等原因，需原状返还出口企业进行更换的，园区企业应当在货物申报进入园区之日起 1 年内向园区主管海关申请办理退换手续。海关按照《中华人民共和国海关进出口货物征税管理办法》的有关规定办理。

7）因不可抗力造成园区货物损坏、损毁、灭失的，园区企业应当及时书面报告园区主管海关，说明理由并提供保险、灾害鉴定部门的有关证明。经园区主管海关核实确认后，按照下列规定处理：

① 货物灭失，或者虽未灭失但完全失去使用价值的，海关予以办理核销和免税手续。

② 进境货物损坏、损毁，失去原使用价值但可以再利用的，园区企业可以向园区主管海关办理退运手续。

③ 区外进入园区的货物损坏、损毁，失去原使用价值但可以再利用，且需向出口企业进行退换的，可以退换为与损坏货物同一品名、规格、数量、价格的货物，并向园区主管海关办理退运手续。

8）园区货物不设存储期限。

10.3.3 保税港区的监管制度

1. 海关对区域的管理

1）海关依照《中华人民共和国海关保税港区管理暂行办法》对进出保税港区的运输工具、货物、物品以及保税港区内企业、场所进行监管。

2）保税港区实行封闭式管理。保税港区与中华人民共和国关境内的其他地区（以下简称"区外"）之间，应当设置符合海关监管要求的卡口、围网、视频监控系统以及海关监管所需的其他设施。

3）保税港区内不得居住人员。除保障保税港区内人员正常工作、生活需要的非营利性设施外，保税港区内不得建立商业性生活消费设施和开展商业零售业务。海关及其他行政管理机构的办公场所应当设置在保税港区规划面积以内、围网以外的保税港区综合办公区内。

4）保税港区管理机构应当建立信息共享的计算机公共信息平台，并通过"电子口岸"实现区内企业及相关单位与海关之间的电子数据交换。

5）保税港区的基础和监管设施、场所等应当符合《海关特殊监管区域基础和监管设施验收标准》。经海关总署会同国务院有关部门验收合格后，保税港区可以开展有关业务。

6）国家禁止进出口的货物、物品不得进出保税港区。

2. 海关对区内企业的管理

1）保税港区内企业（以下简称"区内企业"）应当具有法人资格，具备向海关缴纳税款以及履行其他法定义务的能力。特殊情况下，经保税港区主管海关核准，区外法人企业可以依法在保税港区内设立分支机构，并向海关备案。

2）海关对区内企业实行计算机联网管理制度和海关稽查制度。区内企业应当应用符合海关监管要求的计算机管理系统，提供供海关查阅数据的终端设备和计算机应用的软件接口，按照海关规定的认证方式和数据标准与海关进行联网，并确保数据真实、准确、有效。海关依法对区内企业开展海关稽查，监督区内企业规范管理和守法自律。

3）区内企业应当依照《中华人民共和国会计法》及有关法律、行政法规的规定，规范财务管理，设置符合海关监管要求的账册和报表，记录本企业的财务状况和有关进出保税港区货物、物品的库存、转让、转移、销售、加工和使用等情况，如实填写有关单证、账册，凭合法、有效的凭证记账和核算。

4）保税港区内港口企业、航运企业的经营和相关活动应当符合有关法律、行政法规和海关监管的规定。

5）区内企业的生产经营活动应当符合国家产业发展要求，不得开展高耗能、高污染和资源性产品以及列入《加工贸易禁止类商品目录》商品的加工贸易业务。

3. 海关对保税港区与区外之间进出货物的监管

1）保税港区与区外之间进出的货物，区内企业或者区外收发货人按照进出口货物的有关规定向保税港区主管海关办理申报手续。需要征税的，区内企业或者区外收、发货人按照货物进出区时的实际状态缴纳税款。

2）海关监管货物从保税港区与区外之间进出的，保税港区主管海关可以要求提供相应的担保。

3）区内企业在加工生产过程中产生的边角料、废品，以及加工生产、储存、运输等过程中产生的包装物料，区内企业提出书面申请并且经海关批准的，可以运往区外，海关按出区时的实际状态征税。

4）经保税港区运往区外的优惠贸易协定的货物，符合海关总署相关原产地管理规定的，可以申请享受协定税率或者特惠税率。

5）经海关核准，区内企业可以办理集中申报手续。实行集中申报的区内企业应当对 1 个自然月内的申报清单数据进行归并，填制进出口货物报关单，在次月月底前向海关办理集中申报手续。集中申报适用报关单集中申报之日实施的税率、汇率，集中申报不得跨年度办理。

6）区外货物进入保税港区的，按照货物出口的有关规定办理缴税手续，并按照下列规定签发用于出口退税的出口货物报关单证明联：

① 从区外进入保税港区供区内企业开展业务的国产货物及其包装物料，海关按照出口货物的有关规定办理，签发出口货物报关单证明联。货物转关出口的，起运地海关在收到保税港区主管海关确认转关货物已进入保税港区的电子回执后，签发出口货物报关单证明联。

② 从区外进入保税港区供保税港区行政管理机构和区内企业使用的国产基建物资、机器、装卸设备、管理设备、办公用品等，海关按照对出口货物的有关规定办理，签发出口货物报关单证明联。

③ 从区外进入保税港区供保税港区行政管理机构和区内企业使用的生活消费用品和交通运输工具，海关不予签发出口货物报关单证明联。

④ 从区外进入保税港区的原进口货物、包装物料、设备、基建物资等，区外企业应当向海关提供上述货物或者物品的清单，按照出口货物的有关规定办理申报手续，海关不予签发出口货物报关单证明联，原已缴纳的关税、进口环节海关代征税不予退还。

7）保税港区内使用的机器、设备、模具和办公用品等海关监管货物，可以比照进境修理货物的有关规定，运往区外进行检测、维修。

8）区内企业需要将模具、原材料、半成品等运往区外进行加工的，应当在开展外发加工前，凭承揽加工合同或者协议、承揽企业营业执照复印件和区内企业签章确认的承揽企业生产能力状况等资料，向保税港区主管海关办理外发加工手续。委托区外企业加工的期限不得超过 6 个月，加工完毕后的货物应当按期运回保税港区。

4. 海关对保税港区内货物的监管

1）保税港区内货物可以自由流转。区内企业转让、转移货物的，双方企业应当及时向海关报送转让、转移货物的品名、数量、金额等电子数据信息。

2）区内企业不实行加工贸易银行保证金台账和合同核销制度，海关对保税港区内加工贸易货物不实行单耗标准管理。区内企业应当自开展业务之日起，定期向海关报送货物的进区、出区和储存情况。

3）申请在保税港区内开展维修业务的企业应当具有企业法人资格，并在保税港区主管海关登记备案。区内企业所维修的产品仅限于我国出口的机电产品售后维修，维修后的产品、更换的零配件以及维修过程中产生的物料等应当复运出境。

4）区内企业需要开展危险化工品和易燃易爆物品生产、经营和运输业务的，应当取得安全监督、交通等相关部门的行政许可，并报保税港区主管海关备案。

5）区内企业申请放弃的货物，经海关及有关主管部门核准后，由保税港区主管海关依法提取变卖，变卖收入由海关按照有关规定处理，但法律、行政法规和海关规章规定不得放弃的货物除外。

6）因不可抗力造成保税港区货物损毁、灭失的，区内企业应当及时书面报告保税港区主管海关，说明情况并提供灾害鉴定部门的有关证明。经保税港区主管海关核实确认后，按照下列规定处理：

① 货物灭失，或者虽未灭失但完全失去使用价值的，海关予以办理核销和免税手续。

② 进境货物损毁，失去部分使用价值的，区内企业可以向海关办理退运手续。如不退运出境并要求运往区外的，由区内企业提出申请，经保税港区主管海关核准，按照海关审定的价格进行征税。

③ 区外进入保税港区的货物损毁，失去部分使用价值，且需向出口企业进行退换的，可以退换为与损毁货物相同或者类似的货物，并向保税港区主管海关办理退换手续。

7）因保管不善等非不可抗力因素造成货物损毁、灭失的，区内企业应当及时书面报告保税港区主管海关，说明情况。经保税港区主管海关核实确认后，按照下列规定办理：

① 从境外进入保税港区的货物，区内企业应当按照一般贸易进口货物的规定，按照海关审定的货物损毁或灭失前的完税价格，以货物损毁或灭失之日适用的税率、汇率缴纳关税、进口环节海关代征税。

② 从区外进入保税港区的货物，区内企业应当重新缴纳因出口而退还的国内环节有关税收，海关据此办理核销手续，已缴纳出口关税的，不予退还。

8）保税港区货物不设存储期限。但存储期限超过 2 年的，区内企业应当每年向海关备案。

10.3.4　保税核查

1. 保税核查的含义

保税核查（Bonded Inspection）是指海关依法对监管期限内的保税加工货物、保税物流货物进行验核和查证，检查和监督保税加工企业、保税物流企业、海关特殊监管区域、保税监管场所内保税业务经营行为的真实性、合法性。

保税核查由海关保税监管部门组织实施。保税核查应当由两名或者两名以上海关核查人员共同实施。海关核查人员实施核查时，应当出示海关核查证。海关核查证由海关总署统一制发。

海关可以通过数据核实、单证检查、实物盘点、账务核对等形式，对被核查人进行实地核查；也可以根据被核查人提交的纸质单证和报送的电子数据，进行书面核查。

2. 保税核查范围

（1）核查时限　海关自保税物流货物运入海关特殊监管区域、保税监管场所之日起，至运出海关特殊监管区域、保税监管场所之日止，可以对保税物流货物以及相关保税物流企业开展核查。

（2）对保税物流企业的核查内容　海关对保税物流企业进行核查时，应当核查以下内容：

1）保税物流企业的厂房、仓库以及法定代表人、主要负责人等企业基本情况与备案资料是否相符。

2）保税物流企业账册设置是否规范、齐全。

3）保税物流企业出现分立、合并或者破产等情形的，是否依照规定办理海关手续。

（3）对保税物流货物的核查内容　海关对保税物流货物开展核查时，应当核查以下内容是否与实际情况相符：

1）保税物流货物的进出、库存、转移、简单加工、使用等情况。

2）保税物流货物的出售、转让、抵押、质押、留置、移作他用或者进行其他处置等情况。

3）保税物流企业内销保税货物的商品名称、商品编码、规格型号、价格、数量等情况。

4）保税物流企业申请放弃的保税货物的商品名称、商品编码、规格型号、数量等情况。

5）保税物流企业申报的受灾保税货物的商品名称、商品编码、规格型号、数量、破损程度以及价值认定等情况。

3. 保税核查程序

（1）核查准备

1）海关实施核查前，应当根据保税企业、保税货物进出口以及海关特殊监管区域、保税监管场所经营情况，确定被核查人，编制海关工作方案。

2）海关实施核查前，应当通知被核查人。特殊情况下，经海关关长批准，海关可以径行核查。

3）被核查人提供经海关认可的中介机构出具的审计报告，并经海关审核认定的，海关可以对被核查人免予实施保税核查；海关认为必要时，可以委托中介机构参与保税核查。

（2）核查实施

1）海关核查人员开展核查可以行使下列职权：

① 查阅、复制被核查人与保税业务有关的合同、发票、单据、账册、业务函电和其他有关资料（以下简称"账簿""单证"）。

② 进入被核查人的生产经营场所、货物存放场所，检查与保税业务有关的生产经营情况和货物。

③ 询问被核查人的法定代表人、主要负责人或者其他有关人员与保税业务有关的情况。

2）被核查人应当接受并配合海关实施保税核查，提供必要的工作条件，如实反映情况，提供海关保税核查需要的有关账簿、单证等纸质资料和电子数据，不得拒绝、拖延、隐瞒。海关查阅、复制被核查人的有关资料或者进入被核查人的生产经营场所、货物存放场所核查时，被核查人的有关负责人或者其指定的代表应当到场，并按照海关的要求清点账簿、打开货物存放场所、搬移货物或者开启货物包装。被核查人委托其他机构、人员记账的，被委托人应当与被核查人共同配合海关查阅有关会计资料。

3）海关在核查过程中提取的有关资料、数据等，应当交由被核查人签字确认。

4）海关核查结束时，核查人员应当填制"海关保税核查工作记录"并签名。实地核查的，"海关保税核查工作记录"还应当交由被核查人的有关负责人或者其指定的代表签字或者盖章；拒不签字或者盖章的，海关核查人员应当在"海关保税核查工作记录"上注明。

（3）核查处理

1）核查结束后，海关应当对"海关保税核查工作记录"以及相关材料进行归档或者建立电子档案备查。

2）海关应当在保税核查结束后 15 个工作日内做出保税核查结论，并告知被核查人。发现保税核查结论有错误的，海关应当予以纠正。

3）海关实施保税核查，发现被核查人存在不符合海关监管要求的，可以采取以下处理方式，并填制"海关保税核查处理通知书"书面告知被核查人：①责令补办相关手续；②责令限期改正；③责令按照有关规定提供担保。

4）违反《中华人民共和国海关保税核查办法》，构成走私行为、违反海关监管规定行为或者其他违反《海关法》行为的，由海关依照《海关法》和《中华人民共和国海关行政处罚实施条例》的有关规定予以处理；构成犯罪的，依法追究刑事责任。

10.3.5　海关稽查

1. 海关稽查概述

海关稽查（Customs Audit）是指海关在规定期限内，依法对被稽查人的会计账簿、会计凭证、报关单证以及其他有关资料（以下统称"账簿、单证等有关资料"）和有关进出口货物进行核查，监督被稽查人进出口活动的真实性和合法性。

海关对被稽查人的账簿、单证等有关资料和有关进出口货物进行稽查的具体时限为：

1）对一般进出口货物，海关稽查期限是自货物放行之日起 3 年内。

2）对于保税货物、特定减免税进口货物、暂准进出境货物等，海关稽查期限是海关监管期限及其后的 3 年内。

被稽查人是指下列与进出口活动直接有关的企业、单位：从事对外贸易的企业、单位，从事对外加工贸易的企业，经营保税业务的企业，使用或者经营减免税进口货物的企业、单位，从事报关业务的企业，海关总署规定的从事与进出口活动直接有关的其他企业、单位。

2. 海关稽查的实施

（1）稽查准备

1）海关应当按照海关监管的要求，根据进出口企业、单位和进出口货物的具体情况，确定海关稽查重点，制订年度海关稽查工作计划。

2）海关进行稽查时，应当在实施稽查的 3 日前，制发《中华人民共和国海关稽查通知书》，书面通知被稽查企业、单位。在特殊情况下，即有下列情况之一的，经海关关长批准，海关可以不经事先通知，对被稽查人实施稽查：

① 被稽查人有重大违法嫌疑的。

② 被稽查人的账簿、单证等有关资料及进出口货物可能被擅自转移或毁弃的。

③ 情况特殊，海关认为有必要的。

海关径行稽查的，应当将《中华人民共和国海关稽查通知书》当面送达被稽查人。

（2）稽查实施

1）海关进行稽查时，应当组成稽查组。稽查组的组成人员不得少于两人。海关进行稽查时，海关工作人员应当出示海关稽查证。海关稽查证由海关总署统一制发。海关进行稽查时，海关工作人员与被稽查人有直接利害关系的，应当回避。

2）海关进行稽查时，可以行使下列职权：

① 查阅、复制被稽查人的账簿、单证等有关资料。

② 进入被稽查人的生产经营场所、货物存放场所，检查与进出口活动有关的生产经营情况和货物。

③ 询问被稽查人的法定代表人、主要负责人和其他有关人员与进出口活动有关的情况和问题。

④ 经海关关长批准，查询被稽查人在商业银行或者其他金融机构的存款账户。

3）海关进行稽查时，发现被稽查人有可能转移、隐匿、篡改、毁弃账簿、单证等有关资料的，经海关关长批准，可以暂时封存其账簿、单证等有关资料。采取该项措施时，不得妨碍被稽查人正常的生产经营活动。

4）海关进行稽查时，发现被稽查人的进出口货物有违反海关法和其他有关法律、行政法规规定的嫌疑的，经海关关长批准，可以封存有关进出口货物。海关对封存的账簿、单证等有关资料和货物，经稽查排除违法嫌疑的，应当立即解除封存，并制发《中华人民共和国海关解除封存通知书》书面通知被稽查人。

5）海关查阅、复制被稽查人的账簿、单证等有关资料或者进入被稽查人的生产经营场所、货物存放场所检查时，被稽查人的法定代表人或者主要负责人或其指定的代表应当到场，并按照海关的要求清点账簿、打开货物存放场所、搬移货物或者开启货物包装。

6）海关进行稽查时，与被稽查人有财务往来或者其他商务往来的企业、单位应当向海关如实反映被稽查人的有关情况，提供有关资料和证明材料。

（3）稽查报告和稽查结论　海关稽查组实施稽查后，应当向海关提交稽查报告。稽查报告报送海关前，应当征求被稽查人的意见。被稽查人应当自收到稽查报告之日起 7 日内，将其书面意见送交海关。逾期未提交的，视为无意见。海关应当自收到稽查报告之日起 30 日内，做出《中华人民共和国海关稽查结论》并送达被稽查人。

3. 法律责任

1）被稽查人有下列行为之一的，由海关责令限期改正，逾期不改正的，处 1 万元以上 3 万元以下的罚款；情节严重的，取消其报关资格；对负有直接责任的主管人员和其他直接责任人员，处 1000 元以上 5000 元以下的罚款：①向海关提供虚假情况或者隐瞒重要事实的；②拒绝、拖延向海关提供账簿、单证等有关资料的；③转移、隐匿、篡改、毁弃账簿、单证等有关资料的。

2）被稽查人未按照规定设置或者编制账簿、单证等有关资料的，由海关责令限期改正，逾期不改正的，处 1 万元以上 5 万元以下的罚款；情节严重的，取消其报关资格；对负有直接责任的主管人员和其他责任人员处 1000 元以上 5000 元以下的罚款。

3）海关工作人员在稽查中玩忽职守、徇私舞弊、滥用职权，或者利用职务上的便利，收受、索取被稽查人的财物，构成犯罪的，依法追究刑事责任；尚不构成犯罪的，依法给予行政处分。

10.4　通关业务

10.4.1　保税货物通关

1. 通关程序

保税货物的通关与一般进出口货物不同，它不是在某一个时间上办理进口或出口手续后即完成了通关，而是从进境、储存或加工到复运出境的全过程，只有办理了这一整个过程的各种海关手续后，才真正完成了保税货物的通关。

保税货物的通关程序是：备案申请保税——进出境报关——报核申请结案。

（1）备案申请保税（前期阶段）　保税货物进口前，经营保税货物的单位持有关批件、对外签约的合同及其他有关单证向主管海关申请办理合同登记备案手续；当海关给予批准后，签发有关登记手册。合同登记备案是向海关办理的第一个手续，须在保税货物进口前办妥，它是保税业务的开始，也是经营者与海关建立承担法律责任和履行监管职责的法律关系的起点。

海关对企业申请进口的保税货物进行审核、备案，便于海关今后的监管和统计。

（2）进出境报关（中期阶段）　保税货物同一般进出口货物一样，在进出境时，都必须和其他货物一样进入进出境报关阶段，一般进出口货物的进出境报关阶段包括四个环节：申报——查验——征税——放行。而保税货物是要经过进入进出境报关查验阶段，但所不同的是，不进入第三个环节，也就是不进入征税环节。保税货物进口环节海关放行并不等于结关，保税货物依旧处于海关监管之下。

（3）报核申请结案（后期阶段）　报核申请结案是企业根据在海关的备案，当加工合同完成后或储存货物复运出境后，向海关申请对进口的保税货物进行核销结关。这一环节是保税货物整个通关程序的终点，意味着海关与经营单位之间的监管法律关系的最终解除。

在这个阶段，具体的环节就是：企业报核——海关受理——实施核销——结关销案。

保税货物自完成通关之日起，一直到核销之日止，始终处于海关的监管之下，因此保税货物要经过海关报核申请结案。

2. 通关单证
（1）必备单证
1）进出口货物报关单、进出境货物备案清单。

2）提运单（海运提单、空运提单、铁路运单等）、进出仓单、进出厂单。

3）商业发票。

4）商业运箱单（码单、明细单）。

5）合同协议。

6）报关单证证明联，签发打印申请表。

（2）其他单证

1）报关委托书（代理报关适用）。

2）进出口转关申请单（进出口转关适用）。

3）仓储协议（保税仓储货物适用）。

4）加工贸易登记手册（加工贸易进出口货物适用）、征免税证明或登记手册（免税货物适用）。

10.4.2　保税物流园区的通关模式

保税物流园区通关模式分为两种：一种是保税物流园区与区外的通关模式；一种是保税物流园区与其他海关特殊监管区域的通关模式。

1. 保税物流园区与区外的通关模式

园区货物运往区外视同进口，园区企业或区外收货人（或其代理人）按进口货物的有关规定向园区主管海关申报，海关按货物出园区时实际监管方式的有关规定办理。区外货物运入园区视同出口，由园区企业或者区外发货人（或其代理人）向园区主管海关办理出口申报手续。属于应征收出口关税的货物，海关按照有关规定征收出口关税；属于许可证件管理范围内的货物，应当同时向海关出具有效的出口许可证件，但法律、行政法规、规章另有规定在出境申报环节提交出口许可证件的除外。园区企业在区外从事进出口贸易业务且货物不实际进出园区的，可以在收、发货人所在地的主管海关或者货物实际进出境口岸的海关办理申报手续。除法律、行政法规、规章规定不得集中申报的货物外，园区企业少批量、多批次进、出货物的，经园区主管海关批准可以办理集中申报手续，并适用每次货物进出口时海关接受该货物申报之日实施的税率、汇率。集中申报的期限不得超过 1 个月，且不得跨年度办理。

2. 保税物流园区与其他海关特殊监管区域的通关模式

保税物流园区之间、保税物流园区与保税区、出口加工区、保税港区、保税物流中心（A 型、B 型）、保税仓库和已实行国内货物入仓环节出口退税政策的出口监管仓库等海关特殊监管区域或监管场所之间往来的货物，继续实行保税监管，不予签发出口货物报关单证明联。但货物从未实行国内货物入区（仓）环节出口退税制度的海关特殊监管区域或者保税监管场所转入园区的，按照国内货物实际离境的有关规定办理申报手续。保税物流园区与上述海关特殊监管区域、保税监管场所之间的货物交易、流转，不征收进出口环节和国内流通环节的有关税收。

3. 保税物流园区与保税区在通关方面的区别

保税物流园区与保税区在通关方面的区别见表 10-2。

表 10-2　保税物流园区与保税区在通关方面的区别

对 比 项 目	保税物流园区	保 税 区
国内货物进区视同出口	是	否
打印退税联	出口报关完成即可	需要跟踪到货物出境
出境报关	仅一次出境备案	需两次出境备案
出境报关	仅一次出口报关	一次出口报关和一次进区报关
区内企业自有设备、办公和生活消费用品的产业认证	免于强制性产业认证，免于实施品质检验	必须强制性产品认证
集装箱业务	可以拆、拼箱，并无堆存时间限制	中转集装箱只能整箱进口，并要求 14 天必须报关

10.5　保税仓储与配送业务

10.5.1　保税仓储

1. 保税仓储的概念

保税仓储货物通常指经海关批准，暂不办理纳税手续进境，在境内储存后复运出境的货物。保税仓储货物储存后出境可不纳税，转为正式进口时一般要补办手续并照章纳税（享受减免税待遇的货物除外）。保税仓储货物有时可转为保税加工货物。保税仓储及其相关运输、通关、展示等环节是保税物流的重要形式。保税仓储的仓库和场地实行专门管理，账册单证必须齐全，按月提交电子和书面报表，不超时储存，未经海关允许，不得出售、转让和抵押监管货物，货损（不可抗力等正当原因引起的货损除外）后依然要按进口货物处理（即照常纳税，交验许可证件），违规应受罚。

2. 保税仓储的经营方式

保税仓储是国际物流的一个环节。保税仓储的经营方式主要有保税仓库、出口监管仓库、保税物流中心 A 型、保税物流中心 B 型、保税区、保税港区、保税物流园区等。其中，保税仓库、出口监管仓库、保税物流中心 A 型、保税物流中心 B 型由海关审批，保税区、保税港区、保税物流园区由国务院审批、海关验收。

（1）保税仓库　保税仓库的经营业务一般以存放已进口但尚未办结海关手续（尚未缴纳关税和交验许可证件等）的货物为主。保税仓库存放的货物种类范围主要包括：加工贸易进口货物、转口货物、国际航海航空油料物料、供维修外国产品所进口寄售的零配件、外商进境暂存货物、未办结海关手续的一般贸易进口货物、其他应监管的货物。保税仓库的货物必须在规定的货物种类范围内。

（2）出口监管仓库　出口监管仓库的经营业务一般以存放定向出口的货物为主。出口监管仓库存放的货物种类范围具体包括：准备出口的货物（可以先进入出口监管仓库，然后办理出口报关手续），已办结海关手续的出口货物，加工贸易出口货物，配送的保税货物（将各种货物按需要搭配起来，为货主送货上门），需要提供流通性增值服务（刷唛、贴标签、更换包装、清点、计量、分级等，且须经海关同意）的货物，从其他海关监管区域转来的出口货物，为拼装车皮和集装箱而进口的货物，其他已办好手续的出口货物，某些进口保税货物，等等。

（3）保税物流中心 A 型　保税物流中心 A 型是指由境内企业法人单独经营的物流中心，即物流中心的所有权和保税仓储业务经营者是同一家。物流中心（无论 A 型或 B 型）均具备口岸功能（直接对外，海关、商检、运输、银行等功能一应俱全）。保税物流中心 A 型有公用型和自用型两种。经营的货物种类范围包括：出口货物、转口货物（买自境外又卖往境外的货物）、中转货物、外商暂存货物、加工贸易货物、国际航线船舶和航空器的物料及零配件等。经营的业务范围包括：保税仓储、流通性简单加工和增值服务、全球采购分拨配送、转口贸易、国际中转等；不得开展一般零售、生产、加工、维修，不得存储违法货物。

（4）保税物流中心 B 型　保税物流中心 B 型是指由境内一家企业法人所有（不在本中心从事保税仓储物流经营活动，一般只从事后勤供应），多家企业入驻的物流中心，即物流中心的所有权和保税仓储业务经营者不是同一家。保税物流中心 B 型经营的货物范围和业务范围与保税物流中心 A 型相同。

（5）保税区　保税区同时具备保税加工和保税物流功能，区内有许多保税加工、保税物流、保税展览企业以及其他相关服务机构和企业。区内企业必须办理海关注册，建立相应管理制度，与海关联网。加工、仓储、转口、展示的货物均可在区内享受保税待遇，区内基础设施建设所需物资、自用品（除车辆日用品）、燃料等一般可以免税。进出境除特殊货物外免许可证件。境内区外货物入区报出口，可结汇、外汇核销、加工贸易核销，但一般在离境后退税。

（6）保税港区　保税港区是经国务院批准设立的，在港口作业区和与之相连的特定区域内，集港口作业、物流和加工为一体，具有口岸功能的海关特殊监管区域。保税港区是海关按照我国国情实际需要，借鉴发达国家海关的先进管理经验，与国际通行做法相衔接，适应跨国公司运作和现代物流发展需要的新兴监管区域。它是我国目前港口与陆地区域相融合的保税物流层次最高、政策最优惠、功能最齐全、区位优势最明显的监管区域，是真正意义上的境内关外，是在形式上最接近自由贸易港的政策模式。

（7）保税物流园区　保税物流园区实行区港联动，不开展生产性项目。

保税仓库、出口监管仓库、保税物流中心 A 型、保税物流中心 B 型四种经营方式下货物种类和业务范围的比较见表 10-3。

表 10-3　不同经营方式下货物种类和业务范围的比较

经营方式	货物种类	业务范围
保税仓库	加工贸易进口货物、转口货物、国际航海航空油料物料、供维修外国产品所进口寄售的零配件、外商进境暂存货物、未办结海关手续的一般贸易进口货物、其他应监管的货物	可以进行包装、分级分类、加刷唛码、分拆、拼装等简单加工，不得进行实质性加工

（续）

经营方式	货物种类	业务范围
出口监管仓库	准备出口的货物、已办结海关手续的出口货物、加工贸易出口货物、配送的保税货物、需要提供流通性增值服务的货物、从其他海关监管区域转来的出口货物、为拼装车皮和集装箱而进口的货物、其他已办好手续的出口获取等	可以进行品质检验、分级分类、分拣分装、加刷唛码、刷贴标志、打膜、改换包装等流通性增值服务，不得进行实质性加工
保税物流中心 A 型	出口货物、转口货物（买自境外，又卖往境外的货物）、中转货物、外商暂存货物、加工贸易货物、国际航线船舶和航空器的物料及零配件等	保税仓储、流通性简单加工和增值服务、全球采购分拨配送、转口贸易、国际中转
保税物流中心 B 型	同保税物流中心 A 型	同保税物流中心 A 型

3. 业务流程

保税仓储业务是比较大众化、最通用的一种业务，是所有保税区的基本功能，也是其他区内业务的基础。保税仓库是物流分拨的中转站，同时也是简单加工的场所。保税仓储辅助物流功能是供应商库存管理，主要针对大多数进口原材料和零配件。保税仓储业务流程见表 10-4。

表 10-4　保税仓储业务流程

业务流程			主要作业
进货	进货检查	商品检查	进货货物与进货清单核对 数量核对
		入库准备	质量检查（根据不同的发货方案实行全品检查、部分检查和无检查） 保管条码的粘贴（固定放货时标示货架号）
	入库作业	保管场所指示	在流动场所置货时，输入入库货物的货架号后保管 在固定场所置货时，在贴附条码的货架中保管
保管	保管业务	数量管理	检查在库数量是否恰当（补充发货等） 保持正确的账单记录（核查账单与实物是否一致）
		质量管理	检查是否存在长期滞留品
	发货准备	流通加工	按客户的要求进行包装作业 根据客户要求贴附价格标签
发货	发货作业	备货	根据装箱货物和小件货物划分备案 针对备货品与客户订单核对（货物号、数量、配送对象）
		分拣包装	根据不同配送对象分拣包装 发货单、运送单等单据的制作
	配送	配车安排	安排与发货预订数量相符的车辆 货车载积品的确认

（1）保税物流入库业务流程和单证

1）入库业务流程的具体环节包括：①客户提供所需单证。②保税仓库审核加盖公章。③海关审批后同意入库并盖章。④保税仓库代办通关手续。⑤经海关放行后。⑥货物入库。⑦单货相符时收货（单货不符时报告海关）。⑧在报关单上签章并提交海关。⑨台账、实物账核销。

2）入库所需单证包括货主或其代理人（外商）需与保税仓库签订的仓储协议、货物发票、提单、装箱单、卫生证或其复印件、产地证或其复印件、海关及检验检疫部门需要的其他单证。

（2）保税物流出库业务流程与单证

1）出库业务流程的具体环节包括：①客户提供所需单证。②保税仓库审核加盖公章。③海关审批后同意出库并盖章。④保税仓库代办通关手续。⑤经海关放行后，单货相符货物出库。⑥台账、实物账核销。

2）出库所需单证包括原货物发票、提单（重新制作）、原装箱单、入库时的进口报关单、场站收据（下货纸）、海关及检验检疫部门需要的其他单证。

（3）流通加工　除了保税储存进出口货物及其他未办结海关手续的货物之外，保税物流园区还可以对所存货物开展流通性简单加工和增值服务，即不改变货物化学性质的服务作业，包括分级分类、分拆分拣、分装、组合包装、打膜、加刷条码、刷贴标志、改换包装、拼装等具有商业增值的辅助性作业及检测维修等。但园区内不得开展商业零售、加工制造、翻新、拆解及其他与园区无关的业务。

10.5.2　国际配送业务

1. 国际配送的概念

国际配送是指产成品从制造或销售企业沿着一定的通道，经运输、仓储等流程到达供应链下游客户的过程。在此过程中，商品所经过的路径或通道就被称为配送渠道。

与国际采购一样，国际配送也是企业国际化经营的重要标志，是企业销售国际化和生产国际化的自然结果。

2. 国际配送的特点

与区域配送、城市配送相比，国际配送具有以下特点：

（1）国际性　国际配送以邻国之间的配送为主，因此属于国际物流的范畴。国际配送跨越不同地区和国家，跨越海洋和大陆，运输距离长，以海运为主，这就需要合理选择运输路线和运输方式，尽量缩短货物的运输距离和货物的在途时间，加速货物的周转，以降低物流成本。

（2）复杂性　由于各国社会制度、自然环境、经营管理方法以及生产习惯不同，因而，国际配送不仅仅使地域和空间的范围变大，而且涉及的多种内外因素也更多，难度更大，风险更多。

（3）标准化　国际配送的标准化主要体现在配送工具和设施的统一标准，比如，集装箱和托盘统一规格及条形码技术等。

（4）**精细化**   为了适应各制造产商的生产需求，以及多样、少量的生产方式，国际物流的高频度、小批量的配送也随之产生。早在 20 世纪 90 年代，我国台湾电脑业就创造了一种"全球运筹式产销模式"，即采取按客户订单分散生产的形式，将电脑所有零部件、元器件和芯片外包给世界各地制造商去生产，然后通过国际物流网络，将这些零部件、元器件和芯片集中到物流配送中心，再由物流配送中心发送给电脑生产厂家。

此外，国际配送还具有如下特点：配送时间性强；配送对象主要是超大型用户，如区域配送中心和跨国工商企业集团；经营规模大，辐射范围广，配送设施和设备的机械化、自动化和信息化程度高；等等。

3. 国际配送的分类

按实施配送的节点不同进行分类，包括保税仓库配送、保税物流中心配送、保税港区配送等；按配送商品的种类和数量的多少进行分类，包括单（少）品种大批量配送、多品种少批量配送、配套成套配送等。按配送时间和数量的多少进行分类，包括定时配送、定量配送、定时定量配送、定时定路线配送、即时配送等。按经营形式不同进行分类，包括销售配送、供应配送、销售供应一体化配送、代存代供配送等。

4. 国际配送的模式

（1）**进口分拨**   进口分拨是指利用保税区"境内关外"的特性和"免税、免证、保税"的优惠政策，将货物直接从境外备案后进入到保税区内仓库。经过存储、分拣或者简单加工等不改变货物海关编号的操作后，根据国内、国外不同客户的需求，办理进口至国内或者出境至国外的出库手续。

此种模式既可以是全部进口分拨，也可以是部分进口分拨、部分分拨出境。该模式具有以下特点：①进口环节是大批量的，而进入国内市场则采用"多批次、小批量"；②物流运作的主体比较多元化，既有跨国公司和专业化国际企业在保税物流园区设立的分支机构，也可以由其在我国的代理商负责，或委托保税物流园区内的物流企业进行物流运作。

（2）**出口集拼**   出口集拼是指多家供应商的货物出口到保税物流园（港）区，进行集拼后，出境到国外客户。此种模式具有两大优势：

① 出口集拼适合各种性质的企业。比如，A 工厂是国内一般贸易客户，出口需退税。B 工厂是加工贸易企业，需出口核销 C 工厂是国内没有进出口权的工厂，出口只能买单报关。采购商希望把这三种性质的企业的产品集拼后出口，国内普通仓库则不能完成这种形式的集拼，但保税区可以解决以上问题。三家企业分别送货到保税区。A 工厂的货物出口到保税区后即可办理退税，B 工厂是加工贸易企业，货物出口到保税区后即可核销，C 工厂没有进出口权可买单出口，物流公司可协助调汇进境。

② 境内外货物可以同时在保税区集拼，境外货物免税且自由通关进入保税区。货物拼装出口，既同时可以是国内生产的成品进行组合拼装，也可是国外进口的和国内生产的成品一起组合拼装。比如，国内供应商 A 把要出口的鼠标运到保税区，国内供应商 B 把要出口的散热器运到保税区，日本供应商 C 经我国香港码头送货

港 口 物 流

到保税区（或经深圳码头转关到保税区），在这个过程中，A、B 供应商出口到保税区可以退税或核销，日本供应商 C 免税且自由通关进入保税区。另一家包材供应商把包材出口到保税区，对以上套件进行包装、分拣、贴唛等简单加工。

出口集拼模式具有以下特点：①国内出口商品进入保税物流园区的是少品种、大批量的物流，而离境的物流则是经过集配和优化运输选择的多品种、大批量、多方向的物流；②物流运作主体比较多样化。

5. 国际配送的作业内容与流程

国际配送有进口分拨和出口集拼两种模式。以进口分拨为例，其作业内容是指国外货物通过海运或其他运输方式运进国内的保税物流园区，进行货物的分拣、商业性简单加工、批量换装后，向国内最终客户进行配送。进口分拨的具体运作流程如图 10-1 所示。

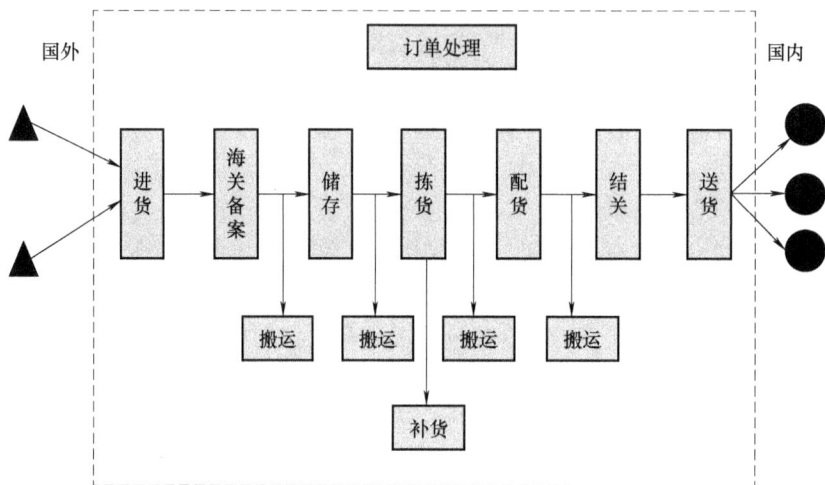

图 10-1 进口分拨的流程

10.6 国际中转与采购业务

10.6.1 国际中转

1. 国际中转的概念

国际中转是指由境外装船起运的国际集装箱及其货物，经第二国或地区中转口岸换装国际航运船舶后，继续运往第三国或地区指定口岸，即"两头在外，途经我国的货物"。在远东和东南亚，国际中转运输的比重相对较高。例如由欧洲出口至日本的集装箱货物，从欧洲港口用干线班轮运至我国宁波港，在宁波港换装支线驳船，再运往日本，这种在宁波港的中转就称为国际中转。

2. 国际中转货物的分类

根据我国《海关法》的规定，国际中转货物分为过境、转运和通运货物，是指由境外启运、通过我国境内继续运往境外的货物。

（1）过境货物　过境货物（Transit Goods），是指由境外启运、通过我国陆路运输，不论是否换装运输工具，继续运往境外的货物。

（2）转运货物　值得注意的是，广义的转运既包括"一头在内、一头在外"，也包括"两头在外"。

1）"一头在内、一头在外"，经由我国口岸中转的转运，通常称为国内中转或转运。

2）"一头在内、一头在外"，经由国外口岸中转的转运，或者"两头在外"，经由我国口岸中转的转运，通常称为国际转运。

根据《海关法》的规定，转运货物（Transshipment Goods），是指由境外启运、在境内设立海关的地点换装运输工具，但不通过境内陆路运输而继续运往境外的货物。显然，《海关法》规定的转运仅是指"两头在外"、经由我国口岸进行换装中转的国际转运。如果转运的货物为集装箱货物则俗称为"国际中转箱"，即由境外启运，经我国中转港换装国际航线船舶后，继续运往第三国或地区指定口岸的集装箱。同时，由于在我国境内进行不同种类运输方式之间的转运必然会涉及境内陆路运输，这显然属于过境货物的范畴，因此，《海关法》中的"转运"仅指同一种运输方式之间的转运，比如转船、转机（飞机）、转车（火车、汽车）。此外，由于各国之间贸易或货物的原因所产生的国际货物转运大多为船舶之间的转运，故"转运"与"转船"往往可以相互并代。

（3）通运货物　通运货物（Through Goods），是指由船舶、航空器载运进境并由原装运输工具载运出境的货物。

过境货物、转运货物和通运货物的区别见表 10-5。

表 10-5　过境货物、转运货物和通运货物的区别

项　　目	过境货物	转运货物	通运货物
起运地	境外	境外	境外
目的地	境外	境外	境外
托运人	境外货主	境外货主	境外货主
收货人	境外货主	境外货主	境外货主
是否已办理进出口手续	未办理	未办理	未办理
是否通过境内陆路运输	通过	不通过	不通过
是否换装运输工具	不换装，同一种或不同种运输方式间的换装	同一种运输方式间的换装	不换装
进出口运输工具	车、船、机	车、船、机	船舶或飞机
海关监管目的	防止货物在口岸换装中卸卸进口或混装进口	防止货物在口岸混同进口货物卸地并监管其原状，如数运出境外	防止货物在口岸混同进口货物卸地并监管其原状，如数运出境外

3. 转运货物的海关监管

（1）准许办理转运的货物 具备下列条件之一的货物可准予办理转运：

1）持有通运或联运提单的。

2）进口载货清单内已注明是转运货物的。

3）持有普通提单但于起卸前已向海关声明转运的。

4）误卸的进口货物，经运输工具经营人提供确实证件的。

5）因特殊情由申请转运，经海关核准的。

（2）禁止转运的货物 禁止转运的货物有：

1）来自或运往我国停止贸易国家或地区的货物。

2）我国法律、法规禁止进出境的货物、物品。

3）国际禁运的货物。

此外，国际转运集装箱及其货物不得转为进口货物，进口货物也不得转为国际转运货物。

（3）通关程序与单证 以《大连海关海运国际转运货物监管操作规程》为例，国际转运货物进境地、出境地虽属同一市级行政区域但不属同一海关管辖的，转运货物必须由在海关备案登记的监管车辆承运。手续办理如下：

1）船舶代理公司向进境地海关递交单列的转运货物进境舱单一式三份，由进境地海关加盖"国际转运单证章"。一份进境地海关留存，一份做关封交于船舶代理公司，另一份再加盖"国际转运放行章"交于专用堆场，专用堆场凭此放货出港。

2）国际转运货物运至出境地海关后，船舶代理公司向出境地海关提交关封，填写《外国货物转运准单》一式两份和《转运货物放行通知单》一式两份，出境地海关核对相关单证，无误后在《转运货物放行通知单》上加盖"转运货物放行章"，专用堆场凭此将货物装船。

3）船舶代理公司在船舶离境后的 3 日内向出境地海关递交单列的国际转运货物出境舱单，理货公司在船舶离境 24 小时内向海关递交理货报告。

4）出境地海关要核对出口清洁舱单是否与《外国货物转运准单》、出口理货单一致，不符的修改数据，有走私违规行为的交缉私部门处理；一致的核销存档。在船舶离境 5 日内将一份《外国货物转运准单》做关封交进境地海关核销存档。

10.6.2 国际采购

1. 国际采购的概念

国际采购就是在全球范围内选择和管理供应商，寻找满足企业需求的质量好、价格优的产品或服务的过程。企业采购商品的时候，如果国内市场的商品在性能或质量上不能满足要求，或者相同的商品在国外购买时价格更便宜，这时就要进行国际采购。

国际采购商品或服务的原因有很多，包括价格、质量、本土物资的缺乏、快速交货和优质服务、战略层面的考虑，以及关税在不断降低等。当然，国际采购的要求也随着特定商品需求而发生变化。但是选取国际供应商的最基本、最简单的原因就是，从国外购买商品或服务可以获得更多利益。

2. 国际采购的特点

与国内市场采购相比、国际采购具有特殊性，国际采购的特点主要有以下几个方面：

（1）国际采购具有价格、质量等方面的优势　国际上有些原材料供应商将生产集中在某些商品上，从而实现经济学意义上的自然垄断，可以将出口商品定位在一个相对较低的价位上以便大量出口。在某些产品上，国外供应商的某些产品质量更稳定，比如以色列的滴水灌溉设备相对更好一些。虽然这项因素的重要性已减少，但企业在多变的产业中仍然希望能通过全球采购满足自己对品质的需求，因为从事国际贸易的供应商通常具备较高的技术能力。某些原材料，特别是自然资源，本国国内没有储存，只能从国外大量进口。

（2）采购地距离较远　由于国际市场采购一般距离比较远，因而对货源地市场情况不易了解清楚，给供应商选择造成一定困难，并且供应物流的过程也比较复杂。国际采购意味着长距离的商品运输，必须考虑由此带来的时间成本和费用成本。

（3）采购的程序比较复杂　国际采购从采购前的准备，采购合同磋商、签订和履行，以及处理争议的各个环节等都较国内采购复杂得多。国际采购还涉及进出口许可证的申请、货币兑换、保险、租船订舱、商品检验、通关及争议处理等复杂手续和相关事宜。因此要想顺利完成采购任务，就需要了解许多国际贸易的专业知识。

（4）国际采购的风险比较大　商品价格以商品的国际价值为依据，随着国际市场上商品供求关系的变化而变化，具有更大的价格风险。由于国际采购时间长、距离远，又涉及外汇汇率的变化，因而国际采购在运输和结算等方面都面临着很大风险。

3. 作业模式

国际采购的作业模式与国内采购在细节上有较多差异，具体流程如图 10-2 所示。

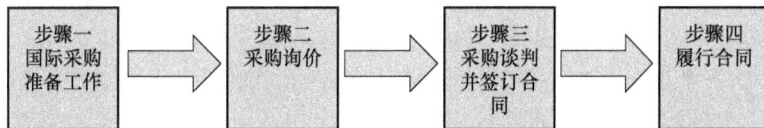

图 10-2　国际采购作业流程

（1）国际采购准备工作

1）国际采购计划的编制。国际采购计划规定了国际采购业务的基本要求，内容会随着国际采购商品的种类及用途的不同而不同。国际采购计划主要包括采购单位名称、采购目的、采购商品名称、品质、数量、单价、总价、采购国别、贸易方式、到货口岸及经济效益分析等。

2）市场调研。市场调研包括对采购商品的调研和对出口商资信的调研。对采

港 口 物 流

购商品的调研要根据商品特性有重点地进行，比如对一般商品来说，主要调研商品的适用性、可靠性，以及价格、品质、成分和货源等内容，并予以全面分析和综合考虑。对大型机器设备及高新技术商品，则要注意调研其技术的先进性。对出口商资信的调研包括：出口商对我国政府的态度，目前的经营状况，以及以往交往中的信用、生产能力和技术水平等。

3）拟订国际采购方案。国际采购方案是采购公司在国外市场调研和价格成本的基础上，为采购业务制定的具体经营措施和安排。其内容包括：采购交易对象的选择和安排，采购成交的价格，以及采购方式和条件的掌握。

（2）采购询价　国际采购询价的执行步骤大体与国内询价相同，由于距离、语言差异等原因，国际采购询价会稍显复杂。国际采购询价步骤如图 10-3 所示。

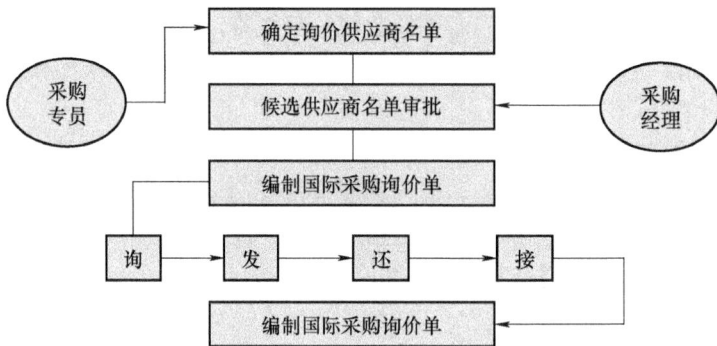

图 10-3　国际采购询价步骤

1）确定询价供应商名单。采购专员根据国际采购准备工作阶段收集到的海外供应商信息，以及具体采购要求，初步确定符合条件的候选供应商名单。

2）候选供应商名单审批。采购专员将候选询价供应商名单报采购部经理和采购总监审核。

3）编制国际采购询价单。供应商询价名单审批通过后，采购专员编制国际采购询价单，并向询价供应商进行询盘。具体的国际采购询价单见表 10-6。

4）询盘。询盘是指交易的一方向另一方询问购买或出售某几种货物的各项交易条件。在业务中，多数询盘只是询问价格，因此也称为询价。询盘在法律上没有约束力，它是询盘一方愿意进行交易的一种表示，在实际采购中，常常由买方发出询盘。

5）发盘。发盘是指交易的一方向另一方提出购买或出售某种货物的各项交易条件，并表示愿意按这些条件达成交易并且签订合同。发盘具有法律效用，发盘的构成有四项必要条件：首先，向一个或一个以上特定的人提出。其次，表明发盘人的订约意图。再次，内容必须十分确定。最后，送达受盘人。发盘一般都规定有效期，只有在有效期内受盘人接受才有效。发盘在送达受盘人之前，可以撤回或撤销。

表 10-6　国际采购询价单

编号：　　　　　　　　　　　　　　　　　　日期：　　年　月　日
Order NO. ：　　　　　　　　　　　　　　　　　　Date：

卖方 Seller：	买方 BUYER：
供应商名称： To：	采购方名称： From：
供应商地址： Address：	采购方地址： Address：
联系人： Contract the person：	联系人： Contract the person：
联系电话和传真： Tel and Fax：	联系电话和传真： Tel and Fax：

序号 S/N	货号 Item NO.	品名规格 Commodity and Specifications	单位 Unit	数量 Quantity	单价 Unit Price	金额 Amount
合计　Total						

备注：
Remark：
1. 包装
Packing：
2. 付款条件
Terms of Payment：
3. 交货期限
Time of Delivery：
4. 质量要求
Quality Requirement：

6）还盘。采购专员在报价截止后，汇总并分析所有海外供应商的报价，采购专员进一步了解在最适当的需求量及品质下，价格是否最低、交货期是否恰当，开展还盘工作。还盘是指受盘人收到发盘后，对发盘的内容不同意或不完全同意，而提出修改建议或新的限制性条件。一笔交易，有时要经过多次的发盘、还盘过程。值得注意的是，还盘意味着对原发盘的拒绝，一旦还盘，原发盘便宣告失败，此时还盘就成为一项新发盘。因此，交易的一方在收到对方的还盘或再还盘后，要将还盘或再还盘与原发盘的内容认真进行核对，找出其异同，仔细商讨，不宜急于求成。

7）接受。接受是指受盘人无条件地同意发盘人在发盘中提出的交易条件，并同意按照这些条件订立合同。一项有效的接受应具备以下四项条件：①接受必须由特定的受盘人做出。②接受必须用一定的方式表示出来，可以是口头或书面的声明，也可以是某种行为。③接受通知必须在发盘的有效期内送达发盘人。④接受必须与发盘相符，对于某些非实质性变更仍然构成有效接受。

8）编制国际采购询价报告。采购专员将洽谈内容编写成国际采购询价报告，报采购部经理和采购总监审核。采购总监核定候选海外供应商。

（3）采购谈判并签订合同 经过采购商与供应商的交易磋商、谈判，双方达成一致，签订合同。根据采购合同下达采购订单。国际采购订货单样例见表10-7。

表10-7 国际采购订货单

编号： Order NO.：			日期： 年 月 日 Date：			
供应商名称： To Vendor：			采购方名称： From：			
供应商地址： Supplier Address：			采购方地址： Purchaser Address：			
供应商编号： Vendor ID：			交付日期： Delivery Date：			
交易条件： Trade terms：			联系电话和传真： Delivery Place：			
序号 S/N	货号 Item NO.	品名规格 Commodity and Specifications	单位 Unit	数量 Quantity	单价 Unit Price	金额 Amount
		合计 Total				

1. 以上价格含17%增值税，在以上指定交货期内货到需方指定地点。

The above price to contain 17% VAT, in the above specified delivery period specified location.

2. 供方应按时按量交货。

The supplier shall be binding on time delivery.

3. 收到订单内24小时请回传，否则视为默认以上条款。

Received orders please fax within 24 hours, or a default the above terms.

4. 经合同双方签字盖章的传真件视为有效文本，本合同适用于中国有关法律。

The signature and seal of both parties by contract faxed copy as an effective text, this contract is suitable in mainland China relevant laws.

买方 Buyer	卖方 Seller
签字： Authorized Signature：	签字： Authorized Signature：
盖章： Seal：	盖章： Seal：
日期： Date：	日期： Date：

（4）履行合同 企业履行国际采购合同的主要内容有申请开证、租船订舱、

催装、办理保险、审单与付汇、接货报关和报验等，如出现损失还需办理索赔。

1）申领进口许可证。在我国，许多商品是不能直接进口的，需要根据国家的有关规定，在进口这些商品前申领进口许可证。进口许可证自签发日起 1 年内有效，若 1 年内未与供应商签订合同，则此证作废，如需进口，则要重新申请。如果已签订合同但 1 年内货物没有实际进口，可以持已签订的合同到发证机关申请延期。

2）开立信用证。开立信用证的具体手续是：买方按采购合同规定的内容，填写开证申请书，将国际采购合同副本或打印件交送中国银行。中国银行根据国际采购合同的规定，审查开证申请书，无误后便开立信用证寄发国外。对此，要注意以下几点内容。

① 开立的信用证的内容必须与国际采购合同一致。

② 开立信用证的时间要严格按照合同规定的时间办理。迟开不但要承担违约责任，还推迟了到货时间；早开，固然会受到供应商欢迎，但会增加采购方的费用支出。

③ 如果开立信用证要以对方提供出口许可证（影印本）或履约担保书为条件，则必须在收到对方 已确实领到许可证或担保书的正式通知后方可开立信用证；在某些特殊情况下，必须先开的，也可先开，但要在证内附列该信用证必须在受益人交验许可证或交付保证金后才能生效的限制性条件。

④ 信用证开出后，如果需要修改，无论由买卖双方中的哪一方提出，均应经双方协商一致后方可办理。

3）租船订舱和催装。在开立信用证后，买方应及时委托外运公司办理租船订舱手续。手续办妥后，要迅速将船名和船期通知卖方，以便备货装船，做好船货衔接工作。同时，买方还应了解和掌握备货和装船前的准备工作情况，做好催装工作。必要时，买方还可委托驻外机构（企业）或委派人员就近了解，检查并督促卖方按时履行交货义务。

货物装船后，卖方应按合同规定及时发出装船通知，以便买方提前办理保险和接货等各项手续。如果卖方未发出或未及时发出装船通知，同样要承担违约责任。

4）办理货运保险。国际货物运输保险是以对外贸易货物运输过程中的各种货物作为保险标的的保险。根据国际采购合同中采用的国际贸易术语的不同，买卖双方负责办理货运保险手续和支付相关的费用。

5）审单付款。在信用证结算方式下，货物装运后，卖方便将提单等相关单据送交出口地银行议付，议付行随即将全套单据转寄开证行。开证行和买方对单据进行审核，如果符合信用证规定，便向卖方付款；如有不符，应立即要求议付行改正，或暂停对外付款。按照惯例，开证行付款后无追索权。开证行向外付款的同时，通知买家付款赎单。

6）报关提货。国际采购货物抵达目的港后，买方应及时办理报关和接货手续。海关凭进口许可证或报告单，查验货、证，无误后放行，买方接货。国际采购货物的报关、接货等工作一般由买方企业委托外运公司代办。

7）验收与交付货物。国际采购货物在卸船时，港务局要核对卸货，如发现缺少，应填制短卸报告交船方签认，作为索赔的依据；如发现残损，应将货物储存在海关指定的仓库，由保险公司会同商检机构检验，做出处理。国际采购货物经过检验后，由买方委托外运公司提取货物并转交给订货单位。

8）办理索赔。对国际采购货物要进行检验，如发现其品质、数量或包装等方面有不符合合同规定的，应当进行鉴定，以便提出索赔。

【本章小结】

保税物流指的是企业在海关监管区域内，包括保税区、保税仓、海关监管仓等，所从事的采购、仓储、配送、运输、流通加工、装卸搬运、物流信息管理等物流活动。港口物流保税业务指的是在海关监管下保税物流园区和保税港区内的保税货物发生的通关业务、保税仓储及配送业务、国际中转与采购业务。

保税货物的通关一般包括备案申请保税（前期阶段）、进出境报关（中期阶段）、报核申请结案（后期阶段）。保税货物也称保税物流货物或保税仓储货物，通常是指经海关批准未办理纳税手续进境，在境内储存、加工、装配后复运出境的货物。

国际配送是指产成品从制造或销售企业沿着一定的通道，经运输、仓储等流程到达供应链下游客户的过程。国际中转是指由境外装船起运的国际集装箱及其货物，经第二国或地区中转口岸换装国际航运船舶后，继续运往第三国或地区指定口岸。国际采购是指在全球范围内选择和管理供应商，寻找满足企业需求的质量好、价格优的产品或服务的过程。

【主要词汇】

保税，保税仓储，保税货物，保税物流，区港联动，保税物流中心，保税物流园区，保税区，保税港区，国际中转，国际配送，国际采购，自由港，保税监管，物理围栏，信息围栏，保税核查，海关稽查，进口分拨，出口集拼，过境货物，转运货物，通运货物。

【案例分析】

虹桥商务区保税物流中心（B型）货物入库○

据报道，第二届中国国际进口博览会（简称进博会）前夕，来自东方国际集团的联合利华产品以及东浩兰生集团的宝玉石等保税货物正式进入虹桥商务区保税物流中心（B型）。这标志着虹桥商务区在探索保税展销、"前店后库"模式，打造联动长三角、服务全国、辐射亚太的进口商品集散地的道路上又迈出坚实的一步。

虹桥商务区保税物流中心（B型）的建成使用为进博会的展品和消费者之间搭建了一座桥梁。将进博会的展品按照保税的模式，进入保税仓中，再用保税展示交易的模式，将这些商品发送到毗邻的虹桥进口商品展示交易中心的特殊监管场所中进行展示交易，从而将展品转化为商品。这一模式不但承接了进博会的展品，而且放大了进博会的

○ 资料来源：www.shobserver.com。

溢出效应。

作为"虹桥品汇"的重要组成部分（即后库），保税物流中心是按照海关总署及相关部委对保税物流中心（B 型）设立标准而建设，项目占地 52 381m²，总建筑面积 5.1 万 m²，包含两个丙 2 类保税仓库和一个海关监管仓库，一个海关卡口、海关围网和海关临时办公室等。可为入驻商户提供关务、仓储、初级加工、分拨、分拣等服务。可以开展保税延展、跨境电商、转口贸易、非保分类监管等多种业务模式。同时，通过全新的数字化、智能化、便利化、集约化仓库管理模式为客商提供一条龙报关仓储服务和一站式供应链解决方案，从而实现"通关最便捷、贸易最便利、服务最全面"的目标。

虹桥国际进口商品展销有限公司相关负责人表示，保税物流中心由政府主导、海关监管、国企运营，保证了货源的可靠性，减少了流通层级，从而为消费者提供品质保证、价格合理的进口商品，不少商品甚至可以与海外同价。

分析：

1. 结合材料和所学知识，说说保税物流中心（B 型）可开展哪些业务？

2. 虹桥商务区保税物流中心（B 型）有哪些特色？

【思考练习】

1. 名词解释

（1）保税

（2）保税物流园区

（3）国际中转

（4）国际采购

2. 填空题

（1）保税是指货物（　　　）后，保持一种（　　　）的状态。

（2）保税货物也称（　　　）或（　　　），2017 年修订的《海关法》对"保税货物"解释如下：经海关批准未办理纳税手续进境，在境内（　　　）、（　　　）、和（　　　）后复运出境的货物。

（3）保税货物具有（　　　）、（　　　）、（　　　）三个特征

（4）我国主要有两个保税监管体系：一个是（　　　）；一个是（　　　）。

（5）保税仓储的经营方式主要有（　　　）、（　　　）、保税物流中心 A 型、保税物流中心 B 型、保税区、（　　　）、保税物流园区等。

3. 简答题

（1）什么是保税？什么是保税制度？

（2）简述保税货物的通关程序。

（3）简述国际配送的特点。

第 11 章　港口物流信息管理

【学习目标】

理解港口物流信息的定义、特点和作用；熟悉港口物流信息管理平台；熟悉港口物流信息化发展趋势；掌握港口物流信息管理的主要支持技术，以及其在港口管理中的应用。

11.1　港口物流信息概述

11.1.1　港口物流信息的概念

信息（Information），又称为情报，是通过一定的载体形式反映出来的，表征客观事物变化特性，并经过加工与传递，可以被接收者接收、理解和利用的消息、数据、资料、知识等的统称。根据国家标准 GB/T 18354—2006，物流信息（Logistics Information）是指反映物流各种活动内容的知识、资料、图像、数据、文件的总称。具体到港口领域，港口物流信息可以理解为反映各种港口物流活动内容的记录、资料、图像、数据、文件的总称。

港口物流信息的出现通常伴随着港口物流活动的发生。从港口物流系统出发，港口物流信息一般分为系统内信息和系统外信息，前者主要是指与港口物流活动有关且伴随物流活动发生的信息，如港内运输、堆存、装卸、包装和流通加工等；后者主要是指在港口物流活动外发生的，可提供给港口物流系统使用的信息，包括托运人信息、收货人信息、合同签订、市场、政策等与港口物流活动相关的信息。

为了能对港口物流活动进行有效控制，必须及时掌握准确的港口物流信息，因此对港口物流信息的管理成为国际大港提升效率的关键环节。

11.1.2　港口物流信息的特征

港口物流信息除了具有传递性、共享性等信息的一般特点外，还具有以下特征：

1. 信息量大

港口物流是一种广泛的经济活动，涉及港口内外各项业务，众多信息在港口汇聚传递，因而信息源多、信息量大，如来自货物、船舶、港口等各方的大量信息。如果不实现统一管理或标准化处理，信息便缺乏通用性，影响港口物流效率。

2. 动态性强，价值衰减快

港口物流活动的复杂性及操作性，决定了港口物流信息伴随着港口物流活动在不同的时空范围内动态地变化，相应地使得港口物流信息的价值衰减速度加快。这就要求港口具备较强的技术能力，能够对动态信息进行实时捕捉和利用。以集装箱码头为例，每天进出闸口的车辆、货物、集装箱的数量众多，码头内集装箱、货物的种类、数量在短时间内都会有很大变化，这就体现出港口物流信息非常明显的动态性特征。

3. 种类多，来源多样

港口物流信息种类繁多，不仅港口物流系统内部各个环节有不同种类的信息，而且港口物流系统还与外界系统密切相连，如港口物流信息系统与海关、船公司、检验检疫机构、船代、货代的信息交流。因此，必须及时做好信息增减与变更，这使得港口物流信息的收集、分类、筛选、统计、研究等工作的难度加大。

4. 标准化

由于港口物流信息种类多，来源多样，港口企业竞争优势的获得需要上下游关联企业共同参与、协作与配合，而协调、配合的手段之一便是信息的实时交换与共享，为此需要实现港口物流信息的标准化。如港口、船代、货代之间的货物信息是通过 EDI 标准报文传递的，有效实现了信息交换与共享。

11.1.3　港口物流信息的作用

港口物流信息与港口物流活动内容相伴而生，贯穿于港口物流活动的各个环节，它不仅对港口业务具有支持保障功能，而且能够有效连接并整合港口供应链，使港口供应链运作一体化、效率化。港口物流信息的作用具体表现在以下几方面：

1. 有助于港口物流活动各环节的相互衔接

港口物流活动由闸口进出作业、库场作业、船舶装卸作业等多个环节构成，货物在各个环节的流转是通过信息来沟通的，作业机械、车辆等基本资源的调度也是通过信息传递来实现的。只有通过港口物流信息的桥梁纽带作用，才能保证港口各环节活动的有效运转。例如，集装箱码头重箱进场前，一般需要提前将集卡与集装箱信息分别录入码头的车用与箱用标签系统中，然后通过电子数据交换系统发送到港口生产管理系统，以便执行堆场计划，分配场箱位和作业机械。

2. 有助于港口物流活动各环节的协调与控制

港口物流活动的合理组织必须依赖信息的有效沟通，只有通过高效的信息传递和及时的信息反馈，才能实现港口物流系统的有效运转。港口物流活动涉及货主、船公司、船舶代理、货运代理及政府监管部门等众多参与方，各方信息在港口汇集并发散出去；港口作业的任何一个环节也都会产生大量信息，通过合理利用现代信息技术手段，对这些信息进行收集、挖掘与分析，并以此为基础来协调和控制各环节。例如，集装箱码头根据船舶预计到港时间、船舶吨位、预计装卸箱量等信息，合理进行泊位分配，安排装卸作业线，可有效提高码头泊位利用率、减少船舶在港周转时间。因此，港口物流信息在港口物流活动中起着神经中枢的作用，对港口各业务环节起到衔接、协调与控制的作用，只有加强港口物流信息管理才能提高港口物流活动的效率和取得满意的效果。

3. 有助于港口物流管理和决策水平的提高

高效的管理水平可以提高码头的客户服务水平，提升港口的竞争优势，而港口物流管理需要大量准确、及时的信息和用以协作整个港口系统运作的反馈信息。信息是港口物流的功能要素之一，对港口物流活动和管理决策有着重要的支持作用，各项港口物流活动的决策都要以港口物流信息收集、加工、处理后的结果为依据，一旦信息错误、系统故障，整个港口物流活动就将陷入困境甚至停顿。因此通过运用科学的分析工具，对港口物流信息进行分析，可以获得有价值的信息，服务于决策并提高管理水平。例如，港口依据吞吐量水平、发展水平及未来趋势等相关信息，可以做出是否需要改扩建的决策。

除此之外，港口物流信息也是港口智能化、智慧化的基础，港口物流效率的提高与港口物流信息的收集、处理、传递等环节密切相关。

11.2　港口物流信息管理平台

11.2.1　港口物流信息管理

港口物流信息管理是应用现代信息技术和手段，完成物流过程中的信息采集、处理、存储、传输和交换，以实现物流信息电子化、数字化、网络化，具体包括库场信息管理、运输信息管理、客户信息管理、决策支持信息管理，以及物流过程中涉及的货代信息管理、结算信息管理。港口物流信息管理的功能包括交易活动记录功能、物流业务服务功能、行政信息管理功能、统计信息管理功能、财务信息管理功能。

狭义的港口物流信息管理一般通过港口企业的信息管理系统实现。但从广义角度来看，港口物流信息管理更多是指港口企业及其相关企业和政府监管机构共同构建的服务一定区域范围的物流信息管理平台。

11.2.2　港口物流管理信息系统

港口物流管理信息系统是由计算机软硬件、网络通信设备及办公设备组成，服务于港口作业、管理、决策等方面的应用系统，是将人员与相应设备组合起来的人机交互系统。它的主要功能是进行港口物流信息的收集、存储、加工处理、传输，以及系统维护，为港口管理者或其他组织管理人员提供战略、战术及运作决策支持，以达到提高物流运营管理效率，获取港口企业竞争优势的目的。

随着经济的全球化、信息化和网络化发展，港口作为多种运输方式的交汇点，在综合运输体系中发挥着越来越重要的作用。现代物流理念的普及以及现代物流实践的要求，使得港口从交通运输枢纽转变为内涵更广、层次更高的综合物流运作的中心环节，其功能也正朝着提供全方位的增值服务方向发展。发展现代物流已成为港口经济新的增长点，给港口带来了更大的发展空间。为了适应现代物流市场的发展，拓展和完善港口服务功能，世界上许多国家都十分重视现代港口物流管理信息系统的建设。

港口作为生产型服务设施，在其提供货物装卸、堆存等物流活动的背后是频繁而活跃的信息流动，船、箱、货相关信息需要在不同业务参与方（货主、货运代理、船公司、船舶代理、海关、检验检疫等）间流动，港口是一个信息汇聚点，需要接受来自不同主体的信息，同时传递信息给不同主体。可以说，信息流动的畅通与否，直接关系到港口的作业效率及经济效益。因此，伴随着国际贸易的发展，大规模货物运输量带来了海量信息处理任务，为管理、处理这些信息，全球各大港口企业均高度重视码头信息化建设，依赖先进的信息技术构建港口物流管理信息系统，以便高效处理信息，为提高港口作业效率和经济效益提供必要的信息支撑。

11.2.3　港口物流信息管理平台

1. 基本概念

港口物流信息管理平台将实现政府、港口、物流企业三方的电子数据交换，为物流信息交换诸多环节的各种用户提供一个综合的服务操作平台，使港口信息化建设得到进一步提高。通过港口物流信息管理平台的建设，与港口有关的政府部门可以履行行政管理职能，加速口岸贸易的通关速度、物流速度，有利于港口城市向外向型经济发展，促进外贸出口的增加，从而带动港口城市整体的经济繁荣。

港口物流信息管理平台将整合港口、船公司、船舶代理、检验检疫部门、海关、海事局等用户的信息资源，建立"一站式"对外信息服务窗口。建立面向全球的物流信息服务网络，为货主、船公司、贸易伙伴等客户提供优质、全面的信息服务。同时，将进一步提高海关的通关效率、降低交易成本、增加贸易机会，大大促进港口经营环境的改善。

2. 港口物流信息管理平台建设的必要性

（1）巩固区域性国家枢纽港的地位　港口物流信息管理平台是连接与国际贸易有关的政府部门（如交通、海关、外经贸、检验检疫等部门）、社会服务机构（如银行、保险、运输、仓储等）和各类贸易、生产、运输企业的内部管理信息系统并集成它们的数据，开展电子数据交换和电子商务服务的信息网络系统。港口物流信息管理平台建设有助于相关政府部门实现高效的服务和监管，方便各类企业开展标准化、电子化的国际贸易和商务，从而达到改善政府形象、提高通关效率、降低交易成本、增加就业机会、增强港口城市综合竞争力的目的。

（2）加强港口综合服务环境建设，促进港口持续发展　现代港口综合物流服务不再局限于码头和周围地带，服务内容可延伸到整个供应链。根据世界经济结构调整和全球贸易发展的要求，现代港口应该成为实现资源重新配置的最为活跃的市场。对我国港口企业来说，尤其是沿海大型深水码头，不应满足于本身在国内的发展，还应积极参与国际市场竞争，大力发展港口综合物流服务，向现代化、大型化的全球物流服务企业转变。

（3）信息技术发展的必然趋势　物流信息在港口活动中起着神经系统的作用，对港口活动各环节能起到衔接、协调与控制作用，加强物流信息管理才能提高港口物流活动的效率和取得良好的效果。随着计算机、互联网、通信技术的快速发展，港口内外信息采集、传递、共享更加容易实现，因此应该充分利用现有信息技术，建设港口物流信息管理平台，提高港口物流供应链的运作水平与效率。

3. 港口物流信息管理平台内容

港口物流信息管理平台以港口信息资源为依托，按照大口岸、大通关的发展战略要求，运用先进信息技术和现代物流技术，充分整合、挖掘、利用信息资源，逐步实现与海关、商检、海事局、税务、外汇管理、外经贸、交通等政府监管部门，与船公司、船舶代理、货主、货运代理、码头、外轮理货、报关行、车队、铁路、银行、保险等各类企业公司的联网，实现港航电子交换业务，为用户提供信息共享和个性化服务，提高港口信息服务水平、服务质量，扩大服务辐射范围。

以多式联运信息系统为起点，构建与国际贸易相关的政府部门、社会服务机构和各类贸易、生产企业，开展电子数据交换的信息网络，并最终建成口岸统一、开放的港口物流信息管理平台，为航运中心的可持续发展奠定基础。

建立港口物流信息管理平台，集成码头、海关、船公司、箱站、货主、代理等相关航运的信息、数据，建设港口信息共享平台。

11.3 港口物流信息管理的支持技术

近几十年，以计算机技术、互联网技术、通信技术等为基础的综合性科学技术飞速发展，大大促进了社会各产业领域信息化建设。港口物流信息管理支持技术的基础是自动识别技术，该技术已在全球范围内得到了广泛的应用，初步形成了包括条码、磁条（卡）、光学字符识别、系统集成化、射频、声音识别以及视觉识别等集计算机、光、机电、通信技术为一体的高新技术学科，以快速、准确地进行数据采集和输入，解决了由于计算机数据输入速度慢、错误率高等造成的瓶颈难题。港口主要利用科学技术提高信息采集、处理的速度，从而提高港口效率。目前，港口信息化应用还处于动态发展的过程中，港口物流信息管理的主要支持技术有电子数据交换技术、射频识别技术、图像识别技术、物联网等技术。

11.3.1 电子数据交换技术

1. 电子数据交换概述

我国国家标准 GB/T 18354—2006 对电子数据交换（Electronic Data Interchange，EDI）的解释是："采用标准化的格式，利用计算机网络进行业务数据的传输和处理"。EDI 是 20 世纪 80 年代发展起来的一种电子化贸易工具，俗称"无纸贸易"，它将远程通信、计算机及数据库三者有机结合，实现数据交换、数据资源共享。

国际标准化组织（ISO）于 1994 年确认了 EDI 技术的定义："将商务或行政事务处理，按照一个公认的标准，形成结构化的事务处理或信息数据格式，从计算机到计算机的数据传输方式。"换言之，它是通过计算机网络，将贸易、运输、保险、银行和海关等行业信息，转化为国际公认的标准格式，实现各有关部门或公司之间的数据交换与处理，并完成以贸易为中心的全部过程。通过 EDI 实现公司与公司之间订单、发票等作业文件的传送，不需要人工重复输入数据，大幅提高了数据传输与交易的效率。EDI 现已成为管理信息系统（MIS）和决策支持系统（DSS）的重要组成部分。

2. EDI 系统的构成及步骤

EDI 系统一般由以下五部分构成：①硬件设备。贸易伙伴的计算机、调制解调器及通信设施等。②增值通信网络及网络软件。增值网（VAN）是指利用现有的通信网，增加 EDI 服务功能而实现的计算机网络，即网络增值。③报文格式标准。EDI 以非人工干预方式将数据及时、准确地录入应用系统数据库中，并把应用系统数据库中的数据自动传送到贸易伙伴的电脑系统，因此必须有统一的报文格式和代码标准。④应用系统界面。它是用户数据格式与标准报文格式之间互相转换的软件。该软件的功能包括代码和格式的转换等。⑤用户的应用系统。EDI 是电子数据处理（Electronic Data Process，EDP）的延伸，要求各通信伙伴事先做好本单位的应用系统开发工作，建立共享数据库。

EDI 系统结构由用户接口模块、内部接口模块、报文生产及处理模块、格式转换模块及通信模块构成，如图 11-1 所示。

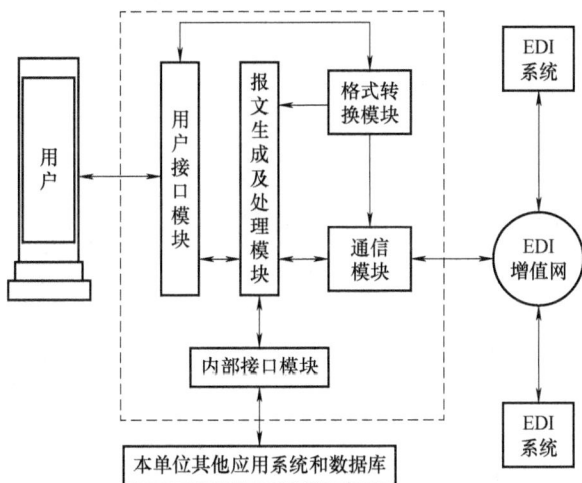

图 11-1　EDI 系统结构图

EDI 数据交换一般经历映射、翻译、通信、文件接收处理四个步骤：①映射（Mapping），即生成 EDI 平面文件，它是通过应用系统将用户的应用文件（如单证、票据等）或数据库中的数据映射成的一种标准的中间文件。②翻译（Translation），即生成 EDI 标准格式文件。按照 EDI 标准，将平面文件中的目录项加上特定的分割符、控制符和其他信息生成一种包括控制符、代码和单证信息在内的 ASCII 码文件。③通信（Communication），由计算机通信软件完成。用户通过通信网络，接入 EDI 交换系统，将 EDI 电子单证投递到对方的信箱中。④接收和处理（Dealing）。将接收到的文件经格式校验、翻译、映射还原到应用文件，并进行编辑、处理等。EDI 数据交换的一般步骤如图 11-2 所示。

3. EDI 在港口物流中的应用

EDI 的应用领域广泛，涉及商业、外贸、工业、金融、医疗保险、运输和政府

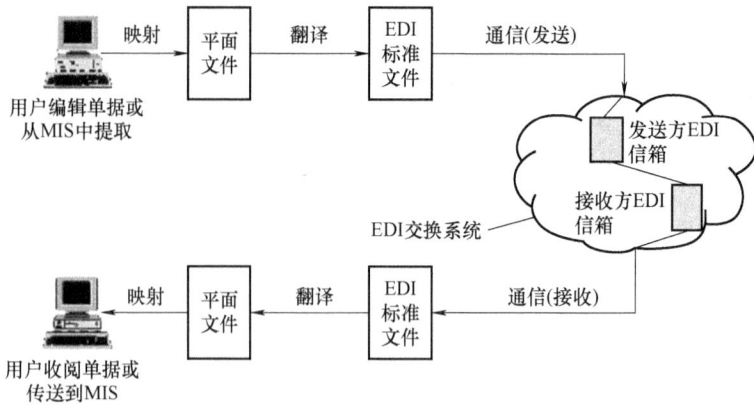

图 11-2　EDI 数据交换的一般步骤

等。我国港口与航运领域十分重视 EDI 中心的建设，早在 20 世纪 90 年代，我国经贸委（现商务部）与世界银行成立了国际集装箱多式联运联合课题组，内设 EDI 课题小组。上海港于 1995 年正式开通 EDI 传输平台。一般而言，港口企业 EDI 中心的服务对象是海关、检验检疫等部门、码头、铁路、船公司、船舶代理、仓储、货运代理等，如图 11-3 所示。

宁波港口 EDI 中心始建于 1995 年，是国家"九五"重点科技攻关项目"国际集装箱运输电子信息传输和运作系统及示范工程"的示范单位之一，EDI 应用覆盖了宁波口岸多个物流节点，主要提供网站查询、一站式服务和报文传输三大服务内容。EDI 中心的建成为宁波口岸的港口码头、船公司、集疏运场站、理货、货主及代理、监管职能部门提供了高效、便利、快捷、准确、经济的电子数据交换服务，大大改善了宁波口岸集装箱运作环境，已成为宁波港口物流信息化建设的重要组成部分。2006 年 8 月，宁波港口 EDI 中心完成了对数据交换平台和应用系统的

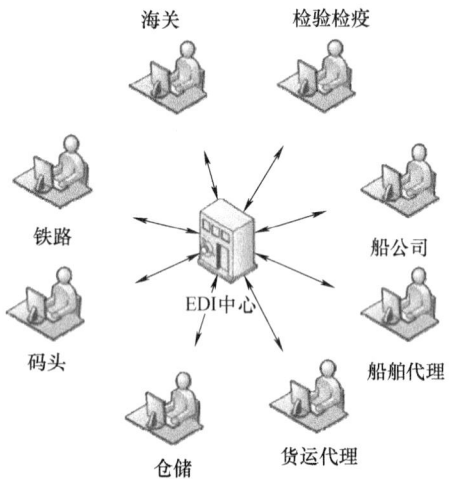

图 11-3　EDI 中心示意图

全面升级，新系统采用全国首创的"M + 1 + N"报文转换模式。该模式的创建，使得 EDI 中心无论在报文处理能力上，还是在提升增值服务能力上都有了根本性的提高。下面以宁波港口 EDI 中心为例，介绍有关 EDI 报文的流转程序。

（1）进口船图/舱单报文流转　具体内容包括：①船舶代理发送进口船图给港区和外轮理货；②船舶代理发送进口舱单给港区和海关；③港区将形成的卸船报告发送给船舶代理（此时用户可以在 EDI 中心主页查到进口集装箱的卸船信息）；④外轮理货发送确认后的船图给海关（用户随时可以在 EDI 中心主页查询单箱历史信息）。进口船图/舱单报文流转示意图如图 11-4 所示。

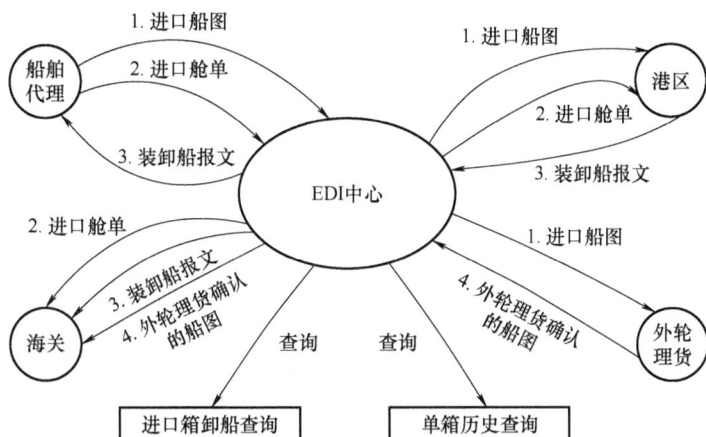

图 11-4　进口船图/舱单报文流转示意图

（2）集装箱进口放行信息报文流转　具体内容包括：①港区完成进口集装箱卸船后，将卸船报文发送给海关（用户可以在 EDI 中心主页查到进口集装箱的卸船信息）；②货主向海关做进口报关；③海关审核后，将放行的电子信息发送给港区（用户可以在 EDI 中心主页查到进口箱的放行信息）；④海关将放行单证给货主，货主凭海关放行单证到港区提箱；⑤港区核对放行单证和电子放行信息，无误后让货主提箱，并将提箱信息发送给海关；⑥港区在进口集装箱出港区后，将进出门报文发送给船舶代理（用户可以随时在 EDI 中心主页查询单箱历史信息）。集装箱进口放行信息报文流转示意图如图 11-5 所示。

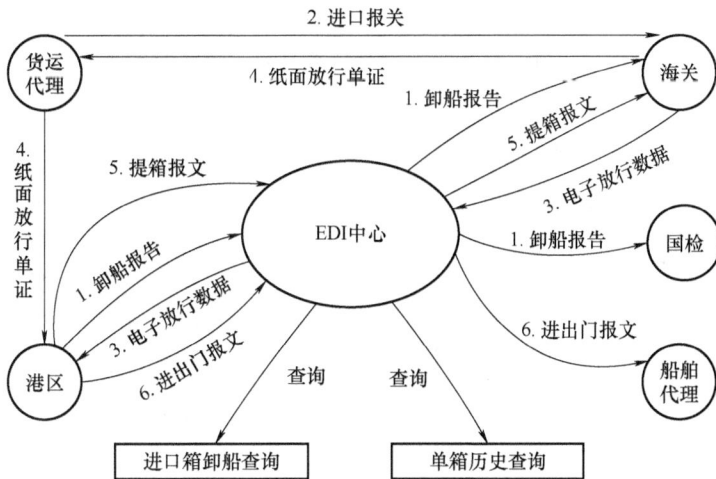

图 11-5　集装箱进口放行信息报文流转示意图

（3）正式订舱、订舱确认、装箱单报文流转　具体内容包括：①货运代理形成正式订舱报文发送给船舶代理；②船舶代理按收到的正式订舱报文信息进行订舱，并形成订舱确认报文发送给货运代理；③货运代理按订舱确认报文形成装箱单，发送给船舶代理和港区（运输公司可在 EDI 中心主页查到港区进箱计划信息，并按信息进箱）；④出口集装箱进入港区后，港区会产生出口集装箱进场信息，并发送给海关（用户可以在 EDI 中心主页查到出口集装箱的进场信息）。正式订舱、订舱确认、装箱单报文流转示意图如图 11-6 所示。

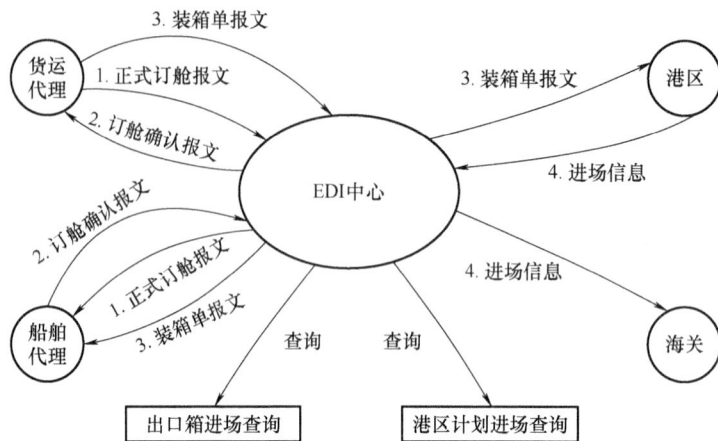

图 11-6　正式订舱、订舱确认、装箱单报文流转示意图

（4）集装箱出口信息报文流转　港区此前已收到出口集装箱的装箱单报文，可进入集装箱出口信息报文流转，具体内容包括：①出口集装箱进入港区后，港区向海关发送出口集装箱进场信息（用户可以在 EDI 中心主页查到出口箱的进场信息）；②待货主做出口报关后，海关向港区发送出口集装箱查验或放行信息（港区如果收到海关查验信息，则配合海关进行出口集装箱查验，如果收到放行信息，则做出口配船）；③港区将形成的预配船图发送给船舶代理和外轮理货（用户可以在 EDI 中心主页查到出口箱的装船信息）；④船舶代理按预配船图形成出口舱单发送给海关；⑤外轮理货按预配船图形成出口船图发送给海关。集装箱出口信息报文流转示意图如图 11-7 所示。

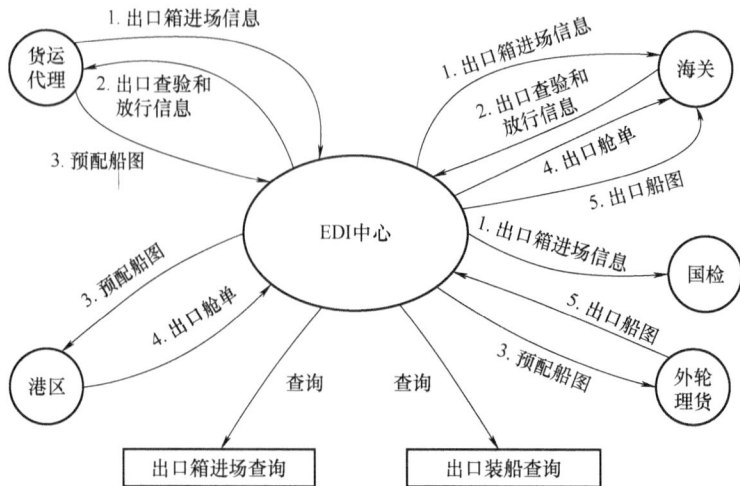

图 11-7　集装箱出口信息报文流转示意图

（5）集装箱货运站的集装箱报文流转　具体内容包括：①货运代理形成装箱单指示报文发送给集装箱货运站；②集装箱货运站按照收到的装箱单指示报文装箱，完毕后将形成的装箱单报文发送给货运代理、船舶代理和港区；③集装箱货运站同时将集装箱进场信息发送给海关。作为海关监管的集装箱货运站，在其堆场中的出口集装箱在装箱后等同于已进入港区的集装箱。集装箱货运站的集装箱报文流转示意图如图 11-8 所示。

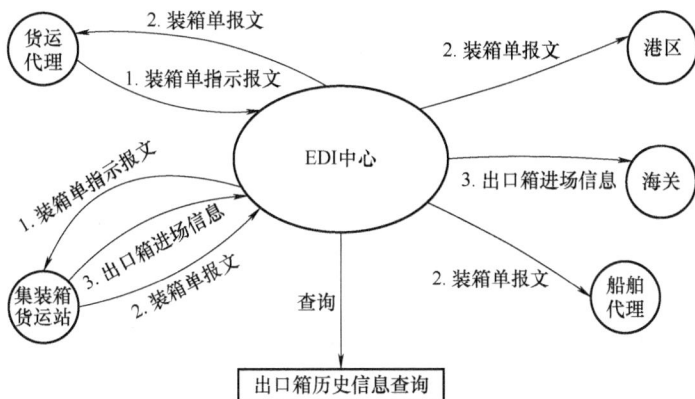

图 11-8　集装箱货运站集装箱报文流转示意图

11.3.2　射频识别技术

1. 射频识别技术概述

射频识别（Radio Frequency Identification，RFID）技术，最早出现在 20 世纪 80 年代，用于跟踪业务，现已广泛应用于社会各个领域。它是"通过射频信号识别目标对象并获取相关数据信息的一种非接触式的自动识别技术"（GB/T 18345—2006）。具体来说，它是一项利用射频信号通过空间耦合（交变磁场和电磁场）实现无接触信息传递，通过所传递信息达到识别目的的技术。1948 年，哈里斯托克曼发表的"利用反射功率的通信"一文奠定了射频识别技术的理论基础。21 世纪以后，多种射频识别产品才发展起来，有源电子标签、无源电子标签及半无源电子标签均得到发展，尤其是的成本的不断降低使得应用的规模迅速扩大，单芯片电子标签、多电子标签识读、无线可读可写、无源电子标签的远距离识别、适应高速移动物体的射频识别产品快速普及。

物流领域中，RFID 的应用是条码的升级，这源于以条码为代表的传统识别技术在实际应用中存在一定局限性。例如，条码技术通常要求信息标识是静态的，不能够随信息标识内容的变化而变化；信息识别必须是接触式的，离开一定距离后便失去作用；信息容量是有限的，稍微复杂的内容便表达得不充分；信息重叠，不能给每个储运单元唯一的身份；数据计算难以实现，等等。二维条码虽然部分地解决了信息标识容量问题，但也只适用于流通领域的信息管理，不能透明地跟踪和贯穿整个物流过程。因此，与过去广泛使用的自动识别技术（如条码、磁卡、IC 卡等）相比，射频识别技术具有很多突出的优点：

1）非接触识读，识别距离从几厘米到几十米，识别工作自动完成，无须人工干扰。

2）无机械磨损，寿命长，可工作于各种油渍、灰尘污染等恶劣环境中。

3）可识别高速运动物体，并能同时识别多个电子标签。

4）读写器的物理接口不直接对最终用户开放，信息具有较高的安全性。

5）除对电子标签可以进行密码保护外，还可利用各种算法实现对数据的安全保护。

6）读写器与标签之间可以相互认证，提高了通信和存储的安全性。

可以看出，射频识别技术的上述优点对于提高物流效率具有划时代的意义。

2. 射频识别技术的组成与原理

根据国家标准 GB/T 18354—2006，射频识别系统（Radio Frequency Identification System）是"由射频标签、阅读器、计算机网络和应用程序及数据库组成的自动识别和数据采集系统"。在实践中，根据不同的应用目的和使用环境，射频识别系统的设置会有所不同，但一个典型的射频识别系统由射频卡、阅读器和应用系统（包括天线、连接线路等）三部分构成。射频卡也被称为电子标签或应答器（Tag）、阅读器有时也被称为阅读器（Reader）。

在多数射频识别系统中，阅读器可以在 2.5～30m 的范围内发射无线电波形成电磁场，电子标签（储存需要识别的信息）在该区域范围内可以检测到阅读器的信号后发送储存的数据，阅读器接收射频标签发送的信号，解码并校验数据的准确性以达到识别的目的，最终将数据传送到计算机的主机进行处理。射频识别系统的数据读写操作是严格按照"主-从"原则来进行的，并由应用软件系统控制。射频识别系统的构成原理如图 11-9 所示。

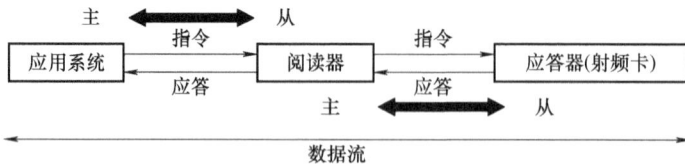

图 11-9　射频识别系统的构成原理

3. 射频识别技术在港口物流中的应用

射频识别技术主要应用于港口车辆、集装箱的识别。用基于射频识别技术的电子车牌取代现在大部分港口现场作业管理、理货管理、车辆出入港管理中采用的纸面单据和传统出入港证明的现状，从而实现码头生产系统货物、车辆的数据实时采集，以及生产、库场、出入港动态化管理。目前，在集装箱港口应用较多的是将电子标签系统与 EDI 信息相结合，可以实现港口之间集装箱运输的信息采集与自动识别，既为货主/货代、船代提供了便捷的服务，也满足了海关实施监管的要求。

基于射频识别技术的集装箱港口电子标签系统一般包括车用电子标签、箱用电子标签、系统管理、决策支持等模块，具体如图 11-10 所示。

以集装箱港口出口作业流程为例，货主/货代装货后关上箱门，挂上授权标签，

基于射频识别技术的集装箱港口电子标签系统模块

- 系统管理
  - 日志管理
  - 数据管理
  - 安全管理
- 系统管理
  - 用户数据设定
  - 用户权限设定
- 车用电子标签
  - 车辆信息管理
  - 地磅称重管理
  - 违规车辆管理
  - 标签发放与回收管理
  - 交通流量统计与查询
  - 车辆历史信息查询
  - EDI及码头商务查询系统信息上传管理
- 箱用电子标签
  - 集装箱信息管理
  - 集装箱位置监控管理
  - 温、危箱实时报警管理
  - 码头装卸设备终端管理
  - 理货管理
  - 验残管理
  - 海关、国检查验作业管理
  - 单箱信息查询
  - 标签异常管理
- 决策支持
  - 查询统计报表
  - 周报表
  - 月报表

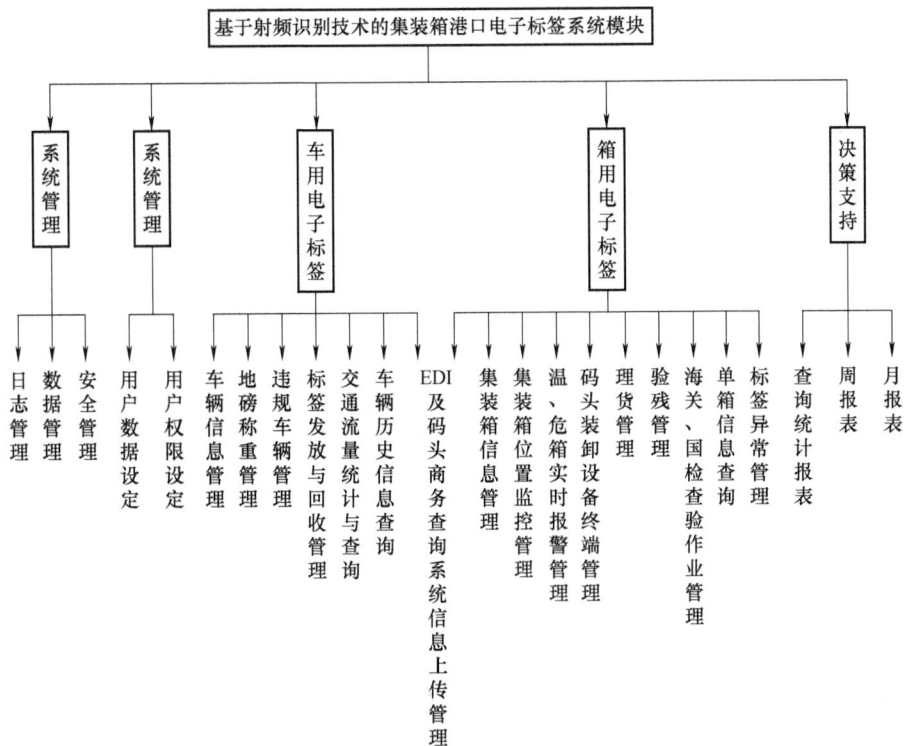

图 11-10　集装箱港口电子标签系统模块

录入船名/航次、箱号等信息，集卡再将集装箱运至港区预录入点并录入信息，集装箱和车辆信息经 EDI 上传至码头车用与箱用标签系统，集装箱在港口的具体流程如下：

1）集卡运箱到港口，安装在码头闸口的阅读器设备自动读取车、箱标签信息，确认无误后集卡入港。

2）集装箱进入堆场及装船过程，安装在设备吊具下的阅读器读取箱号信息。

3）集装箱装上船离港时，装货港将箱用标签信息通过 EDI 发送给装货港船代，再经装货港船代发送给卸货港船代。

4）卸货港船代将信息发送给卸货港码头箱用标签系统中。

5）船舶抵达卸货港后，集装箱在岸桥及堆场设备的正确识读下卸船、堆存。

6）集卡交付提箱费后进港提箱，经闸口识别出场。

最后，标签回收，收货人取货。具体流程如图 11-11 所示。

4. 集装箱港口采用射频识别技术的优势

在实践中，集装箱港口应用射频识别技术的优点十分明显，主要体现在以下几个方面：

（1）降低人工劳动强度、降低差错率　与传统作业方式相比，集装箱港口的电子标签系统可实现港口对集卡与集装箱的同步管理。在闸口（道口），利用两种标签对集卡与集装箱进行信息采集与自动识别，省去了人工录入环节；而且有效识别率达99%以上，比手工箱单录入差错率大幅降低。在堆场，利用安装在场桥等

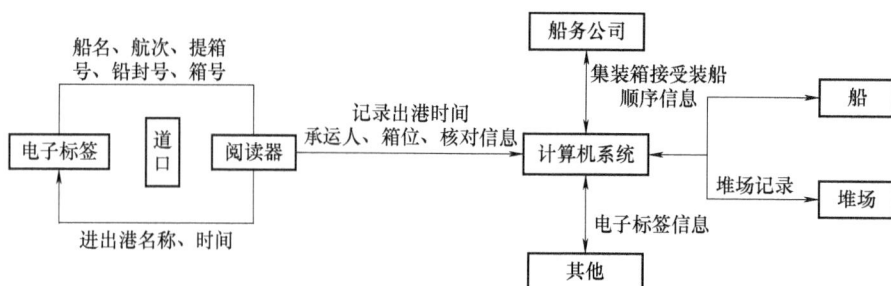

图 11-11　港口物流信息处理流程图

机械设备吊具下的阅读器自动识别箱号，无须驾驶员肉眼识别。在船边，利用吊具下的阅读器可从 50m 高空对集装箱箱号进行远距离自动识别。同样，闸口箱验员、堆场理货员、船边理货员以 PDA（Personal Digital Assistant，个人数字助理）终端代替传统纸面记录，对进出场集卡与集装箱信息可进行临时维护。射频识别系统应用前后对比分析详见表 11-1。

表 11-1　射频识别系统应用前后对比分析表

场所	系统应用前	系统应用后
道口	车、箱信息手工录入与纸面记录，差错率达 35%；集卡套牌问题严重	自动识别，用 PDA 终端维护车、箱信息，识别率达 99% 以上；有效打击集卡套牌
堆场	机械司机用对讲机联系中控，肉眼识别箱号，极易疲劳；理货员 24 小时巡查温、危箱情况并做纸面记录	吊具下的阅读器自动识别箱号，不需要对讲机，肉眼仅为辅助；温、危箱温度异常时，标签自动报警，理货员使用 PDA 终端输入
船边	岸桥司机需理货员通过对讲机协同；理货员以纸面记录溢短、残损信息	吊具下的阅读器可在 50m 高空远距离识别箱号，岸桥司机独自操作；理货员以 PDA 终端维护溢短、残损箱信息

（2）**有利于海关监管、提高运输信息共享和透明化**　箱用电子标签具有被非法打开时的自动报警功能，因此集装箱在进出港区闸口、岸桥吊具下等重要节点时，通过阅读器识读箱号便能够判断电子标签是否合法。如果集装箱在运输途中被非法打开，藏入走私品、危险物品或潜入偷渡人员，电子标签均能发出报警提示，海关人员便可迅速出动、进行处置，克服了传统模式下集装箱进入堆场后才能查验的弊端，保证了港口作业安全。而且，电子标签的信息可上传 EDI 中心及码头商务查询系统，客户可及时了解集装箱流动过程的有关信息。因此，集装箱配上电子标签后，减少了货物被盗现象，有利于海关监管，提高了海关查验速度及集装箱运输信息的共享程度和透明化程度。

（3）**提高港口的工作效率**　集装箱港口电子标签系统的应用，可以加快集卡进出闸口速度。以大连港使用射频识别技术进行集卡车号和集装箱箱号识别为例，通过对大连港两条空车入港闸口和三条重车出港闸口连续 1 周的调查统计，车号识别率平均值在 99% 以上，箱号识别率平均值在 95% 以上。

11. 3. 3　图像识别技术

1. 图像识别技术概述

图像识别（Image Recognition）技术是人工智能的一个重要领域。它是指借助现代信息处理与计算机技术对图像做出各种处理、分析，最终识别出所要研究的目标。该技术的主要目的是设计程序或设备代替人类，自动处理图像信息，自动对图像进行分辨和识别，实现较高的图像识别率。图像识别过程分以下几个步骤：

（1）信息的获取　通过传感器，将光或声音等信息转化为电信息，也就是获取研究对象的基本信息并通过某种方法将其转变为机器能够理解的信息。

（2）预处理　通过图像处理中的去噪、平滑、变换等操作，加强图像的重要特征。

（3）特征抽取和选择　图像模式识别中，利用图像自身特征将各种各样的图像区分开，这个过程就是特征抽取；有些特征也许对于此次识别用处不大，因此还要对特征进行选择，抽取有用的特征。特征抽取和选择在图像识别过程中是非常关键的技术之一，是图像识别的重点。

（4）分类器设计　通过训练而得到一种识别规则，利用此识别规则可以得到一种特征分类，使图像识别技术能够得到高识别率。

（5）分类决策　在特征空间中对被识别对象进行分类，从而更好地识别所研究的对象具体属于哪一类。

随着计算机技术的迅速发展和科技的不断进步，图像识别技术已经在公共安全、生物、工业、农业、交通、医疗等众多领域中得到了应用。例如交通领域的车牌识别系统，公共安全领域的人脸识别技术、指纹识别技术，农业领域的种子识别技术、食品品质检测技术，医学领域的心电图识别技术等。

2. 图像识别在港口物流中的应用

港口物流活动作业环境复杂，利用图像识别的智能系统能够克服人的主观因素和生理极限的不利影响，提高码头作业的安全系数和效率，并解放劳动力，进一步促进港口装卸作业向无人化、自动化、智能化方向发展。这项技术在港口领域具有较好的应用前景，尤其在港口集装箱的识别与定位方面。下面以集装箱箱号图像识别技术为例进行说明。

集装箱箱号图像识别技术是利用安装在集装箱闸口、机械设备或集装箱所经道路上的摄影设备采集集装箱视频图像，通过图像处理和模式识别，实现对集装箱箱号的自动识别和记录。集装箱箱号图像识别是基于图像识别中的光学字符识别（Optical Character Recognition，OCR）技术发展而来一种实用技术，其对应的箱号自动识别系统主要由数字图像拍摄仪、一体机闪光灯、红外触发器、高速拍图补光灯、信号采集控制器、多路并行数字图像运输卡系统等组成。箱号自动识别系统在集装箱码头闸口的设备分布，如图 11-12 所示。

当装有集装箱的车辆进入码头闸口通道时，安装在通道两侧的光电传感器便会对集装箱相应位置进行检测，控制系统依据传感器的遮断状态和时序，先判定集装箱的类型（1 个 20ft 箱、1 个 40ft 箱或 2 个 20ft 箱三种类型），并在特定时刻向安装

港 口 物 流

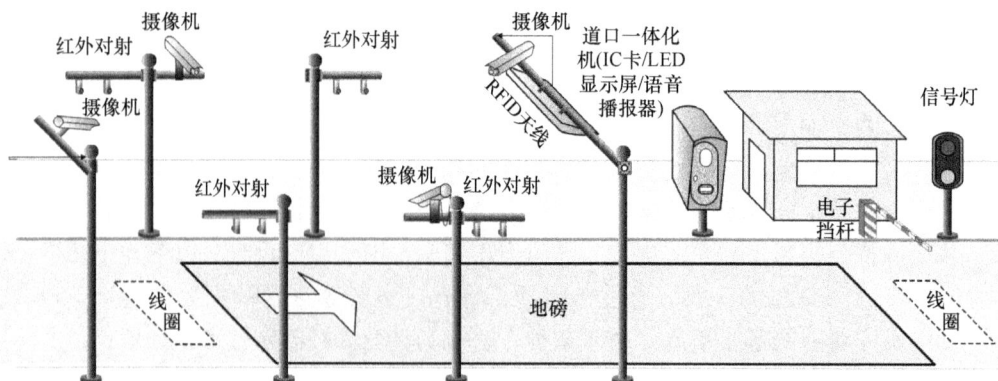

图 11-12　闸口通道设备分布示意图

在通道四周特定位置的 4 台彩色摄像机（均配有强力自动补光用的闪光灯）发出拍照指令（不同类型有不同的拍摄模式），拍摄下集装箱 4 个侧面上有箱号的部分；这时摄像机获得带箱号部分的数码光学图像，20ft 箱的拍摄模式产生 4 幅图像，40ft 或 2 个 20ft 箱的拍摄模式产生 6 幅图像。图像数据实时采集后进入计算机处理，由光学图像识别模块（OCR）识别出集装箱箱号和箱型，变为数字发送到后台，以供使用。识别结果如图 11-13 所示。

图 11-13　识别结果示意图

虽然图像识别技术在集装箱码头的实际操作中发挥了重要作用，但因其对外界环境较为敏感，特别是在雨、雪、雾等天气状态下失误较多，而且由于集装箱箱体表面呈波浪形状、字符不完全在同一平面，箱号横竖排列不一，因此集装箱箱号识别一直是图像识别技术应用的难点。图像识别技术虽经不断改进，目前可以达到 95% 的识别率，但提升空间小。随着集装箱港口吞吐量的迅猛增长和对集装箱的管理要求不断提高，图像识别技术的识别率距港口物流的要求还有很大差距。

11.3.4　物联网技术

1. 物联网概述

物联网（The Internet of Things，IOT），简言之，就是"物物相连的互联网"，它是指在计算机互联网的基础上，通过射频识别、传感器、无线网络等技术，构建一个可以实现实时信息共享的、覆盖全球所有物体的超级网络。因此，物联网具有高度自主的数据获取、信息传换、网络连通和协同工作的功能。物联网技术被认为是继计算机、互联网之后的第三次数字技术革命，它的出现是信息领域的重大进展。广义的物联网概念不仅包括物对物的信息交流，还包括人与人、物与人之间广泛的联结与信息交换。

1999 年，在美国召开的移动计算和网络国际会议认为，传感网是下一个世纪人类面临的又一个发展机遇，首次提出物联网的概念（当时我国称之为传感网）。2005 年，国际电信联盟（ITU）发布了《ITU 互联网报告 2005：物联网》，正式提出了"物联网"概念，其对物联网的定义为：通过射频识别、红外感应器、全球定位系统、激光扫描器等信息传感设备，按约定的协议，可以把任何实物与互联网连接起来，进行信息交换和通信，以实现对实物的智能化识别定位、跟踪、监控和管理的一种网络。

2009 年，IBM 提出了"智慧地球"策略，对物联网的应用效果进行了形象的比喻和描述。同年 9 月，欧盟提出了建设物联网的设想，认为物联网是基于标准和交互通信协议，具有自配置能力的动态性全球网络设施，能拟人化地使用智能接口并且无缝融合到信息网络中。2010 年，我国给的定义是：物联网是指通过信息传感设备，按照约定的协议，可以把任何物品与互联网连接起来，进行信息交换和通信，以实现智能化识别、定位、跟踪、监控和管理的一种网络，是在互联网基础上的延伸和扩展。

2. 物联网的体系架构

物联网的技术体系框架包括感知层技术、传输层技术、支撑层技术和应用层技术，如图 11-14 所示。

（1）**感知层**　感知层是物联网的基层，主要进行数据采集与感知，即采集物理世界中发生的物理事件和数据，包括各类物理量、标识、音频、视频数据。物联网的数据采集涉及传感器、射频识别、多媒体信息采集、二维码和实时定位等技术。

（2）**传输层**　传输层主要实现信息的传送和通信以及相关部分的处理，具有更加广泛的互联功能，能够对感知到的信息进行无障碍、高可靠性、高安全性的传送，需要传感器网络与移动通信技术、互联网技术相融合。经过 10 余年的快速发展，移动通信、互联网等技术已比较成熟，基本能够满足物联网数据传输的需要。

港 口 物 流

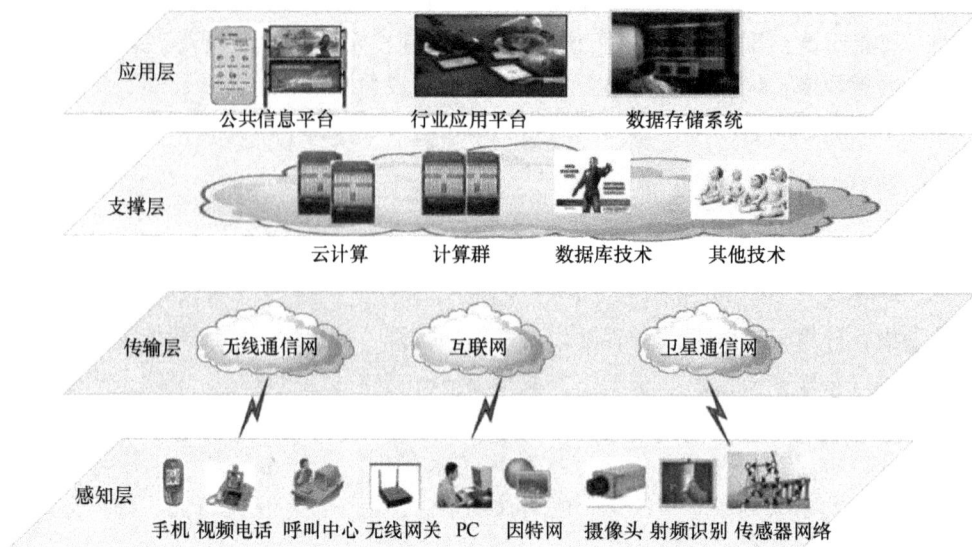

图 11-14　物联网体系架构

　　（3）支撑层　支撑层主要实现传输层与应用服务间的接口和能力调用，包括对业务的分析整合、共享、智能处理、管理等，用于支撑跨行业、跨应用、跨系统的信息协同、共享、互通的功能。具体表现为一系列支撑平台、管理平台、信息处理平台等。随着物联网技术的发展，专家系统与云计算等技术将取代现有的简单的信息管理与处理技术，在支撑层中将占据更大的比重。

　　（4）应用层　应用层包括交通、医疗、家居、物流、电力等行业的各类具体应用。总的来说，物联网用途广泛，实际应用遍及智能交通、环境保护、政府工作、公共安全、平安家居、智能消防、工业监测、环境监测、路灯照明管控、景观照明管控、楼宇照明管控、广场照明管控、老人护理、个人健康、花卉栽培、水系监测、食品溯源、敌情侦查和情报搜集等多个领域。

　　3. 物联网的特征

　　与传统的互联网相比，物联网将物理世界连成网络，实现与任何人（Anyone）、任何时间（Anytime）、任何地点（Anywhere）及任何物体（Anything）的 "4A" 连接。这主要归功于它具有全面感知、可靠传输、智能处理三大特征。

　　（1）全面感知　全面感知是一个相对概念，通过射频识别、二维码、全球定位系统、摄像机、传感器等现有技术进行感知、捕获和测量，在一定程度上实现了随时随地进行物体信息的采集与获取。下一步发展的关键是提升细微、准确、全面的感知能力，例如，物流节点和通道上需要部署多种类型的传感器，不同类别的传感器所捕获的信息内容和格式不尽相同，但合成后的信息会更为丰富，也能按一定的频率周期性地采集各种信息，不断更新，保持数据的实时性。

　　（2）可靠传输　可靠传送是指通过各种通信网、广电网与互联网的融合，将物品信息接入网络，随时随地进行信息交互和共享。物联网技术的核心仍旧是互联网，通过各种有线和无线网络与互联网融合，将物品的信息实时、及时地传递出去。物联网上由传感器定时采集的信息通过网络传输时，由于数量极其庞大，必然会形成海量信息，因而在传送过程中，为了保证数据的正确性和及时性，必须适应各种异构网络和协议。

（3）智能处理　利用云计算、数据挖掘等各种智能计算技术，对海量跨地域、跨行业、跨部门的同构、异构数据和信息进行分析和处理，提升对物理世界、经济社会各种活动和变化的洞察力，实现智能化的控制和决策。物联网不仅提供了传感器的连接方式，其本身也具有智能处理的能力，能够对物体实施智能控制，同时将传感与智能处理相结合，从传感器获得的海量信息中分析、加工和处理有意义的数据，不断扩大应用领域和应用模式。

4. 物联网在港口物流中的应用

随着智慧港口概念的提出，物联网技术逐渐应用到港口领域中。物联网港口建设就是指通过把物联网技术应用到港口的规划建设中来、搭建港口物流信息平台，提高港口的信息化水平，从而达到提高港口工作效率、加强监控、加强互联互通、节约成本等目的。具体来说，物联网港口建设是以实现物体互联为发展方向，以智慧港口为目标，以传感技术、射频识别技术及其应用为基础，结合有线、无线等传输技术，实现港口在仓储管理、生产作业、海关监管、实时跟踪等方面的智能化管理，从而搭建高水平、高度智能化的物联网港口。物联网的出现和发展将推动港口物流的智能化发展，物联网在港口物流中的作用体现在以下几个方面：

（1）推动港口物流的信息化发展　物联网能够提高港口物流基础设施、设备的信息化及自动化水平。将物联网技术应用于托盘、货架、车辆、集装箱等物理设备的识别；在仓库内部、出入道口、物流关卡等位置安装物联网读写装置，能够实现自动化入库、出库、盘点，以及物流交接环节中的自动信息采集，实现货物库存的透明化管理。对海量物流数据的分析和智能仿真，有助于在发货、库存等工作环节做出更佳决策。在大型高等级仓库的管理中，甚至可以实现除出入口收验货人员以外的"无人"全自动化操作，仅保留计算机屏幕前的监控人员即可。高度信息化的物流管理和流程监控不仅能为港口物流企业带来物流效率的极大提升、物流成本大幅下降等好处，也将从整体上提高港口物流企业的管理水平，从而带动整个港口物流产业的发展。

（2）物流环节衔接得更加高效　港口原有物流信息系统通过物联网技术加以整合后，可以有效提升效率。通过构建车联网、船联网、箱联网、库联网和港联网，大范围集成信息资源，优化社会资源配置，可使物流各个环节（如配送、运输、仓储等）实现前所未有的高效、便捷运转。例如，只需在集装箱上附加相应电子标签，装卸时便可自动收集货物内容信息，随时掌握货物位置，读取时间只需 0.1s。这些信息几乎会同时通过物联网送达客户终端，整个产品的物流供应链随即响应。

（3）优化资源配置，大幅度降低物流成本　港口物流的出现是以优化资源配置、降低成本和提高服务水平为主要目的的。通过物联网技术将感应器嵌入港口闸口、道路、磅房、汽运车辆、装卸机械等各种物体中，再通过互联网实现港口生产作业与物理系统的有效衔接，能够对货物集疏运过程中的人员、机械设备、基础设施实施实时的管理和控制，以更加精细和动态的方式管理生产，提高资源利用率。如通过物联网技术实现运输车辆从进港、过磅和装卸，以及到出港的整个流程的信息自动化采集和相关业务办理，简化传统作业过程中的人工环节，避免人为因素干扰和管理漏洞，通过提高流程效率降低物流成本。

（4）供应链管理更加透明　港口物流企业不同于一般物流企业，它涉及的环节众多、操作环境复杂、信息多重复、共享难度大，因此工作量大、出错率高、工作效率较低。例如，货主企业通常按计划催促货运代理及时将货物送到仓库进行装箱作业，在船公司班轮到港前送达码头，并按照海关要求进行检验。只要某一环节出错，就将导致货物无法及时装船发运。物联网充分利用射频识别技术和互联网，对货物从成品运输到装船出港的运输、储存、装箱、进港、上船等全过程进行实时监控，可以随时获取货物信息，最大限度地降低各环节的出错率。除了货主企业内部信息资源的整合外，通过物联网与相关企业在原料供应、生产、物流等环节上同步集成，控制原材料、在制品、产成品在供应链各环节的库存数量，可以降低供需中的不确定性，有效减少供应链上下游合作企业之间的库存和资金占用，使得供应链各环节的依存关系更加紧密。

总之，尽管距离物联网真正进入大规模应用阶段还有很长时间，而且尚存在信息标准、信息安全、应用成本等很多亟待解决的问题，但是基于产品电子代码和射频识别技术的物联网已迅速融入港口物流企业管理的各个环节，在提高港口企业的作业效率、降低成本、市场预测与科学调度等方面已开始发挥巨大作用。可以预见，在物联网技术带来的第三次信息革命到来之际，港口物流企业将迎来一个全新的管理时代。

11.3.5　其他物流信息技术

除了上述三种常见的物流信息技术外，港口物流有时还会涉及其他物流信息技术。

1. GPS 技术

全球定位系统（Global Positioning System，GPS）是由美国建设和控制的一组卫星所组成的、24h 提供高精度的全球范围的定位和导航信息的系统（GB/T 18345—2006）。该系统利用 24 颗 GPS 卫星在离地面 12 000km 的高空上以 12h 为周期环绕地球运行，使得在任意时刻、地面上任意一点都可以同时观测到 4 颗以上的卫星，以便实现全球定位。其工作原理如图 11-15 所示。GPS 系统包括三个部分：空间卫星系统、地面控制系统和用户接受系统（GPS 信号接收机），其特点如下：

（1）全球性、全天候连续不间断　GPS 能为全球任何地点或近地空间的任何用户提供连续、全天候的导航能力，用户只需接收信号，因而能满足全球用户的使用需求。

（2）可实现实时导航，定位精度高、数据内容多　利用 GPS 定位时，在 1s 内可以取得多次位置数据，这种近乎实时的导航能力对于高动态用户具有重要意义，同时能为用户提供连续的三维位置和精确的时间信息。

（3）抗干扰能力强、保密性好　GPS 采用扩频技术和伪码技术，因此不会受到

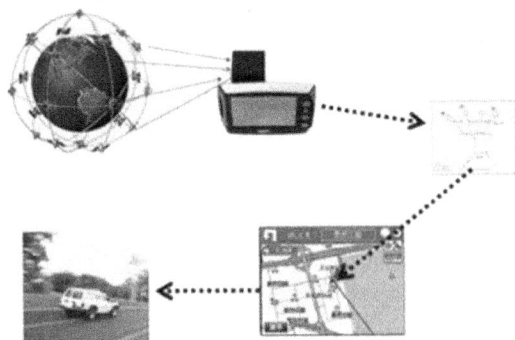

图 11-15　GPS 的工作原理示意图

外界其他信息源的干扰。

（4）功能多、用途广　GPS 可广泛应用于农业、林业、水利、交通、航空、测绘、军事、电力、通信等多个领域，尤其在地面移动目标监控方面最具优势。

此外，GPS 和全球移动通信系统（Global System for Mobile Communications，GSM）组成的信息管理系统的广泛应用，为移动中的船舶管理提供了更为理想的解决方案。

2. GIS 技术

地理信息系统（Geographic Information System，GIS）是在计算机硬、软件支持下，对整个或部分地球表层（包括大气层）空间中的有关地理分布数据进行采集、储存、管理、运算、分析、显示和描述的技术系统。GIS 技术包含两大任务：一是空间数据处理；二是 GIS 应用开发。GIS 可以分为人员、数据、硬件、软件、过程五部分：①人员，是 GIS 中最重要的组成部分。开发人员必须定义 GIS 中被执行的各种任务，开发处理程序。②数据，精确的可用的数据可以影响到查询和分析的结果。③硬件的性能影响到软件对数据的处理速度，使用是否方便及可能的输出方式。④软件，不仅包含 GIS 软件，还包括各种数据库、绘图、统计、影像处理及其他程序。⑤过程，GIS 要求明确定义并用一致的方法来生成正确的可验证的结果。

GIS 具有以下三方面特征：

1）有采集、管理、分析和输出多种地理空间信息的能力，具有空间性和动态性。

2）以地理研究和地理决策为目的，以地理模型方法为手段，具有区域空间分析、多要素综合分析和动态预测能力，可形成更高层次的地理信息。

3）由计算机系统支持，进行空间地理数据管理，并由计算机程序模拟常规的或专门的地理分析方法，整理空间数据，生成有用信息。

GIS 是一种能同时管理地理空间信息和数据库的系统。在传统的信息系统中，数据主要保存于数据库中，如果数据库中的数据仅以文字或符号形式表现出来，就可能有一些重要信息无法被表达出来。要解决这个问题，可以利用 GIS 所提供的数据的地理属性，将这些属性数据分层、分类叠加在电子地图上，并在电子地图与数据库数据之间建立联结关系，就可以轻松进行直观、可视化的分析和查询，发掘隐藏在文本数据之中的各种潜在联系，为用户提供一种新的决策支持方式。

3. 电子订货系统

电子订货系统（Electronic Ordering System，EOS）是不同组织间利用通信网络和终端设备进行订货作业与订货信息交换的系统（GB/T 18354—2006），即采购方和供货方利用通信网络（局域网或互联网）和终端设备以在线联机（On-Line）方式进行订货信息的交换。按照实际应用范围，EOS 系统一般分为三类：①企业内的 EOS 系统，如连锁店经营中各个连锁分店与总部之间建立的 EOS 系统；②零售商与批发商之间的 EOS 系统；③零售商、批发商和生产商之间的 EOS 系统。

EOS 系统可以提高采购效率，降低订单出错率，降低库存，对港口物流配送十分有用，其作用具体体现在以下方面：

1）相对于上门订货、电话订货、传真订货等传统方式，EOS 能及时、准确地交换订货信息，缩短订单准备以及从接到订单到发出订单的时间，降低订单的出错率，节省人工费，提高订购效率。

2）利用 EOS 改进库存控制策略和技术，有利于提高采购方的库存管理水平，降低缺货风险，从而提高港口物流企业的库存管理水平。

3）对于生产厂家和批发商来说，通过分析零售商的商品订货信息，能准确判断出畅销品和滞销品，有利于各相关企业调整商品生产和销售计划。

4）有利于提高物流信息系统的效率，使得各个业务信息子系统之间的数据交换更加便利、迅速，从而促进和提升各相关企业的信息管理水平。

4. 销售时点系统

销售时点（Point of Sale，POS）系统是利用光学式自动读取设备，按照商品的最小类别读取实时销售信息以及采购、配送等阶段发生的各种信息，并通过通信网络将其传送给计算机系统进行加工、处理和传送的系统（GB/T 18354—2006）。它具有直接、及时入账的实时处理能力，销售时的各种商品信息的数据处理是在交易瞬间完成的，因此，POS 系统是一种全新的商业销售管理系统。在物流信息的采集和传输活动中，随着多品种少批量生产和多频率小数量配送的商品交易活动的展开，库存、运输等物流信息大量增加。面对这种情况，港口物流企业广泛应用 POS系统读取销售时点的商品价格、品种、数量等即时销售信息，并对这些信息进行及时加工处理，有利于开展物流配送业务。

现代 POS 系统已经不仅仅局限于电子收款技术，它将计算机网络、电子数据交换技术、条码技术、电子监控技术、电子信息处理系统、远程信息技术、自动仓储配送及备货技术等一系列科技手段融为一体，将形成一种综合性的信息资源管理系统。POS 系统读取设备如图 11-16 所示。

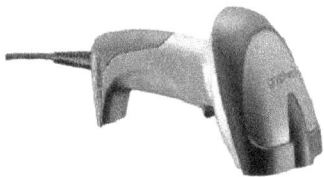

图 11-16　POS 系统读取设备

11.4　港口物流信息化发展趋势

近年来，我国在港口物流信息化建设方面取得了一定程度的进步，但仍有较大的发展空间。随着物联网、大数据、云计算、人工智能、区块链等新兴技术的不断涌现，港口物流信息化发展也呈现出新的趋势，主要体现在以下几个方面：

1. 港口信息资源的全面整合

港口是国际物流和供应链的重要节点，大量信息在港口集聚和发散。港口早期的信息化建设只用于码头内部的业务管理，实现各部门之间的有效沟通，此阶段被称为"信息港"阶段。EDI 技术的应用，实现了港口业务无纸化运作，将港口内部的经营管理信息系统与外在其他单位的信息系统有效连接起来进行信息交流共享，这个阶段被称为"数字港"阶段。1993 年，世界上第一个自动化集装箱码头在荷兰鹿特丹港投入运行，让信息系统支配港口机械设备的调度和使用。此后，涌现了一批半自动和全自动的码头，大大促进了港口物流环节的智能化发展，此阶段被称为"智能港"阶段。未来，整个港口除了自身装卸生产过程的智能化外，还需要通过物联网、传感器广泛地感知更多信息，如集装箱状态、港机配件工况、设备能耗、车辆位置等内部信息，以及预约抵港船舶信息、预约提箱信息、码头气象信息等外部信息，由数据中心融合多维数据并分析后，从优化调度、科学保养、节能减排、预防拥堵等多个方面实现自主管理，体现出由知识系统代替人进行关键决策的特点，这个阶段将会成为"智慧港"阶段。

2. 港口服务平台化发展

"互联网 + 航运"既是互联网技术发展对航运产业效率提升的体现，也是互联网所代表的平台经济对航运业传统经济的一种模式再造。平台经济以其"外部性"特征和对"长尾"市场的独特吸引力，逐渐改变着整个港口、航运业。在互联网的作用下，信息交换的边际成本接近于零，因此整个航运业更趋于扁平化，中间环节被压缩，标准化程度更高，分工更细致，平台在整个产业链中的作用也越发明显。

目前，我国以"互联网 + 航运"为路径的航运业务模式创新平台型企业已经超过 70 家，其中有 5 家新三板上市公司，分别是亿海蓝、物润船联、乐舱网、船货网、壹联网，同时还有一些已经在业内形成较高知名度的平台，如船老大、码头网、泛亚电商、一海通、金马云、海空网、航运城、大掌柜、货代助手、九爪鱼、神海航运、海商通、找船网、舱位宝、海运订舱网、超级船东、长江汇、CargoSmart 等；在国外，世界上知名的航运互联网平台还有丹麦的 Youship、美国的 INTTRA、德国的 GT Nexus 和 Kn-freightnet、英国的 Shipserv 等。

2016 年，我国以"互联网 + 港口"为目标的港口业务模式创新平台企业也已突破 10 家，包括上海港"1 港通"、宁波-舟山港"易步通"、天津港"电子商务网"、青岛港"物流电商平台"、大连港"蓝迈"、营口港"港融"等。这些港口互联网平台提供的服务主要涉及口岸通关一体化信息服务、金融服务、物流电商、数据对接、业务预约、SAAS 云服务、船舶供给等方面。

3. 港口、航运、贸易等多方融合化发展

长期以来，虽然国际贸易依靠国际物流实现货物运输，而国际物流则依靠港口、航运、交通等完成货物的空间位移，但是贸易、物流却被垂直分隔开，导致两者所对应的信息系统也相互分离。2016 年，我国商务部联合多个部门出台了多项政策推动托盘标准化，其中也包括与之相关的多项物流环节标准。2016 年 9 月，我国国务院转发的《物流业降本增效专项行动方案（2016—2018 年)》中明确，大力推广托盘（1.2m×1m)、周转箱、集装箱等标准化装载单元循环共用，鼓励企业建立区域性、全国性托盘循环共用系统。以"集托网"为代表的全国性托盘循环共用系统，正在商务部的大力支持下，从贸易端货主处切入，改变物流业与集装箱运输业的托盘标准。

【本章小结】

港口物流信息是反映各种港口物流活动内容的记录、资料、图像、数据、文件的总称，具有信息量大、动态性强、种类多、标准化等特征，在港口物流活动中起着神经系统的作用，它不仅对港口业务活动具有支持保障的功能，而且能够连接并整合整个港口供应链，提升港口供应链的运作效率。

港口物流信息管理平台主要涉及港口企业内部的物流信息管理系统和外部与政府监管部门、社会其他服务机构相连的物流信息共享平台。港口物流信息管理的支持技术是港口运作各环节中应用的信息技术，主要包括计算机、网络、电子数据交换、射频识别、图像识别、物联网、全球定位系统等技术。港口物流信息未来主要朝着资源共享、平台化和多方融合化等方向发展。

目前港口物流信息化发展呈现出新的趋势，主要体现在：港口信息资源的全面整合；港口服务平台化发展；港口、航运、贸易等多方融合化发展。

【主要词汇】

物流信息，射频识别（RFID)，电子数据交换（EDI)，图像识别（Image Recognition)，物联网（IoT)。

【案例分析】

日照港"智慧港口"建设⊖

日照港作为我国沿海主枢纽港之一，正全力加快"智慧港口"建设，将一批先进信息技术应用到港口物流管理及资产管理中，实现了港口管理智能化、物流信息实时交互，提升了港口的疏运能力。作为国家"一带一路"规划海上战略支点和新亚欧大陆桥经济走廊沿线重点港口，日照港致力于通过信息化、标准化提高综合承载"一带一路"规划的能力。日照港对进出港流程进行了智能化改造，包括内部管理系统、生产系统、物流商务系统等各个系统的改造。这些改造提高了物流信息及服务效率，带来了物流模式的新变革，最终实现了日照港的"互联网＋"。

过去，货车进入港区的时候，驾驶员需要持纸质的签单进港，而且排队压车问题十分严重，最长的时候等待的货车会排到 1km 外。如今，GPS 货运管理系统为港口管理人员和疏港货车驾驶员带来了实实在在的便利。只要有了新的 RFID 卡，进港和出港的车

⊖ 资料来源：www.qianjia.com

辆足不出户就能网上预约提货，打印提货单，还可以实时查询车辆位置和进出港状态。并且 RFID 卡可以跟踪定位到具体的车辆，同时配备设备远程通话功能，进港出港无须人工干预。驾驶员拿着网上打印的二维码在港区门口换完 RFID 卡后，从进港过磅到堆场装货，再过磅出港，自动识别、自动办理，完全不用下车，一路畅行。这套货运管理系统及配套的微信 2.0 版公众服务平台首开了全国港口信息化货物检斤、可视化场地堆存管理和大宗散货物流智能化空间位移的先河，从根本上再造了港口散货堆存管理和疏港运输管理流程，大大提高了港口运营效率、效益，曾经屡见不鲜的车辆拥堵压港现象一去不复返了。

在先进信息技术的支撑下，日照港散货堆存管理和汽运疏港、铁路疏港等流程与互联网成功对接，实现了电子堆场垛位实时监控、货物发运大数据随时更新、生产调度指令及时传递、作业机械精确定位和业务信息同步共享。

与此同时，港区逐步加快推进现代物流信息化建设，形成"一网两台三大系统"的新模式（"一网"即企业级局域网，"两台"即数据平台和计算平台，"三大大系统"为生产管理系统、物流商务系统和内部管控系统）。充分利用物联网、移动互联网等信息技术，推动信息化与港口集疏运深度融合，提高可管理性及网络运维的效率，逐步打造智慧港口。

日照物流信息网通过信息手段，致力于 O2O 电子商务升级，并达到港口整体区域资源最优化。目前，物流信息网与 GPS 货运管理系统、微信 2.0 平台互联，将运输、仓储、堆场等区域用互联网实时、透明、快捷地连接在一起并整体调配和优化，港口信息、最新资讯、航线列表一目了然，可以说是将营业厅搬到了网上。

不仅如此，日照港与日照钢铁厂合作建设的信息交换平台，使双方实现信息双向沟通，一方面，港口实时提供钢厂船舶的预到及在港动态信息、钢厂集疏港车辆动态及在港作业进程等信息，充当钢厂"预报员"和调度员的角色，大大方便了钢厂的生产。另一方面，钢厂实时为港口提供集港、装船等计划信息，只要钢材集港车辆一出厂门，港口就能迅速获得货物的详细信息，为港口调度生产提供了极大的方便。

信息化应用取得了实效，日照港的物流信息管理水平有了新的提升。面对经济发展的新常态，随着物联网、云计算等技术的普及，未来日照港将充分利用物联网、云计算等手段盘活港口大数据，全面打造"智慧港口"，引导企业从生产型向服务型转变。

分析：

1. 日照港建设智慧港口采用了哪些信息技术？
2. 物流信息化应用对港口发展有哪些影响？

【思考练习】

1. 名词解释
（1）港口物流信息
（2）EDI
（3）RFID
（4）GIS

2. 填空题

（1）港口物流信息管理的主要支持技术有电子数据交换技术、（　　）、（　　）、物联网等技术。

（2）一个典型的射频识别系统由（　　）、（　　）和应用系统（包括天线、连接线路等）三部分构成。

（3）与传统的互联网相比，物联网具有（　　）、（　　）、智能处理的三大特征。

3. 简答题

（1）港口物流信息具有哪些特征？

（2）简述集装箱港口采用 RFID 技术的优势。

（3）简述物联网技术在港口物流中的作用。

（4）简述港口物流信息未来发展趋势。

参 考 文 献

[1] 郑俊田. 港口物流 [M]. 北京：中国海关出版社，2018.

[2] 罗勋杰，樊铁成. 集装箱码头操作管理 [M]. 2 版. 大连：大连海事大学出版社，2018.

[3] 真虹. 港口装卸工艺学 [M]. 2 版. 北京：人民交通出版社，2018.

[4] 王斌义. 港口物流 [M]. 北京：机械工业出版社，2018.

[5] 胡建波. 现代物流概论 [M]. 北京：清华大学出版社. 2018.

[6] 袁炎清，范爱理. 物流营销 [M]. 北京：机械工业出版社，2018.

[7] 汪长江. 舟山群岛新区港口物流发展研究 [M]. 上海：上海交通大学出版社，2017.

[8] 舒帆，宓为建. 物流可视化 [M]. 上海：上海科学技术出版社，2017.

[9] 肖汉斌，徐章一. 港口物流模式研究 [M]. 武汉：武汉理工大学出版社，2016.

[10] 耿富德. 仓储管理与库存控制 [M]. 北京：中国财富出版社，2016.

[11] 高飞. 长江港口物流服务供应链柔性构建问题研究 [M]. 合肥：合肥工业大学出版社，2015.

[12] 汪长江. 港口物流：理论、实务与技术 [M]. 北京：清华大学出版社，2015.

[13] 孙家庆，刘翠莲，唐丽敏. 港口物流理论与实务 [M]. 北京：中国物资延吉出版社，2010.

[14] 周艳军. 保税物流 [M]. 北京：中国财富出版社，2015.

[15] 杨霞芳. 国际物流管理 [M]. 上海：同济大学出版社，2015.

[16] 张昭，邓必年，陶佳鹏. 国际物流 [M]. 延吉：延边大学出版社，2015.

[17] 甘卫华. 现代物流基础 [M]. 北京：电子工业出版社，2015.

[18] 赵娜，王军锋. 港口管理 [M]. 北京：中国物资出版社，2010.

[19] 顾军波. 港口物流供应链优化研究 [M]. 北京：海洋出版社，2014.

[20] 滕帆，潘东青，刘平，等. 海洋经济战略下服务贸易发展研究 [M]. 杭州：浙江大学出版社，2014.

[21] 王诺. 港口物流理论与实践 [M]. 北京：人民交通出版社，2014.

[22] 殷明，章强. 集装箱码头组织与管理 [M]. 上海：上海交通大学出版社，2014.

[23] 郭秀军. 海关理论与实务 [M]. 北京：清华大学出版社，2014.

[24] 宣玲玲. 物流服务与营销 [M]. 北京：电子工业出版社，2014.

[25] 彭勃，王晓慧. 浙江港口物流可持续发展研究 [M]. 北京：海洋出版社，2013.

[26] 张旖，尹传忠. 港口物流 [M]. 上海：上海交通大学出版社，2012.

[27] 刘元洪. 航空物流管理 [M]. 北京：北京大学出版社，2012.

[28] 刘宪. 国际货物运输 [M]. 北京：清华大学出版社，2012.

[29] 谭钧. 港口物流 [M]. 长春：吉林大学出版社，2012.

[30] 翟士军，李春燕. 海关与报关实务 [M]. 北京：机械工业出版社，2012.

[31] 周利国. 物流学 [M]. 北京：清华大学出版社，2011.

[32] 真红. 港口管理 [M]. 2 版. 北京：人民交通出版社，2011.

[33] 陈家源. 港口企业管理学 [M]. 大连：大连海事大学出版社，2011.

[34] 罗勋杰，樊铁成. 集装箱码头控制优化管理 [M]. 大连：大连海事大学出版社，2010.

[35] 孙家庆，刘翠莲，唐丽敏. 港口物流理论与实务 [M]. 北京：中国财富出版社，2010.

[36] 梁心琴，张丽华. 空港物流规划与运作实务 [M]. 北京：中国物资出版社，2007.

[37] 郭永辉. 航空物流理论与实践 [M]. 北京：经济科学出版社，2007.

[38] 张丽君，侯超惠，胡国强，等. 现代港口物流 [M]. 北京：中国经济出版社，2005.

[39] 姚舜. 中国保税物流体系演化研究 [D]. 长春：吉林大学，2018.

港 口 物 流

[40] 林琪. 国际中转货物的海关监管服务措施研究：以南沙保税港区为例 [D]. 北京：对外经济贸易大学，2017.

[41] 马萍萍. 基于随机效用理论的无水港选址问题研究 [D]. 大连：大连海事大学，2017.

[42] 郑文儒. 港口服务供应链优化研究 [D]. 厦门：集美大学，2017.

[43] 吴杰. 无水港规划布局与运行协调研究 [D]. 广州：华南理工大学，2017.

[44] 曲慧敏. 我国的港口物流上市企业运营效率评价的实证研究 [D]. 合肥：中国科学技术大学，2015.

[45] 李莹迪. 舟山港口物流发展模式创新与选择 [D]. 舟山：浙江海洋大学，2014.

[46] 张丹. 城市新区港口物流园区规划选址研究：以两江新区为例 [D]. 重庆：重庆交通大学，2014.

[47] 张海峰. 我国港口效率的 CCR-MPI 评价 [D]. 大连：大连海事大学，2013.

[48] 孙丽娜. 港口物流服务供应链企业合作模式研究 [D]. 天津：天津大学，2012.

[49] 李肇坤. 基于供应链的港口物流服务若干关键问题研究 [D]. 大连：大连海事大学，2010.

[50] 刘玲玲. 基于神经网络的港口效率评价研究 [D]. 大连：大连海事大学，2010.

[51] 杨辉. 我国港口物流一体化整合模式研究 [D]. 长沙：中南大学，2009.

[52] 夏冠群. 从深圳港的发展探讨我国港口物流发展模式 [J]. 中国水运，2018 (9)：8-11.

[53] 翟东堂，王译，胡恩佳. 海关保税物流监管若干问题探究 [J]. 石家庄学院学报，2018, 20 (5)：73-84.

[54] 张哲辉，邢虎松. 我国港口物流园区发展现状及趋势分析 [J]. 生产力研究，2018 (7)：78-81.

[55] 吕陶逸，范春垒. 现代港口物流园区规划布局研究：以浙江金恒德国际物流基地为例 [J]. 住宅与房地产，2018 (8)：71-72.

[56] 沈园. 福州保税港区国际物流园区在福建自贸区中的现实意义 [J]. 福建交通科技，2017 (2)：128-130.

[57] 陈立新，曹林娟. 港口物流竞争力影响因素研究 [J]. 物流工程与管理，2014 (5)：118-122.

[58] 吴萍. 港口物流系统的发展战略和体系架构研究 [J]. 物流技术，2014 (9)：92-94.

[59] 产志勇，徐章一. 基于 PCA 的港口物流发展关键因素分析 [J]. 物流工程与管理，2012 (1)：60-62.

[60] 曾艳英，涂建军. 港口物流一体化研究综述 [J]. 物流科技，2012 (4)：15-20.

[61] 吴小勇，黄民生. 福建港口物流影响因素和发展策略研究 [J]. 物流科技，2008 (3)：27-30.

[62] 程铁. 我国发展港口物流的思考 [J]. 港口装卸，2005 (2)：34-37.

[63] 陈军. 连云港港口物流有限公司质量手册 [Z]. 连云港港口物流有限公司，2008.